上海对外经贸大学
一流本科建设引领计划资助

教育部高等学校旅游管理类专业教学指导委员会推荐教材

旅游管理类专业核心课程教材

会展策划与管理

王春雷 主编

高等教育出版社·北京

内容简介

本书是教育部高等学校旅游管理类教学指导委员会推荐用书之一。本书特点体现在四个方面：一，本书从项目管理的角度，完整地展现了包括会议、展览会在内的各类活动管理的全过程；二，本书秉承活动思维来讨论会展项目策划与管理中的原理、方法及工具；三，理论与实践相结合；四，关于会展项目管理的基础性和前瞻性知识，本书也做了较好的结合。

本书适合高等学校会展专业学生作为教材使用，也适合包括会展在内的活动产业从业人员作为参考用书使用。

图书在版编目（CIP）数据

会展策划与管理/王春雷主编. --北京：高等教育出版社，2018.8（2020.9重印）

ISBN 978-7-04-050514-6

Ⅰ. ①会… Ⅱ. ①王… Ⅲ. ①展览会-策划-高等学校-教材②展览会-管理-高等学校-教材 Ⅳ. ①G245

中国版本图书馆 CIP 数据核字（2018）第 203784 号

会展策划与管理
Huizhan Cehua Yu Guanli

策划编辑 张 欣　责任编辑 张 欣　封面设计 张 楠　版式设计 马 云
插图绘制 于 博　责任校对 刁丽丽　责任印制 韩 刚

出版发行 高等教育出版社
社 址 北京市西城区德外大街4号
邮政编码 100120
印 刷 运河（唐山）印务有限公司
开 本 787mm×1092mm 1/16
印 张 20.75
字 数 490千字
购书热线 010-58581118
咨询电话 400-810-0598
网 址 http://www.hep.edu.cn
http://www.hep.com.cn
网上订购 http://www.hepmall.com.cn
http://www.hepmall.com
http://www.hepmall.cn
版 次 2018年12月第1版
印 次 2020年9月第2次印刷
定 价 45.00元

物 料 号 50514-00

总前言

21 世纪以来，旅游业逐渐成为世界上规模最大和发展势头最强劲的产业之一，其发展速度之快，产业带动力之强，使许多国家和地区将其作为经济发展的重点产业和先导产业。伴随着全球经济不断发展，人们收入和闲暇时间增多，交通和通信技术不断进步，以及冷战结束后政治隔障消除等因素，全球旅游产业的规模正加速扩大。据世界旅游组织预测：到 2020 年，全球旅游者将达到 160 亿人次，其中国际旅游者将达到 16 亿人次，大众化旅游时代的来临使得旅游日益成为了现代人类社会的一种生活方式和社会经济活动，旅游业也成为全球经济产业中最具活力的“朝阳产业”。

在近 40 年的发展历程中，中国旅游业取得了令人瞩目的成就：由传统的接待事业一跃转变为国民经济新的增长点，继而成为战略性支柱产业；由以往单一的观光型旅游发展成为集观光、度假、商务、会展、研修等多功能于一体的复合型旅游；国内旅游、出境旅游、入境旅游三大市场已形成相当规模；旅游在我国人民生活、地区经济发展和国家文化经贸交往等方面发挥着越来越重要的作用。据世界旅游组织的预测，到 2020 年，中国将成为世界第一大旅游接待国。专家们也预测：“21 世纪，中国将成为世界主要的旅游中心。”

中国旅游经济的持续高速增长对旅游专业人才产生了巨大需求，也推动着旅游教育水平的整体提高，旅游教育成为教育领域中最具办学活力与创新能力的专业门类。截至 2017 年，全国开设旅游管理类本科院校 608 所、高职院校 1 086 所、中等职业学校 947 所；2017 年全国招收旅游相关专业博士研究生 336 人、硕士研究生 2 832 人、本科生 5.9 万人、高职生 11.3 万人、中职专业生 10.2 万人；旅游教育已形成培训、高职、大专、本科、硕士、博士、博士后层次完整的教育体系。2012 年教育部《普通高等学校本科专业目录》将旅游管理专业列为管理学科门类(目录分 12 个学科门类)之下独立专业类(目录设置 92 个专业类)，下设旅游管理、酒店管理、会展经济与管理 3 个专业(目录有 506 个专业)。旅游促进教育与教育服务旅游的相互促进格局已经形成。

旅游活动的丰富实践和旅游业态的多样形式需要旅游高等教育作出回应。在抽象旅游产业实践经验基础上形成旅游学科的知识系统、在总结旅游教育发展经验基础上建立旅游专业的课程体系、在萃取旅游学术研究成果前提下编写旅游教育的系列教材，成为了旅游高等教育发展面临的首要任务。由教育部高等学校旅游管理类专业教学指导委员会组织研制、教育部颁布的《旅游管理类教学质量国家标准》，规定了旅游管理类专业的“4+3”核心课程体系，即专业大类4门核心课程(旅游学概论、旅游目的地管理、旅游消费者行为、旅游接待业)，旅游管理专业3门核心课程(旅游经济学、旅游规划与开发、旅游法规、)、酒店管理专业3门核心课程(酒店管理概论、酒店运营管理、酒店客户管理)、会展经济与管理3门核心课程(会展概论、会展营销、会展策划与管理)。这13门课程既是旅游类专业区别于其他类专业的核心知识系统，也是旅游类专业的核心课程体系。

根据《旅游管理类教学质量国家标准》，教育部高等学校旅游管理类专业教学指导委员会组织知名旅游院校与高等教育出版社共同编写13门核心课程教材，即《旅游学概论》、《旅游目的地管理》、《旅游消费者行为》、《旅游接待业》、《旅游经济学》、《旅游规划与开发》、《旅游法规》、《酒店管理概论》、《酒店运营管理》、《酒店客户管理》、《会展概论》、《会展营销》、《会展策划与管理》。以此13本核心课程教材为基础，根据各个院校学科特色、行业发展趋势、地域产业特点等，又编写了部分体现时代特色、行业特点、区域优势的教材，从而形成了较为完整的系列教材体系。

这套教材在教育部颁布国家教学质量标准之后编写出版，充分体现了国家标准的课程设置与质量要求。具有三个特点：一是系统性，以旅游者、旅游地、旅游业构建旅游知识逻辑体系，向旅游主体、旅游客体、旅游介体三个方向延伸旅游知识系统；二是开放性，在四门核心课程基础上覆盖旅游经济管理、酒店住宿管理、会展节事管理等领域，以反映旅游产业实践并形成开放的知识更新能力；三是创新性，即实现行业经验归纳向理性学术表述转变、借用外来学科方法向自主构建方法转变、多元学科背景向独立学科体系转变，以创新建立旅游学科知识体系。

系列教材既注重历史内容的沉淀又关注当代旅游研究的最新成果，把普及与提高、理论与实践有机融合起来；既有理论分析，又有案例剖析，具有较强的可读性和自学指导性。因而，该套教材较适合于旅游高等院校、旅游研究机构、高等职业教育、自学考试的人员作为教材使用，同时也适合于旅游行业管理、旅游职业培训使用，对理论研究、学历教育、职业培训以及实际工作等也都具有实用性和参考价值。

在教材编写过程中，我们还邀请了中国旅游教育界知名教授和专家对此套教材进行了严格的审定。借此我们对支持和参与这套系列教材编、审工作的教授、专家表示衷心的感谢。此套系列教材将于2018年陆续出版发行，欢迎全国有关院校师生和专业人士选用，并提出宝贵意见，以便逐步完善。

教育部高等学校旅游管理类专业教学指导委员会
2018年5月1日

前言

很荣幸能参与由教育部高等学校旅游管理类专业教学指导委员会统一规划、高等教育出版社出版的全国高等学校旅游管理类专业核心课程教材编写工作，并担任《会展策划与管理》一书的主编。借此机会，我想就写作本书时的一些体会，与各位读者和会展业界、学界同仁做点交流。

一、一个框架

2005年，受当时的工作单位上海师范大学旅游学院资助，我有幸到美国乔治·华盛顿大学访学半年，时间虽短，但收获颇丰，对我后来的研究兴趣以及在会展教育领域的思考和探索产生了极大的影响。从那时起，我开始用“活动”的框架来观察和理解会展业，并逐渐将活动思维应用到会展教育教学改革中。

在访学期间，在Larry Yu教授的帮助下，我选修了《会议与展览会管理》(*Conferences & Expositions*)，《体育赛事营销》(*Sporting Events Marketing*)和《特殊活动与媒体管理》(*Special Events and Media Management*)等课程，并有机会旁听了国际旅游研究院推出的活动管理证书(EMC)的3门培训课程：《活动营销》(*Event Marketing*)、《展览会管理》(*Trade Show Management*)和《婚礼工作坊》(*Wedding Workshop*)。

EMC是面向业内人士的继续教育项目，为获得该证书，学员必须修完4门必修课和3门选修课，参加时长100小时的实践，并按要求提交一份完整的报告。4门必修课分别为《活动协调》(*Event Coordination*)、《活动营销》(*Event Marketing*)、《活动风险管理》(*Risk Management*)和《最佳实践》(*Best Practices*)，每门课是1.2个继续教育学分(CEU)；选修课主要有《会议》(*Meetings & Conferences*)、《展览会管理》(*Trade Show Management*)、《体育赛事管理》(*Sport Management*)、《餐饮服务》(*Catering*)、《婚礼工作坊》(*Wedding Workshop*)、《融资与赞助》(*Fundraising & Sponsorship*)、《活动礼仪》(*Event Protocol*)、《活动娱乐》(*Event Entertainment*)及《绿色会议与活动》(*Green Meetings & Events*)等课程，每次开设的选修课不同，两天课1.2个学分，学员要获得3.6个选修课学分。这一体系为我确定本书的定位和设计提纲提供了很好的指导。

我个人一直倡导按活动管理思维来打造一套会展专业的教材。其基本设计思路是将整套教材分为3个部分：第一部分是活动管理的基础知识，主要书目包括《会展学概论》/《会展业导论》、《活动管理原理与方法》、《活动管理知识体系(EMBOK)》、《活动赞助》、

《活动风险管理》及《活动研究方法》。其中,《活动管理原理与方法》就相当于《会展策划与管理》。第二部分是不同类型活动的策划与组织原理及实务,涉及会议、展览会、奖励旅游、体育赛事、公司活动、婚礼、宴会等领域。第三部分是支持各类活动管理的相关内容,涵盖场馆经营与管理、活动场景设计与布置、活动礼仪等。

二、关于会展与活动的辨析

关于会展的定义和专业术语问题,早在13年前,Ladkin(2005)就明确提出,尽管MICE业(注:为体现原文,此处没有翻译)的发展和重要性已经得到公众的广泛认同,但在大多数数据中,并没有包含奖励旅游和展览,因而其结果必将误导和掩盖该产业的真正价值。因此,一开始,在MICE业中出现不同的定义并不会令人感到奇怪,只要每一个定义能够清晰阐述所表达的信息即可,定义上的不同并不会引起误解。其实,更重要的是要认识到由于定义的不同而有可能会带来数据可比性方面的问题。

我非常同意Ladkin的观点。其实,和国内对“会展”的解释一样,即使同样对于“MICE”,国外业界也有不同的看法。一种观点认为,MICE分别代表Meeting, Incentive, Convention和Exhibition,也有人认为,最后的“E”是Events。

我曾经在一篇文章——《一种理解会展基本概念的脉络:活动—节事活动—商务活动—会展》中提出,为了更好地理解会展的相关基本概念,从大到小,我们是否可以遵循一种脉络:活动—特殊活动—商务活动—会展?这里的“会展”是指商业性的会议和展览会,属于狭义的“会展”。

需要注意的是,在专业领域里所提的“活动”是指那些经过精心策划、目标明确的特殊活动(Special/Planned Events)。按照不同的标准,可以将活动划分为不同的类型。在各种划分方式中,我们要特别注意以活动内容为标准的划分。早在20年前,国际著名节事活动和节事旅游学者Getz(1997)就根据活动内容的不同,把经过事先策划的活动(Planned Events)分为以下8种基本类型:

- 文化庆典,包括节日、狂欢节、宗教事件、大型展演、历史纪念活动等;
- 艺术娱乐活动,主要包括音乐会、文艺展览、授奖仪式和其他表演;
- 会展及商贸活动,如会议、展览会/展销会、博览会、广告促销、募捐/筹资活动等;
- 体育赛事,主要包括职业比赛、业余竞赛和商业性体育活动;
- 教育与科学活动,包括研讨班、专题学术会议、学术讨论会等;
- 休闲活动,包括演唱会、游戏和趣味体育、娱乐活动;
- 政治/政府活动,包括就职典礼、授职/授勋仪式、贵宾VIP观礼、群众集会;
- 私人活动(个人庆典,如周年纪念、家庭假日、宗教礼拜等;社交活动,如私人舞会、家庭聚会、同学/亲友联欢会等)。

Wagen(2004)也有类似的划分,他将活动分为体育,娱乐、文化和艺术,市场营销和促销、会展、节日庆典、家庭活动以及筹资活动等类型。由此可见,会展与商贸活动只是其中的一种。

或许正是出于上述原因,2008年12月,美国东卡罗莱纳大学酒店与旅游管理学院教授、《会展与节事旅游研究》主编乔治·费尼奇(George G. Fenich)博士在出席由上海应用技术大学和中国会展经济研究会联合主办的世博会·会展教育与研究国际研讨会时明确提出了这样一个观点:尽管各种提法五花八门,但国际会展学术界和业界都倾向于使用一个共同的术语——EVENT。

近几年，越来越多的国内会展学者、业界人士和城市会展业的管理者都开始认同“大会展”的概念。我个人一直认为，大会展就是活动产业（Event Industry）。但一个比较大的问题是“会展业”的提法在国内已经约定俗成，在一定程度上限制了人们对会展的认识。会展业的产业地位和就业形象要提高，需要放大其平台作用和社会价值。向大众普及活动管理的基本原理及其对社会发展和个人成长的价值，是一种有效的途径。

另外，我们还要特别关注一种现象——在大会展业内，各领域之间的融合越来越明显。以展览会为例，相对公司活动而言，贸易展览会（Trade Show）显得更加成熟，不仅得到很多专业协会和企业的支持，而且已经形成了不少代表性的理论和研究报告。然而，近几年，展览会和公司活动之间的关系正在发生微妙的变化。《贸易展览会与活动营销：规划、促销与利润》（*Trade Show & Event Marketing*: *Plan*, *Promote & Profit*）一书的作者鲁斯·史蒂芬（Ruth P. Stevens）认为，不仅展览会和其他买家-卖家活动（Buyer-Seller Events）之间的差异越来越难区分，而且各种形式多样的活动在功能和内容上彼此交叉，这使得对活动的分类也更加困难。

三、产业发展

2006年4月，原国际展览管理协会（IAEM）在其官方杂志E2上刊载了一篇文章——《展览会+活动=展览业的未来》（Exhibitions + Events=Designing the Future），同年12月，该协会正式更名为“国际展览与活动管理协会”（IAEE）。IAEM在新的战略规划中将活动（events）明确列入组织使命中，标志着美国展览业将展览会与营销活动进一步融合。IAEE明确将会展与活动产业相提并论，这就好比目前我们在很多场合提“会展与活动产业”一样。

2017年4月，美国会展和活动行业的权威机构“会议产业委员会”（Convention Industry Council）正式更名为“活动产业委员会”（Event Industry Council）。Event作为一个包容性更强的基础词汇，能够把会议、展览会、公司活动、奖励旅游及婚庆等不同领域的力量聚集在一起，这有助于提升整个会展业和活动产业的地位和影响力。

在我国，中国会展经济研究会（CCES）也于2013年将英文名称的缩写改为CCEES，其中，第二个E就是活动（Event）。

综合分析会展学科、会展教育教学及会展产业发展的趋势，我觉得用活动管理的思维和框架来设计《会展策划与管理》的内容是合适的。

四、本书的主要特点

概括而言，《会展策划与管理》一书具有以下4个主要特点：

第一，本书所讨论的“会展策划与管理”是从项目管理的角度，完整地展现了包括会议、展览会在内的各类活动管理的全过程。因为一个活动涉及项目管理的全过程，适合运用项目管理的理论与方法来指导。国内外不少学者研究了项目管理在会展和活动管理中的应用（Goldblatt, 2002；Thomas & Adams, 2005）。2012年，美国项目管理协会（APMA）出版了《活动项目管理知识体系》（*Event Project Management Body of Knowledge*），对项目管理在会展和活动管理中的应用做了详细的解释。

第二，秉承活动思维来讨论会展项目策划与管理中的原理、方法及工具。“会展经济与管理”的专业名称是教育部批复的（自2004年以来就是如此），按照当前国内的教育管理体制，要改专业名称很难，但在人才培养中可以采取活动管理（event management）的思维和做法（注：会展设计等专业除外）。在开篇第一章，作者结合新的材料，对“会展”和“活动”的区别及联系做了系统的论述。

第三，理论与实践相结合。本书在“扩展阅读”部分共精心编写了18个案例，在延伸阅读部分提供了30多篇具有较强实用价值的文章。另外，在每章还穿插了相应的经典实例，这使得本书具有很强的可读性。

第四，关于会展项目管理的基础性和前瞻性知识，本书也做了较好的结合。在基本原理篇，作者在辨析活动与会展关系的基础上，讲述了包括活动管理知识体系在内的活动管理的基础知识以及会展从业人员的工作法则；在发展趋势篇，展望了会展项目管理的前景和会展从业人员面临的新挑战。

运用活动管理的思维来解释会展策划与管理是一次有益的尝试。因为“各种庆祝活动好似灵丹妙药（Derrett，2004），具有黏合社区和促进社区复兴的功能，并有利于建立合作、友好、互惠互利、归属和友谊的感觉”（Arcodia & Whitford，2006），活动教育（包括面向大众的教育）和研究拥有广阔的前景。

在此，我要衷心感谢教育部高等学校旅游管理类专业教学指导委员会的各位专家特别是我的恩师马勇教授，以及高等教育出版社的编辑。同时，敬请广大读者多提宝贵意见和建议，以使本书不断得到完善。

王春雷

目录

第1章　活动与会展项目

本章导读

我们生活在一个“活动”的世界。只要有人类生活和生产就会有活动，相应地，活动策划人/活动管理专家（Event Planner/Event Professional，根据中文表达习惯，也有学者将其翻译成“会展专家”或“会展人”）的职业蓝图令人兴奋。持续增加的活动需求、政府的大力支持以及不断优化的外在环境，将给包括会展在内的活动产业的发展带来新的市场机遇（王永嘉，2004）。本章将介绍活动的定义与类型、会展的定义、活动管理与会展项目管理的异同、会展策划与管理的主要工作内容等基础知识。

本章关键术语

特殊活动（Special Event）　会议（Meeting）　年会（Convention）
展览会（Exhibition）　贸易展览会（Trade Show）　商务活动（Business Events）
活动项目管理知识体系（Event Project Management Body of Knowledge）

第一节　活动的概念与类型

2006年初，美国国际展览管理协会（IAEM）在新的战略规划中将活动（Events）明确列入组织使命中，同年12月将协会更名为国际展览与活动管理协会（IAEE），[①] 这标志着贸易展览会与各类活动在美国的进一步融合。2017年4月26日，美国会议产业委员会（Convention Industry Council，简称CIC）正式更名为活动产业委员会（Events Industry

① IAEE即International Association of Exhibitions and Events的英文缩写，官方的中文译名为“国际展览与项目协会”

Council，简称EIC）。[①] 这似乎在传递一个信号，越来越多的从业人员正在认同“活动管理”（Event Management）作为一门独立科学的地位和影响。在美国，甚至有专家把活动产业与律师行业、旅游业相提并论，并将其誉为21世纪初最令人瞩目的朝阳产业。上述产业发展和学科发展趋势是本书从活动管理角度来讲述会展策划与管理工作的基本背景。

一、活动的概念

“活动”对应的英文是“Event”，含有事件、大事、活动等多方面的含义。人们一般所说的“活动”是指那些经过精心策划、目标明确的特殊活动（Special Events或Planned Events）。不少旅游学者习惯使用“节事活动”（即节庆与特殊事件），对应的英文是Festivals & Special Events，简称FSE。从这个意义上来讲，活动是节庆、特殊事件等经过精心策划的各种活动的简称，其形式包括精心策划和举办的某个特定的仪式、演讲和表演活动，各种节假日及传统节日，以及在新时期创办的各种庆典活动和特殊事件。而实际上，“节庆”也属于特殊活动。

活动的范围极为广泛，很难给出一个能囊括所有活动类型的定义。国际著名节事研究专家唐纳德·盖茨（Donald Getz）从活动组织者和客户两个方面对特殊活动进行了界定（Getz，1997）：对管理者而言，特殊活动是一种在发起人或组织者的常规计划或活动以外的一种一次性或不经常发生的活动；对客户和客人而言，特殊活动是指在常规选择范围之外或日常经历之外的一次休闲、社交或文化体验的机会。上述两个定义的出发点很好，但对“特殊活动”的“特殊性”刻画得还不够深刻。

有“现代活动管理之父”之美誉的乔·戈德布莱特（Joe Goldblatt）教授认为，“特殊活动”总是经过精心策划，总是能激发期望，总是能通过提供一个值得庆祝的理由而让人激动不已（Goldblatt，1990）。因此，特殊活动是那些“发生在特定时刻的，以典礼或仪式的形式来庆祝的，能满足特定需要的活动”（Goldblatt，1997）。他认为，为了创造或强化这种“特殊性”（Uniqueness /Specialness），需要在许多主观因素上去努力。Getz（1997）提出了相应的14项定性指标，但要注意，他的侧重点是节事活动，特别是各类旅游节庆，如表1-1所示。

表1-1 衡量活动“特殊性”的主要标准

努力因素	描述
目标的多重性 /A multiplicity of goals	节事活动应追求目标的多样性，其实质是能有机协调目的地、活动组织者、社区居民和观众等不同利益相关者的诉求
节日精神 /Festival spirit	节事活动应努力创造一种真正的节日气氛，这种氛围有利于制造欢乐甚至狂欢，人们将脱离常规制约，或者转变正常角色
满足基本需求 /Satisfying basic needs	所有基本的人类需要以及相关的休闲、旅游动机都能通过活动得到部分满足。随着需要和有关动机更好地得到满足，节事活动的“特殊性”也会增强

① CIC所指的“convention”范围很广，包括会议、展览会、公司活动等，新的官方网站网址为http://www.eventscouncil.org

续表

努力因素	描述
独特性 / Uniqueness	大型活动依靠“非看不可”、“一生只有一次”的独特性吸引游客。几乎所有节事活动的组织者都能在一定程度上管理自己的产品和促销活动，以创造这种特殊性
质量 / Quality	如果一个节事活动的质量差，将摧毁其“特殊性”；相反，高品质的活动将超越客户的期望和产生高的满意水平
真实性 /Authenticity	这与“独特性”有关，即节事活动必须依托于本土的文化价值和属性。对旅游者而言，如果他们能体验到参与了真实的社区庆祝活动，这种“特殊性”将会加深
传统性 /Tradition	许多节事活动已成为举办地的重要传统，它们在当地社区扎根，并因为其相关联的神秘感而对旅游者富有吸引力。由于与举办地社区紧密相关，“标志性活动”（Hallmark events）与目的地的形象有机结合并互相促进
灵活性 /Flexibility	目的地可以依托最少的基础设施来举办活动，因为活动在空间和时间上都具有可移动性，并能适应不断变化的市场和组织需要。这使得节事活动能够成为组织和目的地的特殊产品
好客性 /Hospitality	好客性的本质是让每一个活动参加者感觉到宾至如归。在目的地，游客受到社区欢迎，当地居民为能成为主人而感到很自豪。有些节事活动和社区因为对旅游者热情好客而广受赞誉
可感知性 /Tangibility of the theme	活动参加者能通过在一个目的地举行的各种活动体验其独特性和环境资源，包括文化、旅游和自然资源
主题性 /Theming	活动的所有元素都能被赋予主题色彩，以最大限度地体现节日精神、真实性、传统、互动机制和客户服务。主题化将增加参与者对“特殊性”的感觉
象征性 /Symbolism	仪式和符号一起使用，增加了节日气氛，也可以给一个节事活动带来超出其直接目的和主题的特别意义
可支付性 /Affordability	对于大部分细分人群来说，那些能提供人们负担得起的休闲、教育、社会和文化经验的活动具有特殊的意义
便利性 /Convenience	各种活动可用作自发的、无计划的休闲和社交的特殊机会。这在以工作为导向的浮躁的当今社会，特别是在城市环境中，具有重要的价值

资料来源：Getz, D. *Event Management & Event Tourism*. New York: Conizant Communication Corporation, 1997.

国内知名活动管理学者、“活动策划家”自媒体创始人刘春章博士概括了特殊活动的14个特征，包括发生性、时域性、地域性、参与性、目的性、重要性、关注性、聚集性、传播性、计划性、体验性、创意性、仪式性以及独特性。与Getz提出的14个标准对照，这些特征中既有独特性、目的性、象征性等相似之处，也有一些从不同视角的概括。例如，关于体验性，刘春章认为，特殊活动的本质是参与，参与的要求是体验，而体验需要设计。再如，刘春章提到的仪式性与 Getz 提到的象征性在本质上是一样的，他认为“仪式是明确或暗含某种文化的一种秩序。不管你参加什么活动，有没有看到什么仪式，仪式就在那里。”

综上所述，本书所讨论的“活动”是指特殊活动（Special Event），即在发起人或组织者的常规计划以外，在参与者的日常生活之外，能满足组织者的特殊目的并带给参与者特殊体验的聚集。

二、活动的分类

活动是一个五彩斑斓的世界。尽管业界和学术界根据目的、性质、规模等不同标准，提出了不同的活动类型划分，但所有活动都代表了一种为了一个特定的目的、在特定的时间和地点将人们聚集在一起的场景。

（一）Silvers 的划分

Julia Rutherford Silvers 是构建和推广活动管理知识体系（EMBOK）工作的重要先驱之一。Silvers 认为，尽管业界将活动分成多种类型，但所有的活动都是出于特定的目的，在特定的时间、特定的地点将人们聚集在一起。按照活动目的的不同，她将活动分为 10 大类：

1. 商务及公司活动（Business & Corporate Events）

任何有助于实现商业目标（Business Objectives）的活动，包括管理职能、企业沟通、培训、营销、奖励、雇员关系、顾客关系等，单独安排或与其他活动共同安排，常见类型见表 1-2。

表 1-2 常见的商务及公司活动类型

颁奖晚宴（Awards Banquet）	行业展览会（Industrial Show）
董事会（Board Meeting）	管理会议（Management Meeting）
（简要的）发布会（Briefing）	媒体会议/新闻发布会（Media/Press Conference）
非正式的小组讨论会（Buzz Session）	里程碑事件（Milestone Event）
公司派对/野餐（Company Party/Picnic）	移动营销展览会（Mobile Marketing Show）
公司参展（Corporate Exhibit）	开放参观日（Open House）
公司（自办）展示（Corporate Show）	产品发布活动（Product Launch Event）
活动赞助（Event Sponsorship）	公共宣传活动（Publicity Event）
高管会议（Executive Retreat）	销售会议（Sales Meeting）
盛大开业典礼（Grand Opening）	促销活动（Sales Promotion）
破土动工（Ground Breaking）	团队建设（Team Building）
假日派对（Holiday Party）	技术考察（Technical Visit/Tour）
酒店套房/帐篷招待会（Hospitality Suite/Tent）	头脑风暴（Brain-Storming）
招待会（Hospitality Reception）	贸易访问（Trade Mission）
人力资源活动（Human Resources Event）	贸易展览会（Trade Show）
奖励活动（Incentive Event）	培训活动（Training Event）
奖励会议（Incentive Meeting）	用户会议（User Conference）
奖励旅游（Incentive Travel）	

2. 公益及筹款活动（Cause-Related & Fund-raising Events）

由慈善组织或公益团体创办，旨在吸引资金、获得支持或引起关注的活动，可以单独安排，或者与其他活动放在一起举办，见表 1-3。

表 1-3　常见的公益及筹款活动类型

拍卖（Auctions）	晚宴舞会（Gala Dinner Dance）
周年纪念日（Anniversary）	假日活动（Holiday Event）
颁奖晚宴（Awards Banquet）	家庭和花园旅行（Home & Garden Tour）
烧烤野宴/烹饪比赛（Barbecue/Cook-offs）	正式的午宴（Luncheon）
早午餐（Brunch）	家庭招待会/开放参观日（Open House）
工作坊（Workshop）	露天表演/游行（Pageant/Parade）
赌场之夜（Casino Night）	展示（Presentation）
慈善嘉年华（Charity Carnival）	招待会（Reception）
教堂庆典（Church Fête）	招聘会（Recruitment Fair）
演示（Demonstration）	陈列展示（Showcase）
教育旅行（Educational Tour）	社交晚宴（Social Dinner）
展览会（Exhibition）	体育赛事（Sport Events）
交易会（Fairs & Fêtes）	电视马拉松（Telethon）
时装秀（Fashion Show）	主题派对（Theme Party）
募捐长跑/行走马拉松（Fun Run/Walkathon）	

3. 展览会、博览会及交易会（Exhibitions, Expositions & Fairs）

把买家、卖家以及感兴趣的人聚集在一起，以展示或销售产品、服务和其他资源给特定的行业或一般公众的活动，可以单独安排，也可以与其他活动放在一起举办，见表 1-4。

表 1-4　常见的展览会、博览会及交易会类型

亲密团体展览会（Affinity Group Show）	招聘会（Job Fair）
农业展览会（Agricultural Show）	商场展览会（Mall Show）
艺术及手工艺品交易会（Arts & Crafts Fair）	移动营销路演（Mobile Marketing Road Show）
汽车展览会（Car Show）	宠物展览会（Pet Show）
消费类贸易展览会（Consumer Trade Show）	私人贸易展览会（Private Trade Show）
演示（Demonstration）	产品展示会（Product Showcase）
跳蚤市场/收藏品市场（Flea/Collectibles Market）	公众博览会（Public Expo）
电视竞赛节目（Gate Show）	招聘会（Recruitment Fair）
礼品/爱好展览会（Gift/Hobby Show）	贸易展览会（Trade Show）
健康、保健展览会（Health/Wellness Fair）	垂直展示（Vertical Show）
工业展览会（Industrial Show）	世界博览会（World's Fair）

4. 娱乐及休闲活动（Entertainment & Leisure Events）

为娱乐目的而举办的一次性或周期性的，免票的或凭票入场的演出或展示活动，可以单独安排，也可以与其他活动放在一起举办，见表1-5。

表1-5 常见的娱乐及休闲活动类型

探险旅游（Adventure Tour）	假日活动（Holiday Event）
颁奖典礼（Awards Ceremony）	商场秀（Mall Show）
艺术展览会（Arts Exhibition）	神秘旅游（Mystery Tour）
小型讨论会/工作坊（Clinic/Workshop）	露天表演（Pageant）
音乐会（Concert）	游行（Parade）
演示（Demonstration）	表演（Performance）
生态旅游（Eco-tour）	公众展览会（Public Show）
教育旅游（Educational Tour）	重现表演（Re-enactment）
民俗旅游（Ethnic Tour）	陈列展示（Showcase）
短途旅行（Excursions）	观光旅游（Sightseeing Tour）
博览会（Fairs & Fêtes）	特殊活动旅游（Special Event Tour）
时装秀（Fashion Show）	体育赛事（Sport Event）
电视竞赛节目（Gate Show）	

5. 节庆（Festivals）

由公众或为公众举办的一种文化庆祝活动，可以是世俗的或宗教的，可以单独安排，也可以与其他活动放在一起举办（许多节庆都会在节日的氛围中把买家和卖家聚在一起），见表1-6。

表1-6 常见的节庆活动类型

艺术/工艺品节（Arts/Crafts Festival）	假日节（Holiday Festival）
嘉年华（Carnival）	地方和宗教集会（Local & Regional Fair）
百年纪念（Centennial）	音乐节（Music Festival）
舞蹈节（Dance Festival）	社区节（Neighborhood Festival）
献堂典礼（Dedication）	游行（Parade）
民族节日/文化节（Ethnic/Cultural Festival）	造物节（Products Festival）
美食节/烹饪比赛（Food Festival/Cook-off）	重现表演（Re-enactment Pageant）
传统节庆（Heritage Festival）	宗教节日（Religious Festival）
历史的节日（Historical Festival）	季节性节日（Seasonal Festival）

6. 政府及市政活动（Government & Civic Events）

由政治团体、社区或政府部门举办或者为它们举办的活动，可以单独安排，也可以与其他活动放在一起举办。常见的此类活动，见表1-7。

表 1-7　常见的政府及市政活动类型

周年纪念日（Anniversary）	就职典礼（Inauguration）
集会（Assembly）	授职仪式（Investiture）
宴会（Banquet）	新闻发布会（Media/Press Conference）
百年纪念（Centennial）	社区活动（Neighborhood Events）
仪式活动（Ceremonial Event）	游行（Parade）
公民颁奖典礼（Citizen Award Celebration）	政治集会（Political Rally）
社区/村落庆典（Community/Village Fête）	国葬（State Funeral）
辩论会（Debate ）	国事活动（State Occasion）
献堂典礼（Dedication）	峰会（Summit）
政府会议（Government Meeting）	智囊团会议（Think Tank）
破土动工（Ground Breaking）	贸易访问团（Trade Mission）
假日活动（Holiday Event）	高端访问活动（Visiting Dignitary Event）

7. 营销活动（Marketing Events）

一种有助于把买家和卖家聚在一起的商业导向（commerce-oriented）活动，其主要目的是提升商品或服务的知名度，可以单独安排，也可以与其他活动放在一起举办，见表 1-8。

表 1-8　常见的营销活动类型

大厨招待会（Chef's Table）	开放参观日（Open House）
顾客接待活动（Customer Hospitality Event）	产品发布会（Product Launch Event）
演示（Demonstration）	公共宣传/促销活动（Publicity/Promotional Event）
赞助活动（Event Sponsorship）	零售活动（Retail Event）
工厂考察（Facility Tour）	陈列展示（Showcase）
熟悉考察团（Familiarization Tour）	主题茶歇（Theme Break）
时装秀（Fashion Show）	主题派对（Theme Party）
正式开业（Grand Opening）	贸易代表团（Trade Mission）
接待活动（Hospitality Suite/Tent）	贸易展览会参展（Trade Show Exhibit）
新闻发布会（Media/Press Conference）	

8. 会议及大会活动（Meeting & Convention Events）

人们为了交换信息，辩论或讨论，达成共识或决议，教育，以及建立关系而聚集在一起的活动，可以单独安排，也可以与其他活动放在一起举办，见表 1-9。

表1-9 常见的会议及大会活动类型

学术会议（Academic Conference）	演讲（Lecture）
集会（Assembly）	午餐会（Luncheon）
协会会议（Association Meeting）	管理会议（Management Meeting）
颁奖宴会（Awards Banquet）	新闻发布会（Media/Press Conference）
董事会会议（Board Meeting）	医学会议（Medical Meeting）
思维碰撞会（Brainstorming Session）	军事会议（Military Meeting）
茶歇（Break）	海报论文讨论会（Poster Session）
吹风会（Briefing）	宗教会议（Religious Meeting）
小组漫谈会（Buzz Session）	圆桌会议（Round Table）
伙伴聚会（Companion Program）	销售会议（Sales Meeting）
教皇选举会议（Conclave）	科学会议（Scientific Meeting）
会议（Conference）	研讨会（Seminar）
代表会议（Congress）	观光旅游（Sightseeing Tour）
大会（Convention）	体育比赛（Sport Tournaments）
公司会议（Corporate Meeting）	研究代表团（Study Mission）
辩论会（Debate）	座谈会/专题学术讨论会（Symposium）
总结报告会（Debriefing）	宣讲会（Teach-in）
演示会（Demonstration）	技术会议（Technical Meeting）
餐桌会议（Dine Around）	主题茶歇（Theme Break）
教育会议（Educational Conference）	智库会议（Think Tank）
联谊会会议（Fraternal Meeting）	贸易展览会（Trade Show）
全体大会（General Assembly）	培训活动（Training Event）
政府会议（Government Meeting）	用户会议（User Conference）
套房招待会（Hospitality Suite）	欢迎酒会（Welcome Reception）
奖励会议（Incentive Meeting）	工作坊（Workshop ）

9. 社会/人生里程碑活动（Social/Life-Cycle Events）

一种受邀请才能参加（invitation only）的私人活动，其目的往往是为了庆祝或纪念一个文化的，宗教的，公共的，社会的或具有人生里程碑意义的时刻，可以单独安排，也可以与其他活动放在一起举办，见表1-10。

表1-10 常见的社会/人生里程碑活动类型

周年纪念日（Anniversary）	葬礼（Funeral）
受戒/成人仪式派对（Bar/Bat Mitzvah Party）	晚宴舞会（Gala Dinner Dance）
野餐会（Barbecue）	聚会（Get-together/Gathering）
早午餐（Brunch）	假日派对（Holiday Party）
洗礼/命名仪式（Christening/Naming Ceremony）	午餐会（Luncheon）
教堂聚会（Church Socials）	（西班牙语）午后点心（Merienda）
俱乐部派对（Club Parties）	军人重聚（Military Reunion）
毕业典礼（Commencement/Graduation）	家庭招待会（Open House）
宣誓仪式（Commitment Ritual）	社交晚宴（Social Dinner）
坚振礼/按手礼（Confirmation）	茶话会（Tea Party）
社交舞会（Dance Socials）	圣线佩戴仪式（印度）（Thread Ceremony）
家庭团聚（Family Reunion）	婚礼（Wedding）
联谊会（Fraternal Reunion）	

10. 体育赛事（Sports Events）

一种包括休闲性或竞技性体育运动，供人参观的或参与的活动，可以单独安排，也可以与其他活动放在一起举办，见表 1-11。

表 1-11 常见的体育赛事类型

动物运动会（Animal Sports）	筏赛（Rafting）
颁奖宴会（Awards Banquet）	赛船会（Regattas）
锦标赛（Championship）	拉力赛（Road Rally）
竞赛（Competition）	竞技表演（Rodeo）
单车旅游（Cycling Tour）	绳索课程（Ropes Course）
马术比赛（Equestrian Events）	校园运动（School Sports）
极限运动（Extreme Sports）	足球比赛（Soccer Game）
募捐长跑/行走马拉松（Fun Run/Walkathon）	特奥会（Special Olympics）
高尔夫邀请赛（Golf Tournament）	观赏性运动（Spectator Sports）
马拉松（Marathon）	体育诊所（Sports Clinics）
奥林匹克/类奥林匹克运动会（Olympic/Olympic-Style Games）	游泳比赛（Swim Meet）
开幕式/闭幕式（Opening/Closing Ceremonies）	团队建设活动（Team Building Course）
运动员入场仪式（Parade of Athletes）	网球公开赛（Tennis Tournament）
参与式运动（Participatory Sports）	火炬跑（Torch Run）
马球比赛（Polo Match）	三项全能运动（Triathlon）
职业与业余选手混合赛（Pro-Am Competition）	田径运动会（Track Meet）
赛马会（Races）	水上运动（Water Sports）

（二）Getz 的划分

Wagen 和 Carlos（2005）将活动分为体育，娱乐、文化和艺术，市场营销和促销、会展、节日庆典、家庭活动以及筹资活动等类型。根据活动内容的不同，国际著名节事旅游与活动研究专家 Donald Getz（1997）把经过事先策划的活动（Planned Events）分为以下 8 种基本类型：

- 文化庆典，包括节日、狂欢节、宗教事件、大型展演、历史纪念活动等；
- 艺术娱乐活动，包括音乐会、文艺展览、授奖仪式和其他表演；
- 会展及商贸活动，包括会议、展览会/展销会、博览会、广告促销、募捐/筹资活动等；
- 体育赛事，主要包括职业比赛、业余竞赛和商业性体育活动；
- 教育科学活动，包括研讨班、专题学术会议、学术讨论会等；
- 休闲活动，包括演唱会、游戏和趣味体育、娱乐活动；
- 政治/政府活动，包括就职典礼、授职/授勋仪式、贵宾（VIP）观礼、群众集会；
- 私人活动，包括个人庆典，如周年纪念、家庭假日、宗教礼拜等；社交活动，如私人舞会、家庭聚会、同学/亲友联欢会等。

（三）Shone 和 Parry 的划分

Shone 和 Parry（2004）使用分类学原理提出了类似的活动分类。他们认为，可以将特殊活动分为 4 种基本类型，即文化活动（庆典类的、宗教类的、传统类的、艺术类的和大众类的）、休闲活动（休闲、体育和娱乐活动）、个人活动（婚礼、葬礼、生日和各种周年纪念）和团体活动（商务类的、政治类的、慈善类的以及销售类的）。他们同时指出，这种分类有一定的重叠性，譬如，毕业典礼对于个人和家庭来说是个人活动，但对于学校来说，是组织活动；再如，一个乡村嘉年华，既是文化活动，一般也是休闲活动。因此，重叠应该视为必然而非例外，见图 1-1。

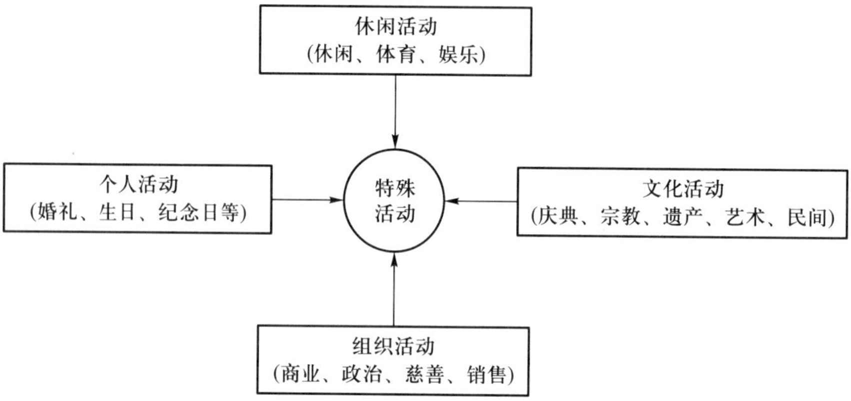

图 1-1 Shone 和 Parry（2004）对活动的分类

第二节 活动举办的目的

在人们的日常生活中，每天都在发生各种各样的活动，但很多并不是有序的、高效的或经过精心安排的。然而，专业的活动管理要从"为什么"（Why/Purpose，即活动的目标）开始，它能指导之后为实现该目标的所有行动。这也是特殊活动的基本含义之一，首先是确定"特定的目的和目标"。戈德布莱特（2010）认为，特殊活动的目标有 4 种基本类型，即庆祝（Celebration）、教育（Education）、营销（Marketing）和团聚（Reunion）。本书作者认为，娱乐（Entertainment）也是特殊活动的重要目的之一，但在此不做详细讨论。

一、庆祝

所谓"庆祝"就是为共同的喜事而进行一些活动，以表示欢庆或纪念。谈起"庆祝"，一般人首先想到的是烟花、表演甚至锣鼓喧天。其实，"庆祝"的英文 celebration 来源于拉丁语"celebro"，是"给……以荣誉"（to honor）的意思。另一个被普遍接受的定义是仪式中的“表演”（To Perform）。这样，庆祝就是指那些比较正式的、节日的场合，包括游行、市民活动、节庆、宗教仪式、政治活动、成人仪式、婚礼及周年纪念日等，这些活动往往与个人或组织的生命周期阶段（life-cycle）有关，并具有重要的历史意义。

二、教育

“教育”一词来源于拉丁语 educare，意思是“引出”（Lead Out），意思就是通过一定的手段，把某种本来潜在于人们身体和心灵内部的东西引发出来。对教育的定义，各国学者认识不同。美国著名教育家、哲学家约翰·杜威（John Dewey）认为，“教育即生活。”英国著名哲学家、社会学家和教育家赫伯特·斯宾塞（Herbert Spencer）认为，“教育是未来生活之准备。”我国著名教育家陶行知认为，“生活即教育，社会即学校，教学做合一”。由此可见，教育是贯穿一个人的全生命周期的，特别是从终身教育的角度来讲，活动在教育与生活之间有着天然的纽带作用。

常见的教育类活动有专题学术研讨会（Symposium）、工作坊（Workshop）、毕业典礼（Commencements）、评议会（Convocations）、校友活动、公司培训、有特定教育内容的会议，以及能寓教于乐（Edutainment）的活动等。其中，寓教于乐（Edutainment）的活动要依托对歌手、舞蹈演员等娱乐元素的使用，以展示教育的理念和主题。寓教于乐的形式多样，常见的有寓教于文艺演练、寓教于体育活动、寓教于文化生活、寓教于游艺交际、寓教于旅游观光等。

三、营销

正如上文所言，营销活动的主要目的是提升商品或服务的知名度，并把买家和卖家聚在一起，因而具有典型的商业导向（见表 1-8）。作为一种整合营销工具，活动营销几乎已经成为所有公司或组织营销计划中不可分割的一部分。和广告、公共关系、促销等一起，特殊活动有助于提高产品和服务的知名度，并促进潜在消费者购买。很久以来，零售商早已习惯利用各种活动来促进销售，如今，许多其他行业的企业也意识到面对面活动（Face-to-Face Events）在实现销售目标方面是一种有效的途径。

盖茨（Getz）（1997）将会展与商务活动列为特殊活动的第三大类。商业会议、贸易展览会与公司活动（Corporate Event）都属于商务活动的范畴，且大都带有营销的性质（见表 1-12）。所谓商务活动，是一个统称性的术语，它包括展览会以及企业自身举办的用来服务客户（主要指中间商）、潜在客户甚至消费者的活动。

波赫尔（Behrer）、拉尔森（Larsson）和桑德格伦（Sandgren）（1998）从营销的角度，将活动营销分为 4 种基本类型，其中，活动营销（Action Marketing）是一种富有创意的促销形式，而且必须发生在产品销售的地方；但以建立关系为导向的活动（Relation Building Events）是富有情感的，并以一种特别的方式让观众参与进来，其主要内容是活动本身，而不是活动举办的场地，如图 1-2 所示。

表 1-12 常见商务活动的分类及特征

	会展	公司活动	其他活动
主要类型	✓ 纵向、横向展览会 ✓ 国际、全国、区域及地方性展览会 ✓ 由行业协会、非营利机构组织的展览会 ✓ 大型会议、研讨会等	✓ 多站点巡回展/路演 ✓ 用户小组 ✓ 单个客户活动 ✓ 合作伙伴讨论会 ✓ 教育性讲座 ✓ 网络讲座 ✓ 娱乐活动 ✓ 奖励旅游	✓ 体育赞助 ✓ 手机营销 ✓ 游击营销 ✓ 公益事业 ✓ 消费者活动
共同点	✓ 与客户或潜在客户面对面沟通的效率高 ✓ 和其他营销渠道相比成本较高，但比直接销售的成本低 ✓ 侧重点在于发现销售机会 ✓ 通常被认为与企业内部的预算、组织和管理具有一样的功能 ✓ 与活动前的沟通和活动后的跟进一起，才能发挥最佳效果		—
主要区别	✓ 侧重于潜在客户 ✓ 活动的进度、内容和与会者（观众）都由会展公司组织安排 ✓ 竞争对手使得信息和注意力分散 ✓ 提供大量的公共关系机会	✓ 侧重于现有客户 ✓ 整个活动由公司人员组织 ✓ 通过精心组织可以使信息得到有效控制 ✓ 公司活动的花费可以由商业伙伴来支付或者向参加者收费	—

参考资料：Ruth P. Stevens. *Trade Show & Event Marketing*: *Plan*, *Promote & Profit*, 2005, South-Western Educational Publishing

图 1-2 活动营销（Event Marketing）的基本类型

以展览会为例，参展作为企业实施整合营销战略的一种重要工具。首先，作为平台，展览会是一个信息市场。展会期间，某个甚至多个行业的供应商、生产商、批发商、分销商等汇聚一堂，进行交流洽谈、签订合同。参展企业可以利用各种信息渠道宣传自身的产品，推介品牌、展示形象。企业与顾客之间可以直接沟通，并得到及时反馈。其次，展览会具备了其他营销工具的相关属性，例如，作为广告工具，可以通过各类媒介将信息有针对性地传送给特定观众；作为促销工具，能刺激公众的消费和购买欲望；作为一种直销形式，可以直接将展品展示和销售给观众。

四、团聚

团聚（特别是重聚）在活动管理领域几乎随处可见，因为只要第一届活动是成功的，那么参与者就会有重聚的愿望。“团聚/重聚”经常和家庭、学校、协会等团体放在一起，例如，家庭团聚（Family Reunion）、校友聚会活动（School Reunion Event）、协会年度聚会（Association Annual Reunion）等。当人们为了纪念的目的而重新团聚，重新点燃友谊，或者仅仅是作为一个群体重新团结起来时，他们就是在进行一次团聚活动。在美国社会“重聚”具有如此丰富的象征意义，以至于比尔·克林顿（Bill Clinton）将其作为总统宣誓就职活动的主题。

戈德布莱特（2010）提出，“在美国，随着20世纪50年代传统家庭的崩溃，以及美国人的迁居习惯，认为为了与家人和朋友重新建立联系，婚礼、葬礼和团聚活动正成为我们生活的中心，这种观点并不是无稽之谈。”有不少学者还专门出版了著作来介绍如何成功地组织家庭团聚、军人聚会等团聚活动。

第三节 会展的定义

本书认为，广义的会展（或称“大会展”）就是活动，狭义的会展主要包括会议和展览会。自古以来，各种活动和会议就以某种形式存在了。在古罗马时期，就有专门用来举办会议的论坛（Forum，可以理解为“公开讨论事务的广场”）和举办活动的斗兽场。宗教朝拜活动已有几千年的历史。在美洲大陆，市政厅论坛（Town Hall Forums）作为一种会议形式始于18世纪。尽管必须有人来组织这些活动，但很长时间以来，既没有正式的培训，也缺少专门针对会展专业人员技巧、标准和能力的规范。时至今日，业界仍未建立起公认的会展专业人士的知识、技巧和能力（KSA）体系。

一、概说

“会展”和“会展经济”在国内的提出，要追溯到20世纪末，尤其是1997年香港回归这一历史性的大事件在香港会展中心举行，“会展”一词迅速被人们所关注和使用。2000年，西南财经大学出版社出版的由保健云和徐梅合著的《会展经济：一种蕴藏无限商机的新型经济》一书对会展概念进行了明确的界定：会展是会议、展览、展销等集体性活动的简称，是指在一定地域空间，由多个人集聚在一起形成的，定期或不定期的，制度或非制度的集体性和平活动。交易会、博览会、展销会及各种大型体育运动会是会展活动的基本形式。2005年，商务印书馆出版的《现代汉语词典》（第5版）正式收录了“会展”、“会展经济”等热门词汇。国内学者杨琪的观点与保健云、徐梅很相似，他认为会展的主要形式包括会议、展览会和节事活动（杨琪，2017）。

美国著名会展管理专家、东卡罗莱纳大学教授乔治·芬尼奇博士提出：在确定活动的名称时必须非常谨慎，一定要分析利益相关者和目标参与者可能如何对其做出理解。一般来说，我们把有两人或两人以上的聚会（Gatherings）称作“会议”（Meetings）。显而易见，这个词包含了“年会”（Conventions）、“代表大会”（Congresses）、“学术研讨会”（Symposium）等各种会议，其中，不少会议的与会者人数都能成千上万。如果某个会议上还有材料或产品展出，那么这个会议就附带了贸易展览会（Trade Show），或者说具有博览会（Exposition）或展览会（Exhibition）元素。如果会议期间还涉及体育、社交或生命周期活动（Activities），这时可以用一个更通用的术语来概括——活动（Events）。另外还有一个更宽泛的术语——“聚会”（Gathering）。

关于会议（Meeting），美国活动产业理事会（EIC）的公认实践惯例交换平台（APEX）提出了一个总的定义：一种活动，其参与者的主要行为是出席教育会议，参与讨论和社交活动，或参加其他经过精心组织的特殊活动（An event where the primary activity of the participants is to attend educational sessions, participate in discussions, social functions, or attend other organized events）。该定义中没有展览元素，相关概念将在下面的“基础术语”部分进行解释。

根据不同的场景，单是活动中的“meeting”就有很多同义词，例如活动（Affair），集合（Assemblage），集会（Assembly），任务分配（Assignation），接见（Audience），列队（Bunch），小组漫谈会（Buzz session），召集（Call），试戏召集（Cattle call），室外宴会（Clambake），陪同（Company），竞赛（Competition），秘密会议（Conclave），大厅集合（Concourse），讨论会（Concursion），交谈（Confab），大会（Conference），冲突（Conflict），对抗（Confrontation），圣会（Congregation），代表大会（Congress），比赛（Contest），年会（Convention），集会（Convocation），约会（Date），偶遇（Encounter），约会（Engagement），团伙聚集（Gang），聚会（Gathering），联欢会（Get-together），现场演出（Gig），聚众（Huddle），介绍（Introduction），会面（Meet），午餐会（Nooner），谈判（Parley），祈祷仪式（Powwow），短会（Quickie），集会（Rally），座谈会（Rap Session），约会（Rendezvous），团聚（Reunion），会议（Session），摊牌/对决（Showdown），静坐抗议（Sit-in），会谈（Talk），约会（Tryst）和集会（Turnout），等等。

二、基础术语

下面的专业术语对于会展和活动行业的所有人都至关重要。这些术语由APEX专业术语讨论小组开发，是会展和活动行业几千个词汇中最常用的。①

会议（Meeting）：是一种活动，其参与者的主要行为是出席教育会议，参与讨论和社

① 为了便于读者阅读，本书保留了这部分专业术语的英文原文。

交活动，或参加其他经过精心组织的特殊活动。这类活动没有展示环节。还可以参考下文的年会、展览会、贸易展览会、消费展览会（An event where the primary activity of the attendees is to attend educational sessions, participate in meetings/discussions, socialize, or attend other organized events. There is no exhibit component to this event. See also Convention, Exhibition, Trade Show, and Consumer Show explained in the following paragraphs）。

展览会（Exhibition）：在现场向参观展品的观众展示产品、服务或促销材料的活动。与博览会、贸易展览会一样，这些活动主要聚焦于建立 B2B 的关系。见贸易展览会、消费展览会、展销会和公众展览会（An event at which products, services, or promotional materials are displayed to attendees visiting exhibits on the show floor. These events focus primarily on business to business (B2B) relationships (same as Exposition or Trade Show) . See Trade Show, Consumer Show, Gate Show, and Public Show）。

博览会（Exposition）：见展览会（Exhibition）的定义。

活动（Event）：一个经过精心组织的场合，如会议、年会、展览会、特殊活动和晚宴等。一次活动往往具有几种不同但相互联系的功能（An organized occasion such as a meeting, convention, exhibition, special event, gala dinner, and so on. An event is often composed of several different yet related FUNCTIONS）。

年会（Convention）：为了实现共同的目标，某个行业协会或组织的代表和会员们参与的集会，其常见活动有教育研讨会、委员会会议、社交活动和协会管理会议等。年会的主要特征之一是在特定的时间循环举办。可以参考会议、展览会、贸易展览会、消费展览会的定义（Gathering of delegates, representatives, and members of a membership or industry organization convened for a common purpose. Common features include educational sessions, committee meetings, social functions, and meetings to conduct the governance business of the organization. Conventions are typically recurring events with specific, established timing. See also: Meeting, Exhibition, Trade Show, and Consumer Show）。

贸易展览会（Trade Show）：向某个常规或相关行业的企业或组织展示产品和服务的展览会。贸易展览会不向公众开放，否则就是消费展览会。见展览会、展销会、公众展览会和消费展览会的定义（An exhibition of products and/or services held for members of a common or related industry. Not open to the general public. If it is open to the public it is called a Consumer Show. See Exhibition. Compare with *Gate Show*, *Public Show*, and *Consumer Show*. See also: Exhibition, Gate Show, Public Show, and Consumer Show）。

讨论会（Seminar）：① 在一名主持人的引导下，参与讨论的专家分享自己在特定领域的经验的一种讲座或对话活动（A lecture and dialogue allowing participants to share experiences in a particular field under the guidance of an expert discussion leader）。② 一种有 10~50 名专家参与的会议或系列会议形式，这些专家拥有不同的技能但有某种共同的兴趣，因此聚集到一起来培训或学习（A meeting or series of meetings of 10 to 50 specialists who have different specific skills but have a specific common interest and come together for training or learning purposes. The work schedule of a seminar has the specific object of enriching the skills of the participants）。

工作坊（Workshop）：① 一种由几个人进行集中讨论的会议形式，采用工作坊的主要目的是处理在特定学科或问题上存在的分歧（A meeting of several persons for intensive discussion. The workshop concept has been developed to compensate for diverging views in a particular discipline or on a particular subject）。② 一种非正式、允许自由发言的公众讨论会，往往安排在正式的全体大会或者代表大会/大会的委员会会议之间举办，特定的话题由与会者自选或由主办方建议（An informal and public session of free discussion organized to take place between formal plenary sessions or commissions of a congress or of a conference, either on a subject chosen by the participants themselves or else on a special problem suggested by the organizers）。③ 一种培训性质的讨论会，参与者往往通过练习来提升在特定领域的技能和知识（A training session in which participants, often through exercises, develop skills and knowledge in a given field）。

大会（Conference）：① 旨在开展讨论、查明事实、解决问题和提供咨询的具有很强参与性的会议（A participatory meeting designed for discussion, fact-finding, problem solving, and consultation）。② 一种可供任何组织使用的活动形式，旨在交流观点，传达信息，开启辩论，或者宣传对某个特定领域的相关意见。大会的形式不限，且连续举办，周期固定。尽管在时间上没有太多限制，但大会的会期通常较短，且有具体的目标。在规模上，大会往往比代表大会小。可参考代表大会、年会的定义（An event used by any organization to meet and exchange views, convey a message, open a debate, or give publicity to some area of opinion on a specific issue. No tradition, continuity, or periodicity is required to convene a conference. Although not generally limited in time, conferences are usually of short duration with specific objectives. Conferences are generally on a smaller scale than congresses. See also Congress, Convention）。

实践操作演示会（Clinic）：一种类似于工作坊的教育教学方式（注：类似医学里的临床），参与者通过实践来学习新知识（A workshop-type educational experience where attendees learn by doing）。

分组讨论会（Break-Out Sessions）：围绕某个特定话题，在活动期间举办的小组讨论会、工作坊或演讲等。分组讨论会虽然不同于全体大会，但在形式上仍与整个会议相符，而且聚焦于特定的话题。这些分组讨论，在内容水平上可以是基础、中级或高级别的，或者根据行业的不同领域或细分市场来划分（Small group sessions, panels, workshops, or presentations offered concurrently within the event, formed to focus on specific subjects. Break-out sessions are separate from the general session, but within the meeting format, and formed to focus on specific subjects. These sessions can be arranged by basic, intermediate, or advanced information, or divided by interest areas or industry segment）。

集会/安装（Assembly）：① 指某个组织的全体或正式会议，参与者往往是会员代表，目的是决定立法方向、政策事宜、选举内容委员会、讨论和通过资产负债表以及制定预算等。因此，这类集会通常会遵守特定的会议流程，而且在之前的文件和章程中都会做出相应说明（A general or formal meeting of an organization attended by representatives of its membership for the purpose of deciding legislative direction, policy matters, the election of internal committees, and approval of balance sheets, budgets, and so on. Consequently, an assembly usually observes certain rules of procedure for its meetings, mostly prescribed in its articles and bylaws）。

② 将各个展示部件组合成一个完整展台的过程（The process of erecting display component parts into a complete exhibit）。

代表大会（Congress）：① 众多个人参加的定期集会，主要内容往往是讨论一个特定的主题。一次代表大会一般会持续几天，同时还要举行几场并行会议。这类会议的间隔时间大都会提前确定，通常半年或一年举行一届。绝大多数国际性代表大会都是半年一届，全国性的代表大会一年举办一届的居多（The regular coming together of large groups of individuals, generally to discuss a particular subject. A congress will often last several days and have several simultaneous sessions. The length of time between congresses is usually established in advance of the implementation stage and can be either semiannual or annual. Most international or world congresses are of the former type, whereas national congresses are more frequently held annually.）。② 在欧洲，等同于年会（A European term for convention. See also Conference, Convention）。

论坛（Forum）：① 听众、座谈小组成员和主持人进行开放式的讨论（An open discussion with an audience, panel, and moderator）；②（经过注册的与会人员就某些公共问题进行开放式的讨论，它可以是单独一次会议，也可以是某个会议的一部分）（A meeting or part of a meeting set aside for an open discussion by recognized participants on subjects of public interest）。

专题学术研讨会（Symposium）：与会者均为某个领域的专家，专家们在会上将发表和讨论论文，并就所讨论的问题提出富有建议性的观点（A meeting of a number of experts in a particular field, at which papers are presented and discussed by specialists on particular subjects with a view to making recommendations concerning the problems under discussion）。

研讨会（Institute）：一种围绕一个特定的话题进行集中讨论的会议，一般具有深入的指导性（A meeting of a number of experts in a particular field, at which papers are presented and discussed by specialists on particular subjects with a view to making recommendations concerning the problems under discussion.）。

讲座（Lecture）：一种有信息含量且具有指导性的发言（An informative and instructional speech）。

小组讨论（Panel Discussion）：一群经过挑选的发言人在特定的听众面前就每个主题进行讨论，其实质是一种教育教学的方法（Instructional technique using a group of people chosen to discuss a topic in the presence of an audience）。

第四节 会展策划与管理的内涵

业内通常所说的“会展策划与管理”是从项目管理的角度来说的，因此，会展项目管理包括活动项目管理的全过程，适合运用项目管理的理论、方法与工具来指导。迄今为止，已经有不少国内外学者研究了项目管理在会展和活动管理中的应用（Goldblatt, 2002；Thomas & Adams, 2005）。2012 年，美国项目管理协会（APMA）出版了《活动项目管理知识体系》(*Event Project Management Body of Knowledge*),对项目管理在会展和活动管理中的应用做了详细的解释。

一、项目管理的内容

项目是由各种过程组成的,这些过程可分为两大类:① 与项目管理有关的过程,涉及项目组织和管理;② 与产品有关的过程,涉及具体的项目产品生成。这两类过程结合起来才能完成整个项目,由美国项目管理协会(Project Management Institute,简称 PMI)推出的《项目管理知识体系指南》(第6版)(简称 PMBOK)主要讨论项目管理过程,它将项目管理过程分为启动、规划、执行、监控和收尾5个过程组(阶段),每个管理过程包括输入、输出、所需工具和技术,并通过各自的输入和输出相互联系,即一个过程的成果或结果可能成为另一个过程(不一定在同一个过程组)的输入。关于五个过程组的基本描述如下:

(1)启动。即成立项目组开始项目或进入项目的新阶段。启动是一种认可过程,用来正式认可一个新项目或新阶段的存在。

(2)计划。明确项目范围,定义和评估项目目标,选择实现项目目标的最佳策略,并制定项目计划。

(3)执行。调动资源,执行项目计划。

(4)控制。监控和评估项目偏差,必要时采取纠正行动,以保证项目计划的执行,直至实现项目目标。

(5)结束。正式验收项目或阶段,使其按程序结束。

与第5版相比,第6版所确定的大多数情况下项目管理中所使用的十大知识领域不变,但两个领域的名称略有变动:一是将“项目时间管理”改为“项目进度管理”,将“项目人力资源管理”改为“项目资源管理”,具体内容如表1-13所示。

表1-13 项目管理的十大知识领域

知识领域	一句话解释	主要内容
整合管理	犹如串起项链的那根线	• 制定项目章程 • 制定项目管理计划 • 指导与管理项目工作 • 管理项目知识 • 监控项目工作 • 实施整体变更控制 • 结束项目或阶段
范围管理	做且只做该做的事	• 规划范围管理 • 收集需求 • 定义范围 • 创建工作分解结构(WBS) • 确认范围 • 控制范围

续表

知识领域	一句话解释	主要内容
进度管理	让一切工作按既定的进度进行，不着急也不拖延	• 规划进度管理 • 定义活动 • 排列活动顺序 • 估算活动持续时间 • 制定进度计划 • 控制进度
成本管理	算准钱，用好钱	• 规划成本管理 • 估算成本 • 制定预算 • 控制预算
质量管理	目的是满足需求	• 规划质量管理 • 管理质量 • 控制质量
资源管理	识别、获取和管理为完成项目所需的资源	• 规划资源管理 • 估算活动资源 • 获取资源 • 建设团队 • 管理团队 • 控制资源
沟通管理	在合适的时间，让合适的人通过合适的方式把合适的信息传达给合适的人	• 规划沟通管理 • 管理沟通 • 监督沟通
风险管理	把有利因素的积极结果尽量扩大，把不利因素的后果降低到最低程度	• 规划风险管理 • 识别风险 • 实施定性风险分析 • 实施定量风险分析 • 规划风险应对 • 实施风险应对 • 监控风险
采购管理	用合理的钱，在限定时间内，买需要的东西	• 规划采购管理 • 实施采购 • 控制采购

续表

知识领域	一句话解释	主要内容
干系人管理	和项目干系人搞好关系并令其满意	• 识别干系人 • 规划干系人参与 • 管理干系人参与 • 监督干系人参与

资料来源：美国项目管理协会（PMI）. 项目管理知识体系指南（第 6 版）2017.

上述十大知识领域之间的逻辑关系可以简单地概括为：

（1）整合管理是指导思想；

（2）范围、进度、成本和质量管理是为了满足项目本身的要求（在规定的范围、时间、成本和质量之下完成项目任务）；

（3）资源特别是人力资源、采购和沟通管理是保证项目达到要求的手段；

（4）风险管理则是对所有工作的支撑，相当于项目管理大厦的柱子；

（5）干系人管理与每一个知识领域交叉，因为在做前九大知识领域的管理时，都要与相关利益主体打交道。

二、会展和活动项目管理的主要内容

APMA（2012）认为，与一般的项目管理相比，会展和活动管理的最大不同在于每个活动的执行时间相对较短，而且因为活动是直接在人群面前发生，所以一旦出现差错一般没有时间做出调整。尽管如此，一次会展和活动的整体过程仍然是标准化的项目，而且具有两个主要特征：项目的独特性和临时性。在《活动项目管理知识体系》中，APMA 构建了活动项目管理的总体框架（见图 1-3）。其中，在管理过程上，活动管理被分为活动计划（Event Planning）、活动筹备（Event Deployment）、活动执行（Event Implementation，即现场管理）和活动结束（Event Completion）4 个环节，尽管没有在总体框架中提到“研究和策划”，但在分析活动管理与项目管理的联系时明确提到了启动（initiating）环节。

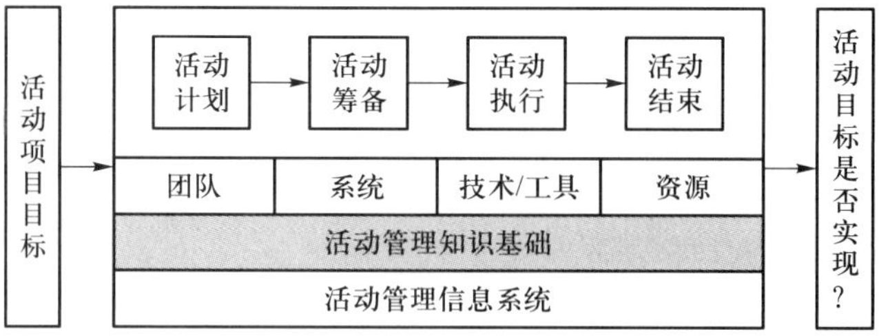

图 1-3 活动项目管理的框架

在比较活动管理（Event Management）和项目管理（Project Management）时，APMA 分别列出了活动管理不同阶段的工作步骤（steps），这些工作步骤基本涵盖了一个完整的活动管理体系的全部工作，如表 1-14 所示：

表 1-14 活动管理不同阶段的主要工作内容

<table>
<tr><th>阶段</th><th colspan="6">主要工作步骤（按顺序）</th></tr>
<tr><td>研究策划</td><td colspan="6">市场调研，可行性研究，战略规划，商业计划书，概念和创意策划</td></tr>
<tr><td rowspan="13">计划（24 项）</td><td rowspan="13">目标计划</td><td rowspan="2">系统计划</td><td>技术计划</td><td rowspan="2">财务计划</td><td rowspan="2">—</td><td rowspan="13">活动项目管理计划</td></tr>
<tr><td>人力资源计划</td></tr>
<tr><td rowspan="3">场地计划</td><td>序列计划</td><td>议程计划</td><td rowspan="3">物流计划
沟通计划</td></tr>
<tr><td>设施计划</td><td rowspan="2">—</td></tr>
<tr><td>宾客计划</td></tr>
<tr><td rowspan="4">接待计划</td><td>关系计划</td><td rowspan="4">促销计划</td><td rowspan="4">—</td></tr>
<tr><td>特许计划</td></tr>
<tr><td>赞助计划</td></tr>
<tr><td>销售计划</td></tr>
<tr><td rowspan="4">合法性计划</td><td>安全计划</td><td rowspan="4">保险计划</td><td rowspan="4">—</td></tr>
<tr><td>应急计划</td></tr>
<tr><td>风险管理计划</td></tr>
<tr><td>环境卫生计划</td></tr>
<tr><td rowspan="8">筹备（12 项）</td><td rowspan="2">—</td><td rowspan="2">人员准备</td><td>人员培训</td><td colspan="3">—</td></tr>
<tr><td>设备准备</td><td colspan="3">—</td></tr>
<tr><td rowspan="2">—</td><td rowspan="2">场地准备</td><td>流程彩排</td><td colspan="3">—</td></tr>
<tr><td>设备安装与调试</td><td colspan="3">—</td></tr>
<tr><td rowspan="2">—</td><td rowspan="2">活动促销</td><td>活动特许经营</td><td colspan="3">—</td></tr>
<tr><td>活动赞助</td><td colspan="3">—</td></tr>
<tr><td rowspan="2">合法性申请</td><td>活动保险</td><td colspan="4">—</td></tr>
<tr><td>安全演习</td><td colspan="4">—</td></tr>
<tr><td rowspan="9">现场管理（14 项）</td><td>—</td><td>技术支持</td><td colspan="4">—</td></tr>
<tr><td rowspan="2">宾馆导览</td><td rowspan="2">翻译服务</td><td>议程管理</td><td colspan="3">—</td></tr>
<tr><td>后勤支持</td><td colspan="3">—</td></tr>
<tr><td rowspan="3">—</td><td rowspan="3">宾客接待</td><td>摄影摄像</td><td colspan="3">—</td></tr>
<tr><td>媒体广播</td><td colspan="3">—</td></tr>
<tr><td>产品销售</td><td colspan="3">—</td></tr>
<tr><td rowspan="3">—</td><td rowspan="3">VIP 接待</td><td>安全管理</td><td rowspan="3">紧急情况处理</td><td colspan="2">—</td></tr>
<tr><td>犯罪控制</td><td colspan="2">—</td></tr>
<tr><td>噪音管理</td><td colspan="2">—</td></tr>
<tr><td>收尾/事后（2 项）</td><td colspan="6">活动结束，活动评估</td></tr>
</table>

注：研究和策划阶段（Research & Design）相当于项目管理中的项目建议阶段，APMA 没有将其纳入框架中。

三、会展和活动专家的主要工作

当被问及“特别的一天（Special Day）是怎样”的，几乎所有会展和活动专业人士都会说每天都是特别的，不管他们是在某个组织工作（即 In-house Event Planner），还是在运营一家活动管理公司。会展和活动策划工作适合那些喜欢多任务的人，他们往往兴趣广泛，乐于解决问题，并且对通过各种活动来建立社群充满了热情。

注册协会管理者（Certified Association Executive，简称 CAE）和注册会议专家（Certify Management Professional，简称 CMP）、国际会议专家协会（Meeting Professionals International，简称 MPI）的第二任执行总监道格·希思（Doug Heath）在许多年前提出，“会议策划不仅仅是提供一个咖啡柜台”。那时，绝大多数会议策划者只关心后勤服务，比如确保房间摆设、咖啡和茶歇，餐饮和视听设备安装等。

时至今天，一名会展和活动专家的工作是具有战略性的。策划者要想方设法满足组织的目标。在策划一个会议或活动过程中，策划者的职责可能会涉及以下工作中的一部分，甚至全部：

■ 确定会议和活动的目标，策划内容和制定设计方案。

■ 基于会议或活动的目标、观众信息、预算以及议程安排（请参考附件1），制定需求建议书。

■ 将需求建议书发送给酒店和会议中心的销售办公室，目的地营销组织或承接外部会议策划的公司。

■ 制定预算和管理支出（从几百美元到几百万美元不等）。

■ 与一家或多家为会议/活动提供设备、交通、搭建、演讲、娱乐等服务的供应商以及场地洽谈合同事宜。

■ 通过网络、印刷等手段宣传推广会议和活动，并对结果进行跟踪。

■ 邀请相关演讲者、培训师和主持人，并管理他们的需求，包括差旅、住宿、注册、会议室布置和视听设备等。

■ 邀请艺人和表演者，并签订合同和提供相应服务。

■ 策划餐饮活动，并处理好合同事宜。为此，一名活动专家必须了解与会者，包括年龄、性别、能力、过敏史、地区来源等，做出合理的时间安排，以及确定包括劳动成本和税在内的预算及价格。

■ 连同其他工作人员、设备设施管理人员、供应商和紧急救援人员，准备风险管理计划。

■ 做好参与者注册管理工作，或者外包给一家专业注册公司，以确保信息的准确录入和专业处理。

■ 处理好从会议/活动的概念策划到执行直至后续跟进过程中的各种变化。

■ 时刻关注行业或企业内有关酒店所有者、管理公司、酒店抵押、设备或罢工等方面的最新情况。

■ 保持冷静，并能稳定人心。

回答以下这些问题，可以帮助你分析自己是否适合这个行业：

■ 你喜欢组织聚会、制定活动计划，并能确保所有的细节都万无一失吗？

■ 关于未来几周或几个月要做的事情，你会实时更新记事本、个人掌上电脑或智能手机吗？

■ 你是否认识自己的优势，并知道这些优势能怎样嵌入会展或行业工作中？

■ 你是否会经常提出好的问题，而不是想当然？

对于上述问题，如果有 3 个以上你都回答“是”的话，你可能很有潜力成为一名优秀的会展人。

为了应对短期或长期的变化，会展或活动专家们（Meeting/Event Professionals），包括策划和执行会议及活动的人，会议场地内外的工作人员，以及为会展活动提供各类服务的供应商等必须积极拥抱可能会随着产业性质变化而带来的各种变革。

复习思考题

1. 什么是特殊活动？
2. 请简要论述活动和会展之间的区别与联系。
3. 除了本书中提到的举办活动的 4 个基本目标，还有什么其他目标？
4. 如何评价 APMA 在《活动项目管理知识体系》（*Event Project Management Body of Knowledge*）中所构建的活动项目管理的总体框架？
5. 活动管理与项目管理有哪些异同点？

扩展阅读

解密维多利亚的秘密——一场时尚秀的再造

本来只是一个著名内衣品牌的发布会，但却做成了一场时尚大秀，并引起媒体和公众的广泛关注，这就是维多利亚的秘密（Victoria's Secret）的魅力。2017 年 2 月初，EventMB 的编辑团队采写了一篇文章——《维密怎样再造时尚秀》（How Victoria's Secret Reinvented the Fashion Show）。

众所周知，极少有时装秀这么接近大众，可维多利亚的秘密（以下简称“维密”）却做到了。他们是如何通过改造自己的品牌活动来让他们的奢侈品吸引人们的呢？如果你曾经逛过维秘的店，你一定知道他们的内衣是那种你不会匆匆购买的奢侈品，然而他们却有广泛的品牌吸引力。他们利用活动来实现这一目标，使得自己远离竞争。最终的结果是，他们创造了一个令顾客心情愉悦的活动体验，并且让顾客愿意为更高的价格而买单。

具有标志性的维密秀为维密在商业上的成功带来了巨大帮助。自 1995 年在纽约举办小型发布会开始到今天，维密秀已经发生了翻天覆地的变化，成了今天的盛大电视节目。他们的时装表演旨在吸引人们走进自己的商店，显然这一策略获得了巨大成功，因为从 2015 年到 2016 年的短短一年内，维密的利润增长了 12 亿美元，见图 1-4。

那么，他们到底是怎么做到的呢？以下是关于维密的一些方法，这些方法使得他们将自身与别的活动区分开，并且将时装表演彻底改造成我们今天所看到的那样。

图1-4 2016年维密秀现场

1. 制造表演（Making a Performance）

有活力的、受欢迎的音乐家和歌手在舞台上表演，与T台上的模特交互，为活动增加了有趣的元素，创造了一个有趣的舞台。

2011年的维密年度大秀上，Maroon 5乐队主唱亚当·李维（Adam Levine）与女友安娜·维亚利茨娜（Anne Vyalitsyna）同台演出，并向女友送上了惊喜之吻，那首《Moves Like Jagger》更是火到不行。他们在舞台上的互动创造了一个除衣服以外的爱情故事，这意味着每个人都会谈论，这大大提高了品牌的知名度。第二天，社交媒体上的图片和文字都被贴上了特色的标识，人人都在谈论她，这无疑使得维秘的产品和节目得到了免费宣传。

2. 运用技术（Utilizing Technology）

作为第一批电视转播的时装秀之一，维密让场外的人不必花费任何开销就可以看到著名的时装世界，这创造了由好奇到歆慕的吸引力（from the curious to the envious）。

通过轻松地展示时装和表演，他们设法保持并获得人气，最近人们还看到了直播的引入。通过互联网和电视节目使得时装秀更加平易近人，这并没有淡化品牌或产品，而且恰恰创造了更多活动，这种活动是人们喜闻乐见的，并希望维密接下来能够继续提供。

3. 打造偶像（Creating Icons）

维密用模特作为偶像开始于第二次时装表演。1996年，当海莲娜·克莉丝汀森，娜奥米·坎贝尔和史蒂芬妮·西摩一起走T台的时候。从那时起，维密天使（Victoria's Secret Angels）已经变成了一种有声望的成就。截至目前，每一个大洲（除南极洲外）都有天使代表，以展示丰富的多样性，并最大限度地发挥她们的吸引力。

天使代表整个一年的品牌潮流，而不仅仅是参加时装表演，这让观众情不自禁地投入到她们的个性之中。在很多情况下，对模特的挑选都是基于她们自身的受欢迎程度以及在流行文化里的经验，特别是对电视的敏感直觉。例如，肯达尔·詹娜在2015年加入了她们。

维密也运用名人的声望和保证来提升时装秀的形象和增加社交媒体的报道。例如，使用以前出名的模特、音乐家和形象大使是一个增加额外宣传的明智选择。

4. 预算合理（Smarter Budgets）

高昂的花销对于举办一次大型活动肯定很有帮助，而且人们很容易认为，维密秀之所以取得巨大成功是因为它敢烧钱。然而，维密秀也不总是有充足的资金。据报道，2016 年的维密时装秀花费了 2 000 万美元，它包括由 Jasmine Tookes 设计的“300 万梦幻文胸”（$ 3 million fantasy bra），这与第一次维密秀的 12 万美元预算相去甚远。其他时装秀的平均花费大都在 20 万美元到 100 万美元之间。维密透露，在过去几年，维密秀的支出增长到原来的 5 倍，是因为维密能够通过多种途径来募集大笔资金：

■ 许可（Licensing）

通过向哥伦比亚广播公司（CBS）出售转播权，可以获得 100 万美元左右的收入。在长达 1 小时的维密秀期间的 30 秒广告据说可以卖 20 万美元。

■ 企业赞助（Corporate Sponsorship）

很大一部分资金是通过企业赞助获得的。例如，施华洛世奇或富士据说要支付超过 25 000美元的赞助费，从而获得一种特权——为出席的媒体提供购物袋和产品。

■ 活动赞助（Show Sponsors）

较大的赞助商被挑选出来与组织者合作，以突出时装秀和广告。例如，Red Carpet Manicure（红毯美甲）赞助了 2016 的维密秀，并由著名名人美甲师 Elle 亲自为每个使用其产品的模特美甲。

5. 主题突出（Strong Themes）

维密秀开辟了一系列活动装饰的新方法和促进美学，并促进了有利于丰富观众体验和产品需求的审美的发展。作为维密秀的象征元素，大型道具、闪闪发光的 T 台以及超大的滑动门与主题相关照，并成为关注细节的典范。

2016 年，维密秀的六大主题分别为：（1）The Road Ahead。那款很具中国风特色的红色服饰，就是属于这个主题的，这个主题不单单有中国风，还更具异域风情的特色。（2）Secret Angel。秘密天使，单从简单的翻译就可以看出这款主题充满了神秘的色彩，主题的灵感来自旧时期的黑白电影。(3) Mountain Romance。一看这主题就充满了罗曼蒂克的浪漫，也更能体现女性的柔美与性感。(4) Pink Nation。pink 粉色，这个主题也不难识别，粉色充满了浓浓的少女情怀，也是青春活力的展现。(5) Dark Angel。黑暗天使，黑色的内衣充满了神秘的性感，略带野性的性感，估计不止 G 时尚很期待！（6）Bright Night Angel。看到这个主题，我想到了《夜空中最亮的星》，每个天使都是维密舞台上的星，但哪颗是你心目中最亮的呢？

6. 社交媒体（Current Social Media）

维密团队还很擅长对社交媒体的应用。除了广泛地覆盖围绕着吸引人们的节目，他们全年都使用社交媒体与品牌追随者保持联系。这样做加强了消费者的品牌意识，并且当人们想到豪华内衣时，维密总会浮现在眼前。很明显，社交媒体是维密营销组合的关键工具。

维密不仅仅限于自身的平台，他们的宣传渠道包括 Snapchat、Twitter、Facebook、Instagram 和 YouTube 等多样化的平台，这有利于维密接触那些热衷于新技术的年轻人。

■ YouTube 视频

维密的 YouTube 频道吸引了 100 多万粉丝，不只是简单地处理产品视频。维密非常注重与艺术家的合作，比如著名歌手赛琳娜·戈麦斯（Selena Gomez）和布鲁诺·马尔斯

(Bruno Mars)，他们都是维密秀的天才营销工具。

特别是赛琳娜·戈麦斯在2015年的T台上演唱主题曲时创造了一个天使假唱的音乐视频，该视频被浏览了20万次，在社交媒体上引起了广泛的关注。

思考：

1. 如果你是一名活动策划人，维密秀带给你最大的启示是什么？
2. 从活动营销的角度，企业管理者可以向维密学习什么？

即测即评

第2章　活动管理基本原理

本章导读

从企业中最初的活动经理到职业化的活动公司的出现，活动管理的方法和工具正不断地走向专业化、系统化、规范化和科学化。然而，活动管理行业远非一个成熟的行业，在实践中存在很多问题，需要系统的理论和方法对其进行指导（冯学钢，2003）。本章将主要讨论活动管理的关键成功要素（KSF）、活动管理知识体系（EMBOK）、活动管理的一般模型以及活动的利益相关者等基础内容。

本章关键术语

关键成功要素（KSF）　会议与商务活动能力标准（MBECS）
活动管理知识体系（EMBOK）　活动的利益相关者（Event Stakeholders）

第一节　活动管理的关键成功要素

关键成功要素分析法（Key Successful Factor，简称KSF）是信息系统开发规划的一种方法，于1970年由哈佛大学教授威廉·泽尼（William Zani）提出。关键成功因素指的是对企业成功起关键作用的因素，这种分析方法的实质就是通过分析找出能使企业获得成功的关键因素，然后再围绕这些因素来确定系统的需求，并进行规划。

要保证一次活动安全顺利地举办，要考虑上百个甚至上千个工作环节。在组织管理和项目管理中，协调（Coordination）最为关键，而这一点在特殊活动管理中表现得尤为突出，因为特殊活动受时间的严格限制，必须准时完成（Goldblatt，2002）。为此，活动管理经理在处理供应商网络和满足参加者及客户的多方需求时，需要运用系统方法和全面质量管理的方法。

在 Tum 和 Norton（2006）所构建的“与顾客相关的活动组织内外部因素分析框架”中，他们提出，在规划一个成功的任务之前，活动项目经理必须以顾客为中心，分析和评价两种截然不同的力量：内部环境和外部环境，其目的是充分考虑相关利益者、顾客以及公司/组织自身的各种需求，以理解“关键成功因素”的重要性和确定“公司/组织现有能力是否能满足各类需求”。其中，内部环境包括公司/组织文化、质量要求、信息系统、财务和股权状况，后者包括政治法律、社会、经济、技术、竞争和利益相关者等。

基于上述分析，活动项目经理必须以顾客和客户为中心，编制活动要素计划（Event Element Plan），特别是要对人力、资金、物品等资源进行科学合理的安排。本书作者以活动组织者的目标和利益相关者的需求分析为出发点，按照项目管理的“时间、资金和质量”要求，对特殊活动的主要因素进行了重新梳理，将其简要地概括为“5W+2H”，并称之为关键成功要素（KSF），如表 2-1 所示。

表 2-1　特殊活动的关键成功因素（KSF）

要素	描述
为什么（Why）	即活动的目的，它是配置一次活动的所有要素和资源的基础
谁（Who）	指活动组织者需要明确活动观众的人口统计学和心理学信息，其实，广义的“谁”即活动的全部利益相关者，包括主办方、参加者、赞助商、当地社区、合作伙伴等
在哪里（Where）	即活动举办的地点，包括目的地或地理区位以及场馆
什么时间（When）	包括活动举办的季节、日期、星期几和具体时间
预期结果（What）	指组织者希望通过这次活动能达到什么预期目的（不同利益相关者的需求能在多大程度上得到满足）
怎么操作（How）	即具体的活动管理技术和手段，包括市场调研、可行性研究、活动策划、工作分解结构、全面质量管理等
费用（How Much）	指活动的总预算，包括进行项目工作分解结构（Work Breakdown Structure，简称 WBS）后的各项任务的支出情况

资料来源：作者根据相关资料整理

第二节　活动管理知识体系

每个活动其实就是一个项目，面对活动管理中纷繁复杂的工作，活动组织者可以参考项目运营与管理方面的丰富文献来指导自己的工作。如何把项目管理中正确的原理运用到活动管理这一艺术和科学的综合体中，从而为管理各类节事活动提供一种全新的、高效的方法体系，的确是一门学问。

一、项目管理知识体系（PMBOK）

目前，国际上主要有两大项目管理的行业组织，即以欧洲为首的体系——国际项目管理协会（International Project Management Association，简称 IPMA）和以美国为首的体系——美国项目管理协会（Project Management Institute，简称 PMI）。IPMA 推出的“国际项目管理专业资质认证标准”（IPMA Competence Baseline，简称 ICB）将项目管理者的知识和经验分为 28 个核心要素及 14 个附加要素进行考核。PMI 卓有成效的贡献是开发了一套项目管理知识体系，即 Project Management Body of Knowledge（PMBOK）。

项目管理知识体系是说明项目管理专业范围内的知识总和的概括性术语。国际项目管理界普遍认为，广义的项目管理知识体系范畴包括三大部分，即项目管理特有的知识、一般管理的知识和项目相关应用领域的知识。

其中，一般管理的领域包括企业管理中日常运作的计划、组织、人员安排、实施和控制等，它还包括一些辅助的学科，如法律、战略规划、后勤管理和人力资源管理等。项目管理知识领域与一般管理知识在很多领域相互交叉或者是对其有所修正，譬如组织行为、财务预测、计划等。应用领域是指某些项目所从属的应用范围，一般包括职能部门，如法律、生产和库存管理、市场营销、后勤与人事管理等；技术性领域，如软件开发、药品试验、建筑设计、给排水工程等；管理性领域，如政府签约、社区开发、新产品开发等。

二、活动管理知识体系（EMBOK）

1999 年，威廉姆·奥图尔（William O’Toole）在其硕士论文中首次系统提出了活动管理知识体系（EMBOK）的概念。自 2000 年起，斯沃斯（Silvers）开始与奥图尔合作扩充 EMBOK 的内容，并于 2003 年提出了“活动管理核心能力框架”。2004 年，国际活动管理知识体系委员会（International EMBOK Executive）成立。2006 年，斯沃斯（Silvers）等人在原有基础上，提出了一个更加完善且更具影响力的活动管理知识体系，其重点在于指导各类特殊活动的策划、组织和执行。

尽管相对学科构建和大学学位教育仍然显得不尽完善，但 EMBOK 对一般意义上的活动管理具有较强的指导作用，其基本框架如图 2-1 所示（Silvers，J. et al，2006）。

由图 2-1 可以看出，活动管理知识体系主要包括管理、风险两个基本层面以及策划、营销和运营三个关键阶段中的知识领域和技能，其中，“管理”主要指以利益相关者的需求为中心，对人、财、物和信息的综合管理，具有较强的系统性，“风险”则要通过规则、紧急事故处理、法律、保险和安保等来应对。由此可见，为举办一次活动，需要用到方方面面的知识，这对活动经理及其团队成员的综合素质提出了很高的要求。

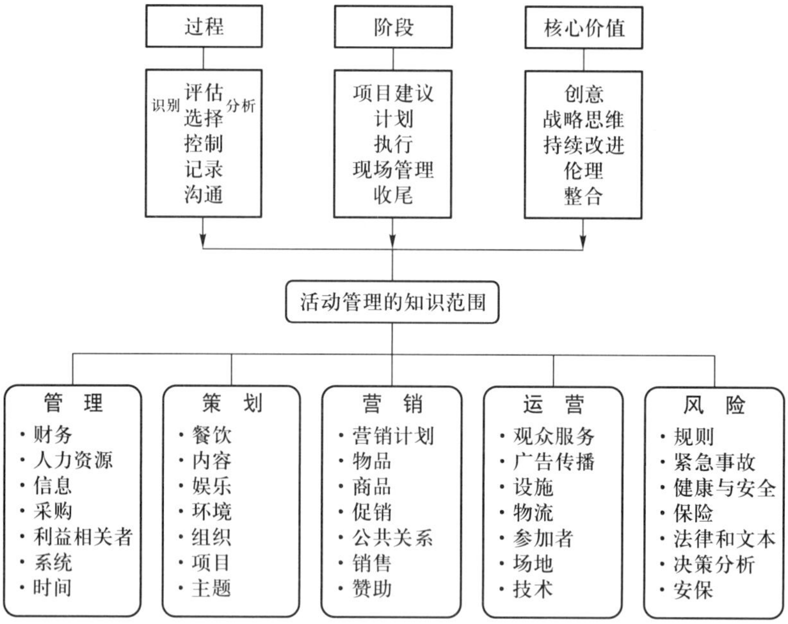

图 2-1 活动管理知识体系

资料来源：Silvers, J., Bowdin, G., O'Toole, W. and Nelson, K. (2006). Towards an international event management body of knowledge (EMBOK). Event Management, 9 (4), 185-198.

三、会议与商务活动能力标准（MBECS）

2009 年，在来自 20 多个国家的行业代表和著名学者的努力下，加拿大旅游人力资源委员会（Canadian Tourism Human Resource Council，简称 CTHRC）和国际活动管理知识体系委员会共同开发了“活动管理国际能力标准”（Event Management International Competency Standards，简称 EMICS）。为了归纳一个会议和商务活动专业管理人员所必须掌握的知识领域和能力，2012 年，作为全球最有影响的会展行业组织之一，国际会议专家协会（MPI）又专门组织专家开发了“会议与商务活动能力标准”（MBECS）。可以这么说，MBECS 是 EMICS 在会议和商务活动管理中的具体运用。

为什么 MPI 要投入大量人力、物力开发这个能力标准？其基本目的是服务于会议与商务活动人力资源管理的多个层面，即在学历教育、招募、培训、表现评价、员工奖励以及职业资格等方面，MBECS 都可以作为重要的内容来源和依据。

MBECS 描述了会议和商务活动管理中所有相关专业人员应具备的能力，而不仅仅是某一个单一的岗位。与此同时，MPI 认为，在会议和商务活动职业生涯中，随着知识的积累和能力的提高，一个会议从业人员将在角色和责任上逐渐取得进步。为此，MBECS 将会议和活动专家的责任分为 3 种依次递进的工作角色，即协调（Coordinate）、管理（Manage）和指挥（Direct）。MBECS 把一个会议和活动专家应该具备的知识、技巧和能力（KSAs）分成 12 个知识模块（Domains/Blocks），共计 33 项技巧（Skills）和 140 项子技巧（Sub-skills），如表 2-2 所示。

表 2-2 MBECS 知识和技能体系对照检查表

知识模块/Domain	技巧/Skill	子技巧/Sub-skills	是否包含此项	处于什么水平？	
				知识水平	技巧水平
A. 战略规划/STRATEGIC PLANNING	1. 会议或活动的战略规划管理	1.1 明确使命、目标和目的 1.2 可行性分析 1.3 分析实施要求 1.4 制定财务概要 1.5 监控战略规划			
	2. 制定可持续发展计划	2.1 执行可持续发展管理计划 2.2 展示环境责任			
	3. 测量价值	3.1 制定评估计划 3.2 测量投资回报率（ROI） 3.3 评估/审计 3.4 评估风险管理计划的有效性			
B. 项目管理/PROJECT MANAGEMENT	4. 制定会议/活动项目计划	4.1 制定项目计划 4.2 制定质量标准、政策和流程 4.3 开发活动主题 4.4 制定采购计划 4.5 建立里程碑和关键路径 4.6 制定综合沟通计划 4.7 制定评估/审计程序			
	5. 管理会议/活动项目	5.1 管理关键路径 5.2 合同管理 5.3 管理会议/活动的运行			
C. 风险管理/RISK MANAGEMENT	6. 制定和执行风险管理计划	6.1 识别风险 6.2 风险分析 6.3 制定风险管理与实施计划 6.4 制定和实施应急计划 6.5 安全安排			
D. 财务管理/FINANCIAL MANAGEMENT	7. 财务资源开发	7.1 管理赞助过程 7.2 管理捐赠过程 7.3 管理项目融资过程 7.4 管理注册登记过程			
	8. 预算管理	8.1 制定预算 8.2 建立定价体系 8.3 制定财务控制程序 8.4 管理现金流 8.5 监测预算绩效 8.6 修改预算			

续表

知识模块/Domain	技巧/Skill	子技巧/Sub-skills	是否包含此项	处于什么水平？知识水平	技巧水平
D. 财务管理/FINANCIAL MANAGEMENT	9. 管理货币交易	9.1 建立现金交易程序 9.2 监控现金交易程序			
E. 行政管理/ADMINISTRATION	10. 执行行政管理任务	10.1 协调办公室管理 10.2 管理信息系统 10.3 撰写报告			
F. 人力资源管理/HUMAN RESOURCES	11. 人力资源规划管理	11.1 确定人力资源需求 11.2 建立人力资源政策和程序 11.3 制定培训计划 11.4 监控人力资源计划			
	12. 获得员工和志愿者	12.1 制定选择标准 12.2 招募新员工和志愿者 12.3 面试应聘者 12.4 选择最合适的候选人并提供具体岗位			
	13. 培训员工和志愿者	13.1 提供方向 13.2 提供培训			
	14. 管理员工关系	14.1 监督员工和志愿者 14.2 激励员工和志愿者 14.3 管理团队 14.4 评估人员 14.5 工作终止和辞职			
G. 利益相关者管理/STAKEHOLDER MANAGEMENT	15. 管理利益相关者关系	15.1 识别利益相关者 15.2 评估利益相关者 15.3 利益相关者分类 15.4 管理利益相关者的行为 15.5 管理与利益相关者的关系			
H. 会议或活动设计/MEETING OR EVENT DESIGN	16. 活动设计	16.1 确定活动的构成要素 16.2 选择活动内容和举办形式 16.3 对活动要素的结构和顺序进行安排			
	17. 演讲嘉宾和表演者管理	17.1 确定活动对演讲嘉宾和表演者的要求 17.2 制定选择标准 17.3 选择候选人 17.4 订立合同并做好期望沟通			

续表

知识模块/Domain	技巧/Skill	子技巧/Sub-skills	是否包含此项	处于什么水平？	
				知识水平	技巧水平
H. 会议或活动设计/ MEETING OR EVENT DESIGN	18. 协调餐饮服务	18.1 确定餐饮服务要求 18.2 选择菜单 18.3 计划服务风格 18.4 选择餐饮供应商 18.5 酒水服务管理			
	19. 环境设计	19.1 明确功能要求 19.2 选择装饰物与家具 19.3 协调会议或活动的标识系统			
	20. 技术管理	20.1 确定舞台和技术设备的要求 20.2 舞台和技术设备的获得 20.3 安装舞台和技术设备 20.4 监督技术设备管理			
	21. 制定观众/与会者流动管理计划	21.1 开发门禁/准入系统 21.2 选择人流管理技术 21.3 协调住宿和交通安排 21.4 礼仪要求管理			
I. 场地管理/ SITE MANAGEMENT	22. 选择场地	22.1 确定场地的规格 22.2 场地检查			
	23. 设计场地布置	23.1 设计现场布置			
	24. 会议/活动现场管理	24.1 制定搭建与拆除物流计划 24.2 现场布置 24.3 会议/活动期间的现场监控 24.4 现场拆除			
	25. 现场沟通管理	25.1 建立沟通框架 25.2 确定和获取所需的沟通设备及资源 25.3 制定具体的沟通程序和协议			
J. 市场营销/ MARKETING	26. 管理营销计划	26.1 进行情景分析 26.2 确定目标市场细分 26.3 制定会议或活动的品牌策略 26.4 选择分销渠道 26.5 制定整合营销策略 26.6 实施营销计划			

续表

知识模块/Domain	技巧/Skill	子技巧/Sub-skills	是否包含此项	处于什么水平?	
				知识水平	技巧水平
J. 市场营销/MARKETING	27. 管理营销资料	27.1 确定活动所需的营销资料 27.2 营销资料的内容设计 27.3 制作营销资料 27.4 分发营销资料			
	28. 产品管理	28.1 确定产品设计及规格 28.2 确定价格 28.3 控制品牌的完整性 28.4 产品生产 28.5 产品发布 28.6 对接旅游接待			
	29. 会议或活动促销	29.1 制定广告计划 29.2 举行交叉促销活动 29.3 举行竞赛 29.4 协调各种促销活动			
	30. 公共关系管理	30.1 制定公共关系策略 30.2 有助于宣传计划 30.3 发展媒体关系 30.4 有助于宣传计划的实施 30.5 管理危机和争议			
	31. 销售活动管理	31.1 制定销售计划和目标 31.2 开展销售活动 31.3 确定销售平台			
K. 专业 PROFESSIONALISM	32. 表现出专业的行为	32.1 展示专业形象 32.2 表现出领导力 32.3 行为道德 32.4 与团队成员协同工作 32.5 在一个多样化的环境中工作 32.6 时间管理 32.7 压力管理 32.8 决策管理 32.9 解决问题 32.10 紧跟会议/活动行业的变化 32.11 促进持续改进 32.12 参加职业发展活动			

续表

知识模块/Domain	技巧/Skill	子技巧/Sub-skills	是否包含此项	处于什么水平？	
				知识水平	技巧水平
L. 沟通 COMMUNICA-TION	33. 开展沟通	33.1 口头沟通 33.2 书面沟通 33.3 运用沟通工具 33.4 进行有效的演示 33.5 计划和组织会议 33.6 建立业务关系			

资料来源：MPI. Meeting and Business Event Competency Standards（MBECS）Curriculum Guide，V1.0，September 26，2012.

MBECS 指南有助于教育工作者识别“能力标准”所代表的挑战，包括确定需要培训什么内容，什么时候培训以及能力的复杂程度，而上述能力可以通过一门特定的课程或项目来讲授。例如，正在讲授大学一年级课程的教育者不要寄希望于学生展示出战略规划模块所涉及的知识和能力。

四、扩展后的活动管理知识体系

（一）一种扩展后的活动管理知识体系

EMBOK 和 MBECS 都侧重于项目管理，不能涵盖“会展经济与管理”的全部内容（国内会展本科专业的名称为“会展经济与管理”）。根据相关学科的知识关联及会展和活动经营管理的内在逻辑，活动管理知识体系至少主要包括经济学和管理学基础知识、会展/活动管理专业基础知识、活动项目管理知识以及支撑性专业知识。

因此，可以按照会展项目管理不同阶段所涉及的主要理论和知识点对 EMBOK 进行适当的修正（王春雷，2013）。以此为基础，本书提出了一个扩展后的活动管理知识体系新框架（见图 2-2）。

在图 2-2 中，活动管理知识体系超越了管理学范畴，包括经济管理基础知识、会展/活动管理专业基础知识、活动项目管理知识以及支撑性专业知识，其中，经济管理基础知识对应经济学、管理学原理等学科基础课程，会展/活动管理专业基础知识对应会展学概论、会展产业导论、活动管理原理与实务等专业平台课程，活动项目管理知识对应专业模块课程和不同类型的活动课程，支撑性专业知识对应餐饮服务与管理、场馆经营与管理、场景设计与布置等辅助知识课程。一个合格的活动项目经理需要掌握和了解上述所有知识，特别是要熟练掌握活动项目管理各阶段的关键知识。

（二）活动项目管理各阶段的知识内容

1. 研究、策划阶段

需要有洞察经济走势的能力，包括对于宏观经济、区域经济、产业经济等多层面发展趋势的研判；需要掌握市场调研、财务预算的基本方法；需要分析展会的利益相关者以整合资源；需要懂得会展项目的设计及其可行性评估的技术。这些知识，可以帮助项目经理从战略到战术两个层次把握会展项目的发展前景和可操作性。

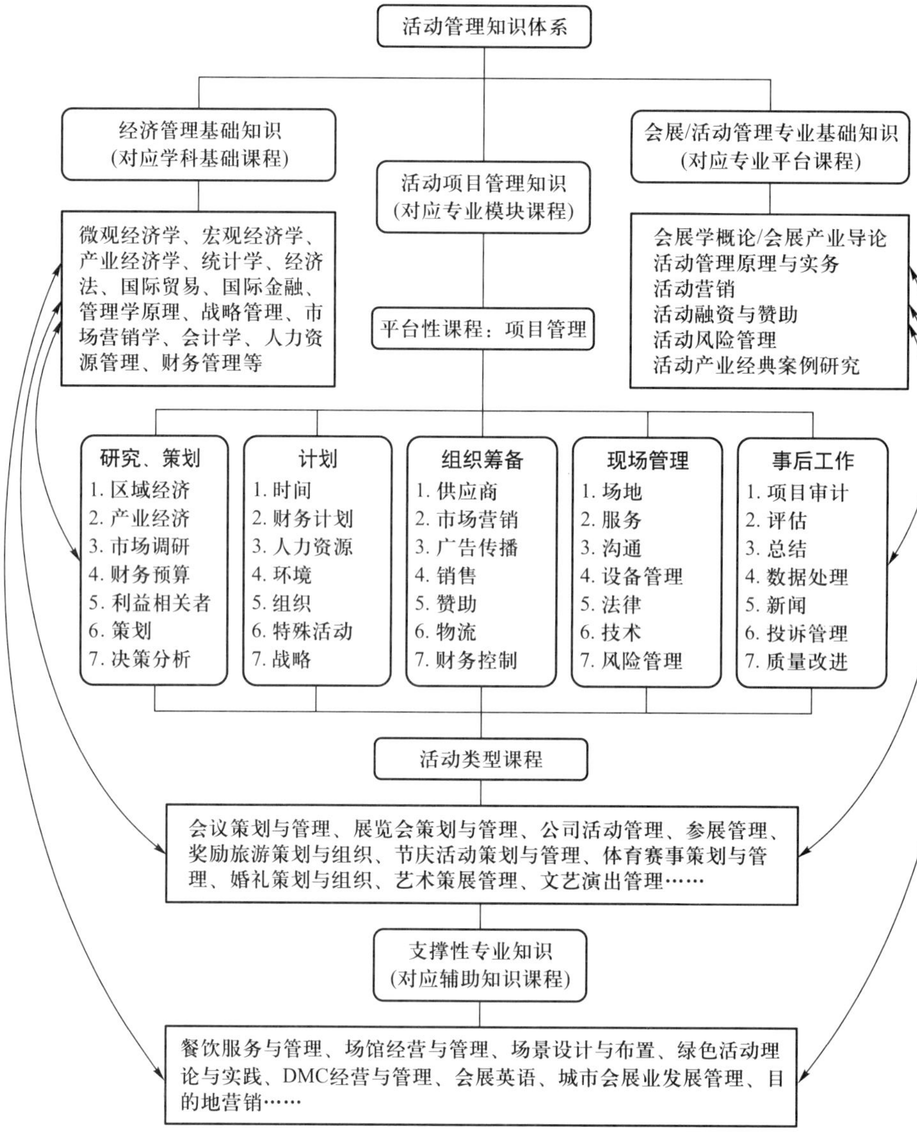

图 2-2 一种扩展后的活动管理知识体系

2. 计划阶段

就是在一定的时间空间里有步骤的安排经营管理工作，即把项目工作按时间顺序分解为更易于管理的单元或环节，如分解为展馆租赁、团队组建、财务预算、展商招揽、市场推广、观众邀约、配套活动、现场接待、危机处理等。本书作者建议遵循 80 小时原则，将一个一年左右的项目工作计划，按 80 小时细分为短期任务，让团队成员明确目标，自己也好管控。

3. 组织筹备阶段

包括供应商、市场营销、广告传播、销售、赞助、物流、财务等控制。

4. 现场管理阶段

包括场地布置与拆除、服务、沟通、设备管理、法律、技术和风险等管理。

5. 事后工作阶段

项目总结是“抓手”。围绕活动项目总结展开的项目财务决算、效果评估、业绩考核、数据处理以及对于下届项目的安排，包括针对本届不足而采取的改进措施，是促使项目持续进步的系列工作。

上述活动管理知识体系看似抽象，但经历以上五个基本阶段并称职履责的会展和活动项目经理，其通识性和专业性知识的具备与融通不可或缺。

第三节　活动管理的基本流程

随着活动产业的迅速发展以及社会经济特别是信息技术的进步，人们对于活动的效率和效果要求越来越高，客户越来越要求钱和时间花得物有所值。与之相对应，活动管理公司也变得越来越专业（O'Toole 和 Mikolaitis，2002）。这要求活动管理公司能进行系统管理，进而从特殊活动需求的角度去调用最合适的资源，满足众多参与者的期望。按照 Getz 提出的节事活动管理模式，一个完整的节事活动管理模型应该包括 4 个相互关联的部分：节事活动、内部环境、社区文脉以及外部环境（Getz，1997）。这种相互联系是通过输入和输出来实现的，所谓输入，就是策划和组织节事活动过程中所需要的一切；输出则是各种管理功能及节事活动的效益。

一、项目管理过程

所谓过程，就是基于一定输入，采用相关工具和技术，产生一定输出的活动集合。项目是由各种过程组成的，这些过程可分为两类：一是与项目管理有关的过程，主要涉及项目组织和管理；二是与产品有关的过程，主要涉及具体的产品生成。这两类过程结合起来，才能完成整个项目活动。美国项目管理协会开发的项目管理知识体系（PMBOK）把项目管理过程分为 5 个阶段（见图 2-3）。

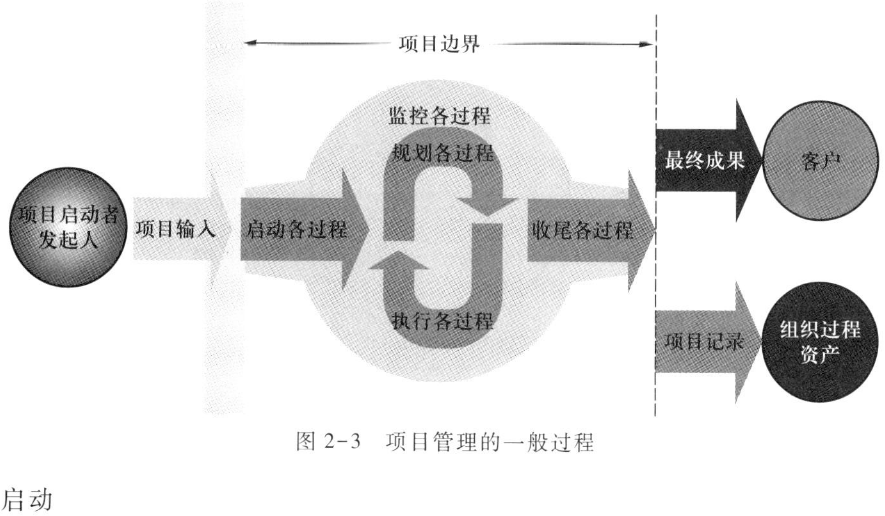

图 2-3　项目管理的一般过程

1. 启动

启动是指项目组成立并开始项目或进入项目的新阶段。启动是一种认可过程，用来正式认可一个新项目或新阶段的存在。

2. 计划

定义和评估项目目标，选择实现项目目标的最佳策略，并制定项目计划。

3. 执行

调动各方面的资源，执行项目计划。

4. 控制

监控和评估项目偏差，必要时采取纠正行动，保证项目计划的执行，实现既定的项目目标。

5. 收尾

收尾即正式验收项目，使其按程序结束的阶段。

根据 2008 年版的 PMBOK，PMI 定义了 42 个基本的项目管理过程，并从过程输入、输出以及采用的工具和技术的角度给出了项目管理过程的详细描述。这 42 个项目管理过程基本覆盖了项目管理实践中的一般过程，但是，这些项目管理过程必须和产品实现过程结合起来，才能完成整个项目活动。

二、活动管理模型与相关分析框架

Getz（1997）、Goldblatt（1997）、Watt（1998）、O'toole 和 Mikolaitis（2002）、Allen（2002）以及 Shone 和 Parry（2004）等学者或业内从业人员先后提出了理想的节事活动管理流程或模型，尽管所用的术语不尽相同，但基本思想没有太大区别。其基本过程都包括：调查研究；明确目标及其可行性；策划和制定初步计划；组织和协调；项目实施；结束收尾工作；活动回顾和评价（Tum et al.，2006）。

1. 乔·戈德布莱特（Joe Goldblatt）活动管理模型

2001 年，国际特殊活动学会（ISES）首任主席、被誉为“现代活动管理之父”的乔·戈德布莱特博士提出了著名的戈德布莱特活动管理模型（The Goldblatt Event Management Process，见图 2-4）。从图 2-4 可以看出，戈德布莱特把研究与策划分开，并且把活动的前期筹备和现场管理放到了一起，统称为“协调”，这种概括存在一定的缺陷。

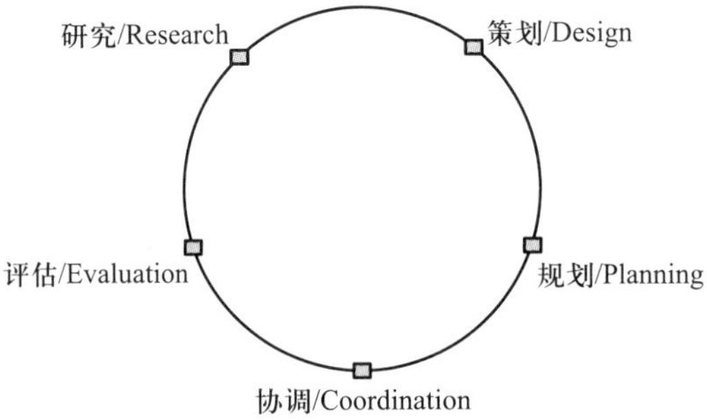

图 2-4 戈德布莱特活动管理模型

不论是会议、展览会，还是婚庆、旅游节庆或者其他，每个一般意义上的会展项目都属于不同类型的活动；而且每个活动就是一个项目。以展览会为例，以戈德布莱特活动管理模型为基础，并结合展览会的特点，可以勾勒出展览项目管理的基本流程及主要内容，如表 2-3 所示。

表 2-3　活动管理模型对展览项目管理的指导作用

活动	基本划分	事前（Pre-Event）			事中（Event）	事后（Post-Event）
展览项目	阶段	研究和策划	计划	组织筹备（包括营销）	现场管理	评价/事后工作
	英文	Research & Design	Planning	Organizing	Operation	Evaluation
	主要工作	概念构思； 详细可行性研究； 展会项目定位； 撰写立项策划书	场地计划； 资源计划； 进度计划； 人员组织计划； 现场管理计划； ……	数据库管理； 供应商选择与管理； 宣传推广； 招展； 专业观众组织； 邀请演讲嘉宾； 广告和赞助销售	场地布置； 现场管理与服务（开幕式，观众入场管理、闭幕式等）	数据库更新； 活动评估； 其他善后工作（感谢，总结，新闻报道，催款等） 启动下一届展会的相关工作
工具（举例）		调查表 SWOT 分析 费用估算	工作分解结构（WBS） 关键路径法 干特图	网络图 责任矩阵 数据挖掘	风险管理	鱼骨图法

资料来源：Holger PreuB，2006；王春雷，2006。

注：与 5 个工作阶段相对应的英文和内涵均在 Goldblatt 活动模型基础上有所改动。

2. 瓦特（Watt）活动管理过程模型

瓦特于 1998 年提出了活动管理过程（The Event Planning Process）模型，该模型把活动管理流程分为 7 个基本步骤，即概念、可行性研究、活动目标、执行要求、执行计划、监控评估与未来方案，这 7 个步骤构成了一个循环，如图 2-5 所示。特别值得一提的是，瓦特从内部资源与外部关系两个方面对活动管理的每个步骤进行了描述。例如，他认为，活动目标一方面是由客户需求决定的，另一方面取决于活动组织者的发展计划。

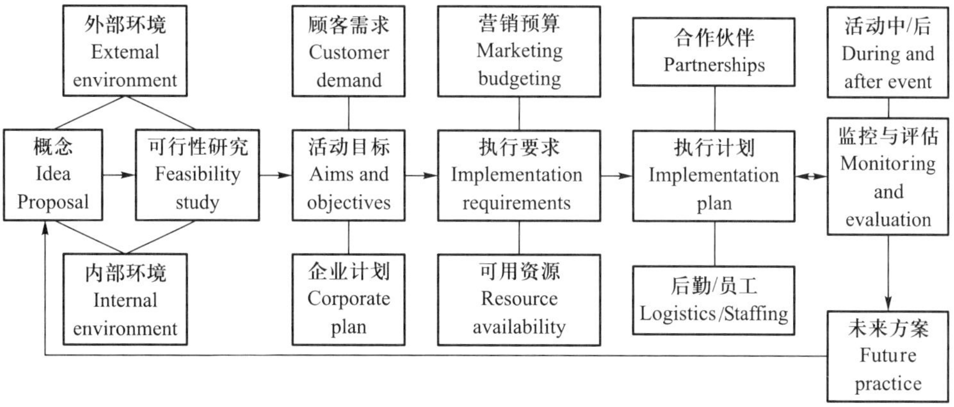

图 2-5　瓦特活动管理模型（1998）

资料来源：Watt，D. C.（1998）*Event Management in Leisure & Tourism*. New York：Addison Wesley Longman.

3. Allen 活动管理模型

Allen 等人（2002）在 Getz 模型（1997）的基础上，将活动管理过程（The Event Planning Process）分为 7 个步骤，包括活动概念的形成/竞标、可行性研究、继续或终止决策、规划和执行、改进/细化、结束以及评估反馈，如图 2-6 所示。总体来讲，Allen 活动管理模型与瓦特活动管理模型十分相似，但 Allen 等人考虑了申办、现场管理等环节，瓦特则强调了应该同时从内、外部环境来考虑活动管理的每个步骤的工作。

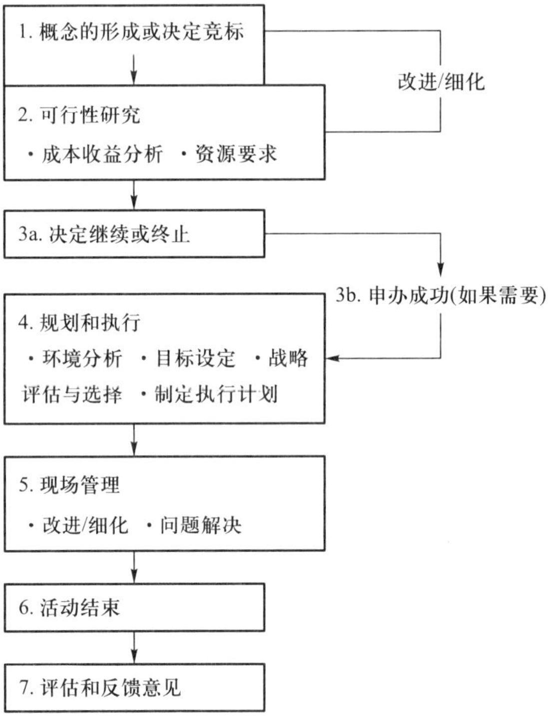

图 2-6 Allen 活动管理模型

4. Tum, Norton 和 Wright 活动管理模型

Getz（1997）认为，每个一次性的特殊活动都有明确的开始和结束时间，他主张利用项目计划方法来组织节事活动；而且“一旦节事活动开始，便不可能有重来的机会”（Allen, 2000）。Wright 于 2001 年提出了一个预想的活动运营管理模型（Event Operations Management Model），该模型提供了计划和组织节事活动的基本方法，后来 Tum, Norton 和 Wright（2005）根据活动产业的特征对其进行了补充，如图 2-7 所示。

在图 2-7 中，活动管理模型被分为分析、详细计划、执行和绩效评估 4 个阶段。其中，分析阶段的主要工作是进行活动或组织者的内外部环境分析，并明确活动的目标及目标市场；详细计划阶段的工作内容包括活动选址、产品开发、服务设计、供应链管理、风险管理等举办节事活动所需的所有计划活动；执行阶段主要关注如何按既定的计划进行资源配置，以及人力管理、容量管理和工作时序安排等内容；绩效评估即在活动结束后使用一定的标准来测评和修正活动运营的效果。

事实上，上述模型对节事活动管理各阶段的划分并不科学，因为彼此之间的工作内容有明显交叉，而且对部分工作内容的归并不合理。例如，将活动目标和目标市场的确定归入分析阶段可能更加准确等。

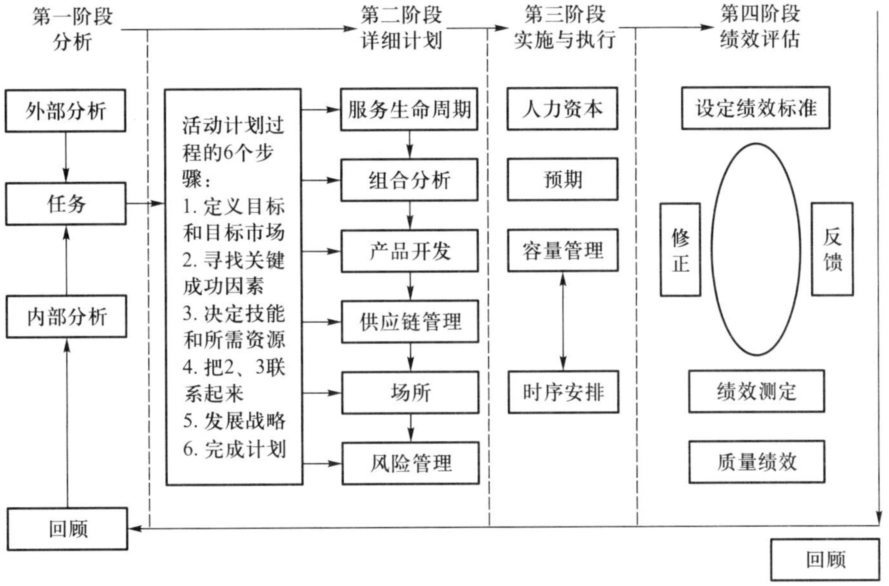

图 2-7　Tum 活动管理模型

5. 重大活动管理系统

掌握重大活动举办过程的一般模型（the Generic Model of the Mega-Event Hosting Process），有助于研究人员和活动组织者更加准确地判别利益相关者对包括公众参与在内的各种相关事宜的理解怎样以及在哪一个阶段将发生改变（Haxton，1999）。

图 2-8 中的“重大活动的一般管理系统”是根据 Getz 和 Frisby 的原有模型（1988）修改的。我们可以从时间和空间两个维度来理解这张图：从空间上来看，重大活动受政治、

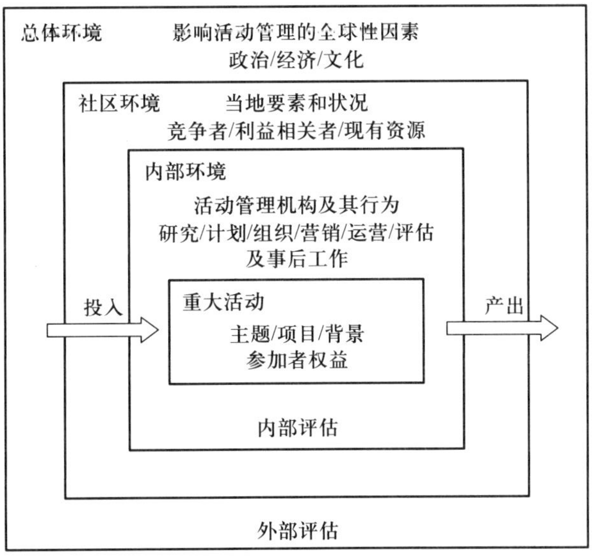

图 2-8　重大活动的一般管理系统

资料来源：根据 Getz 和 Frisby 模型（1988）修改

经济、文化等宏观环境、社区环境、组织者和活动自身特点的影响；从时间上来看，与一般节事活动一样，重大活动也基本上可分为研究、计划、组织/营销、运营以及评估/事后工作等5个阶段。

第四节 活动的利益相关者

国际会议专家协会开发的“会议与商务活动能力标准”将“利益相关者管理”作为会议和商务活动管理专家必须掌握的知识模块之一。的确，一次大型活动存在众多的利益相关者，正确处理好与这些利益相关者之间的关系是活动管理者需要认真对待的课题。可以这么说，一项活动能否成功取决于活动管理者如何平衡各利益相关者的诉求、期望及不同利益之间的冲突。

一、活动利益相关者的含义

那些与活动的结果有合法的利益关系的个人和组织被称为活动的利益相关者。一个成功的活动管理公司必须能辨别谁是活动的利益相关者以及他们各自在活动中的需求，并能判断他们的各自需求是否有重叠和冲突的地方。

Getz把与节事活动相关的利益主体划分为两大类，即与节事活动相关的利益主体和与社区相关的利益主体，其中，活动期间的输入和输出都与社区的利益主体有关联（Getz，1997）。事实上，现代节事活动的运作是由多个利益主体合作协调来共同完成的，包括地方政府、节事活动组织者、当地社区居民、赞助商、酒店、餐厅、旅行社、俱乐部、艺术表演团体、票务机构以及志愿者组织等，一次成功的节事活动必须综合考虑和平衡不同利益主体的需求（见图2-9）。

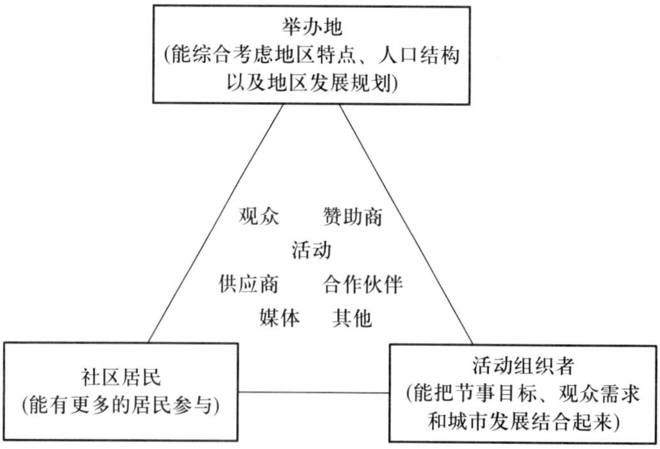

图2-9 节事活动的主要利益相关者关系

以城市节庆活动为例，一个节庆活动有许多利益主体，主要包括城市、节庆组织者、参节商、供应商、观众等（见图 2-10）。其中，节庆活动组织者是节庆活动的发起者，整个活动的执行者以及事后事务的处理者，在节庆活动中处于主导地位；所谓参节商，是指直接参与节庆活动的赞助、协助等工作的企业或个人，其基本目的是通过参加节庆活动来获得经济或社会方面的回报。

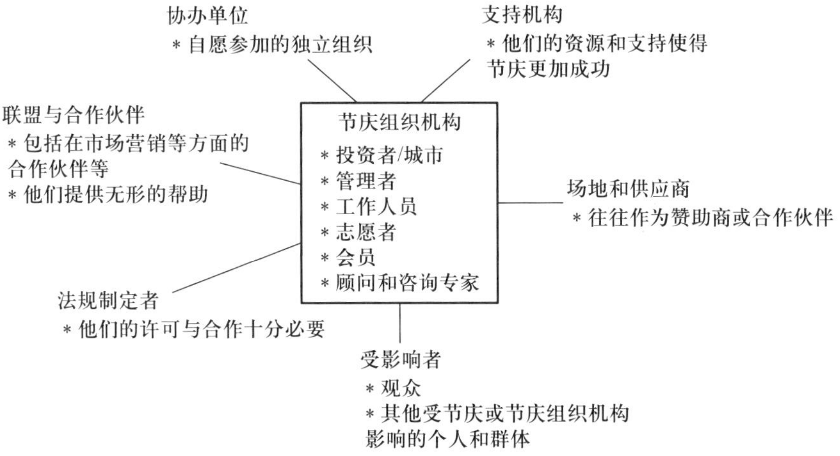

图 2-10　节庆活动中的主要相关利益者及角色

资料来源：Getz, D. et al.,（2007）. *Festival Stakeholder Roles: Concepts and Case Studies.* Event Management, 10（2/3）: 103-122.

二、活动利益相关者的类型

按照所处地位和扮演角色的不同，可以将活动的利益相关者分为核心利益相关者，包括节事活动的主、承办单位、战略合作伙伴和节庆活动消费者等，这部分利益相关者对节事活动的生存和发展具有决定性意义；次级核心利益相关者，包括主要利益相关者（如咨询服务机构、合作媒体等）、依靠利益相关者（债权人、债务人）和引起危险的利益相关者（竞争对手），这部分相关者对节事活动的影响是直接的；一般利益相关者，包括潜在的利益相关者（潜在消费者）、可自由对待的利益相关者和苛求的利益相关者（批评媒体）。

这三部分利益相关者以节事活动为媒介，结成一张或紧密或松散的利益网络，在权利和义务之间维系着一种相对平衡。不同利益主体有不同的诉求，根据其利益相关程度，节事活动管理者需要给出相应的解决方案。

常见的活动利益相关者有以下 6 种：① 活动组织机构——提供活动的管理，通过活动达成各项任务。活动主办方可以是政府、公司，也可以是社区或社团等。② 活动举办地——提供活动的外部环境，接受活动所带来的各种影响。③ 赞助商——通过为活动提供资金或实物支持，在活动中获得一种商业特权。④ 媒体——负责活动的推广，得到活动的宣传内容或广告收入。⑤ 工作人员——为活动付出劳动和支持，得到薪酬或奖励。⑥ 活动的参加者和观众——通过参与和支持活动，从中得到娱乐或奖励。一般来说，参加者和观众的主要关注点是活动的内容、地点、现场服务和运行。

复习思考题

1. 什么是特殊活动的关键成功因素（KSF）?

2. 试简述活动管理知识体系（EMBOK）的发展历程。

3. 请对扩展后的活动管理知识体系进行评价。

4. 请运用改进后的戈德布莱特活动管理模型，对会议管理的流程和主要工作内容进行描述。

5. Getz把节事活动的利益相关者划分为两大类：与节事活动相关的利益主体和与社区相关的利益主体，这样的划分有什么意义?

扩展阅读

什么是“有意义的活动”(Purposeful Meetings)?

2017年法兰克福国际会议及奖励旅游展览会（IMEX Frankfurt）的主题是“有意义的活动”，这可能代表了国际会展和活动行业的一种趋势。那么什么是有意义的活动?

在5月18日早上的Faculty Engagement会议上，来自美国威斯康星州麦迪逊的注册会议专家（CMP）珍妮特·思博斯塔德（Janet Sperstad）做了一个很好的主题报告，内容就是讲有意义的活动研究报告，里面确实有不少好的观点。

当我在会展人读书会里讨论这个话题时，楚有才说了这样一段话：有意义的活动就是“在会议活动领域中，我们需要更多能够赋予事务以使命感和意义的人。这是一种能力，更是一种价值，因为有了这样的人，他更能够把大家笼络在一起，团结在一起，信任在一起，号召在一起。试想一下，倘若我们赋予了演讲人、赞助商、参会者、媒体参加会议活动的一种使命感、意义，他们都感觉这是他们自己的事情的时候，这就是会展活动真正的成功，具备这样的人，我相信未来会越来越多。”这段话摘自他于2015年3月18日在会议圈上写的一篇文章——《会展活动人的几个特质》。这段话即使放到两年后的今天来看仍是颇有见地的。

Janet在演讲中提出了一个框架，认为有意义的活动由5个部分构成，即行为科学（Behavioral Science），会议和活动设计（Meeting and Event Design），企业社会责任以及活动遗产（CSR and Legacy），健康与幸福（Health and Well-being）以及技术杠杆（Technology）。在当下以及未来很长一段时间，所有的会展和活动策划者、组织者及活动营销者都应该致力于变得更加有意义（purposeful），为此，需要对上述5个方面有更好的理解和运用。以下是我个人的一些初步理解：

1. 行为科学 | Behavioral Science

深入分析参加者的心理和行为，从而得以通过更好的设计来产生理想的活动效果，例如，明显得到改善的团队沟通、更好的决策，提高产生影响的能力，得以加强的回忆，增强的学习能力等。

2. 健康与幸福 | Health and Well-being

有目的地将健康、营养、放松甚至一些健康方面的应用（apps）融入活动中，有时能带来意想不到的效果。这些元素将有利于促进参与者获取新知和乐于分享，并给他们一些有用的技巧带回家。

3. 会议和活动设计｜Meeting and Event Design

曾经看过一本书叫 Design City，一座城市需要更好的设计来建设和营造更好的生活环境。何况本身就冠名为特殊活动（Special Event）的会展和活动！特殊性（Specialness）常见的 14 个标准，你总要图一个方面。

为此，活动组织者要更好地理解人们在不同的环境下是如何感知、学习和合作的。分析有目的的设计如何能对其产生好的影响，是关键考虑要素。灯光、空气、声音、气味、触觉甚至会议期间的空档（White Space 或 Downtime）都可以做有意的安排。

4. 企业社会责任与遗产｜CSR and Legacy

遗产管理一直是活动研究（event studies）的热门研究领域，但在会展和活动管理的实践中没有引起足够的重视。比如，我一直认为，上海世博会很成功，但一大缺憾是当初缺乏长远的 legacy management planning，从而导致了很多好的东西没有得到传承和发扬。

与 NGO 组织或与当地一些需要帮助的社会机构合作，有助于与会者和社区之间产生交集和联系。例如，通过策划一些与可持续发展相关的活动，贯彻和宣传“rethink，reduce，reuse，and recycle”，将放大活动的效应。

5. 技术｜Technology

毋庸置疑，技术深刻改变了我们做生意和联系的方式，但对于会展和活动组织者而言，更需要注意的是，技术改变了人们体验日常生活的方式。

我们可以更好地利用资源，把数据变为创新，丰富人们的体验（例如 VR，AR），或者推动合作（比如共享经济），所有这些都可能会影响会展和活动产业。

Purposeful meetings 的组织者要时刻保持对新技术的警觉性，意识到其相关性，优缺点和应用价值。包括大数据分析，人工智能，VR，语音识别，触碰技术等，可能都会变得更好、更便宜。

资料来源：王春雷. 什么是 Purposeful Meetings？［EB/OL］. 活动研究订阅号，2017-06-05

思考：

你如何评价珍妮特·思博斯塔德（Janet Sperstad）对有意义的活动的解释？

即测即评

第3章　活动行业从业人员法则

本章导读

会展和活动行业的从业人员与其工作之间的关系非常微妙。很少有行业像会展和活动产业这样，有这么多充满激情和乐于投入的从业者。绝大多数会展和活动管理者都由衷地热爱他们的工作，因为对一项工作热爱时，那种环绕四周的兴奋感与能量是难以言表的。

本章关键术语

活动策划人（Event Coordinator）　工作分解结构（Work Breakdown Structure，简称 WBS）
“一万小时”定律（Ten-Thousand-Hour Rule）

第一节　活动行业的就业特点

会展和活动管理公司之间的竞争已经进入品牌竞争的年代，其本质是对高素质人才的竞争。但目前的中国会展和活动行业从企业到项目、从从业人员到教育培训，鱼龙混杂，具有巨大市场吸引力但同时充满挑战，多元化的特征非常明显。相对庞大的企业数量而言，大多数会展企业和活动管理公司的规模较小，而且普遍不注重雇主形象建设，虽然有少数领导型企业表现优秀，但整个行业对专业人才的就业吸引力不高。

注：鉴于目前国内学术界与业界对会展和活动的界定尚未形成统一的认识，同时为了表述的方便，本章在表述中会交替使用“会展”和“活动”，有时会并列提及，例如，将 Event Professional（简称 EventProf）翻译为“活动管理专家”或“会展人”。

一、会展和活动行业的职业特点

会展和活动职业有诸多相互对立甚至矛盾的特点，它既可以是充满挑战、令人气馁甚至枯燥无味的，也可以是活力四射、回报可观和拥有成就感的。就像消防员一次次地挽救生命一样，不断为客户创造价值并让他们满意所带来的那种成就感一直激励着每一位优秀的会展从业人员。

美国的 CareerCast 网站曾经在市场调查的基础上评选出“2014 年十个心理压力最大的职业”，其中“活动策划人”（Event Coordinator）排名第五，紧随飞行员、消防员、将军和军人之后。的确，根据本书作者操作活动的经验，会展和活动职业有时让人欲哭无泪，有时让人欣喜若狂，有时让人渴望有三头六臂，有时让人感觉朋友遍地。总之，这是一个十分美妙的职业。

2014 年 1 月，“活动经理博客”（Event Manager Blog）创始人朱利叶斯·索拉里斯（Julius Solaris）曾经撰写过一篇很有意思的文章——《我们喜欢和讨厌活动的理由》（Reasons Why We Love and Hate Events），虽然文风显得比较随性，但把握住了会展和活动行业工作的若干核心特点。正如作者在开篇所言，“会展和活动从业人员与其工作之间的关系非常微妙。很少有行业像会展和活动产业这样，有这么多充满激情和乐于投入的从业者”。Solaris 在文中提到了在会展和活动行业工作的 20 个“爱”与“恨”：

你讨厌：当客户试图替代你的角色
你喜欢：一个方案浮现在脑海

你讨厌：没有观众出席
你喜欢：活动结束后与同事一起庆祝

你讨厌：参加者把你看作他们的私人助理
你喜欢：能够拍板

你讨厌：顾客在向一家五星级餐厅所下的订单中都是指定的食物
你喜欢：发现在影片《缘分没法挡》（The Wedding Planner）中，有 100 件事你都比詹妮弗·洛佩兹做得更好

你讨厌：客户突如其来的要求
你喜欢：自己的小孩在学校里很让人省心

你讨厌：掉链子的技术
你喜欢：给力的技术

你讨厌：活动前一晚的压力
你喜欢：能扮演多种角色，例如会计、主厨、手工艺人、项目经理、社交媒体专家、收购服务员等

你讨厌：经常出差
你喜欢：有旅行的机会

你讨厌：下雨

你喜欢：客户说“这真是绝了，先生”

你讨厌：不能提供帮助的场馆管理人员

你喜欢：参加者说“太棒了!”

概括而言，会展和活动管理工作具有十大特点：① 注重细节，追求完美；② 出差加班是家常便饭；③ 社交人群形形色色；④ 甘愿承担幕后工作；⑤ 不断适应环境变化；⑥ 时刻保持对外联络；⑦ 项目时间期限严格；⑧ 工作强度总体较大；⑨ 随时待命现场救火；⑩ 专业思考无处不在。关于会展和活动职业的特点，让我们记住一些看似矛盾的关键词：充满挑战（Stressful）、自我实现（Fulfilling）、令人气愤（Irritating）、回报可观（Rewarding）、不辞辛劳（Hardworking）以及精彩人生（Colorful）。

二、对活动行业的喜爱与适应度分析

尽管很多时候会展和活动管理工作显得事无巨细，有时也很脆弱，容易受经济、社会安全等影响，但我们要对这个朝阳产业充满期待。投身其中并持之以恒，定能有所收获。可以这么讲，从职业特征的角度来看，会展和活动行业的多样性是其他任何一个行业都无法比拟的。但所有会展专业的学生和正在从事会展业的新兵们，要认真思考一个问题——我真的喜欢和适合这个行业吗？

“在线活动”（Eventbrite）专栏作者马克·沃克（Mark Walker）在《天生适合从事活动行业的 7 个预兆》（7 Signs You Were Born To Work In Events）一文中指出了一个人适合从事会展和活动行业的 7 个表现：

- 收拾自己的玩具
- 擅长组织派对
- 喜欢结识新朋友
- 有与生俱来的创造力
- 注重细节、追求卓越
- 能适应多任务工作
- 积极主动、敢于创新

然而，没有一个活动组织者是完全一样的，每个从业者进入这个行业的路径都不同（很多人是完全偶然地进入活动行业的）。只要你曾经问自己“我适合做会展和活动吗”，你会自然而然地想到一些事物或场景。如果能在自己的身上找到上面所说的 7 点特质中的某些影子，你可能天生就适合从事会展行业。

三、会展和活动专家的成功之道

对于这个问题，每位会展和活动领域的大佬们都会给出不同的答案。其中，最平淡的莫过于从选址、餐饮、娱乐、会场布置等具体工作讲起，这往往是新手们的切入点。

国际著名领导型活动管理公司北美全球活动管理集团（North America for Global Events Group）前 CEO 霍华德·吉夫纳（Howard Givner）先生写过一篇名为《我想教给下一代活动策划专家的 5 个秘笈》的文章，文中提到了一些很有意思的观点。例如，他指出，对于活动策划者而言，最难的是“如何让客户觉得你不可或缺”，因为“绝大多数人都不会认为策划一个活动真的有那么难”。

无论是对于希望带出队伍的主办单位还是定位于培养会展管理人才的院校，Givner 先生提出的五个秘笈都是非常实用的：① 一切替客户着想（Learn to speak client）；② 引导客户准确地描述参加活动的目标（Get the client to describe a successful outcome）；③ 成为客户的顾问，而不只是单纯为了获得订单（Be an adviser, not an order taker）；④ 寻找“聪明”的解决问题之道（Find ways to look smart）；⑤ 注重与客户协同的方式（Focus on the “how”）。

例如，作为策划人员，首先要清楚地了解委托方（或所在主办单位）的目标。在活动的关键成功要素（KSF）中，“Why”排在首位，也是很多活动组织者最容易忽略的一点。无数的事实证明，很多组织者在项目执行过程中逐渐偏离了原来的方向。而且，活动目标与活动参与者（例如与会者、参展商）的目标是紧密相关的。

在绝大多数时候，成为一名会展或活动策划者是一件很有意思的事情。作为会议、展览会、公司活动等各类活动的策划和组织者，把不可能变为可能似乎是策划人的天职。然而，会展与活动行业对从业人员的综合要求很高，其从业者应该是个性鲜明、时刻准备着的人。对于专业的会展和活动管理者，工作中所面临的各种压力和回报一样多，倘若没有那些意料之外又情理之中的压力的陪伴，工作就会变得不够有挑战。

第二节　活动专业人士的效率法则

对于会展和活动行业的从业者来说，掌握能够在短时间内完成复杂任务的能力是很有必要的，毋庸置疑，高效率有助于缓解工作压力，并促使我们更多更快地完成工作任务。一般情况下，对一件事情越有激情且保持较高的效率，就越容易完成（见图 3-1）。

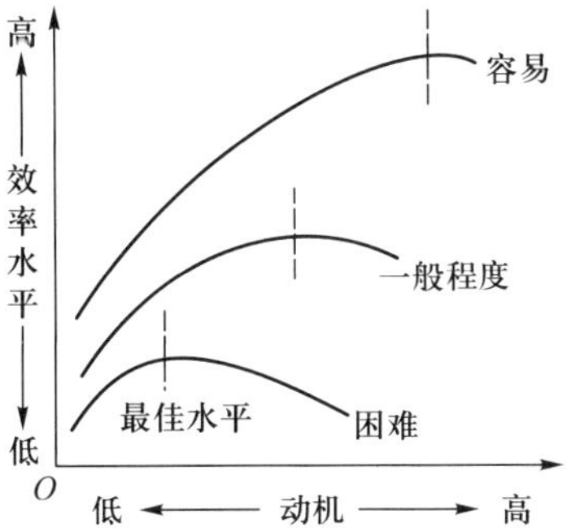

图 3-1　工作动机与效率矩阵

关于工作效率 2014 年 6 月，朱利叶斯·索拉里斯（Julius Solaris）在一篇文章中向会展和活动产业的同行们推荐了十种方法：

1. 每天晚上就计划好第二天要做的事情

这一简单的技巧会使我们的计划看起来既真实而又可完成。同时，它能够使我们专注于真正需要注意的任务，而不会被不断收到的邮件或手机短信分散注意力。

2. 早晨醒来时绝不检查邮件

早晨一醒来就检查邮件可能会破坏你每天有条不紊的节奏，邮件会控制你和你的计划。Solaris 的建议是，每天设定一个固定的时间检查邮件并设定邮件自动回信功能，这么做的好处是能够让你重新控制工作的优先顺序。

3. 锻炼身体

大量的科学研究证明，锻炼身体能使我们的大脑保持高效率地运转。

4. 将工作细分

繁重的任务会削弱生产力，它们会消磨你的能量，让你觉得手头的工作难以应对，最终使你变得低效。在工作中，有计划、有目标当然是好的，但更加重要的是，你能够将其划分成块，以消化一份重大的任务。这其实就是项目管理中工作分解结构（Work Breakdown Structure，简称 WBS）的基本原理。

工作分解结构，即以可交付成果为导向对项目要素进行的分组，它归纳和定义了项目的整个工作范围每下降一层代表对项目工作的更详细定义。也就是把项目可交付成果和项目工作分解成较小的、更易于管理的组成部分。WBS 对活动项目管理的主要用途包括：展现项目全貌，详细说明为完成项目所必须完成的各项工作（工作计划工具）；清晰地表示各项目工作之间的相互联系（结构设计工具）；可以比较准确地估算活动项目的成本（财务管理工具）；防止遗漏项目，定义里程碑事件（状况报告工具）。

5. 知道为什么做所做的事

强烈的积极性与生产力以及成功是息息相关的。你需要知道自己为什么要做当下的工作，找到那份积极性是你选择工作前所需要了解的，这也能够促进你的工作效率。

6. 保证充足的睡眠

会展从业者的生活总是充满着无数熬夜的晚上和早起的清晨，但你真的确定“睡眠匮乏对你的工作会有所帮助”吗？科学家们给出的解释是：醒着的时间越长，效率就越低。

7. 以最后期限为生

那些设立最后期限并且为之敬畏的人往往在他们的领域十分出色。最近的一项研究也表明，设定最后期限能够防止拖延症所带来的低效率。给自己设限会使你感觉到压力，而这些压力会促使你高效地工作。如果没有期限，就做不成活动。

8. 尽量不同时做多项工作

这意味着我们需要集中精力做好一件事情，数量并不是效率。成功的会展策划者不仅具有将任务细分成块的能力，同时也会在每一个工作节点上完成对应的工作。

9. 有自己的独特常规

有时候，策划会展和活动就像带孩子一样，有小孩子的朋友们都会知道，对于孩子的成长来说，惯例是十分重要的。有自己的常规意味着你已经形成了自己的一套工作方法，在面对高强度的工作中也能保持从容。

10. 懂得如何拒绝

多产的会展和活动专业人士不害怕说“不”，他们知道机会成本对于他们意味着什么。对于会展和活动项目管理，时间是最重要的资源，而我们需要学会用“说不”来保护你的时间，从而提高自己的效率。

希望上面的10个小技巧能够帮助各位同行更加高效地工作。我们要相信，即使只是一个小小的改变也会产生明显的不同。

第三节 活动项目经理的职业素养

2014年底,《活动经理博客》(Event Manager Blog)曾经刊发过英国著名活动管理专家贝琪·克洛斯(Becki Cross)女士的一篇文章——《十种途径帮你成为一名更优秀的活动经理》(10 Ways to Be a Better Event Manager),文中所提的十条建议十分中肯和实用。在每年年初设定工作目标时,很多人都希望能够在工作中大展身手、在能力上出类拔萃。然而,如今的会展和活动业日新月异且竞争激烈,因此努力在行业内占得先机、鞭策自己不断进步显得尤为重要。不管你是会展专业的在校生、刚步入职场的菜鸟,还是已在会展和活动行业久经风雨的大佬,Cross给出的10个建议都能够帮助你成为更优秀的活动管理专家。

一、相信熟能生巧

不断增加自己的工作经验是成为一名更优秀的活动专业人士的最简单的办法。根据马尔科姆·格拉德威尔(Malcolm Gladwell)在《异数》中提出的"一万小时"定律,不管是什么领域,要想成为一个行业的专家,就必须在该领域内付出一万小时的有效时间。所以,不管是做志愿者、帮别人打工,还是自己开公司,只要是在会展和活动领域内的,你都应该多多参与、多多尝试。

应该抓住每一个磨炼技艺的机会,去参加各种类型、规模不同的会展活动,并在专业团队内多多轮岗。因为每一个活动项目都是不一样的,没有什么万用的办法可以一次性解决全部问题,所以要想自己做主时能马上反应出该用什么办法,就必须先去积累大量的实践经验。

二、坚持广泛阅读

很多从业者忽视了一个问题,那便是会展和活动产业其实是学习型行业。如今市面上关于会展的各类书籍很多,包括理论性的会展教科书、专业的行业杂志以及电子书籍、博客等。应该有计划地留出一些时间专门来了解这些信息,这样才能把握最新的活动技术和潮流。

由会展咖啡厅推出的"草根"培训得以生存发展以及有一段时间由"会展人微广播"掀起的思考热潮,都说明了中国会展人迫切需要不同层面的学习。

三、时常自我反思

每一次亲自经手的会展活动结束后,都应该自我反思、分析客户反馈,然后与团队一起讨论改进下一步工作的办法。

面对褒扬可以小得意一下,但是那些负面的评价更值得关注和分析。作为项目经理,应该跟团队分享自己的所思所想，不管是经历的状况还是自己的收获都可以。就算是获得了成功也千万不能洋洋自得。记住：对于会展和活动项目，每一个小细节都可能会有大影响，而且改进的空间永远都存在。

四、适当运用科技

各种潮流科技很炫酷，但使用起来要谨慎，对于投入产出比不理想的技术就该敬而远之。同时，作为管理者，会展和活动项目经理应该去了解相应的科技背后运作的原理，这样能更好地理解其应用的空间以及可能带来的价值。

五、靠近意见领袖

现在的社交网络破除了很多交流障碍，因而是了解行业动态、紧跟业内大佬思想的好平台。这些大佬是能够改变你的思路、挑战你的思维的人物。通过在微博微信上的互动，加入领英上的群组，看优酷上大佬侃侃而谈的视频……可以获得新鲜的观点并激发自己的灵感。

另外，行业内的专业活动也要有选择地参加，因为在那里你能更快捷地知道会展和活动产业的大佬们脑子里正在想什么。与此同时，你也会被这个行业的律动和创新所鼓舞。

六、时刻关注办法

笔者一直有个观点：为客户的各种稀奇古怪的要求找到解决方案，就是会展人自封的使命。当我们能够从过往的经验中得知客户的想法可能会出问题时，我们自然会好好解释不推荐这种做法的原因，此时，我们更应该做的是尽力寻找能够传达客户理念和愿景的办法。更重要的是，这种办法相比较客户之前的想法更加实际和可行。

七、向竞争者学习

作为会展和活动项目经理，经常去看别人的展会或活动而不是简单地批判是很难的，特别是在与竞争对手的思路不同时，自己心里往往会暗笑“你们干嘛要这样！”或者“我才不会像你们这样做呢！”。

正确的做法是看自己的同行们是怎样化抽象为具象的，并细细思考他们每一个决定背后的考量；去看看别人做得好的地方，享受作为观众参加展会的过程，而不是永远默默无闻在背后闭门造车。

八、讨论改进策略

会展和活动项目经理应该定期把团队成员召集起来进行头脑风暴，一起来想想如下的问题：一个理想的会展活动应该是什么样的？假如时间、资金、资源都没有问题，我们该补充些什么？我们可以如何进一步提高用户的体验？我们该怎样跨过这道坎儿？为什么我们老是用那个思路，有更好的办法吗……

在规划活动蓝图的时候，你应该从每一个参加者的角度来考量，想想他们的需求。这里的参加者包括但不局限于参会代表（参展商）、演讲嘉宾、贵宾、媒体人员等。

九、注意充分休息

要让自己到达最佳状态，就必须有充足的休息时间。只工作不休息是不行的，睡眠是非常重要的，这对每一个会展人都适用。会展人应该有规律地从工作中抽身，去到可以放松身心的地方。这样一张一弛之下，才能在工作中有百分百的精力和积极性。

达尼·斯蒂芬斯（Dani Stevens）在"活动策划师生活方式告知"（The Event Planner Lifestyle Boost）上发表的《如何在会展行业中做到休息工作两不误》（Take Care of Yourself While Planning Successful Events）也许能给你一些启发。

十、热爱会展行业

成为优秀会展和活动项目经理的最佳办法就是对会展活动充满激情。活动策划与组织是压力最大的十类工作之一，并且不可以敷衍了事、半途而废。

假如你不热爱活动行业，建议早点找一个不像活动这样占用那么多时间精力和容易让血压升高的稍微平和一些的工作。当你真的爱这样行业时，一点点小满足都能支撑你走很长时间。毋庸置疑，热爱活动对我们的心态和工作都将有积极的影响！

第四节 保持工作和生活的平衡

大多数会展和活动从业人员都由衷地热爱他们的工作。我们对一项工作热爱时，那种环绕四周的兴奋感与能量是难以言表的。然而，在优秀的工作业绩与稳定、健康的生活之间，会展人又该如何平衡呢？制定合适的准则是帮助我们处理工作与生活之间关系的好办法，对于会展和活动从业者，这是一个很有意义的话题。2015 年 4 月，在 Event Manager Blog 上有一篇由凯莉·怀特（Kelli White）女士撰写的文章，专门讨论了会展和活动从业者如何在好好工作的同时保持积极向上的私人生活的 5 条准则。

1. 制定严格的工作时间表

要保持工作和私人生活的平衡，最重要的一步就是有与你的工作"失联"的能力。你可以从制定详细的工作时间表开始，而且无论如何都要严格遵守！在工作时间内，就努力去完成该做的事，这样在工作之余才可能和家人朋友一起享受生活。

如果你在办公室工作，那么就尽可能不把工作带回家。也许你会为了完成一项任务而加班，但起码这样你就不必在晚上家人聊天或玩游戏时工作了。如果你在家中办公，那就有点复杂了。试着在家里辟出一个特殊的房间或是一个特定的区域，一旦工作完成，立刻离开那里，以断开与工作的联系。

这些工作时间上的管理准则会让你更积极，也会让你一整天都保持良好的状态。

2. 学会偶尔置身事外

互联网与我们所处的时代紧紧相连。尤其是当我们养成了在家中或是在旅行中还要查看邮件和语音留言、刷微信时，远离工作已然成为一项严峻的挑战。办法仍然有——平常在工作时间之外，戒掉这种习惯；若是在度假，那就干脆不要去想。

只要你的客户、供应商和同事被提前告知了你的计划，通过之前的通信、语音留言或是办公室外的沟通，他们一般会尊重你的隐私和保持"失联"状态的需要。这同时也说明计划有多么重要！

3. 为朋友和家人留出时间

每个人都有一些生活中的特殊时刻，比如说与你的另一半的浪漫晚餐，或是给家里小朋友的球队当教练。这些特殊时刻在你的私人生活中占据着重要的地位，且不可撼动，否则工作便失去了意义。

工作的确对我们在职业上的成功很重要，但是工作的重要性与我们对家人和朋友的切实承诺来说只会少不会多。因此，会展人应该找到人生中真正重要的事，并为它们挤出时间。这不仅会帮助我们学会珍惜工作之外的时间，还会提高工作的效率。

4. 与家人和同事适当地交流

与身边的人坦诚交流会对我们的幸福以及工作与生活的平衡产生重要作用。如果家人充分了解你在做哪些项目、在组织哪些活动，那么他们会更有可能在你忙于工作或是熬夜加班时理解你。

对你的员工、同事和供应商也是如此。如果你提前把会有私人活动的时间和次数告知他们的话，他们一般都会重新安排时间表。

很多时候，我们在工作和生活平衡上出现的问题都是由于缺乏合适的沟通而导致的。找到对你而言最佳的方法和沟通策略会提高你的工作效率，也会让你觉得更幸福。

5. 给自己放个假

很多会展人很少给自己放假来让自己享受由自己策划的活动。其实，为了远离工作，我们应该重新安排一下自己的假期和私人事务。假期是一个给自己充电的机会。更经常发生的情况是，假期结束时，我们会精力充沛地回到工作岗位，并且深深地感谢这份工作所带来的难以置信的好机会。

假期之间，我们应该与工作上的浮华喧嚣断开联系。只要能妥善地在假期之前与相关干系人进行沟通，并做好充足的准备，我们是完全可以享受这段美好时光的，而不是还一心惦记着工作。

作为会展人，我们知道工作节奏和时间表可以变化得多快，也知道事情可以突然变得多么棘手。但上面几条法则可以帮助我们为生活中可能出现的困难做好准备。有些时候，的确有一些限时完成的工作，或是晚上有一些不可缺席的会议或活动，这些都可以理解，但是要尽量减少这些例外的数量，并试着遵守预先为自己设定的准则。一旦找到了工作与生活之间的巧妙平衡，我们就会发现在工作中会变得更加充实，在生活中也会变得更加细心周到。这才是一个会展人的可持续发展之道。

复习思考题

1. 对照 Eventbrite 专栏作家马克·沃克所提到的天生适合从事活动行业的 7 个预兆，分析自己是否具备策划和组织活动的某些特质？

2. 为什么作为一种职业，“活动策划人”面临的心理压力会这么大？

3. 请对北美全球活动管理集团前 CEO Howard Givner 先生提到的他想教给下一代活动管理专家的 5 个秘笈进行评价。

4. 怎样才能成为一名优秀的活动策划人？

5. 作为一名活动策划人，怎样保持工作和生活的平衡？

扩展阅读

从会展专业大学生向职场的成功跨越

2015 年 7 月 6 日的 Event Management Blog 上有署名为凯莉·怀特（Kelli White）的一篇文章，题目为《给活动管理专业学生的忠告》（Insider Tips for Event Management Students）。①

对于会展专业的学生来说，正式进军职业的活动管理领域会是人生中一个极其激动人心的时刻。作为一名前活动管理主管，凯莉深知，活动管理是一件会让人觉得压力山大、让人措手不及的工作。凯莉在活动管理、创意市场营销、志愿者协调和非营利组织筹款等方面有 10 余年的工作经验，以下 8 条建议来自她的亲身体验，它们无疑有助于会展专业的同学们为在不久的将来从事会展行业做好准备、积蓄能量。

1. 加入俱乐部或专业组织

当你刚踏入一个新的行业时，加入一些专业俱乐部和组织无疑是认识更多人的一种理想途径，活动策划行业也不例外。加入一些学生组织不仅能够帮助你在校园里建立组织关系，在社区里也一样。

这些俱乐部、群体或专业组织会给你机会提问，了解更多有关这个产业的知识并发现你的兴趣所在。当我还是一个活动管理专业的学生时，我作为学生会员加入了美国专业会议管理协会和国际会议专家协会。类似于这些组织，许多其他高水平专业团队也会提供学生会员折扣。在这些群体里，你可以获得很多宝贵的资源和人脉关系，这对于初入职场的你再好不过了。

你可以加入 LinkedIn 上的一些非常有分量的虚拟社交平台，例如，“活动策划和管理群（Event Planning and Event Management Group）”，它拥有超过 25 万名会员和各种各样的子群，包括“活动策划管理职业建议群（Career Advice for Event Planning and Management）”和“活动策划管理学生论坛（Student Forum - Event Planning and Event Manage-

① 注：国内的会展专业名称为会展经济与管理（本科）、会展策划与管理（专科），许多院校将其英文译为“event management”，也有院校采用“convention and exhibition management”、“MICE Economics and Management”等译法。

ment)。LinkedIn是获得活动专业知识的一个重要资源，它可以在你的每一个职业阶段为你指明方向。

2. 获得大量经验

很多策划人员都是从一种活动的策划工作做起的，他们不会提前花时间拓宽自身的视野。举个例子，我曾对体育产业内的活动策划非常感兴趣。我在各种各样的体育组织中做过实习生和志愿者，收获了许多有价值的技巧，并积累了一份令人印象深刻的简历。但是，我却没能像我的其他同学那样大学顺利毕业，当我想要换个方向的时候，这比我从未积累过任何经验更有挑战。

俗话说：事后诸葛亮。所以，我鼓励你从我的错误中学习并花时间尽可能多地在领域内积累经验，照顾到方方面面。试着做一些婚礼策划的幕后工作，或者在一个类似会议中心、剧场等地方工作，你还可以通过在你们社区活动中做志愿者，从而获得不一样的视角。

你可能觉得自己永远不会对这个行业内的某些方面感兴趣，但你永远不会知道自己的人生中会遇到什么，在日后什么可能使你感兴趣，这就使得活动管理这一行变得无比的有趣和美好。机会是无穷无尽的，你的经历越丰富，那么未来可能选择的方向就越多。

3. 在你的领域内实习

这个听上去跟第二条有点矛盾，但是我保证它们其实同样重要。一旦花时间在学习和探索知识上，你就能在自己的领域内找到高质量、实践性很强的学习机会，这可能是一个实习资格，或者仅仅是一个入门级的工作，但是你想要的其实是能让你在行业内成为领导者的一些东西。

4. 建立高质量的人际关系

这条你可能听过不止一遍了，但是不少会展专业的同学从来都不关心自己会遇到哪些人，他们又会成为什么样的人。坐在你左边的女同学某一天可能成为你的合作伙伴，那个八点钟给你们上课的教授可能是你以后想要进的那家机构的董事会成员。

你也不知道未来的路通向哪里，所以在大学期间就可以开始建立自己的人际关系网。步入职业生涯后，你就可以更好地发展自己的人际圈子，这将在未来给你带来巨大的回报。

5. 对反馈信息保持开放的心态

大学期间获得的具有建设性的意见很有可能会被你忽略，或者你的时间都用来担心未来的方向了，但是为了在未来有所提升，你应该从现在开始关注自己的优缺点。有自知之明，并努力工作使自己变得更专业，这样当你获得一份工作时，你能够走得更远，不管是加入一个活动策划团队，还是雇佣员工。

有时反馈信息会让你觉得难以接受，但是它会使你在今后的路上变成一个更好的员工和领导者。人无完人，从错误中我们都能学到东西。把每一次受到的批评看作一次提高自我的机会。

6. 参加一些会议或者社交活动

如果你大学快毕业了，我建议你开始参加一些你们社区的会议或者社交活动，类似这种的活动能够给你提供一个非常好的入口，让你能够认识更多人，不仅是你们地区的，甚至是整个世界的。

很多会议还会提供一些前沿领域的相关信息和策略，这一点就足以把你和其他策划人区分开来，他们常常会觉得参加一场活动很开心，同时也能给自己的职业生涯一个很好的导向。

7. 找到自己的释放方式

众所周知，活动策划是世界上最有压力的工作之一。如果你已经决定要步入这个疯狂的世界，那么我建议你找一个适合自己的减压方式，从而使你的头脑一直保持理智。

例如，对于我来说，最有效的减压方式是跑步。结束一整天的高压工作，我会去跑步，直到感觉轻松一点。对于其他人，可能会花一些时间陪陪家人，写点日记、去看电影，或者偶尔喝上一大杯红酒。我建议大家找到适合自己的方式，把工作从脑子里抛开，空一点时间出来放松一下。

这在你职业生涯的早期可能会是一个很大的挑战，但我保证你看完电影或者长跑回来，工作还在那儿。所以，挤出点时间享受生活吧，这可以帮助你获得事半功倍的效果。

8. 学无止境

当学生生涯结束时，很多形式和更多领域的学习也接踵而至。对于一个高水平的活动策划师，学无止境的说法绝对没错。商业社会是持续发展的，我们每个专业人士都要尽可能使自己一直处于接受新知识的状况中，这样，对于潜在客户和老板，你将会很有吸引力。

在众多方法中，我最爱的一种就是通过看一些有趣话题的网络研讨会，多读一些市场营销、社交媒体方面的书，订阅一些博客，比如 EMB（活动管理博客）这种走在行业前沿的博客。

总结

上大学是一个非比寻常的挑战和冒险，你们将面临很多种不同的选择，然后决定向哪个方向探索，以上所有建议都是我能给作为准活动管理者的你们提供的最好的鼓励和愿景。花点时间你们就会发现，加入这个有趣的行业是自己做过的最佳选择。

资料来源：White, K. Insider tips for event management students. Event Management Blog, July 6, 2015.

即测即评

第4章　活动市场调研与分析

本章导读

市场调研是运用各种科学的方法，有计划、有目的地收集、整理和分析各种情报、数据和信息的过程。市场调研起源于19世纪的德国，后被广泛应用于各行各业。要成功举办一次会议、展览会等活动，首先必须进行科学的立项策划，而策划的关键在于在广泛、深入的市场调研基础上，充分掌握各种市场信息，尤其是目标客户和竞争者的信息，以确保未来的项目具有乐观的发展前景。会展和活动产业作为"眼球经济"的重要组成部分，市场竞争日益激烈化，在这种背景下，全方位开展市场调研、了解市场可能的变化趋势以及消费者的潜在购买动机和需求显得尤为重要。

本章关键术语

活动市场调研（Event Market Research）　探索性调研（Exploratory Research）
描述性调研（Descriptive Research）　因果性调研（Causal Research）
预测性调研（Predictive Research）　德尔菲法（Delphi Method）
产业分析（Industrial Analysis）

第一节　市场调研的主要内容

具体来说，市场调研在活动管理中的作用主要包括：① 有助于活动主办方发现新的活动市场需求和确立未来发展方向；② 有助于活动主办方开展市场预测和制定运营战略；③ 有助于主办方制定具有针对性的营销策略；④ 有助于活动主办方提高活动管理水平，增强竞争力。

一、活动市场调研的概念

根据美国市场营销协会对市场调研所做的定义，所谓活动市场调研（Event Market Research)，是指活动中的相关利益主体尤其是专业活动公司和活动主办单位利用特定的方法及手段，对与本组织营销活动相关的市场情报进行系统地设计、搜集、整理和分析，并得出各种市场调查数据资料和研究结果，从而为组织制定经营决策提供依据的活动。

为了全面理解上述定义，需要重点把握以下四点：

■ 活动市场调研是一个动态过程；

■ 活动市场调研的结果可以是直接的市场调查数据，也可以是最终的市场研究报告，在日常工作中后者往往居多；

■ 活动市场调研必须根据明确的调查目的，采取特定的方法和手段，以保证调查结果的客观性和准确性；

■ 活动市场调研的主要功能是为处在动态市场竞争环境中的活动主办单位策划人制定营销决策提供依据。

活动市场调研的作用，主要是通过向活动组织者或客户方的决策者提供依据体现出来的，主要包括：① 提供问题导向和机遇导向的可用信息；② 提供考察和监视市场营销环境中的方法；③ 提供确定和评估市场环境变化的应对策略。

二、活动市场调研的类型

市场调研具有 4 种基本功能，探索、描述、分析和预测，相应地，活动市场调研也有 4 种基本类型。在经营过程中，活动主办单位常常会遇到各种不同性质的市场问题，从而对市场调研产生不同的需求。因此，活动管理人员必须根据具体需要，并综合考虑信息收集成本、约束条件和市场信息价值，选择合适的调研方式与途径。

（一）探索性调研（Exploratory Research）

这种调研方式的主要功能是探测，即帮助决策者识别和了解“企业的市场机会与市场问题可能在哪里”，以便确定下一步市场调研或营销的努力方向。在实际工作中，活动的经营管理者经常对市场机会和问题提出各种假设，然后通过探索性的市场调研来证明或排除这些假设。因此，在开发一个新项目之初，活动主办单位往往采用这种调研方式。

探索性调研简单易行，在信息资料搜集、调研方案设计、调研对象选择等方面都没有严格的规范和要求。但必须指出的是，探索性调研一般只能将活动主办单位所面临的市场机会和问题呈现出来，它既不能解释市场机会和问题产生的原因，也不能回答市场机会和问题将导致的结果。

（二）描述性调研（Descriptive Research）

如果说探索性调研主要关注“是否存在市场机会”，描述性调研则能回答“如果市场机会存在，它的需求量将是多大”。换句话说，描述性调研的基本功能是对特定的市场信息和数据进行搜集和汇总分析，以客观、准确地反映和描述市场情况。通常可用“5W1H”来概括，其中，“5W”即① Who，人；② What need，需求；③ When，时间；④ Where，位置及距离；⑤ Whether be satisfactory，是否满意、感受如何；是否会再次参与。“1H”即“How to do”，过程。一般来说，描述性调研需要具有比较规范的市场调研方案、比较精确的抽样调查以及对调研过程的有效控制，否则所搜集到的市场情报将缺乏真实性和准确性。

在活动市场调研中，描述性调研占有很大的比重，并经常运用在下列方面：同类活动项目研究、潜在参与者需求调研、价格认知调研、分销渠道调研、促销方式调研、客户及媒体等对活动的评价状况调研等。然而，描述性调研也存在明显的缺陷：不能回答活动市场中某种现象产生的深层次原因及可能导致的后果。

（三）因果性调研（Causal Research）

顾名思义，因果性调研主要回答“为什么会出现这种结果?”或“这么做会产生什么结果?”，例如客户为何不满意、怎样才能提高客户的满意度等。如果说上述两种调研方法侧重调查的话，因果性调研则侧重市场分析和研究，它通过深入分析，能解释一个市场变量的变化为什么以及如何引起另一个变量的变化。

在进行因果性调研时，活动主办单位研发部人员必须明确因果关系，即“谁是因，谁是果”。事实上，因果性调研的实质就是深入分析因变量和自变量之间的关系，其中，因变量往往是调研人员所要解释和预测的变量，而自变量往往不止一个。

（四）预测性调研（Predictive Research）

科学的市场预测能为企业制定采购、生产和销售计划，并合理组织企业的各种资源提供依据，这正是预测性调研的主要功能。其目的在于对某些市场变量的未来前景和发展趋势进行科学的估计和预测，回答“将来的市场会怎样”的问题。预测性调研以描述性和因果性调研为基础，它依据企业过去的经营数据、市场经验，并运用科学的预测方法，对市场未来的趋势进行定量测算或定性判断。

综上所述，不同类型的市场调研所关注的信息重点及分析深度都不一样，但能帮助活动主办机构解决不同性质的问题。两者之间的大致关系如表 4-1 所示：

表 4-1 市场调研类型与活动管理决策

调研类型	对活动主办单位的主要作用	举例
探索性调研	发现市场机会和存在的问题	某个新的展览会选题是否有市场需求；活动参加人数与上一届相比突然减少
描述性调研	描述需求及营销组合状况	与去年同期相比，展位销售数量减少；价格过高影响了活动效果
因果性调研	对市场问题进行深层次分析	通过问卷调查发现，主要是因为主题演讲质量不高，导致与会者对会议的总体满意度较低
预测性调研	预测某个行业活动市场的发展前景	活动目前的规模偏小，不知是否有乐观的市场前景

资料来源：王春雷，陈震. 展览项目管理：从调研到评估［M］. 中国旅游出版社，2012

三、活动市场调研的主要内容

众多活动管理公司的成功实践表明，知道需要调研什么比市场调研本身更重要。市场调研的内容十分广泛，可以这么说，凡是与企业市场开发和营销活动有关的问题都可能成为调研的课题。为了帮助读者从总体上掌握活动市场调研活动的基本结构，我们将活动市场调研的具体内容分为以下四个方面：

（一）活动市场环境调研

市场环境是指那些给活动主办机构带来机会和威胁的主要外部力量，这些因素对于主办机构来说是无法控制的。宏观环境因素主要由政治法律环境、经济环境、社会文化环境、科学技术环境和自然环境五大环境要素构成。

1. 政治法律环境

在政治法律环境方面，活动主办机构应调查的因素主要包括：① 活动举办地的政治局势；② 政府的有关法律、法令和法规；③ 国家有关方针、政策；④ 国家有关国民经济发展计划和社会发展的规划。此外，在开发国外活动市场时，还应包括对当地现行政策的稳定性和持续性、国际关系以及旅游业的发展给活动市场带来的政治影响、政府在开发活动市场方面的政策与作用、出入境手续等方面的调查。

2. 经济环境

其内容主要包括：世界经济状况；国民经济发展状况，如国民生产总值、工农业生产总值、国民收入等；国家或地区活动资源及举办状况；收入水平、消费结构与消费水平；物价水平、物价指数现状等。

3. 社会文化环境

其内容主要包括受教育程度、职业构成、民族分布、宗教信仰、风俗习惯、社会的审美观念以及文化习俗等。

4. 技术环境

其内容主要包括活动举办地交通条件及现代化程度，活动设施的管理水平与服务水平，先进技术在活动运营管理中运用及发展趋势等。

5. 地理环境

其内容主要包括地理位置、气候条件、地质地貌等，通过对地理环境的调查，进一步了解其对活动市场开发的影响。

（二）活动市场需求调研

需求调研是活动市场调研的核心部分，其最终目的是分析在一定时期内、一定价格水平上，目标受众中愿意并能够参与活动的数量。活动市场需求是决定活动市场购买力和市场规模大小的主要因素。针对活动参与者所进行的需求调查是活动市场调查内容中最基本的部分。

1. 活动市场规模及构成调查

主要内容包括：① 经济发展水平与人口特征；② 收入水平与闲暇时间；③ 目标参与者的数量与消费构成，即调查现实与潜在的活动参与者数量，包括参与者国籍、年龄、性别、职业、入境方式以及地区分布、民族特征等，参与者消费水平和参与时间的长短；④ 活动参与者对活动质量、价格、服务等方面的要求和意见等。

2. 活动参与动机调查

动机是活动参与者参加某次活动的内在原因，主要类型包括：① 文化动机，包括了解和欣赏异地文化、艺术、风俗、语言、宗教等求知欲望，例如参加傣族的泼水节、青岛啤酒节、潍坊风筝节等；② 交际动机，包括探亲访友、结识朋友等；③ 地位与声望动机，指通过参与该活动，参与者达到满足自尊以及尊重的需要等。例如，很多企业赞助奥运会一方面是为了宣传自身品牌，扩大销售量；另一方面也将奥运会作为展示企业实力的平台。再如春节联欢晚会是明星们角逐的舞台，这些都体现了地位与声望动机。④ 业务动机，包括商务、会议、学术交流等。比如，企业高级管理人员参加各种类型的 CEO 沙龙活动，除了有交际动机外，还有业务动机。

值得一提的是，上述活动参与动机并不是彼此独立的，一般情况下，人们都带着多个动机来参与活动。

（三）活动市场供给调研

1. 竞争对手调研

主要调研内容有：① 竞争者数量，即调查特定区域内同类活动主办机构数量关系；② 竞争者市场占有率，调查各竞争对手产品的销售额占该地区产品总销售额的比例；③ 竞争者市场竞争的策略和手段；④ 竞争者的市场营销组合及广告策略；⑤ 竞争者实力；⑥ 竞争者的销售组织形式及其规模与力量。

2. 同类活动调研

活动产业发展到今天，已经不存在不举办活动的行业，换句话说，要挖掘全新的活动主题已没有太大的空间。因此，在策划活动项目时必须详细了解同类项目的情况，以决定是否在某个行业举办节庆活动或者其他活动，同时寻找和突出独特的销售主张（Unique Selling Proposition，简称 USP）。

以开发一个新的赛事活动为例，主办机构人员至少应搜集同类赛事活动的下列信息：

■ 同类活动的数量和区域分布状况；

■ 同类活动特别是赛事活动的基本信息，如活动定位、主办机构、举办时间、举办频率、办展地点、活动规模、参与人员数量、分布及结构等；

■ 同类活动的结构，主要表现活动主题、活动范围、参与人员的结构；

■ 同主题品牌活动的成功经验；

■ 同类活动之间的竞争态势。

著名竞争战略专家迈克尔·波特教授（Michael E. Porter）在《竞争战略》一书中提供了一个分析竞争对手的基本模式，并确定了 4 种竞争者分析诊断要素，即竞争者未来的战略目标、先行的竞争战略、对竞争者的假设和竞争者的能力。活动主办机构的研发人员可以借鉴该模式来分析同类型活动，如图 4-1 所示：

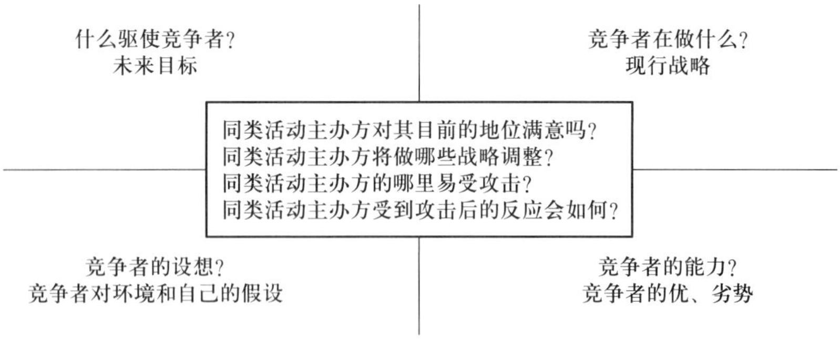

图 4-1 分析竞争性活动的基本框架

（四）营销活动调研

由于活动主办机构所处的外部环境与其开展的营销活动是密不可分并相互影响的。因此，有必要将主办机构的营销活动纳入市场调研的范畴。

1. 产品及服务调研

产品是企业市场营销组合的首要因素，一个企业要在激烈的市场竞争中占有一席之地就必须拥有适销对路的产品。因此，对产品进行调研是活动市场调研至关重要的部分。

对于活动主办方而言，产品与服务调研主要有三层含义：一是参与人员对活动或服务的需求分析；二是新活动或新服务项目的开发调研；最后是参与者对活动的评价及接受程度。其中，深入调查和分析活动参与者的各种需求是重中之重，它直接为活动主办机构决策者进行活动策划和制定竞争策略提供依据。

经典实例 4-1

能设立“户外产品专区”吗？

这是一个很经典的实例，虽然十几年过去，但对今天的展览主办方仍具有指导意义。鉴于当时流行的“运动的乐趣”、“娱乐及动感”和现存的“儿童超重问题”，在 2004 年的德国国际玩具博览会（SITFN）上，主办方德国纽伦堡玩具展览公司就“开辟户外产品专区”问题向博览会的观众征求意见。

结果显示，53% 的专业观众和消费者对这个户外专区特别感兴趣。因此，主办方快速做出反应，在 2005 年的博览会中就辟出了户外/休闲产品专区。据了解，2005 年博览会的招展工作刚开始，便有 140 多家企业报名参加 2006 年博览会的户外/休闲专区了，专区的展览面积已经达到了 2 个展厅。

在这一调研中，主办方侧重关注了两个方面的问题：一是产业发展的最新动态，二是目标市场对新产品或服务的需求。

2. 价格调查

价格是市场营销组合中最活跃、最敏感的因素，也是 4P 中唯一代表利润的因素，同时还是一种重要的竞争手段。在调查和分析活动究竟应该“卖什么价”时，主办方需要重点考虑三个因素：开发活动的成本，参与者可以接受的价格或者对活动的认知价格，同类活动的价格水平。事实上，其中正好隐含了三种最常用的定价方法，即成本导向的价格策略，需求导向的价格策略和竞争导向的价格策略。

价格调查的具体内容包括：活动产品价格的供给弹性和需求弹性；所举办的活动应该制定一个什么样的价格才能保证与竞争者竞争；运用价格变动促进销售的情况；

在为活动制定价格时，主办方应综合分析需求、成本和竞争等多种因素，并大致遵循这样一个程序：制定定价目标—分析影响定价的关键因素—确定定价方法—制定初步价格—制定价格调整方案。

经典实例 4-2

调查：你会花钱去看“好声音”演唱会吗？

背景：“好声音”巡演已经开始，咱们重庆这边怎么还没有要开演唱会的信息呢？记者昨天打听到，原来，咱们的演出商是被“好声音”的报价给吓到了！半个月前，重庆演出商善润文化总经理邹建明询问了价格，演出费用600万。而昨天记者询问“好声音”宣传总监陆伟，他回答：“600万只包含十个学员，如果加四个导师报价是800万。”这超过了刘德华和张学友的演唱会报价650万。

一、成本计算

按照“好声音”目前的报价800万（含音响、乐队）来算，再加上接待费用、场租、舞美和宣传费用等，成本大约要达到1 000万。按照奥体的位置可以坐满4万人左右，但是一般有效座位会按照打五折来计算，也就是2万个位置，用1 000万再除以2万，平均每张票要卖到500元才能收回成本。

邹建明说：“每张票均价500元，对于重庆的演出市场来说，有点偏高。我觉得‘好声音’这个演唱会肯定是火爆的，按照这个节目的定位来制定票价，可以走薄利多销的路线，多卖看台票，每张定价180元，内场的最高不超过1 200元，这对于很多观众都能接受。”邹建明表示，“当然，800万的投入演出商也可以操作，我去拉一个地产赞助商，给我200万的赞助，如果来的导师和学员愿意去楼盘走穴，价格也算在这800万里面。”不过，这个想法被“好声音”方面明确拒绝，因为商业活动的价格要另算。

邹建明给记者算了笔账，如果一场演出总价在500万，每张票均价250元，这个价格演出商才能收回成本，对于观众来说也可以接受。

二、花几百块钱，还不如去看刘德华、张学友呢

张素年　女　35岁　公司副总

我觉得这个节目在电视上看可能比现场看更清楚吧，我的印象中演唱会的效果没有看电视这么好。票价嘛，说实话如果有人请我去，我会考虑，但还要看我有没有时间。

林子　女　28岁　职员

这个节目就是在电视上看起来热闹，和朋友摆得热闹，如果真要我掏腰包去看的话，我肯定不得去。花几百块钱，我还不如去看刘德华、张学友、陈奕迅的演唱会！

三、门票300元左右，我会考虑去现场听

王云霄　女　30岁　职员

我喜欢平安，那个光头男孩，说实话，如果平安开个唱我愿意花钱去听，但是“好声音”的拼盘，我就得考虑一下，我觉得对一个学员的作品有了一定的感受和感情，才会出钱去现场听演唱会，如果门票在300元左右，我会考虑去现场听。

朱小丁　男　29岁　投资顾问

从这个节目开播我就一直追，可以说是节目的忠实观众，如果来重庆开演唱会，花几百块我要去看，不过前提是导师要来。

……

资料来源：张晓禾. 涨！涨！涨！从250万涨到800万一场！“好声音”演唱会比刘德华、张学友个唱还贵 重庆演出商：风险有点高，不敢接［N］. 重庆时报，2012年9月27日

3. 分销渠道调研

所谓分销渠道，是指产品（包括实物、服务和创意）从生产者转移到顾客过程中所经过的各中间商连接起来的通道。目前，国内活动组办机构对分销渠道的运用普遍不充分。分销渠道调研的内容主要包括销售渠道的数量、分布和业绩；中间商的经营能力与销售业

绩；销售渠道策略的实施、评估、控制与调整；是否采用人员推销等。

以展览公司为例，除了项目组或市场部，还可以充分利用各类协会、专业代理机构、专业媒体等来协助招展或组织观众。随着活动市场竞争的日益加剧，还可以积极发展垂直营销系统和水平营销系统，前者如独家代理、成立专业销售公司等，后者如联合招商、类似法国的专业展览会促进委员会（Promo Salons）等。

由此看来，对于活动主办机构而言，渠道调研至少要回答以下问题：① 潜在客户、与会者在哪里，针对他们的需求特点可采取什么样的分销方式？② 同类型活动的主要分销渠道是什么，本机构能从中获得什么启示？③ 本机构的现有分销网络效果如何，根据企业实力和市场状况，可进行怎样的调整？

4. 促销方式调研

活动市场促销方式调研即指活动主办机构通过综合分析产品特点、市场状况、企业实力及竞争对手的促销策略等因素，最终决定何种促销方式最为有效。主要内容包括：促销方式是否为活动参与者所接收；广告形式及内容是否有针对性；广告媒体的比较和选择；广告费用与宣传效果等。

与一般产品相似，活动的促销方式也可归纳为 5 种基本类型，即广告宣传、人员推销、公关关系、销售促进和直接销售。大多数活动主办机构常用的促销方式为广告宣传、人员推销和直接销售，其中，电话销售、直接邮寄、人员拜访、召开新闻发布会（推介会）及参加同行业的活动等方式最为广泛。近几年，对微信、Instagram 等社交媒体的应用越来越普遍。这与活动主办企业或机构的服务性质是一脉相承的，因为活动主办方必须和参与企业及观众之间进行更多的交流。

第二节　市场调研的基本流程

因为涉及的利益相关者众多，活动市场调研是一项细致而复杂的工作，无论是哪一种形式的调研，都必须是一次有计划、有组织的行为。概括而言，活动市场调研可分为三个基本阶段和六个重要步骤。具体而言，三个基本阶段是指调研准备阶段、正式调研阶段和调研结果处理阶段；六个重要步骤包括：① 发现问题，提出目标；② 分析问题，找出原因；③ 归纳提炼，拟定计划；④ 收集信息，确定样本；⑤ 处理信息，整理资料；⑥ 提出结论，编制报告。如图 4-2 所示：

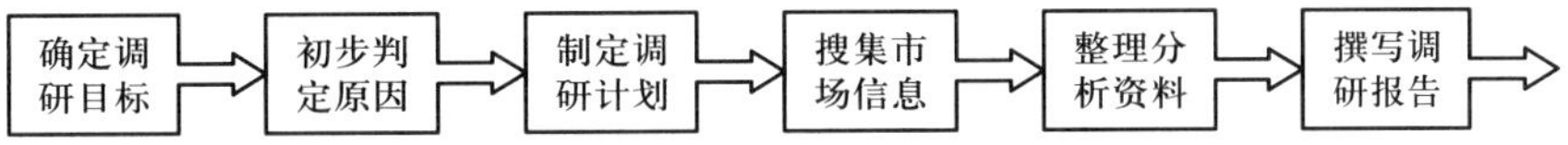

图 4-2　活动市场调研的六个步骤

一、调研准备阶段

在调研准备阶段的首要任务是要找出活动营销中存在的问题，并指出活动市场调研的目标。除提出调研目标之外，活动主办方还应给出解决问题的限制条件，诸如时间、资金、法律约束、被调查者的接受配合等。

（一）发现问题，提出目标

俗话说：良好的开端等于成功的一半。发现活动市场存在的问题并依此提出明确的调研目标是开展活动市场调研的重要前提。在进行正式调查之前，必需弄清楚为什么调研，调研什么问题，解决什么问题，然后提出调研目标、明确调研对象、设计调研内容及选择调研方法。

而现实情况是，不是每一位调研人员从一开始都能明确自己的调研目标，因为调研目标的确立必须建立在对问题进行深入分析的基础之上。调研人员必须首先找出需要调研的问题，明确调研范围，并依此制定目标。否则，只会盲目行事，或者只能得到一些与调研主题不相干的无效信息，这样不仅会耗费大量时间，还将浪费大量的人力、物力和财力。除此之外，所提出的调研目标既不能太宽也不能太窄，否则将与目标细化不相符。

（二）分析问题，找出原因

导致活动市场问题出现的因素常常是多方面的，有的因素企业可以控制，而也存在着一些难以被主办方所控制的随机的、外部的、不确定性因素。这时就需要活动主办方综合分析各种影响因素，以找出最优的解决办法。如果主办方提出的目标所涉及的因素较多，调研人员常常还需要设定一些假设条件来简化活动营销中存在的问题。例如，针对以接待女性消费者为主的购物节，在调研中可以把男性消费者这一因素剔除。

在调研准备阶段，活动主办方还可以进行小规模的探测性调研，以验证调研目标是否明确以及有无调整调研目标的必要。

（三）归纳提炼，拟定计划

为更好地实现调研目的，并确保调研工作能够顺利有序进行，调研计划的制定就显得尤为必要。调研计划至少应包括调研方案设计、调研机构设置、调查方法确立、时序及费用安排等内容。

（1）调研方案设计。调研方案设计的具体内容主要包括调研目的要求、调研对象、调研内容、调研地点和调研范围、调研提纲、调研时间、资料来源、抽样方案，以及调研报告最终形式的确立。除此之外，还应确立资料收集的具体方式，是收集第二手资料，还是第一手资料，还是两者兼而有之。

（2）调研机构设置。活动调研机构设置的主要任务是选择并设置调研活动负责人及负责部门。具体而言，是指将调研活动委托专门的市场调研机构来进行，还是由主办方自己开展调研。市场调研活动的成败在很大程度上取决于调研人员的选择与配置。市场调研活动的决策者、管理者以及调研人员的素质会影响整个调研方案的设计，因而调研人员需具备基本的统计学、市场学、经济学、会计财务方面的知识，同时还必须具备较好的沟通能力、敏锐的观察能力、丰富的想象力、创造力以及应变能力等。

如果活动主办方将市场调研委托给外部调研机构，那么如何从这些纷繁多样的机构当中选择一个能够把握自身诉求的机构就显得尤为重要。以下是选择调研机构的基本标准：

- 调研机构能否能对调研问题进行符合目标的理解和解释。
- 调研人员的构成，包括其资历、经验以及任务分工等。

- 所选择的调研方法是否有效并且具有创造性。
- 过去类似的调查经验、调研事项以及调研成果。

(3) 调查方法的确立。调查方法的确定应根据调查的目的与要求，从众多的市场调研方法中选择最适合本组织的最好方法。例如，如果活动主办方选择的是调查表法，那么就必须要设计一个合格的调查表格，以利于调研活动的顺利进行和资料的收集与整理，并得到被调查者的配合，这些都关系到调研结果的科学性与准确性。

(四) 调研时序及费用安排

调研时序安排主要包括调研活动的起始时间安排，活动次数安排以及报告成果的最终完成和交接时间。费用预算包括调研活动费用的预算与计划等。

二、正式调研阶段

在正式调研阶段需要做的工作是在各项调研准备工作的基础上，收集与调研目标相关的信息和数据，并确定样本。在市场调研中，信息的收集通常是耗时最长，花费最大，且最容易出差错的环节。它关系到整个调研活动效果的好坏、准确程度以及误差大小。

(一) 收集信息

一般而言，与活动市场调研目标相关的信息主要包括两类：一是概念信息，即对节庆或赛事等活动产品或者服务的直接性描述，它是一种看法、现象及潮流，譬如体育爱好者对体育赛事活动的新热点。二是方法信息。主要是指在活动市场调研中所使用的具体方法，如数理统计、调研中所采用的方法（访谈、问卷等）、样本选择方法等。例如，如何发放问卷能让人们认真填写？怎样设计问卷才能真实地了解顾客对服务的满意程度？怎样才能使他们不误解所填问卷的意义？

(二) 收集数据

数据是市场调研中最基本的部分，包括直接数据和间接数据的收集。其中，直接数据指为某项研究而特别收集的数据，通过问卷形式或从专门设计的实验中得来的数据便属于此类，也即第一手资料的直接获取。间接数据指以前已经记录下来的数据。可以从企业内部的经营记录中得到：如客房记录、仓储、销售记录等。有些调研仅仅需要二手资料或者一手资料，但对于大多数调研活动来说，两者都是必不可缺的部分。

一手资料也称原始资料或实地调查资料，是调研者为实现当前特定的调查目的而专门收集的原始资料。大多数的市场调研项目都要求收集一手资料。一手资料的优点就在于其有较强的针对性、目的性和时效性，比较适合分析那些变动较为频繁的、敏感性的要素，其缺点就在于耗费时间长，花费的金钱多。

常规的收集一手资料的方法是先与某些人单独或成组交谈，以了解大致的想法，接着确定正式的调查方法，然后开展实地调查。一手资料的首要来源是活动参与者，其次则是中间商和活动主办方的内部信息。收集一手资料的方法主要有 4 种，即观察、专题讨论、问卷调查和实验，这些都是进行市场调研的一般方法。

另外，在收集一手资料的过程中，可能会出现找不到被调查者、被调查者拒绝配合或者回答带有偏见或不诚实的情况，致使资料收集工作进展不顺。如果市场调研人员发现调研计划或调研有问题时，应尽快反馈信息，并立即进行调整。事实上，调研活动效果的好坏在很大程度上取决于调研者的耐心、毅力。

其实，在日常工作中，限于人力、物力等因素，许多调研工作需要到有关部门去收集专门的数据，如某客源市场人均收入、某地区行业分布、有关统计资料、年鉴等，即第二手资料的获取。

（三）确定样本

确定样本量的大小本身是一个比较复杂的问题，应当从定性和定量两个方面来加以考虑。一般而言，在确定样本量时，要首先考虑调查的目的、性质和精度要求，其次要考虑的是可操作性以及经费承受能力等。样本数量和规模的确定在很大程度上取决于活动主办方所愿意支付经费的多少。

尽管市场调研的结果并不完全取决于样本的大小，但是它却会对抽样误差带来一定的影响。因而在选取样本时，应注意几个方面：一是样本选取的范围不能过大；二是样本的大小要适中；三是样本应当具有代表性；四是样本的构成比例要合理。

三、结果处理阶段

在这一阶段需要对调研所获得的各种信息资料进行分类、汇总、编辑以及统计分析，同时，删除那些由于调查方式或者调查者自身的原因造成的错误信息。

（一）处理信息，整理资料

在资料收集完成之后，活动市场调研人员应对资料进行分析与整理，从资料中提取与调研目标相关的信息。对信息的处理方法通常有两种：

（1）统计分析方法。常用的有计算综合指标（绝对数、相对数以及平均数）、时间数列分析、指数分析、相关和回归分析、因素分析等。

（2）模型分析法。模型是专门设计出来表达现实中真实的系统或过程的一组相互联系的变量及其关系，分析模型主要包括描述性模型和决策性模型。其中，描述性模型中常用的是马尔可夫过程模型和排队模型，前者可用来分析预测未来市场份额变化的程度和速度，后者可以用来预计顾客的消费决策与等候的关系。决策性模型中，最常见的是最优化模型和启发式模型。其中，最优化模型一般通过微分学、线性规划、统计决策理论以及博弈理论来辨别不同决策方案的价值，力求从中进行最优选择。启发式模型则运用启发性原则，排除部分决策方案，以缩短找寻合理方案所需的时间。

（二）提出结论，编制报告

调研人员在对活动市场所面临的问题进行分析之后，应当将调研结果用文字、图表的形式编写成简明扼要的报告。调研报告是调研结果的最终体现形式，它可以为活动主办单位有关部门人员的决策提供较为科学、规范的书面依据。值得指出的是，调研报告的撰写应当符合完整性、准确性和可行性三个方面的要求。编制调研报告应以使用者的需求为导向，体现使用者的价值诉求，并帮助它们减少决策中存在的不确定性，而不是用这些收集到的资料和结果对管理人员加以限制。

调研报告编写的基本规范是观点正确、材料典型、中心明确、重点突出、结构合理。其主要内容见本章第五节。

第三节 活动市场调研的常用方法

在开展市场调研时，信息收集的方式是多种多样的，常用的方法有二手资料调查、抽样调查、问卷调查、访问调查、试验调研、实地观察和专家调查法等。根据活动市场的特点，活动公司常用的调研方法有以下 4 种：

一、二手资料调查法

二手资料是指相对于原始资料而言的活动主办机构内外部的现成资料，这些资料一般不是围绕特定的市场调研主题而专门搜集和整理的，但它们却与该主题具有一定的相关性，调研人员可以从中获得大量的初步信息。为了节约时间、人力和资金，主办方经常使用二手资料调查法来研究某个特定的市场问题。

（一）二手资料的来源

对于活动主办单位而言，二手资料可以来自于组织的内、外部。其中，内部资料包括业务资料、统计资料、项目运营财务资料或其他资料，譬如各种调查报告、经验总结、会议记录等。

外部资料是指其他机构提供的资料，这些机构可能是政府机构，也可能是其他非政府机构。要获得外部资料，调查人员一定要熟悉这些机构，熟悉其资料种类。同时，良好的人际关系是及时获得有价值资料的必要条件。外部资料的来源主要有国家统计机关公布的统计资料、行业协会和专业信息机构提供的市场信息和调查报告、互联网、专业调查公司、科研机构和文献报纸杂志等。

（二）二手资料调查的基本步骤

概括而言，活动市场调研中的二手资料调查可分为五个基本步骤：

（1）根据调研主题和目的，明确资料来源以及需要获取什么资料；

（2）先后从企业的内、外部搜集资料；

（3）由一般到具体，有重点地搜集资料；

（4）对大量的二手资料进行科学筛选，其基本原则是资料应具有适宜性、时效性、可靠性和可行性；

（5）对所有搜集到的资料进行分类整理，供进一步分析使用。

二、询问法

询问法是一种相对简单的市场调研方法，通常通过调查问卷或直询两种方式来完成，其基本原理是：由市场调研人员事先拟定调查提纲，然后请被调查者回答相关问题，以此来搜集资料和获取信息。活动主办单位常用的有下列 6 种：

（一）邮寄调查法

邮寄调查方法是指调查员将印制好的调查问卷或调查表格，通过邮局或快递公司寄给选定的被访者，或将问卷刊登于报纸、期刊杂志上，由被访者按要求填写后再寄回来；调查员通过对调查问卷或调查表格的整理分析，得到市场信息，其优缺点见表 4-2。

表 4-2 邮寄调查法的优缺点

优点	缺点
调查区域广	调查时间长
调查费用低	问卷回收率低
问卷回答准确	被调查者可能不愿意填写
无须培训调查员	被调查者可能不清楚问题的意思

邮寄调查法不仅对问卷设计有严格要求，而且应用范围较窄，与面谈和电话访问相比应用面较小。对于时效性要求不高，名单、地址比较清楚，费用比较紧张的调查可考虑使用这种方法。调查时要注意一定的技巧，如整理名录时应注意名单是由个别人名组成而不只是他们的头衔，如“张三经理 收”会比“经理　收”更能让人回答问卷。同时，要在信件中附有贴好回邮信封的邮资，并说明在回信后将给予一定报酬或纪念品。邮寄调查法的特点见表 4-2。

需要注意的是，电子邮件调查或网上调查的问卷设计原理与邮寄调查相似，只是依托的工具不同，且前者的应用越来越广泛。

（二）面谈法

面谈法又称当面询问法，即调研人员通过面对面的口头交谈方式向被调查者了解市场情况的调查方法。相比较而言，面谈调查法在活动市场调研中用得较多，而且形式多样，如上门拜访、街头拦截、举行座谈会和专家访问等。

面谈法的优、缺点都十分明显，其最大的特点是调研人员对调查活动具有较强的控制力和较大的伸缩性，而且能够直接观察被调查者的反应；不足之处在于时间、资金和人员成本相对较高，同时还可能存在调研人员弄虚作假、对调研主题持有偏见等问题。另外，面谈法对调查人员的综合素质和访问技巧要求也较高。

以展览业为例，在日常经营管理的很多环节，主办单位都可以运用面谈法来搜集相关信息，最常见的如上门拜访潜在客户，了解他们参展的特殊要求；在展会现场访谈参展商和专业观众，征求他们的意见，了解他们对展会及相关同类展览会的看法；向业内专家征询他们对会议或展览会的意见和建议，以发现不足，改进产品和服务等。

（三）留置问卷调查法

留置问卷调查法即指问卷由调查者将问卷当面交给被访者，说明回答方法后，留给被访者，由其自行填写，再由调查员定期收回。此法是面谈调查和邮寄调查两种方式的折中，因此其优缺点也介于两种调查方法之间。

留置问卷适合对那些交通不太便利的地区进行市场调查。这种方法反应迅速，反馈率较高，调查员对答题的影响降到最低限度，并能较好地对被访者的选择加以控制。另外，这种方法也比较经济。

（四）电话调查法

电话调查是调研人员获取活动市场情报的一种非常简单、快捷的方式，它可以在短时间内与被调查者进行“接触”，并从大批量装有电话的企业或家庭中获取市场信息。但这种方法对调研人员的要求很高，访问者不仅要具备一定的专业知识、丰富的调研经验和随机应变能力，还要有良好的沟通技巧和语言驾驭能力。

在具体运用时，调研人员需要注意以下问题：

■ 尽可能找到具体负责某一问题的人，并精心设计问句尤其是开场白，努力降低电话访问的被拒绝率；

■ 在打电话之前应做好充分的准备，包括熟悉调研问题、学习相关知识、了解受话人职务及性格等；

■ 把握好打电话的时间。如果不考虑时差问题，一般来说，宜安排在上午 9:30 至 11:30，下午 14:30 至 4:30 及晚上 19:30 至 21:30；

■ 控制访问内容，力求做到简短、实用；

■ 做好电话访问记录。

（五）网络调查法

从严格意义上讲，网络调查法属于问卷调查法的一种。其基本原理是市场调研人员将调查问卷通过各种网络传递给被调查者，被调查者则通过在网上点击的方式来回答问题，然后调研人员利用预先设计好的程序对问卷调查结果进行统计。这种调研方法的优点是简单迅速、节省经费，缺点是对于不同的调研主题被调查者的代表性不强，而且调查结果的可信度往往也不及面谈法和电话调查法。

由于活动具有典型的交互性特点，网络调查法正日益受到众多活动主办单位的青睐，而且广大受众和活动产业从业人员早已习惯了在网上搜索各类市场信息。因此，网络调查法在活动主办单位有广阔的运用空间。

（六）专家意见法

专家意见法又称德尔菲法（Delphi Method），这种调查方法往往持续时间较长，一般适用于对活动市场总体情况的预测，但用于预测区域、顾客群等情况时可靠性较差。例如，当节庆组织者希望初步判断一个新开发的节庆活动是否具有竞争力时，便可以通过选择合适的市场、旅游及文化等领域的专家，利用此法来进行综合评估。表 4-3 对常用的询问调查法作了简单比较，供读者参考。

表 4-3　常用询问调查方法的比较

	邮寄调查	面　谈	留置问卷	电话调查	网络调查	德尔菲法
问卷						
开放式问题的使用	低	高	中	中	低	中
探查能力	低	高	中	中	低	高
视觉帮助	高	高	低	差	低/高	中
敏感性问题	高	中	高	低	低	中
资源						
成本	低	高	低	中	低	高
抽样						
分散很广的总体	高	低	中	中	高	低
反馈率	低	高	中	中	低	高
试验控制	低	高	高	中	低	高
访谈						
对调查对象的控制	低	高	低/高	高	低/高	高
访谈者的偏见	低	可能	低	可能	低	可能

三、观察法

所谓观察法，即指调研人员根据市场调研的需要，深入调研现场，通过对调研对象进行直接的查看或测量（通过自身的感觉器官，如眼看、耳闻，或借助各种仪器，如照相机、摄像机等），以获取第一手市场资料的方法。对于活动主办单位而言，最常用的市场观察方法有以下两种：

（一）佯装参观者（观众、听众）

类似于消费品行业中的佯装购物者法，调研人员佯装参观者（观众、听众）也具有较强的隐蔽性，在活动市场调研中往往能收到理想的效果。在现实工作中，许多活动主办机构的调研人员都愿意利用这种方法来考察自己所组织的活动或同类活动的情况，具体包括活动现场的人气、现场服务和管理水平、观众对活动的评价等。这种方法在展览行业经常被使用。

（二）观察参与者

这种方法可用于活动主办方对与会者、观众或参展商的行为进行观察，从而获得相关信息，以便对会议或展览会等活动进行改进。以展览公司为例，采用该方法的基本程序为：选定一家或几家具有代表性的参展企业；对目标对象进行有控制或无控制观察，多方面地搜集市场情报；对市场情报进行整理、分析，得出相应调研结论。

观察法简便易行且直接客观，但同时也存在明显的缺陷，即往往只能了解市场表象，而对于表象背后的真正原因或市场问题的实质挖掘不够（见表4-4）。因此，活动主办单位调研人员在使用观察法搜集市场信息时，有以下三点需要特别注意：一是准确选择观察对象、时间和地点，比如要选择合适的同类展览会或有代表性的参展商等；二是做到观察与思考相结合，努力捕捉更多有价值的市场信息；三是认真做好观察记录，避免观察过程中的遗漏和记忆差错。

表4-4 观察法的优缺点

优点	缺点
可观察到被访问者常态行为表现，获得的结果较为真实	难以观察到研究所需要的行为，搜集资料较费时
可在当时实地观察行为的发生发展，并能把握全面情况	观察结果通常只能说明“是什么”，不能解释“为什么”

四、实验法

实验法又称市场试验法，即调研人员根据调查需要，有意识地改变或注入某种特定的市场因素，以观察其变化对市场活动的影响。一般来说，这种被改变或注入的特定因素为自变量，如产品价格、服务质量、广告宣传或促销力度等；被影响的指标则被称为因变量，如市场销售额、销售利润或市场份额等（见表 4-5）。

市场试验法特别适用于两种情况，一是对新开发活动的销售推广方案进行评估，二是对现有活动营销计划的效果进行测试。但在所有的市场调研方法中，无论是在时间、资金还是在人力上的投入，实验法都是相对较大的。

表 4-5 实验法的优缺点

优点	缺点
真实、客观，结果有较大推广实用性	影响因素众多，需做多组实验和综合分析
可主动控制和改变实验因素，实验结论有较强说服力	只能自我变量间因果关系，不能分析过去和未来情况

对于活动主办机构而言，市场试验法的基本程序如下：

- 确定市场实验目标，如分析价格变化对会议赞助销售或展览会招展工作的影响；
- 选择市场实验的基本方式；
- 选择具有一定代表性的测试对象（参展商或专业观众）；
- 制定测试方案，即设计具体的实验步骤；
- 实施方案，并对相关数据和信息进行分析。

第四节 产业与市场需求分析

一、产业分析

对于活动策划人员而言，所谓产业分析，就是活动主办方相关部门对特定行业的市场结构和市场行为进行调查、分析，为制定科学有效的战略规划提供依据的活动。产业分析可以采用产业经济学的方法，对企业或某个活动项目所处的行业或打算进入的行业性质进行集中度、行业内产品的差别状况，以及行业壁垒问题进行分析。

产业分析的一个经典框架就是五力模型，该模型由著名竞争战略专家、哈佛大学教授迈克尔·波特于 20 世纪 80 年代初提出，对全球范围内的企业战略制定产生了深远影响。五力分别是：供应商的议价能力、购买者的议价能力、潜在竞争者进入的能力、替代品的替代能力、行业内竞争者现在的竞争能力（见图 4-3），随着这五种力量的不同组合变化，最终会影响产业的吸引力以及现有企业的竞争战略决策。但要注意的是，五力模型主要用于竞争战略的分析，也就是说，它是一个产业形势的衡量指标，而非企业能力的衡量指标。

本书作者认为，对于会展和活动项目策划人员，要用投资分析师的视角来分析某个行业的发展前景，目的是为即将开发的会议、展览会或活动等项目寻找切实的市场机会，进而明确项目的市场定位（见表 4-6）。

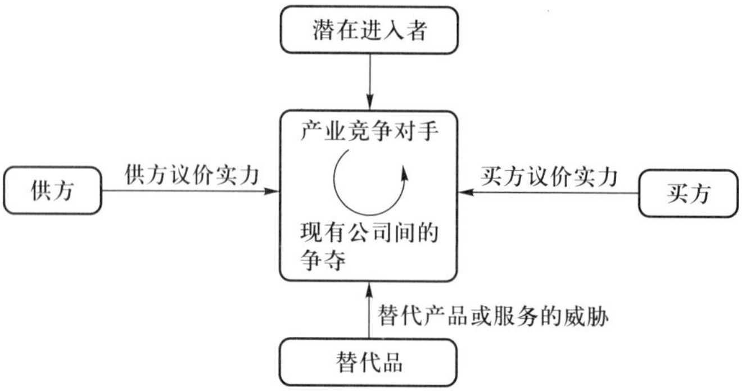

图 4-3 迈克尔·波特五力模型

表 4-6 投资分析师视角下的行业分析框架

主要维度	内容	追问问题
行业逻辑分析	性质（这个行业是做什么的）； 产业链； 行业所处的生命周期； 盈利模式； 行业集中度与进入壁垒等	我们在这个行业有什么资源（关键机构或有影响力的人）
产业环境	PEST 分析	哪些是关键成功要素（KSF）
产业政策	国家战略、关键信号、优惠政策	是否有可能成为下一个风口
产业现状	重在分析行业特点，竞争结构和典型企业	我们掌握了基本的行业资料和典型企业的情况吗
发展趋势	成长性与发展空间分析	哪些细分市场最有机会

以展览会开发为例，分析展览题材所在行业的产业性质和发展状况是影响展览项目定位选择与策划的重要因素之一，而长期以来，国内许多展览主办方并不重视产业信息的搜集和深入研究，如表 4-7 所示。

表 4-7 产业分析及其对展览会策划的作用

主要信息	原理描述	对展会策划的作用
产业性质	处在不同发展阶段的产业，市场成熟度和竞争状况不同，办展环境也不一样	从总体上判断展览会的发展前景
产业规模	一般来说，产业规模越大，潜在参展商和专业观众就越多	帮助预测展览会的规模和专业观众的数量

续表

主要信息	原理描述	对展会策划的作用
产业结构	展览结构要与产业结构相适应	为市场定位、展区划分和专业观众组织等提供依据
产品销售方式	业内企业的产品分销体系不完善或需要看样成交，更适合办展览会	为分析展会发展空间、确定展会举办时间等提供依据
产业技术含量	产业的技术含量越高，对展览场馆的要求也越高	为选择场地、布置会场等提供指导
产业热点问题	产业发展情况越复杂，策划展览会的创新空间越大	有助于策划展览会中的论坛、新闻发布会等配套活动，以及吸引媒体的关注

二、市场需求分析

作为活动目标设定工作的一部分，必须对需求进行分析。需求分析是一种确定活动的具体期望值的方法，即指估计市场规模的大小及产品潜在需求量。

以会议为例，一些需求分析可以简单到直接通过询问高级管理人员了解他们希望通过会议得到的结果，然后围绕着他们的期望值进行活动设计。但应该注意，公司和协会参与者的需求是非常不同的，所以第一步就是通过询问“他们是谁”来了解参会者。为此，会议专业人员必须收集过去的和潜在的参会者的人口统计信息，这对于协会和公司组织的年会是非常容易做到的。

会议专业人员可以整理出详细的参会者团体的历史档案（Group History），他们的喜恶以及所有有助于改进将来会议的有关信息。必须考虑以下问题：

■ 过去参会者的年龄和性别；

■ 他们的专长水平——初级、中级、高级；

■ 他们在组织等级中的位置——新入职人员、中级管理人员、高级管理人员；

■ 什么酒店设施更受欢迎？室内泳池、SPA、网球场、健身房、无线网络设施。

■ 参会者是否有特别的饮食习惯，例如犹太食品、穆斯林、素食主义者、糖尿病人、无麸质食品、食物过敏者或其他医疗食物需求等；

■ 谁付费用？大多数人对于自己付费比公司付费的关注度更高；

■ 参会者会带家属或孩子参会吗？

■ 社交机会很重要吗？

■ 参会者愿意到多远的距离参会？

■ 会有需要翻译服务的国际嘉宾参会吗？

■ 需要为残疾人士提供特殊房间吗？

■ 希望会议取得什么样的效果？

一部分信息可以从注册信息表的问题回答中得到，另一些可以通过协会会员名录或公司记录获得。大多数会议专业人员会在活动结束后做不同形式的评估，所获得的反馈信息也可以用来改进下次会议的效果。后面将讲述这个问题。

第五节 市场调研报告的撰写

事实上，广义的活动市场调研报告包括市场调研建议（或申请）报告和市场调研结果报告。在开展市场调研之前，活动策划人员往往还需要撰写一份市场调研建议报告书（见本章引申案例），用以对调研活动的意义、框架、预算和大致思路等进行初步说明。因为篇幅限制，本节主要讲述如何撰写活动市场调研结果报告。一般来说，一份完整的活动市场调研结果报告可以分为六个部分（见表4-8）：

表4-8 活动市场调研报告的基本结构

结构要素	主要内容	备注
封面	市场调研题目	
	市场调研用户	
	市场调研组织者	
	市场调研日期	
目录	报告的各章节名称及页码	包括问卷、访谈记录等附录
简介	项目背景、人员构成等	
调研结论摘要	调研主题的意义	
	调研的主要结论	
	调研的基本方法	
	提出创新性建议	
报告正文	市场背景的详细介绍	
	调研主题和纲要说明	
	调查过程与方法的详细说明	
	调研的基本结论	
	建设性意见和建议	
附录		各种参考资料、访谈记录等

一、封面

市场调研报告的封面要求简洁工整，主要内容包括调研题目、进行调研的活动公司或委托人的名称、市场调查公司名称或调研人员的姓名及所属的部门等。如果调研报告属于机密文件，则应该在适当位置（一般为左上角）明确注明并写上编号。有些重大项目的调研报告装潢也比较考究，并会精心设计扉页。有时，调研报告上还会标明准备呈送的部门或具体收件人姓名。

二、目录

一份标准的活动市场调研报告应该在目录中列出报告的主要章节和附录，并注明章节的名称和页码。而且为了便于浏览，调研报告的目录篇幅以不超过一页为宜，且最好不要双面抄写或双面打印。

三、简介

简介是对整个活动市场调研项目的简要说明，具体包括调研主题的确立原因、调查意义说明、调研人员构成等内容，目的是让浏览者在审阅报告正文之前对调研活动的背景信息有一个大致的了解。

四、调研结论摘要

一般情况下，作为公司决策人员或主管部门官员，市场调研报告的审阅者也许对调研过程中复杂的细节问题并不感兴趣，他们关注的往往是最后的调研结论及其有效性。因此，为便于审阅者在短时间内把握整个报告的精髓，调研人员需要为调研报告撰写一个简练的结论摘要。

按照审阅者的一般性思维习惯，撰写活动市场调研报告的结论摘要时可遵循这样一个顺序：说明市场调研的意义-概括调研的基本结论-概述市场调研中运用的主要方法-提出解决问题的创新性建议。

五、报告正文

与公司的上层决策人员或主管部门官员不同，活动项目经理以及营销部经理、公关研发部经理等需要详细阅读市场调研报告的具体内容。一般说来，市场调研报告的正文应全面论述市场调查的全过程，从提出问题到分析问题、得出结论，同时还要清楚地说明市场调研过程中所采用的科学方法。换句话说，活动市场调研报告的正文主要包括：

- 对活动市场背景的详细介绍；
- 分析某个具体的会议、展览会或其他活动的市场情况；
- 调研主题与纲要的详细说明；
- 调研过程与方法的详细说明；
- 提出调研结论和建设性的意见或建议。

六、附录

附录是有关调研报告内容的各种必要的参考资料，这些资料是调研报告论证、分析的基本依据；而且每份附录都有相应的编号，以便于浏览和查找。一般说来，活动市场调研报告的附录部分主要包括下列内容：

- 在调研过程中所使用的各种调查问卷，以及选定样本的详细资料；
- 在调研报告正文中提及的相关统计图表；
- 作为实地调查资料来源的单位和个人的名单及地址一览表；
- 上门拜访人员的约访时间表、工作日志以及访谈记录等；
- 今后可能需要保持联系的机构名单，如行业协会、专业代理公司等；
- 其他相关资料。

复习思考题

1. 活动市场调研可以划分为哪些类型？
2. 请简述活动市场调研对于主办机构或活动策划人的重要性。
3. 简述活动市场调研的基本程序？
4. 为筹备一个活动而开展产业分析时，主要应考虑哪些内容？
5. 一般来说，活动市场调研报告主要包括哪些内容？

扩展阅读

澳门美食节市场调研分析

澳门美食节是澳门一年一度的美食嘉年华，第一届的澳门美食节于2001年末举办。美食节的规模不断扩大，由以本地为主到国际参与，由纯粹美食节到美食嘉年华。近年还加插烟花会演、展览、摊位游戏以及歌舞表演等环节，而且举办了摄影比赛，使得美食节更加多元化。从2003年起，美食节的举办日期与澳门格兰披治大赛车配合，让车迷游客欣赏赛车之余，也光临美食嘉年华品赏各地美食。

一、主办单位：澳门饮食业联合商会、澳门饮食业工会

二、协办单位：澳门新闻工作者协会、澳门中厨协会、澳门西菜面包工会

三、赞助单位：澳门旅游局、澳门基金会、民政总署

四、基本模式

从第二届开始，澳门美食节的举办场地一直位于澳门旅游塔前的西湾湖广场，由于交通不够方便，因此主办单位每年都设有免费专线巴士接载居民及游客来往中区及活动场地，但自从工人球场于2007年改建为“新葡京”后，免费专线巴士改由近旧法院前地开出。美食节场内所有的饮食以及游戏摊位均统一使用由主办单位印发的代金券，面值有五

元、十元和二十元，进场的人士需要以澳门币购买现金券（每次购买五十元或一百元）才可选购标价之食物。

澳门美食节庆每一届都有不同的主题，这些主题都是在充分的市场调研的基础之上提出来的。

五、调研步骤

美食节的主办方委托了专业的调查机构对该活动进行了市场调研，以下是调查机构开展调研的过程。

（一）收集资料，分析庆典活动举办背景

项目经理在会议上安排项目组成员查阅所有与美食及美食节相关的资料、检索了相关网站，查阅了相关报刊及文献，经过三天的时间收集并整理了以下的资料：

从资料中了解世界各地都有类似的美食节举办，由于中华美食制作工艺，地区饮食差别，中国人的饮食习惯等，华人的美食节举办更频繁，规模也更大，人气也更旺。美食节已经成为很多地方文化生活中的一部分。美食节的存在形式多种多样，可以独立存在，只有美食展销，也可同其他活动相结合，如啤酒节、庙会或者直接和节日一同举办，烘托气氛等。因为美食节开展过程中，汇聚的都是比较有特点的食品，且数量较多，所以会引起很多人的兴趣而前往参加。澳门作为一个中西文化的荟萃之地，具有十分丰富的美食资源。

这些资料的获取，使项目组对于美食节这一活动有了基本的了解，对于其他举办机构的经营状况及实力有了进一步的了解，这些都非常有助于项目组准确把握调研意图，明确调研目标。

一般情况下，为了明确哪些信息是调研所需要的，调研人员就要掌握与举办机构和所属行业相关的各种历史资料和发展趋势，包括销售额、市场份额、营利性、技术、人口统计、生活方式等，当一个机构的销售额与整个行业的销售额同时下降，或机构的销售额下降而行业的销售额上升时，所反映的问题是截然不同的。此外，调研人员还要掌握与分析举办机构的各种资源和面临的制约要素，如资金、研究技能、费用、时间等。同时要了解消费者或顾客的购买行为、法律环境、经济环境、文化环境，以及机构开展市场营销的技术，机构的人员、组织结构、文化、决策风格等因素。

（二）确定市场调研的主题

项目组在分析了解调研项目背景资料的基础上，就主办方提出的主题开展了市场调研工作，最终确定了调研项目的目标：

1. 了解目前美食市场的竞争状况和特征
2. 了解竞争对手的市场策略和运作方法
3. 了解美食市场的渠道模式和渠道结构
4. 了解消费者对澳门美食市场的消费习惯和偏好
5. 了解消费者对澳门美食的认知和看法

本次调研最根本的目的是真实地反映美食节市场的竞争状况，为澳门美食品牌的定位及决策提供科学的依据。

（三）策划市场调研方案

调研项目的主题已经确定，项目经理继续组织项目组成员研究策划市场调研的方案。凭经验，项目经理要求大家从调查范围与对象、资料的收集方式、调查问卷的设计、数据的处理与分析、调查报告几个方面进行考虑。

1. 确定调研对象

● 信息资料及来源界定

围绕项目主题，调查组认为需要收集下列资料：

(1) 同类企业（竞争对手）的相关资料、美食市场的背景资料。这些资料主要通过互联网、委托企业获得。

(2) 零售商与代理商经营情况资料。这些资料在委托方提供名录后，通过有针对性的实地调查获得。

(3) 消费者信息资料。这些资料要调查人员选定调查的个体对象后获取。

● 调研单位界定

调查对象是调查的范围及需要调查的现象的总体，范围确定后，项目组确定所要调查的单位为：

(1) 零售商。各大美食的零售经营者。

(2) 代理商。其他国家或者地区美食在澳门的代理商。

(3) 消费者。本澳居民及旅澳游客。

2. 确定资料收集的方法

根据所确定的资料来源和调研对象，考虑调研工作的人力状况与财力预算，项目组设定本次调研的资料收集根据不同对象与资料类型，多种形式进行。

(1) 文献法收集行业背景资料。通过检索同类企业的经营资料、相关网站与媒体提供的信息资料等，获取目前市场的竞争状况和特征、竞争对手的市场策略和运作方法等问题的调研资料。这部分属于二手资料，所检索的企业、资料等随机方式确定。

(2) 访谈法、观察法获取零售商、代理商的资料。对于调查城市的零售商、代理商进行普查，通过访谈、实地考察收集原始资料。

(3) 问卷法获取消费者的信息资料。便利抽样保证样本的广泛性，配额抽样保证了样本的代表性，采用便利抽样和配额抽样的方法得到调查样本对象，然后发放调查问卷收集原始资料。

3. 策划调查问卷及调研提纲的内容

(1) 调查问卷的内容设计。问卷设计的质量对调查结果会产生至关重要的影响，问卷提供了标准化和统一化的数据收集程序，它使问题的用语和提问的程序标准化。针对调研主题与方法，项目组认为必须设计面向消费者个体的调研问卷。

● 问卷结构要包括说明部分、甄别部分、主体部分、个人资料部分，访问员记录、被访者记录。

● 问卷形式采取开放性和封闭性相结合的方式。

● 问卷按照被调查者思考问题和对产品了解的程度来设计

• 主要问题的构想：消费者所在单位及职业、对于美食的偏好、曾经参加美食节的情况、最近购买意愿、对于美食节品牌的认知等。

(2) 零售商与代理商的访谈提纲。访谈的内容应当围绕以下的几方面问题设定。

• 所销售或代理的美食产品的经营情况。包括销售额、利润、进货周期、畅销款式等。

• 消费对象（顾客）的信息资料。包括顾客的年龄、职业、美食偏好、价位承受力，回头客的多少，淡季与旺季等。

• 竞争对手的信息资料。同类节庆活动的举办情况与业绩。

4. 研究资料处理技术

项目组经过认真分析与讨论，计划按照以下方式分类处理与分析信息资料：

(1) 关于数据信息录入的技术。对于回收的问卷，项目组责成专人负责，在统一审核基础上，首先要剔除无效的问卷，之后对问卷进行统一的编码，即将问卷中的开放题或半开放题的答案用标准代码表达出来，便于电脑统计。为了确保原始码表趋于完善，应当选择不同地区，不同层次的问卷分别编制。对于可能出现的新码，通过在原始码表上留有补充余地，从而便于灵活加码。数据录入利用 EXCEL 工作簿完成。

(2) 关于数据信息分析技术。可以使用专业的市场调研软件 SPSS 对问卷进行数据分析，也可以使用 EXCEL 软件的统计分析功能进行数据分析。数据分析可以采用聚类分析（Cluster Analysis）、因子分析（Factor Analysis）、相关分析（Correlation Analysis）、SWOT 分析方法进行。

5. 商议调研项目的组织安排

(1) 地区间通过互联网保持联系，每个调查城市派 1 名公司督导，各城市聘 1 名全职、熟练的专业人员来完成调研实施管理工作。

(2) 人员招聘渠道由项目组与当地高校联系，以招聘在校大学生为访问员和兼职助理督导为主。主要为女性，有经验者优先录用。

(3) 人员培训要统一制作培训资料，内容应当涉及职业道德、访谈技术、项目内容介绍、模拟演练等。

(4) 按照委托方的时间要求在 30 天内完成调研及分析工作。

(5) 经费预算由项目经理与公司商议确定。

（四）撰写市场调研项目规划书

项目组在策划好调研项目的实施方案后，需要撰写一份市场调研项目规划书，也可以称作市场调研项目策划书，或市场调研项目计划书。一个完整的市场调研项目规划书通常包括 8 项内容，具体如下：

(1) 概要或前言。它概述规划书要点，提供项目概况。

(2) 背景。它描述和市场调研问题相关的背景。

(3) 调查目的和意义。它描述调研项目要达到的目标，调研项目完成产生的现实意义等。

(4) 调查的内容和范围。给出调研采集的信息资料的内容，调查对象范围的设定。

(5) 调查采用方式和方法。给出收集资料的类别与方式，调查采用的方法，问卷的类型、时间长度、平均会见时间等，实施问卷的方法等。

(6) 资料分析及结果提供形式。它包括资料分析的方法，分析结果的表达形式等，是否有阶段性成果的报告，最终报告的形式等。

(7) 调查进度安排和有关经费开支预算。

(8) 附件。包括设计的问卷、调查表等。

资料来源：http://zh.wikipedia.org/wiki/澳门美食节

思考：

1. 作为澳门的重要庆典活动之一，澳门美食节的主要目的是什么？

2. 请以案例中所述市场调研步骤为基础，结合你所在城市或者你的家乡所举办的某一个节庆活动，进行市场调研分析。

即测即评

第5章　项目规划

本章导读

规划过程（planning process）是成功的活动管理的重要环节之一：规划越有力，执行越顺畅。所谓规划，是指一种使预定目标得以实现的有条理的行动顺序。在具体开始策划一个活动之前，组织者必须对一些基本问题了然于胸。本章将讨论活动概念和主题的形成、愿景和使命的设计、目标定位、商业计划书撰写的常用方法，以期帮助读者从整体上把握一个活动。

本章关键术语

活动概念（Event Concept）　活动主题（Event Theme）
活动愿景（Event Vision）　活动使命（Event Mission）
活动目标（Event Objective）　活动商业计划书（Event Business Plan）

第一节　概念与主题

本章所讨论的活动的“概念”不同于“定义”。在营销学中，“概念”是指对企业、产品或服务甚至管理、营销理念等方面的特殊性的概括。“概念”可被分为两类：一类是“提炼性概念”，另一类是“目标性概念”，前者是指对产品本身具有的特殊优势的概括，后者是指对新产品所将具备的特殊优势的目标设定。对于活动规划而言，概念一般是指后者。

一、活动概念的定义

活动概念是指用综合、通俗、简明的语言对活动的定位、品质、功能、特点、服务等方面的特殊的优势因素予以概括。这里面有两层意思：“综合、通俗、简明的语言”是概念的表达方式；“活动的定位、品质、功能、特点、服务等方面的特殊的优势因素”是概念的实质。特殊活动都会经历一个从最初的设想，到概念的生成，再到概念策划以及概念实现这么一个循环往复的过程。

1. 概念与主题的区别

概念是活动管理规划的核心元素之一，它可以是天马行空，没有想象上的限制，但在策划概念时必须综合考虑活动的目的、主题、场所、观众、可用资源以及活动策划团队的知识结构等因素（王永嘉，2005）。举办活动的概念可能出于多种原因或目的，常见的有：

- 庆祝所在地区或组织的某种独特性；
- 开发一个特别的或参与性强的文化或体育活动；
- 记录某个历史事件、国庆日或当地的假期；
- 为目的地吸引更多的旅游者；
- 提升或强化地区形象；
- 鼓励和庆祝社区活动；
- 庆祝开业或产品发布。

在活动概念体系中有一个重要的关键词——概念设计，它是指基于市场定位而提出满足目标客户需求的消费理念，即活动项目的主题。主题是会议、展览会等活动所要表现的中心思想，也可泛指活动的主要内容。

概念设计需要在活动规划、场地布局、氛围营造等方面进行诱导设计，将活动的最大潜在价值发挥出来，同时运用成熟或崭新的设计理念营造出一系列的“卖点”的过程。活动“卖点”形成的过程，可以看作是主题设计的创意过程，在这个过程中要注意首尾呼应、目的一致。常见的创造性因素包括感官、主题、装饰布置、供应商、技术要求、娱乐与餐饮等（王永嘉，2005）。

经典案例 5-1

2010 年上海世博会的主题演绎

自 1933 年世博会开始，每一届主办国都会提炼出一个全人类共同关注的主题，邀请来自世界各国最富创意的头脑设计最佳解决方案。能否把主题演绎好，成为办好每一届世博会的重要环节。同样，主题演绎也是筹备 2010 年中国上海世博会的核心工作之一，即把“城市，让生活更美好”这样一个抽象的概念，转化为具体而生动的实践形式，将主题变为世博园区内可见、可闻、可感的种种具体呈现的全过程。

上海世博会的主题演绎工作希望达成以下主要目标：一是提高公众对“城市时代”中各种挑战的忧患意识，并提供可能的解决方案；二是促进对城市遗产的保护；使人们更加关注健康的城市发展；三是推广可持续的城市发展理念、成功实践和创新技术；寻求发展中国家的可持续的城市发展模式；四是促进人类社会的交流融合和理解。

上海世博会的主题演绎工作以 3 个设问句作为起点：什么样的城市让生活更美好？什么样的生活观念和实践让城市更美好？什么样的城市发展模式让地球家园更美好？如何回答这 3 个问题首先涉及我们怎么看待城市，为此，综合海内外学术界和城市管理界的共识，上海世博会组织者设定了一个重要的前提——城市是一个有机的生命体。围绕这个前提，组织者提出了上海世博会的核心思想和哲学基础：城市是人创造的，它不断地演进演化和成长为一个有机系统。人是这个有机系统中最具活力和最富有创新能力的细胞；人的生活与城市的形态和发展密切互动；随着城市化进程的加速，城市的有机系统与地球大生物圈和资源体系之间相互作用日益加深和扩大。人、城市和地球三个有机系统环环相扣，这种关系贯穿了城市发展的历程，三者也将日益融合成一个不可分割的整体。

最终，上海世博会将“城市，让生活更美好”的主题演绎为人、城市、地球、足迹和梦想五个概念领域，这为主办方策划核心展馆提供了清晰的线索，也为参展国家和组织树立了标杆。

资料来源：吴宇，车蕾. 上海世博会的主题演绎［N］. 新华网，2010 年 1 月 11 日.

2. 概念与卖点的区别

在现实工作中，人们常常混淆“概念”与“卖点”，其实两者既有联系又有区别。首先，概念跨越了活动策划与商业两个范畴，它既是活动策划的基本元素，又是一种商业策略，而卖点是一种纯粹的商业策略。其次，两者的外延不一样。概念必须是定位、品质、功能、特点、服务等方面所能带给活动参与者的利益，是活动本身所应具有的。

概念反映了活动提供给参与者的核心利益和价值，因而也可以作为卖点，而卖点则是围绕在活动概念之外的利益，这种利益是可以设计的，是活动的短期利益，活动主办方设计“卖点”就是为了阶段性地促进活动产品的销售与成长。与概念相比，卖点的范围更大，可以从很多方面去创造和突破，但卖点的设计和推广不能损害活动的核心概念。

二、活动概念的作用

1. 通过概念使活动能够有效地满足市场需求

活动的成功策划有赖于对目标市场需求的正确判断，以及以比竞争者更有效的方式去满足活动参与者的需求。因此，概念策划应以对参与者的需求进行调研和分析为起点，其内容是发掘未被充分满足的需求以及由于人们生活方式的改变而引发的新的需求，进而在此基础上提出相应的解决方案，从布局、功能、氛围以及各种服务细节方面对活动进行改进。

概念策划的成果作为活动策划的一部分写入策划报告，以指导随后的活动场馆设计、活动平台搭建直至运作服务，这使得整个过程是“由外而内”的需求指导生产的过程，从而保证产品能够更有效地适应市场需求。例如，江苏卫视的《非诚勿扰》节目的概念，就巧妙地契合了当代社会广大受众的娱乐心理和参与心理的双向价值诉求。

2. 以概括、形象、简单的方式传递活动的优势信息

通过概括、形象、简单的用语将复杂的专业信息转译成活动参与者比较熟悉的东西，从而有利于观众更好地理解和接受你想要传达的活动信息，这是概念作为一种销售策略的主要作用。很显然，概括、形象、简单的概念在突出活动的比较优势，提高和谐程度，降低复杂性以及加强沟通等方面起着至关重要的作用，能够有效提高活动参与方对活动的接受率。因此，大多数活动的概念都是开门见山，直奔主题且通俗易懂。

根据营销学的理论，一次新活动的市场接受率通常会受到以下几个因素的影响：

（1）比较优势。即活动与现有同类型活动相比的优势。如果该活动的可察觉相对优势越大，被接受的速度就越快。

（2）和谐程度。即活动与潜在的消费者的价值观和经历的适合程度。和谐程度越高，该活动被接受的速度越快。

（3）复杂性。即活动在理解和参与方面的困难程度，容易理解和参与的活动往往能被市场更快地接受。

（4）可分割性。即活动能被部分购买的程度，其实质是一种灵活性。

（5）可沟通性。即活动的结果可能被观察、说明的程度，沟通性越好越容易在消费者中迅速地传开。

3. 向活动参与者传达概念主体的核心价值

活动概念的另一个关键作用就是向参与者有效传达活动主办方的核心价值。以江苏卫视于2010年1月15日推出的《非诚勿扰》节目为例，该节目自开播以来，收视率不断攀升，截至改版前，共取得30多次全国同时段收视第一的佳绩。“非诚勿扰”之所以火爆，其中一个很重要的原因就在于它有一个很好的概念。“非诚勿扰”这个四个字十分形象、简练地传达了概念主体的核心价值，也很好迎合了观众的需求，找到了双方价值诉求的结合点。

4. 为活动注入更多的文化元素

要实现活动概念的增值，必须具备两个条件：一是概念的各种承诺在活动中能够得以充分演绎；二是活动本身有着优良的品质，如果活动本身的品质不是优质，那么附加的概念也会失去意义。以奥运会为例，历届奥运会都有一个核心概念，并以这个为基础，通过开幕式、闭幕式、场馆布置等多个角度对这些主题进行演绎，从而为奥运会的举办增添了不少文化气息。

例如，2012年伦敦奥运会的概念主题是“Inspire A Generation”（激励一代人），2008年北京奥运会的主题是“同一个世界、同一个梦想”（One world，One dream），2004年雅典奥运会的主题是“Welcome To Home”（欢迎回家）。

三、活动概念设计的原则与策略

活动概念设计是将整个策划工作文件化、逻辑化、资料化和规范化的过程，其成果不仅用于活动的市场推广，也作为规划设计、空间布局、功能运营等工作的依据，也便于活动参与者做出正确的选择与决策。

（一）活动概念的设计原则

具体而言，活动概念设计应当遵循如下原则：

1. 优势性

所谓“优势性”，是指以市场为标准，而不是以企业或个人的喜好为标准。相对于同一时期、位于同一区域内的竞争对手而言，自己要举办的活动在区位、交通、环境、场地、服务、价格等方面具有的“可察觉的相对优势”是活动概念的设计素材。

2. 差异性

随着现代社会各式各样、种类繁多的活动不断举办，独具特色的概念才能超越同行和同类，这要求活动概念具有明显的差异性。它主要表现在两个方面，一是概念素材即优势因素的差异性，二是概念表达的差异性。

例如，《中国好声音》具有与《超级女声》、《快乐男声》完全不同的概念素材，《我是歌手》又具有与《中国好声音》截然不同的概念素材。同样，《非诚勿扰》能够在众多电视节目中脱颖而出，与其差异化的设计密不可分。与众多电视节目特别是婚恋类电视节目相比，其最大的差异化就在于先期挑选嘉宾。如何挑选出具有故事性、话题性以及善于表达、敢于表达的嘉宾是节目组一直致力于的主要内容。

3. 前瞻性

指对市场趋势的判断。前瞻性有两个方面的内容：一是发现新的活动需求，因为活动策划公司、会议公司等的生命力在于不断发现新的活动需求，谁率先建立起可支配的活动资源与活动市场需求之间联系的纽带，谁就能占领市场。二是对未来一段时期内市场变化的科学预测。由于活动项目的开发周期长、不确定因素多，进行市场定位工作时，一定要综合考虑各种要素。

（二）活动概念的设计策略

1. 确立一个核心思想

活动概念的主题若是含糊不清或者经常变动，就不能给大众留下明确的印象，主题的意义也就凸显不出来，所以，一定要给概念确立一个核心的理念与思想。活动概念的核心理念与思想必须能够反映活动主办方提供给参与者的核心利益和价值。

2. 围绕核心思想确定一个和多个主题

活动策划人员可以在一个核心理念和思想的统领下，针对构成活动的各种要素如规划布局、环境设计、公共建筑与配套服务设施、展台设计、服务品质等提出各自的开发主题。例如，2010 年上海世博会围绕“城市，让生活更美好”的主题确立了人、城市、地球、足迹、梦想五个主题概念。

3. 使主题富于表现力和感染力

目前，用于传播活动概念的媒介主要有参观指南、参展手册、路牌广告、电视广告、报纸杂志广告、网络广告及社交平台等。在信息爆炸时代，这些媒介上的同类信息多到让人目不暇接，因此，表达活动概念的语言、文字、图片和视频等必须富有表现力和感染力，这样才能使得活动概念从众多活动中脱颖而出，吸引和打动目标参与者。

第二节　愿景、使命、战略与目标

一、活动的愿景与使命

通过设定明确的愿景和使命（目标），活动策划人能够更清晰地与外部沟通自己希望达到的目标，这样能为所有可能的利益相关者（包括潜在的投资人）提供努力的方向。所谓活动愿景（Event Vision），即远景，它是由活动组织机构内部的成员所制订，借由团队讨论，获得组织一致的共识，形成大家愿意全力以赴的未来方向。愿景是描绘期望活动发展成为什么样子的一幅图景，也就是活动主办方最终想实现什么。

活动使命（Event Mission）是指在活动愿景的基础上，具体地表述一个活动在社会经济或产业中的身份和角色，它包括活动的经营哲学、宗旨和形象。彼得·德鲁克认为，为了从战略角度明确企业的使命，应系统地回答下列问题，这些问题同样适合活动组织机构。

■ 我们的事业是什么?

■ 我们的顾客是谁?

■ 顾客的需要是什么?

■ 我们用什么特殊的能力来满足顾客的需求?

■ 如何看待股东、顾客、员工、社会等利益相关者的利益?

活动愿景的陈述应该以简洁的语言描述一个活动的长期目标。使命则要以此为基础，对如何实现愿景给出详细的说明。愿景和使命都应简洁明了，且可以实现。

以苏格兰城镇视觉艺术节（X-Town Visual Arts Festival）为例，其愿景是“让城镇的视觉艺术遗产和社区出现在苏格兰的文化地图上”（To put X-Town's visual arts heritage and community on the Scottish cultural map），使命是“凭借高质量的活动、展览和社区活动，举办一年一度的视觉艺术节，以展示当地艺术家的作品，并与苏格兰更广泛的视觉艺术图景建立联系，同时，吸引本地区外的旅游者和媒体的关注，从而为当地艺术家及社区带来文化、社会和经济利益”。

二、活动的发展战略

战略（Strategy）一词源于希腊语“strategos”，意为军事将领、地方行政长官。后来演变成军事术语，指军事将领指挥军队作战的谋略。在我国，战略一词源远流长，其中，“战”指战争，略指“谋略”。后来，战略的概念逐渐被泛化，应用领域扩展至各个行业，特别是企业发展。

在商业世界，战略是一种从全局高度谋划如何实现全局目标的长远规划，它涉及一个组织或一种事业的长期发展问题。在概念层次上，战略高于规划，是制定规划的指导思想。因此，在形成时序上，战略要先于规划。在具体内容上，战略又体现于规划，战略是规划的纲要，规划是战略实现的具体体现。

对于会议、展览会等活动，其发展战略属于项目战略规划。为此，需要在服务企业和组织长远发展的前提下，考虑以下要素:①

■ 活动价值（Event Benefits），即活动能为受众带来什么，特别是其独特的销售卖点。

■ 环境（Climates），包括社会、经济、文化和政治，以及竞争、技术、法律、生态环境等各类外部因素。

■ 活动管理（Event Management），主要包括组织内部经验、创始人的信心、员工结构与人数、财务稳定性、策划方案的可行性等。

■ 合作伙伴与客户（Partners/Clients）。分析他们是否能在资金、影响力和资源等方面提供支持。

■ 增长潜力（Potential to Develop and Grow）。要分析所有能推动或制约活动发展的因素。

许多管理学者认为，战略制定的体系主要包含4个层面：基础分析、企业战略、业务战略以及职能战略。其中，基础分析指内外部环境分析，企业战略指的是企业层面的整体

---

① 本部分参考了EventScotland. Events Management: A Practical Guide [EB/OL]. http://www.eventscotland.org, 2006.

战略，业务战略是指业务层面的总体战略和进一步细分层面的战略，职能战略是指职能管理层面的战略，这 4 个层面相互关联和影响。作为一种用来辨别企业自身的竞争优、劣势以及机会和威胁，从而将企业的战略与内部资源、外部环境有机结合起来的一种分析方法，SWOT 分析也能为活动战略的制定提供依据。表 5-1 是某个活动的 SWOT 分析模板：

表 5-1　一个活动 SWOT 分析的模板

优势	劣势
■ 项目管理团队经验丰富 ■ 能得到当地艺术家或社区的积极支持 ■ 当地相关政府管理部门支持 ■ 活动的愿景和使命与举办地的发展战略相一致 ■ 观众或听众数量保持增长 ■ 其他	■ 缺少营销和媒体管理经验 ■ 赞助 ■ 在外地举办 ■ 对于过夜参加者缺少高质量的住宿设施 ■ 夜间交通条件较差 ■ 其他
机会	威胁
■ 当地艺术家最近获得大奖引起了媒体的极大关注 ■ 与当地的 CVB 有紧密的合作关系 ■ 在举办地有相应的资助政策 ■ 有新的赞助机会（例如，在举办地有新的会展中心或酒店等即将开业） ■ 其他	■ 运营成本一直在增加 ■ 资助暂停 ■ 项目经理即将离职 ■ 存在来自同主题或同类型活动的竞争 ■ 其他

三、活动的目标

俗话说：凡事预则立，不预则废。无论是总体规划（General Planning）还是具体的策划（Design），总是为了一定的意图和目标而进行的，没有目标，就没有策划，因为策划本身就是一个有预期目标的行为过程。所以对活动策划者而言，目标（Objective）就是活动主办方所希望达到的预期效果，它是策划的起点，并在活动的任何一个环节都可能体现出来。

一般来讲，从活动策划的工作特性出发，在明确目标的过程中，应建立在以下两个基础之上：

（1）通过前期的市场调查和分析，选择活动针对的目标市场。

（2）通过分析组织者的意愿以及参加者的价值诉求，来确定活动的定位。

活动目标的设定，可以遵循普遍适用的“SMART”原则，即：

■ 具体性（Specific）

指要用具体的语言清楚地说明活动管理要达成的标准。目标设置要有衡量标准、达成措施、完成期限及资源要求，使考核人能够很清晰地看到活动管理团队要做哪些事情，以及完成到什么程度。

■ 可测量性（Measurable）

指活动的目标应该是明确的，而不是模糊的。对于目标的可测量性可以首先从数量、质量、成本、时间、上级或客户满意度 5 个方面来进行，如果仍不能进行衡量，可考虑将目标细化，细化成分目标后再从以上五个方面衡量，如果仍不能衡量，还可以将完成目标的工作流程化，通过流程化使目标变得可测量。

■ 可实现性（Attainable）

指在执行人或项目团队付出努力的情况下，活动目标是可以达到的。为此，设置活动的目标时，要尽可能团队参与、上下沟通，从而使拟定的目标在组织和个人之间达成一致，既能使每个人的工作内容明确、饱满，又具有可实现性。

■ 相关性（Relevant）

指活动目标与主办方的其他目标是相关联的。如果活动目标与企业或组织（或更大范围的社区、城市甚至国家等）发展的大方向完全不相关，或者相关度很低，那么即使目标达到了，意义也不是很大。

■ 时限性（Time-based）

指实现活动目标的特定期限。活动目标的设定要有时间限制，即根据工作任务的轻重缓急，拟定出活动管理的时间要求，并定期检查完成进度，以掌握进展情况和及时调整工作计划。没有时间限制，就没有办法考核，或者会带来考核的不公。

作为对整个活动的指引，活动目标的常见形式如下，但不管确定怎样的目标，主办方都必须与自己所处的内、外部环境相协调：

■ 活动的经济效益；
■ 活动的社会效益；
■ 活动的增长；
■ 活动的质量；
■ 拉动产业发展；
■ 带动旅游业发展；
■ 推动教育发展；
■ 促进社区发展；
■ 参与者的满意度；
■ 活动的可持续发展（包括绿色活动）。

例如，中国2011年（上海）世界健康博览会的主题是“健康让发展更和谐，健康让生活更美好”，并以“强化全民健康意识，倡导健康生活方式和消费理念，建立全球信任的健康体系，有效推动人类社会、经济、文化和环境良性健康的可持续发展”为使命，目标是“为全球组织和企业提供展示其健康产品和服务的平台；宣传与推广健康产业发展的理念沉淀和全人类最佳健康实践成果”。再以2010年南非世界杯为例，“足球希望节”的目标之一是为南非当地的社区创造长期效益，在约翰内斯堡的亚历山德拉，由于一场足球比赛的进行，成为这个贫穷社区的一大节日。

经典案例 5-2

荷兰鹿特丹市的节庆产业政策

荷兰鹿特丹市节庆办公室（Rotterdam Festivals）明确提出了该市举办节庆活动的一般

分析框架，只有那些符合城市发展需要并能与居民利益有机协调的节庆才能得到技术、资金等方面的支持，如图 5-1 所示。

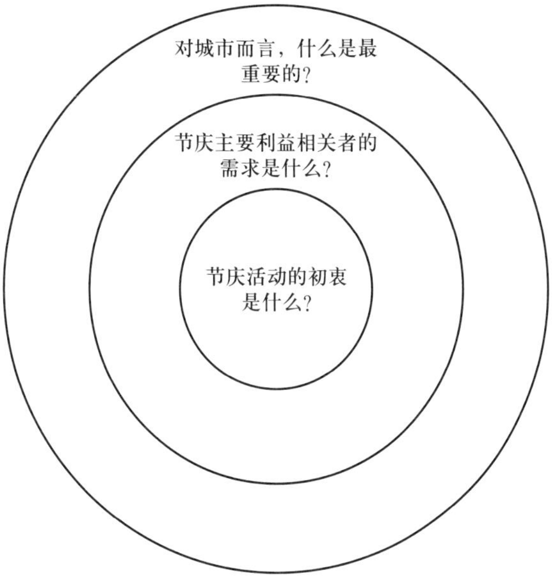

图 5-1 鹿特丹举办节庆活动的一般分析框架

根据鹿特丹的城市活动管理政策，一个节庆可能受资助的主要标准包括：与鹿特丹的身份特征相关联（Connection with the identity of Rotterdam）；有利于提升游客体验和市民生活水平（Visitors' experience and quality）；计划具有很强的可执行性（Validity of the plan）；与竞争类节庆的差异（The place within the total offer）。

如果一个节庆活动的组织者希望从鹿特丹政府部门申请资金支持，就必须符合城市的活动产业政策（Event Policy），其中一项重要标准便是节庆或特殊活动必须与城市的一个甚至更多主题相关联。所谓与城市主题相关联，则是指受鹿特丹市节庆办公室支持的节庆活动要强化鹿特丹的主要特色，包括港口城市（Maritime city）、年轻之城（Young city）、多元文化城市（Multi-cultural city）、建筑城市（Architecture city）、国际文化城市（International culture city）以及国际体育城市（International sport city）等等。

第三节 初步构想

一、活动举办时间

举办时间的选择对活动的成功举办至关重要，因为一旦日期确定，活动筹备就开始进入倒计时，而且时间选择还会影响活动参加者的决策、供应商价格等重要工作环节。在确定举办日期时，要仔细考虑可能存在的所有风险要素。主要的风险要素如下：

（一）活动的性质

主要应考虑以下问题：是否是户外活动（outdoor event）或者有户外的环节？活动是否必须在特定的季节举办？比如冬奥会、夏季嘉年华等。是否必须在特定的城市、地点或场馆举办？因为这涉及旅游淡旺季、举办地的吸引力和接待能力、未来的场馆选择及场馆排期等问题。

（二）天气情况

天气状况对活动带来的影响是不言而喻的，特别是那些户外活动。活动策划人要借助权威部门的天气预报等途径，预测所选时间段举办地可能面临的天气状况，分析不同天气情况对活动造成的影响，并制定相应的应急计划。

（三）目标观众或听众

即明确你的活动希望吸引的目标受众。分析可以通过哪些途径接触到这些目标群体。目标观众或听众是否会因为选择了一个特别的举办城市、活动场馆或者合适的时间而更愿意参加。例如，在炎热的夏季，一些避暑胜地可能对活动的参与者具有很强的吸引力，譬如夏季的宁夏、昆明、承德或长白山等。

（四）同期活动

活动策划人要全面分析同期在同一举办地甚至同一个场地举办的活动，尤其是主题相似的竞争性活动。为此，可以向当地的会议与旅游局或会展行业协会等机构了解相关情况。同时还要考虑自己的活动是否能与其他范围和主题更广的活动竞争，以引起媒体的兴趣。

如果在同期有合适的免费活动，要分析是否对你的活动有所帮助，甚至是否能够开展合作。

经典案例 5-3

上海的两个国际家具展之争

2016 年 9 月 7—10 日，由中国对外贸易中心（集团）等单位主办、中国对外贸易广州展览总公司承办的“第 38 届中国（上海）国际家具博览会”在国家会展中心（上海）举办。而仅仅只有一天的时间错位，9 月 8—11 日，由中国家具协会等主办、上海博华国际展览有限公司承办的“第 22 届中国国际家具展览会”也在上海新国际博览中心登场。花开两朵，一时间两场国际级别的家具展在申城同期对垒。

在知乎上也有专门的问题——“中国（上海）国际家具博览会”（简称虹桥展）和“中国国际家具展览会”（简称浦东展）哪个更专业，规模更大，客流更旺？发现这两个展会居然是同期举行的，而且都是家具行业展，是赤裸裸的恶性竞争的样子，请问到底是哪个在抱大腿？看起来两个的主办方都很有实力的样子。

从展出布局来看，虹桥展主打国际家具馆、设计馆、民用家具品牌区、民用现代家具、民用软体家具等板块。而浦东展则做成国际品牌、现代家具、品牌设计、原创设计、儿童家具、客厅概念、睡眠概念等拼盘。以实木家具为主导的深圳市松堡家私有限公司当年同时选择了虹桥展和浦东展。此前该公司一直面向国内市场，该公司的王先生说：“目前国内市场趋于饱和，所以我们对国外市场加大推广力度，这是（我们）参加浦东展的出发点。”用他的话说，虹桥展主要针对国内市场，而浦东展则主推外贸。

其实，两场展会并不会在一个主内一个主外上泾渭分明，竞争远不会达到“井水不犯河水”那种和谐。在展馆方面，虹桥展选择的国家会展中心（上海）拥有40万平方米的室内展厅和10万平方米的室外展场，展馆设施条件较为优越。浦东展的主展馆上海新国际博览中心室内展览面积约20万平方米，室外展览面积约10万平方米。由于面积上的不足，浦东展还选择了上海世博展览馆，并且还与红星美凯龙浦东金桥，沪南和浦江三大家具卖场合作，使外围展扩大到50万平方米。在招展方面，双方很早就拉开了架势。

在家具设计方面，双方都投入了足够的精力。在世博展览馆，浦东展首次推出“Maison Shanghai 摩登上海时尚家居展”。据上海博华国际展览有限公司执行董事王明亮介绍，该展将吸引国内外众多顶级设计大咖，从德国“红点奖”主席到国内知名室内设计师、产品设计师等。在4天里，浦东展还将举办众多设计论坛、设计大会、设计师之夜等活动。另外，中国国际设计师作品展示交易会将直接实现设计产销对接。

虹桥展则把展馆的2号馆定为设计馆，携手康耐登、夏图、斯可馨、红邦、ASTOR等众多优秀品牌，大演设计风尚。虹桥展方的何思慧向笔者透露，有“美国家具设计界奥斯卡”之称的美国家具设计师学会尖峰设计奖获奖作品将首次登陆中国，美国著名设计师Campion Platt 将与中国设计师们一同探索现代家具设计的创新科技。同时，其去年已亮相的设计展将更加精彩，期间还将举办家居产品设计大赛。

还有一个领域战火较浓，就是在宣传造势上，今年双方都憋足了劲。从纸媒到网络再到微信圈，各自都没有放过任何一个空隙。

资料来源：李来. 上海家具展会：“双黄蛋”还能下多久？[N]. 齐鲁晚报，2016年9月6日

（五）资源

在初步选定的举办地，同期是否有足球比赛、音乐会、旅游节等大型活动举办，这些活动可能会与你的活动竞争一些资源。例如，酒店客房、航班、场馆、当地志愿者，甚至会议与旅游局、城市安全管理等部门的公共服务。

二、活动规模

活动规模主要体现为活动的面积、参加者人数等可以量化的指标。例如，对于一个展览会，衡量其规模的主要指标包括净展出面积、参展商数量和观众人次，有时还考虑媒体报道数量、同期活动等方面的表现。

只有确定了活动规模，才能进一步考虑以下事宜：

（1）目的地和场馆选择。有时就是因为当地没有足够的住宿设施，活动组织者不得不放弃一个富有吸引力的目的地。

（2）酒店、餐饮及交通等供应商计划。对于几千人甚至几万人参加的会议，签订十几家官方酒店是很平常的事。

（3）运营计划。特别是会场布置形式，用餐、停车及洗手间等配套服务设施，以及人力资源规划。

三、举办地的选择

当活动的目标、举办时间和预计规模确定后，就可以开始选择举办地点了。会议和活动专业人员将根据活动目标决定会址、所需的各种类型的设备、交通方式及其他相关事宜。按照活动的形式，会址选择工作可能在会议开始前几天、几周、几个月或几年前就开始了。对于大型会议，通常提前3到10年选定一座城市，但一些小型的公司会议通常会提前几周或几个月的时间。

（一）谁决定举办地

与人们的常识相反，在决定在什么城市举办协会会议时，会议专业人员并不是最后的决策者。比较典型的情况是，实际的选址是通过一个志愿者委员会（volunteer committee）来集体决定的，其中，有董事会和协会工作人员的诸多贡献。会议专业人员将浏览大量参考资料，与其他会议专业人员交流，然后提出建议，但个人不做最后的决定。

公司会议专业人员在会址的选择上可能有更大的影响，特别是对于小型会议。但对于大型公司会议，董事长或董事会主席有可能做最终的决策。有时，某个场地被选中是因为休闲设施的可获得性，如高尔夫、购物、SPA等，而不是因为会议设施的出色。究竟采取什么模式，每个组织均有所不同。

（二）目的地和场地信息的获得

活动策划人总是被各种场地信息所包围。会议专业人员可以以很低的成本甚至免费订阅一些行业刊物，例如，在美国有《成功的会议》（Successful Meetings），《会议与大会》（Meetings and Conventions），《会议》（Convene）、《公司会议与奖励旅游》（Corporate Meetings and Incentive Travel）等。这些杂志要么独立经营，要么附属于会议方面的专业协会，譬如专业会议管理协会，国际会议专家协会。

这些杂志通过对为会议提供服务的连锁酒店、运输公司、会议设施等企业进行广告宣传而获得资金。它的主要广告商还有为了争取会议业务的目的地。目的地营销组织可以提供多种印刷物或在线市场营销工具，以推介本地区、城市或国家。这些具体的广告媒体可以展示当地的文化、名胜和设施；提供以前活动的客户评价；应用流媒体视频提高视觉吸引力；为会议专业人员提供服务，以使他们考虑会议的选址。还可能用到其他一些专门的材料，以展示目的地的特性，如"二线城市"、"独特的场所"、"大学校园会议"、"邮轮会议"或者"高尔夫目的地"等。

除了传统的纸质媒体，大部分信息可以在线获得。例如，有一份广为流传的贸易展览会场馆目录（Trade Show Venue Directory）能在"贸易展览会新闻网络"（Trade Show News Network，简称TSNN）上在线获得。

一些大型的旅游博览会，例如在德国法兰克福举办的国际奖励旅游及会议展览会（IMEX Frankfurt）或在美国内华达州拉斯维加斯举办的IMEX America，对于专业人士来说，这也是能广泛收集关于会议和活动举办地点信息的好机会。

（三）选择目的地的影响因素

除了上面提到的决策方式，选择举办地时，还有其他应考虑的因素。首先是地点的轮换和大多数参会者的位置。在美国，专业会议人员往往会变换会议或活动的举办地点，他们希望第一年把大型会议放在东部举办，第二年在南部举办，第三年在西部举办，第四年在中部举办。这可以让参会者感受到各种各样的会议目的地，参会者也不用总是旅行几个小时、跨越几个时区去参会。然而，如果多数参会者居住在东海岸，则在城市便利的区域举办会议将更合理。另外，由于规模大，一些会展活动对客房的数量、会议室及展览场地的要求使得会址选择十分受限。

其次是成本。除了会议场地和其他必要支出，会议专业人员也要考虑参会者的花销。众所周知，在主要一线城市，人们的参观费用昂贵。所有这些都取决于参会者觉得成本和地点哪个更重要。另一个选项就是在淡季或低谷阶段，如大的节假日前后，在一线城市的一流场馆举办会议。当生意冷清时，大多数宾馆都有打折举措。

再次是旅行模式。参会者如何到达会议地点？飞机、汽车、火车？近几年，大多数大型航空公司都生存维坚，这导致了行业内的许多兼并重组。由于恐怖威胁、机场安检的折磨、拥挤的机舱、额外的行李费用、食物费用及一系列让人觉得飞机旅行不快的挑战，许多人仍然对飞机旅行的方式很谨慎。在会址的选择方面，航空运力也是重要的因素。

最后是酒店或会议设施的类型。可选择的酒店包括大都市酒店、乡村酒店、机场酒店、度假酒店、赌场酒店等。除此之外，还有特别为举办会议设计的“会议中心”。国际会议中心协会（International Association of Conference Centres，简称IACC）所有会员的设施必须符合30多条标准才能得到协会的认可。浏览其网页可以获取更多的信息。其他选择还有全服务会议中心、游船、大学校园。这些场所在第四章中已有详细论述。

第四节 商业计划

一、活动商业计划书的定义与用途

活动商业计划书（Event Business Plan）是活动主办方或产权拥有方为了达到招商融资和其他发展目标，根据一定的格式和内容要求而撰写的一种向受众全面展示活动项目现状、未来发展潜力的书面材料。如果不是一次性的，每个活动都应该有一份商业计划书。商业计划书主要用于与相关利益主体特别是投资者沟通活动向前发展的战略计划，时限一般覆盖3到5年。

从一定意义上讲，项目商业计划书的全部内容都是在努力说服投资者，如果商业计划书成功地阐释了项目的独特性和成长性，往往能引起投资者的青睐。为此，活动商业计划书一般具有以下功能：

- 向相关利益主体传达活动的愿景、使命和预期收益；
- 聚焦于项目的发展潜力；
- 阐明从长远来看活动的生存和可持续发展能力；
- 说明需要多少资金以及主要用于哪些方面；
- 介绍资源、传播/分销和运营结构方面的计划；
- 募集资金；

■ 测量活动的成功性，即明确要实现哪些预期目标。

二、活动商业计划书的内容

商业计划书有助于活动主办方重新组织自己的思路，并与其他相关人员分享，这样可以让一些错误发生在实际执行之前。商业计划不需要很复杂，应力求简洁和具有逻辑性。在撰写过程中，可以利用更多资源，例如邀请团队核心成员甚至活动合作伙伴（如果合适的话）一起参与。

不管活动的规模、举办历史怎样，活动商业计划书都是一种必要的工具。它往往包括以下内容（不是必须）：

■ 活动的背景与市场分析；
■ 目标观众、听众和参与者的情况（包括现有和潜在的）；
■ 关键利益相关者有哪些？他们将获得怎样的回报，活动如何与他们的战略相适应？
■ 活动的愿景和使命；
■ 活动组织者的相关经验和历史记录；
■ SWOT分析；
■ 关键目标及当年的业绩完成策略；
■ 发展计划，包括长期目标；
■ 当年的工作计划预览；
■ 营销与传播计划；
■ 活动的要求，包括人力资源、设施设备、服务、场馆等；
■ 在未来3~5年内活动的预算，包括主要收支项目；
■ 风险管理与应急计划；
■ 未来考虑因素。

三、一个模板

因为活动的规模、历史等不同，甚至编制商业计划书的目的也存在差异，每个活动的商业计划书都有所不同。或者说，商业计划书的格式无所谓对错，但活动的规模、复杂程度等肯定会影响商业计划书的撰写。苏格兰活动管理办公室在《活动管理：一本实用指南》（Events Management: A Practical Guide）中提供了一个活动商业计划书的模板，仅供读者参考（见表5-2）。需要注意的是，在借鉴时，活动主办方应根据活动的具体情况来调整结构和内容。

表5-2 活动商业计划书模板

组成部分	要点与技巧
封面（cover page）	一般包括文件名称、计划期限、活动的名称、标志及完成日期、编制团队、联系方式等

续表

组成部分	要点与技巧
执行摘要（Executive Summary）	主要包括活动简介、愿景与使命、目标、举办时间及地点、目标市场、举办活动的主要回报（面向社区、产业及不同的利益相关者）、预计收支、商业计划书的主要内容
背景与历史（Background & History）	活动举办背景及历史；活动主办方的基本情况及相关经验；SWOT分析
现状回顾（Event Overview）	重新表达愿景与使命；核心目标；目标市场；活动的主要内容；利益相关者的参与及回报
发展计划（Development Plan）	发展战略；发展指标；战略一致性
管理要求（Event Requirements）	设施；服务；运营管理，包括用电、舞台、声音、照明等；法律与保险等
营销与传播计划（Marketing & Communications Plan）	现状分析；目标市场；营销策略；传播策略；营销行动计划（Marketing Action Plan）；营销预算与资源分析；监控、研究与评估
财务计划及注意事项（Financial Plan & Considerations）	收支预测（Income and Expenditure Projections）；收入计划；投资评估；经济影响估计；预算注解
管理与业务控制（Management & Business Controls）	管理模式与组织结构；活动执行方案（Event Action Plan）；管理信息系统；对本计划的回顾与调整
风险管理（Risk Management）	风险要素分析；风险管理计划
附件（Appendices）	场地平面图；额外的财务信息；安全管理、劳工等相关政策；管理伦理；员工工作指南等

资料来源：EventScotland. Events Management: A Practical Guide [EB/OL]. http://www.eventscotland.org, 2006.

复习思考题

1. 请解释活动的概念、主题与卖点的联系和区别。
2. 请结合一个具体的活动，分析其愿景和使命。
3. 荷兰鹿特丹市的节庆产业政策能给国内会展城市带来什么启发？
4. 活动的初步构想主要包括哪些内容？
5. 请结合一个具体案例，对苏格兰活动管理办公室在《活动管理：一本实用指南》中提供的活动商业计划书的模板进行评价。

扩展阅读

城市要善用“大事件”

对于一个城市来讲，为了承办一次大型体育赛事，往往要在基础设施与场馆建设方面投入巨资，甚至是该城市历史上空前的。所以，必须要有整体的规划、长远的规划和高明的策划，而不能仅仅“就赛事论赛事”，只是追求短期内的“吸引眼球效应”，最终却给城市长远发展带来伤害。

在举办体育赛事时，决策者一定会提前考虑这场盛会能够给城市带来的新发展，就城市建设而言，在举办一次体育盛会前，规划人员都会有哪些方面的考虑？

第一，大型体育赛事往往需要占用大量的土地用于建设场馆，这些场馆、设施布局是否合理，将对城市长远发展产生巨大影响。既要考虑近期比赛的使用需要，更要考虑其对城市总体结构可能带来的影响。所以，其空间布局的区位是首先要考虑的问题。

第二，体育赛事毕竟是短期的（一般10~15天），但是相应拉动的基础设施（比如道路、轨道交通等）却要考虑如何支撑、引导城市空间的长远、可持续发展。所以，相应的基础设施尤其是交通设施如何布局、如何有机地联系城市的其他地区，从而带动城市整体的发展，也是必须考虑的重要问题。

再一个就是大家非常关心的体育设施如何赛后继续利用的问题。所以场馆要新建哪些、改造哪些、哪些是可以多功能使用的等等，诸如此类的问题都 需要提前有一个统筹的安排，避免大量投资下去，赛后出现浪费。还有就是这些场馆是否今后能与大学、大型居住区等使用单位靠近，从而促进设施的日常使用，实现双赢。

最后，就是场馆所在区域相对小空间范围内的规划设计、好的空间布局方案、好的交通系统组织、好的景观设计等等。

成功举办一场重大的体育赛事，能够给城市带来很多方面的好处。它会提升城市的知名度、美誉度、影响力。例如，1992年西班牙的海滨城市巴塞罗那以举办夏季奥运会为契机，加快了巴塞罗那的城市建设步伐，以营造良好的城市环境。通过举办奥运会，巴塞罗那由“名不见经传”变为誉满全球。

举办体育赛事可以带来大规模的城市新区建设、旧城改造，改善城市空间结构。这样的实例非常多，我们以2012年伦敦奥运会为例，伦敦奥林匹克公园选址于伦敦东区，这片土地被重工业“缠绕”了400年，曾被称为伦敦的“城市伤疤”。如今的伦敦奥林匹克公园成功盘活了这一地区，未来这里将是充满活力的复兴地区，也是人与自然和谐共生的空间。

举办体育赛事还可以拉动大规模的基础设施建设，这是毋庸置疑的。而且许多城市在成功举办体育赛事之后，经贸、旅游等发展机会明显增多了。2000年澳大利亚悉尼奥运会办得非常出色，通过奥运会，把一个垃圾堆积场改造成了环境优美的体育中心和居住区。正因为如此，使悉尼连续三年被世界旅游组织（UNWTO）评为“世界最佳旅游城市”，旅游品牌效益由于奥运会的举办超前了大约10年。

思考：

请结合上述案例，谈谈大型活动战略规划的意义及其对城市发展的影响。

即测即评

第6章　组织机构设计与人员管理

本章导读

对于会展和活动管理公司而言，人是最宝贵的资源。为此，要设计科学合理的组织机构，以利于发挥团队成员的积极性和创造力。组织机构设计与人力资源管理相辅相成。对于活动组织机构，人力资源管理就是通过建立一个人力资源规划、开发、利用与管理的系统，帮助实现活动的预期目标，提高活动组织者的竞争力。这是一项十分复杂的系统工程，主要包括人员规划、人员招募、激励、培训与绩效评估等。

本章关键术语

职能式组织结构（Functional/organization Structure）
项目式组织结构（Projectized Organization Structure）　工作分析（Job Analysis）
注册会议专家（CMP）　认证协会管理者（CAE）　注册会议经理（CMM）
临聘（Leased Employee/Dispatched Worker）

第一节　组织机构设计

对活动管理者来说，如何使组织现有的各项资源包括人、财、物等，围绕企业经营目标有效运营起来是其面临的重要问题之一。合理而高效的组织形式特别是对人力资源的有效开发是确保活动正常运行的前提条件，活动质量如何、效率如何、效益如何都与组织工作的开展密切相关。

一、活动组织机构的设立原则

有效率的组织通常具备整体性、实现性和反映快速等特点，即必须确保员工心理上的统一和力量上的凝结；必须做到为员工创造一个优良的内部环境，员工关系达到协调一致；必须做到内部信息畅通，以提高企业经营效益，确保企业经营活力。

活动组织机构的设计应遵循目标导向、分工协作、控制跨度、有效制约和动态适应等几个基本原则。其中，“目标导向”是指活动管理应按照项目管理的原理和方法，“以任务建机构，以任务设职务，以任务配人员”。同时要根据员工具体情况，适当调整职务的位置，以利于发挥每一位员工的主观能动性。“动态适应原则”要求活动组织机构以动态的眼光看待环境变化和组织调整问题，当变化的外部环境要求组织进行适度调整时，组织要有能力及时做出相应反应。

二、活动组织结构的类型选择

活动组织者在进行组织机构设计时需综合考虑活动发展战略、活动性质、技术要求、活动组织者的实力以及外部环境等多种因素，从而构建符合活动管理需要的组织结构模式。其中，组织结构模式是指组织中相对稳定和规范的工作关系模式，如工作任务如何分工、配合等。虽然受诸多外界与内部因素影响，不同活动运作机构有不同的组织结构形式，但主要类型有以下两种：

（一）职能式组织结构

职能式组织结构最早是由泰罗提出来的。这种组织结构模式授予各职能部门一定的指挥和指导权，允许他们在自己的业务范围内对下属部门实施此项权力。一般地，单一业务和主导业务的活动运作企业（即企业主要在一个行业领域中经营），适合采用职能式的组织结构。其优点是有利于加强各部门的业务监督和专业性指导，使各职能部门注意力集中，便于高效率完成本部门职责；缺点则在于常常出现多头指挥，而使得执行部门无所适从（见图 6-1）。

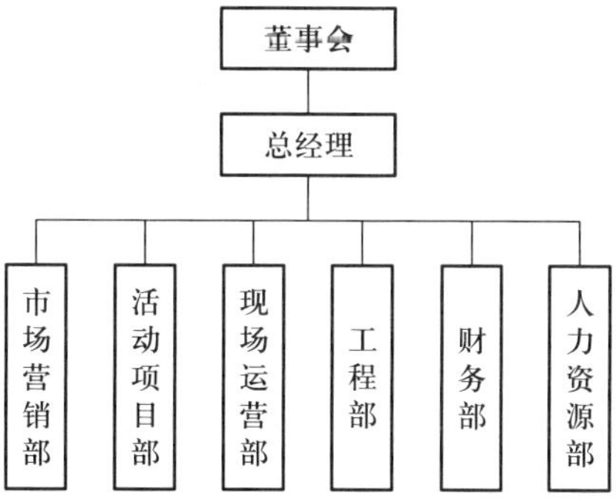

图 6-1 职能式组织结构图

例如，从 2003 年开始，为筹备 2006 世界休闲博览会，杭州成立了 2006 杭州世界休闲博览会组织委员会，组委会下设一办十一部（办公室、展览工作部、会议培训部、观光推广部、文体活动部、宣传推介部、资金筹集部、礼宾服务部、安全保卫部、公共卫生部、园区建设与管理部、环境保障部），组委会办公室与成立于 2001 年 1 月的杭州市西湖国际博览会组委会办公室（简称西博办，2002 年 8 月，增挂杭州市发展会展业协调办公室牌子）合署办公。这种格局一直延续到今天，形成了杭州西湖国际博览会组委会的职能式组织结构（见图 6-2）。

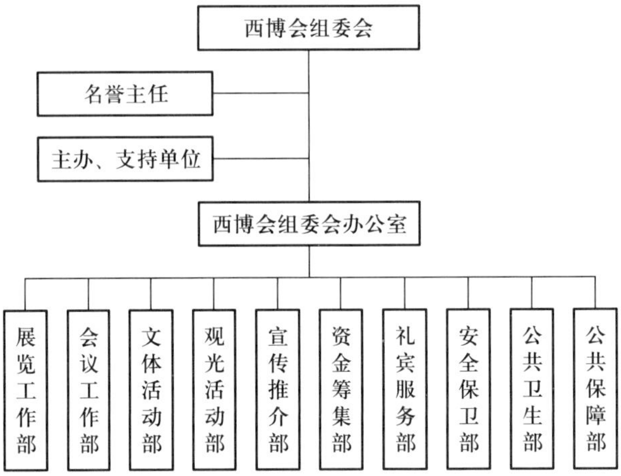

图 6-2 杭州西湖国际博览会组委会组织结构图

（二）项目式组织结构

因为每一次活动就是一个项目，而且每次活动的特点和要求不一，很难完全标准化，因而在现实生活中，策划和组织活动时大多数主办单位都会采用项目式组织结构。在项目式组织里，管理每个项目就如同一个微型公司那样运作，完成项目目标所需的所有资源完全分配给这个项目；项目经理对项目团队拥有完全的项目权力和行政权力（见图 6-3）。这种组织结构的最大优点是能够最大限度地利用各种资源，保证在既定的时间和预算范围内成功地完成项目。

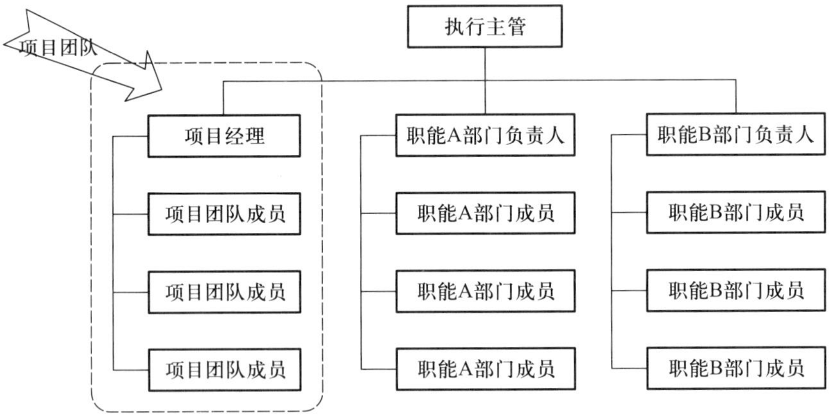

图 6-3 项目式组织结构图

项目式组织结构也存在明显的缺点。首先，由于在多个同时进行的项目上存在任务上的重复，因而容易造成重复劳动。其次，由于资源不能共享，某个项目专用的资源即使闲置不用，也很难用于另一个同时进行的类似项目。此外，不同项目团队的成员不能很好地共享知识或专业技术技能，因为每个项目团队都是相对独立的，团队成员完全效力于自己的项目。因此，项目式组织结构没有职能部门那种让员工进行职业技能和知识交流的场所。

例如，从活动组委会秘书处的角度来讲，下面的“中华全国高校职场之星系列活动”组委会属于典型的项目式组织结构，如图 6-4 所示：

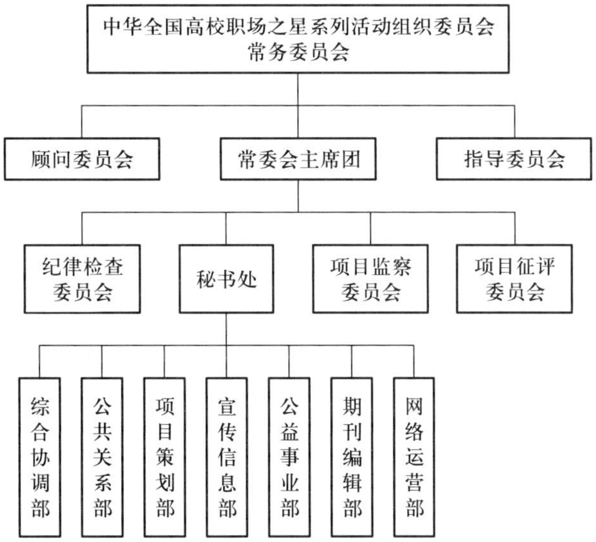

图 6-4 “中华全国高校职场之星系列活动”组委会组织机构图

三、组织部门设计

活动组织机构的职能部门划分是依据活动举办期间的不同工作任务所做的具体安排。这种划分应该既考虑部门划分的科学性，又兼顾活动服务的质量与效率。一般来说，活动组织机构的常见职能部门有：

（一）策划部

策划部是活动运作企业的基础部门，其主要工作是制定活动工作方案，安排人员的责任范围、工作进程及费用支出等。特殊活动是一项复杂工程，详细而合理的策划工作是保证各方人员按时、按质、按量完成各项工作必不可少的环节之一。可以说，活动策划是组织举办活动的核心工作。

（二）业务部

业务部是活动运作企业的重要部门之一，战斗力强的业务部能激发企业活力，推动企业进入良性循环。业务部的主要职责是招商，即联系和招徕赞助商、活动参与企业等。以展览公司为例，其具体工作包括招展宣传、选择参展商、组织买家等，除此之外，还包括展品运输、展台设计与施工等工作。

（三）宣传推广部

主要负责新闻宣传、广告策划实施、公共关系等。其中，宣传工作是活动取得成功的基础保证，主要手段有公关活动、媒体广告、印发资料等。公关的主要目的是争取与活动有关单位的理解与支持，特别是争取得到新闻媒体、政府机关等影响力比较大的单位的认可与帮助。

（四）信息部

信息部负责活动的通信、网络数据的租赁业务，活动运作企业信息系统的规划、建设与维护，应用软件及办公电脑、耗材的采购与管理，同时还负责企业内部的通信系统以及网络的建设与保障等工作。

（五）运营部

包括对活动准备工作的管理、活动现场管理、活动后续工作的管理以及活动整体评估工作管理等。运营部与业务部都是实战工作部门，如果说业务部的工作主要在活动举办之前的话，那么运营部则主要集中在活动中与活动后。

（六）工程部

负责与活动有关的各项基建工作，例如，活动场地所属各建筑物、构筑物、道路及各类管线的维修和养护；负责各类设备的日常管理工作；保证在经营及活动期间所有服务设施正常运行，如场馆内的装修和陈设、水电、音响系统、空调系统、电话等。

（七）财务部

财务部的主要职责是协助活动组织机构的决策者搞好经营核算，控制经营费用，使活动获得最佳经济效益。

（八）人力资源部

人力资源部是负责企业员工招聘、培训、激励和考核的部门。它是确保活动组织机构在任何时候、任何地点、任何情况下都能找到合适人选的主要部门。

（九）保安部

保安部的主要职责是维护会议或展览等活动现场的良好秩序，确保活动环境安全，因而也是举办活动时不可或缺的部门之一。

以上部门是依据一般活动正常运作的需要来设立的，在实际工作中，活动组织机构应充分考虑自身情况，名称可有所不同，部门多少也可灵活处理。比如，随着社交媒体的迅猛发展，有不少活动主办方设立专门的新媒体部，负责内容的生产和传播。

第二节 人力资源规划

一、活动人力资源规划的定义

对于会议、展览会等特殊活动，所谓人力资源规划，是指确定举办一次活动对人力资源的需要以及确保机构或组织在恰当的时间里在恰当工作岗位上有相当数量的合格人员的过程。也可以说，人力资源规划是把人员的供给（包括内部和外部）在给定的时间范围内与组织预期的空缺相匹配的系统。人力资源规划的实施步骤为：

（1）确定活动目标对组织中具体工作的影响；

（2）确定实现活动目标所需求的技能和知识（对人力资源的需求）；

（3）根据目前的人力资源确定追加的人力资源需求（净人力资源需求）；

（4）开发行动计划满足预期的人力资源需求。

通过确定活动管理公司的人员需求，人力资源规划可以帮助活动经理根据规划要求招募公司未来一段时间所需的人员。合理的人力资源规划有利于员工的培训与发展，例如，许多展会组织者都根据人力资源规划对员工进行复合技能培训，以提高员工的技能水平，并使他们具备胜任多种岗位的能力。

经典案例 6-1

避免参展人员管理工作的失误：13 个关键问题

以下是参展管理专家梅尔·怀特在一家跨国企业进行参展培训时讲到的部分内容。他提出，为保证一次成功的参展，需提前 4~6 个月对参展人员进行培训。关于参展人员的管理工作，关键要解决以下 13 个问题：

1. 一共需要多少参展人员

要回答这个问题需要考虑很多因素，例如：展会的规模有多大？展出持续多长时间？需要人员演示产品、安排酒店客房、主持研讨会、组织竞赛吗？要确保你的展台上任何时候有足够的人员。还要让你的员工在工作 4 至 6 小时后有一个休整的时间，没有人能够连续工作 12 个小时。

2. 谁是最能代表你的企业的人

参展工作需要多种技能。你希望你的员工有良好的产品知识，完美的人际沟通技巧，推销的本领，还有热情、迷人的个性。这些员工应该具有主动精神，行动敏捷果断，能够在缺乏他人指导的情况下工作。

3. 员工的培训组织好了吗

为了保证获得成功，要帮助参展团队掌握他们所需的技能和工具。培训工作应该覆盖参观者类型的有效区分，有质量的提问，处理难对付的参观者，业务拓展和跟进，以及其他很多方面。

4. 预展的议程安排好了吗

预展能够确保参展团队理解他们的目标、角色和责任，充分具备处理各种意外的背景知识。利用预展的机会澄清各种疑惑，明确员工关心的问题。

5. 参展人员熟悉展出的产品和服务吗

要有效地销售产品，必须掌握全面完整的产品知识。有很多情况是，公司派出仅拥有最基本知识的新手参加展览，这会让参观者非常失望。他不会回来再找一个也许能够回答他问题的人，而将径自走向竞争对手的展台。

6. 实操演练的环节安排好了吗

不要想当然地认为你的员工已经完全了解了他们销售的产品。他们完全有可能还没有熟悉产品的每一个特点，尤其是当你在推介一个新产品的时候这种情况更容易出现。花点时间彻底地培训你的员工，让他们对产品进行实际的操作演练，以便熟悉展出的惯例。

7. 是否有一个技术人员能够在现场回答问题呢

根据你的产品或服务线，选择相关技术人员在展会现场来处理有关产品的特殊问题是再正确不过的事了。适当地教会这些技术人员一些销售技巧，但是注意不要喧宾夺主，他们的主要职责还是从技术上给予帮助。同时还要叮嘱他们提防展会间谍的存在，不要透露过多的信息。

8. 着装的规则制定了吗

在参加展会之前，必须制定着装的规则。选择公司制服是比较可行的，如果没有的话，那么要向你的团队清晰地表述你希望他们穿什么样的服装。因为仅仅说“正式套装”会让他们有太多的活动余地，相反应该说“黑色的裤子或裙子、白色衬衫、黑色外套和红色领带”类似这样的表达。

9. 所有展台工作人员的胸卡准备好了吗

参展团队中的每一位员工都需要一个胸卡以便在展示区、招待区等自由进出。所有这些标志应该提前预订好，如果有任何错误或遗漏都可以及时纠正。

10. 展台工作人员的名片准备好了吗

展台上需要分发的名片数量是惊人的，所以一定要让你的团队有充分的准备。

11. 展出的议程拟定好了吗

一项完整的议程应该包含从展会入场到退场的每一刻。并且要指明负责现场展示、展间休息、技术支持和配套职责的相关人员。把“报到”时间纳入议程是一项好主意，这样参展的销售人员就能够在办公室里检查信息，打必要的电话了。

12. 谁来监督展台的安装和拆卸

这两项工作经常被忽视，如果没有人负责的话，将成为物流活动的梦魇。应指派两个人来负责该工作。尽管有不少展会组织者提供收费服务，但你仍需要有公司的员工进行现场监督。

13. 参展团队知道了撤展的流程吗

需要有专人安排从会场撤展的流程，确保展品已经妥善地包装，协调所有物品返回公司的运输。因此要指派一队人负责此事，给他们配备所需的工具和资源。

二、工作分析

工作分析是确定并报告与活动的某一项具体工作的本质相关联的有关信息的过程，它能明确工作所包含的任务以及工作承担者成功地完成任务所需的技能、知识、能力和责任。因此，工作分析是所有人力资源职能的基础。在进行工作分析时，要列出所包含的工作任务并确定成功完成这些任务所必需的技能、个性特征、教育背景和培训。表6-1说明了通过工作分析可以获得的一般信息。

表6-1 工作分析提供的一般信息

信息类别	信息内容
工作名称和位置	工作岗位名称和所处的位置

续表

信息类别	信息内容
组织关系	对所督导人员数量（如果有）和所督导职位名称的简要说明
与其他工作的关系	描述和概括工作所需要的协作
工作概要	工作内容的简要说明
关于工作要求的信息	通常包括设备、工具、材料、智力上的复杂性以及所需的注意力、身体要求和工作条件等方面的信息

工作分析不仅涉及对活动管理工作内容的分析，也涉及对分析结果的报告，这些通常以工作说明书和工作规范的形式呈现出来。表 6-2 概括了活动管理工作说明书中通常需要包含的信息：

表 6-2　活动管理工作说明书的内容

工作说明书是一种正式的书面文件，通常 1~3 页，主要包括以下内容：
• 编写日期
• 工作状况
• 职位名称
• 工作概要（工作职责提要）
• 工作职责和责任的详细清单
• 所受监督
• 重要联系
• 要参加的有关会议和需要归档的报告
• 能力或职位要求
• 所需的教育和经验
• 职业流动（工作承担者以后可以胜任的职位）

资料来源：Delapa, J. A. *Job Descriptions That Work* [J]. Personnel Journal, June, 1989, pp156-160.

经典案例 6-2

2017 中国国际口腔设备器材博览会现场志愿者招募说明

由中华口腔医学会与国药励展共同主办的中华口腔医学会第 19 次全国口腔医学学术会议（2017 年会）暨 2017 上海国际口腔设备器材博览会（CDS）将于 2017 年 9 月 21-24 日在上海国家会展中心举办。本届展会汇集来自全球 20 多个国家和地区的近 500 家企业，

330场会议论坛、108场操作演示，24家企业新产品发布。内容涵盖口腔种植、正畸、修复、牙周、影像、数字化医疗、预防保健等多个口腔医学领域，是中国乃至亚太具有影响力的口腔行业盛会。以下是本届博览会的现场志愿者招募说明：

一、招募岗位：外宾陪同、国际买家休息区、会议服务、销售办公室、问讯处等岗位志愿者。

二、招募数量：120人。

三、工作期间：9月21—24日，个别岗位会提前2天上岗。

四、工作时间：7：30—17：30

五、工作地点：国家会展中心5.2、6.2号馆（青浦区崧泽大道333号，地铁2号线徐泾东站5、6号口）。

六、要求

1. 有展会志愿者服务经验，英语口语可日常交流；

2. 工作认真负责，有良好的沟通能力；

3. 工作积极主动，有良好的执行力及服务意识；

4. 相貌端正，男身高172CM以上，女身高160CM以上。

七、招募流程

1. 6月22—9月15日报名；

2. 9月16—18日面试（具体时间待通知）；

3. 9月20日展馆内集中培训（培训无服务津贴）；

八、待遇

1. 服务费：××元/天

2. 提供饮用水、午餐和上装；

3. 培训和工作期间统一安排班车接送；

4. 表现优异者有额外奖励；

5. 颁发志愿者证书。

九、服务费发放：工作最后一天现结。

十、联系人及联系方式

1. 联系人：×××

2. 联系方式：手机×××，微信号×××

第三节 主要角色与职责分工

一、策划和组织活动的部门或个体①

对活动服务（Event Service）的理解有两种：一是面向组织者的与活动生产有关的服

① 资料来源：本部分内容参考了Fenich，G. 王春雷译. 会展业导论（第4版）. 重庆大学出版社，2017.

务，服务对象是活动的主承办方，如策划、承办、技术、现场管理、清洁、安保等；另一种理解是在活动中提供给参与者的各项服务，如餐饮、接待、问询、打印、住宿、旅游、急救等。其中，很多服务要由专业人员来完成，典型的人员包括志愿者、主持人、演讲人、口译人员、速记人员、模特、礼仪小姐（或礼仪先生）、演艺人员、安保人员、清洁人员等（刘春章，2016）。下文将讨论提供第一种服务的人员情况。

1. 公司会议和活动

公司活动策划者由不同身份的公司员工组成，大多数公司会议组织者除组织会议外还负责其他的工作领域。公司活动策划者有四分之三的工作时间在进行会议策划，但并非所有公司活动策划者都被给予相关职称。据统计，约有一半的公司活动策划者有会议策划者或会议管理者（Meeting Planner/Convention Management）的头衔，其他公司活动策划者的头衔并不能显示出他们作为会议策划者的职能所在（执行或管理，27%；综合管理，20%；市场销售，14%；其他，21%）。

因此，在小型公司中，会议策划者的头衔并不能完全体现公司会议策划的职责。公司会议策划者并不在会议策划部门工作，而是在需要举办会议的部门中受上级管理者的支配行使会议策划的职能，如市场营销部门、财务部门等。然而，在微软、可口可乐等大公司中，会议策划部门的规模和每年在全世界召开各类大小型会议的专业会议策划组织相差无几。这些公司活动策划者大多处在会议策划行业的尖端，在行业内十分受人尊敬。他们通常是专业会议策划组织的成员。在获得专业认证的公司活动策划者中，32%为注册会议专家（CMP），11%为注册会议经理（CMM）。

2. 行业协会会议和活动

根据美国专业会议管理协会（PCMA）的官方杂志 Convene 的第 22 期年度会议市场调查报告，在近一半受访者为协会工作的情况下，大多数受访者（42%）向会议和活动部门报告工作，12%的受访者工作于市场部门，几乎一半的受访者受命于除会议、营销、财务、旅行、采购或销售部门外的其他部门或实体。就受访者职位分布来看，39%受访者任协会董事，37%为经理，CEO 和副总裁各占 6%。此外，80%的受访者拥有 10 年以上的会议管理经验，超过 30%的受访者在会议管理领域工作已超过 20 年。另一个专业调查显示，26%的会议策划者拥有行业认证证书，其中，注册会议专家（CMP），16%；认证协会管理者（CAE），5%；注册会议经理（CMM），2%。

3. 政府会议和活动

和公司会议策划者一样，政府会议和活动的策划者分布于机构的各个部门。有些政府会议策划者把全部时间用于会议策划和组织，但对另一些员工而言，会议策划只是他们被额外分配的一项任务。

还有不少政府机构雇用会议管理公司或独立会议策划人为其策划并筹备超出其管理能力的政府会议。在美国华盛顿特区，有一些会议策划公司专门从事政府会议和活动的管理。另外，政府机构对政府会议策划者在会议中提供的食物、饮品及室外活动的组织有严格的规定。因此，会议策划者需仔细研究相关规定，并准备好在会议结束一段期间内随时接受财务审计。

一旦确定了活动中所需要的工作角色，最好编制一张组织机构图（Organizational Chart）或者一份员工计划（Staffing Plan），以设定活动管理团队的结构。这样能让团队的命令链

（Chain of Command）一目了然。例如，苏格兰城镇视觉艺术节的组织结构如图6-5所示：

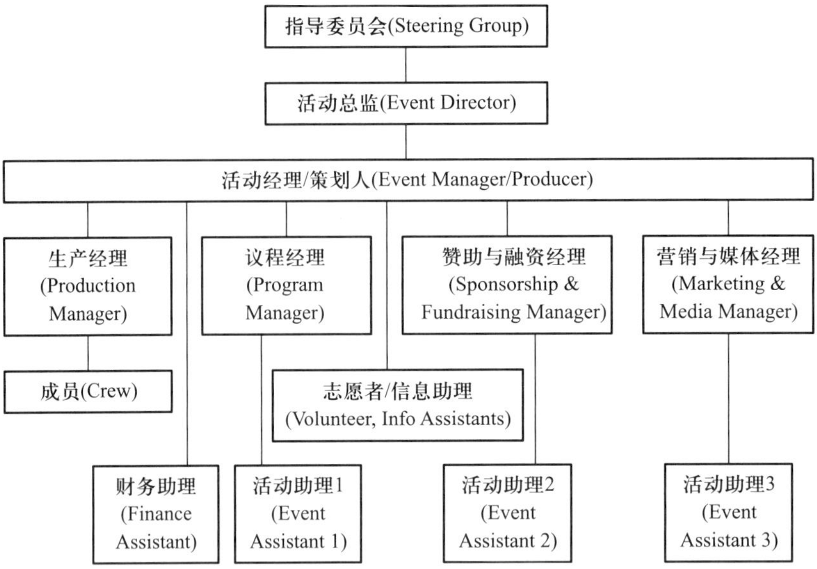

图6-5 苏格兰城镇视觉艺术节组织结构图

二、会展行业的主要工作岗位及职责

国际展览与活动管理协会（IAEE）列出了会展行业主要工作岗位及其相应的职责（注：IAEE主要讨论了展览行业的工作岗位，考虑到该协会的工作范围已扩展至一般意义的特殊活动，本书作者在编译时把会议和展览归并在一起了），如表6-3所示：

表6-3 美国会展行业的主要工作岗位及职责

岗位	工作职责
参展经理	主要负责指导和管理参展活动，包括销售和促销活动
展会主管	主要负责展会的计划、组织和管理工作，包括制定预算、选择场地、与场地出租者进行协商以及监督展台销售
会议主管	主要负责会议计划、组织安排、开发、选址和会议预算，与场地出租者进行协商以及协助演讲人
一般展会工作人员	协助展览经理的管理工作，向参展商和观众提供服务，包括编制参展商名册和协助展会现场管理
一般行政管理人员	负责市场营销、登记和审核协会成员资格
会展策划师	从事会展的市场调研、方案策划、销售和营运管理等相关活动，负责会展项目的市场调研、进行项目立项、观众组织、招展、预算与运营管理等方案的策划，项目销售以及现场运营管理

续表

岗位	工作职责
会展设计师	根据品牌特色和客户要求选展和布展，包括现场观察展位位置，构思展位主题、展览形式，设计制图，安排场地布局，并能现场指导安装人员以及展览礼仪的企划等
会展项目经理	是行业内有多年从业经验的会展项目负责人，主要职责为承接会展项目，负责所承接项目的组织、实施，完成部门下达的创收指标等工作。研讨会专题项目运作，包括项目策划、招商、观众组织和现场实施
会展客户/销售经理	负责国际展会的咨询、销售、后续服务以及相关商务的联系接洽工作

资料来源：国际展览与活动管理协会（IAEE）官方网站

其实，除了活动策划和组织层面的第一类专业服务人员，还有大量来自供应商企业的人员，常见类型如下：

1. 活动场地租赁商
2. 广告设计、制作与印刷商
3. 翻译公司
4. 会展设计与搭建公司
5. 礼仪公司
6. 演艺公司
7. 烟花设计公司
8. 鲜花供应商
9. 物流公司
10. 住宿与餐饮供应商
11. 广告代理商
12. 视听设备供应商
13. 灯光照明供应商
14. 保安公司
15. 停车服务供应商
16. 其他

第四节 人员的遴选与管理

一、人员招募与选拔

人员招募是指寻找和吸引能够从中挑选出胜任工作空缺的合格候选人的人群。图 6-6 说明了工作分析、人力资源规划、招募和选拔过程的关系。活动组织机构既可以从现有人员中选拔人员来填补某项职位空缺，也可以从组织外部招募人员来满足岗位需求，外部招募来源包括广告、职业介绍所、员工推荐、校园招募等。

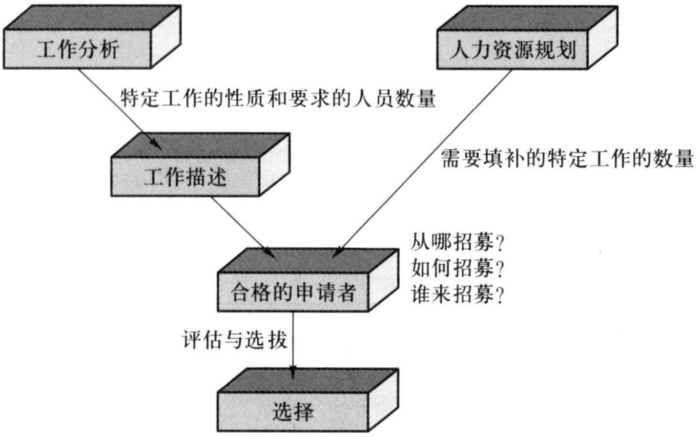

图6-6 人力资源规划、招募和选拔的一般过程

活动管理是一个创造性的行业，因而活动组织机构要特别关注员工的招募状况。为了保证员工的质量，在招募时应严格坚持任人唯贤和量才适用原则。其中，量才适用是指根据每个人的专长和能力、志向和条件做到才以致用，各得其所。因此，要对活动管理任务和员工进行研究，明确特定工作岗位对工作人员的要求，并掌握每个员工的能力与志向，使得两者相互匹配，从而使人力资源发挥出最大的效用。

经典案例 6-3

活动管家招聘项目经理的要求

活动管家（上海独秀会展服务有限公司）成立于2011年，从服务世博会到政府、企业公司、机构及大使馆等国际机构。活动管家平均每年在上海举办200多场活动，规模从几十人到几千人不等。活动管家从场地、策划、搭建、物料制作、演出、媒体等都有自己独立的资源，有最专业的活动管理团队。公司主要业务涉及培训、拓展、年会、发布会、论坛、路演、答谢酒会、展会、周年庆、开工开业等。以下是活动管家某次招聘项目经理的相关要求：

项目经理

工作地点：（上海、南京）

我们对您的要求：

1. 25~35周岁，形象气质佳；

2. 大专以上学历；

3. 2年以上活动行业工作经验，有较强的客户对接经验，具有较强的提案能力，具有极强的客户沟通协调能力及问题解决能力；

4. 能独立完成简单的策划方案撰写，有独立完成项目的经验；

5. 有良好的沟通、表达协调能力，有一定的文字表达和审美能力；
6. 热爱活动行业，能吃苦耐劳；
7. 熟练操作 PPT、EXCEL 等办公软件。

工作内容：

1. 独立对接客户，完成信息整理及提案；
2. 负责线下活动项目管理，合理安排协作人员高效工作，协调策划、设计、执行等部门，独立完成项目管理；
3. 整理客户类型及需求，做一定数据分析；
4. 负责客户的维护工作。

二、人员激励

为了让员工充分发挥自身的潜力，活动组织机构必须提供持续的物质和精神动力。在现实工作中，这种动力来自于组织设立的员工激励机制，其本质是通过鼓励员工追求个人利益来使得组织获得效益。传统的激励因素主要有升职、奖金、福利等，对于管理人员的激励形式有年终分红、长期激励计划和股票期权。

虽然人员激励的形式不拘一格，但在建立激励机制时有一点尤其需要注意，要对员工进行有效激励，避免出现过度激励，其结果往往是员工为了一己私利而引发内部矛盾，反而影响活动管理工作的正常开展。

三、培训与发展

培训是一个包括获取技能、观念、规则和态度以提高员工绩效的学习过程。为了保持自己在活动行业的竞争优势，活动组织机构必须加强对员工的技能和知识培训。对于专业活动组织者而言，不仅要掌握活动管理的专门知识，还要具备卓越的管理才能。

对活动组织机构而言，资金和技术构成了硬件，工作人员便是软件。其中，在软件建设上，一个十分重要的手段就是培训。通过培训，员工除了可以提高知识和技能方面、提升工作效率外，还可以获得自身的发展机会。因此，要培养出具有一定竞争力的人力资源为自己服务，活动组织机构就必须努力挖掘内部潜力，建立一套科学的、行之有效的培训体系。培训机制的建设要遵循目标化、反馈性和全过程原则。其中，“全过程原则”是指活动管理人员的培训机制不应该仅仅围绕人力资源部来运转，该机制的影响范围要扩展到活动管理的全过程，即员工在工作的同时接受培训。

四、绩效评估

绩效评估是与员工确定和沟通其工作成效并据此制定改进计划的过程，其最普遍的用途是为与晋升、解雇、临时雇佣和绩效加薪有关的管理决策提供依据。对活动管理团队成员而言，一项完整的绩效评估应该包括一个概括了具体的培训与发展需要的计划。管理者通过绩效评估与员工沟通他们目前的绩效水平，并指出他们在行为、态度、技能或知识等方面需要改进的方向与手段。

复习思考题

1. 请对杭州西湖国际博览会组委会组织结构的优、缺点进行评价。
2. 请结合具体案例，分析某个活动的人力资源规划过程。
3. 请结合活动管理中的某个具体岗位，对其工作内容进行描述。
4. 除了本书列出的类型，还能列出更多的会展和活动供应商吗？
5. 什么是活动管理人员培训的“全过程原则”。

扩展阅读

会展业临聘服务市场透视

根据中国贸促会在第13届中国会展经济国际合作论坛（CEFCO）上发布的《中国展览经济发展报告（2016）》，2016年全国共举办展览会3 054个，比2015年减少了22个，但展出面积达8 200万平方米，比2015年增长了4%。这意味着尽管展会数量有所减少，但平均规模在不断提升。随着中国社会经济的发展，在我国举办的会议、展览会数量及规模还会不断扩大。如何办好这些会展活动？如何为这么多的会展活动提供足够的、高质量的服务人员？除了专业教育和内部培训，临聘方式也是一个不错的选择。随着中国会展业的进一步发展，临聘服务将备受关注。

一、什么是临聘

目前，“临聘”一词在国内人才市场可能还比较新鲜，但在国际上它已成为一种流行的用工模式。所谓临聘，是指人力资源公司将所雇用的（社会上零散的）员工分派至有劳动力需求的企业中提供劳务，以解决其因工作职位空缺（如特别休假）、暂时性技术短缺、季节性工作量增加等原因而需要劳动力支援或补充的一种暂时性服务。它是一种较新的用工模式，又称临时人力派遣或员工租赁（Leased Employee/Dispatched Worker）。

通过临聘方式，国家可以降低劳动力成本、提高生产力，并促进失业劳工再就业；对企业而言，除了可以有效降低成本外，还能实现工作弹性化安排，或者缓和员工不足、解决人员培训等问题，即使不一定降低人事费用，也可免除许多处理人事行政的困扰。在西方国家，每一名签约员工的社会保险、养老保险等福利待遇均由专业的人力资源公司负责，这样能为临聘员工提供一定的工作保障。

和旅游业一样，会展业是一个对临时工作人员需求量庞大的行业，特别是在展览业的旺季，展会组织者往往需要大量的临时雇员参与相关工作。这时，受过专业培训的临聘人员就有些供不应求。有关资料显示，2000年，全球最大的人才临聘公司德科集团（Adecco）作为德国汉诺威世博会的独家人力资源供应商，在世博会前12个月内共收到10.8万份应聘简历，最后经过专家面试完成了9 500份雇佣合同。所有临聘人员的工作涉及从保洁人员到展区主管等7个薪金等级的几十个行业。德科还承担了2000年悉尼奥运会征集、培训和管理临时雇员的业务，一共为悉尼奥运会招募了3万名临聘人员。

二、国外会展业的临聘服务

采用临聘方式可以帮助会议或展览会的主办方节省大量时间和精力，让其从琐碎的杂事中解放出来，从而把更多的精力投入到活动管理中更重要的方面去。负责美国牙医协会（ADA）年会（有3万多人参加）后勤管理工作的坎塔卢波在谈起历年来会议组织的经验时说道，“在会议现场，我有大量的贵宾要接待，根本没有多余的时间去处理一些小事情。在过去，我一直担心会议的超负荷管理，要时时管好临聘人员，他们有一点差错我就必须亲自去处理。”而自从把展览会临聘人员的管理工作委托给Pro-Show公司后，便不再有这样的烦恼了。

Pro-Show公司负责管理ADA年会的临聘人员已有4年时间。从确定整个展览会（包括论坛）需要多少专门的临聘人员到设计和开展培训，Pro-Show承诺他们所提供的服务是十分专业的。临聘人员的服务水平对整个展会起着很重要的作用，“当参观者一进展厅，门口服务的临聘人员就是他们对展会的第一印象。所以我们把临聘人员召集在一起，集中进行专业化的培训，把他们也作为ADA的一个团队”，Pro-Show公司总裁Nold说。

虽然临聘人员的管理工作已外包给Pro-Show公司，但要做好整个工作还需要Pro-Show与ANA会议管理人员的共同努力。坎塔卢波已经在几年的合作中积累了丰富的经验和信息。他认为，“我们现在已发展得很不错。我们这方面需要三个人，他们分别负责确定临聘人员的工作名称和对工作的描述、临聘人员的工作时间以及临聘人员向谁负责”。

临聘服务公司还可以参与协调或监督展会组织者的人力资源管理决策。例如，Nold制定了一个详细的表格，具体说明临聘人员要何时何地的配置。为给ADA年会配置有经验的临聘人员，Pro-Show公司还在全国范围的不同城市内为它的熟练雇员提供平均每个月四场展会的锻炼机会，以此来调节和提升临聘人员的经验。其实，早在ADA 2004年年会的准备阶段，Pro-Show公司就收集了许多反馈意见，包括该做什么、不该做什么、会议在哪些方面还可能人手不够等。他们时时注意总结，并把这些宝贵的经验与心得同ADA年会组织方共同分享。2005年，Nold又为年会制定了一个新的清单，帮助ADA注意会议的哪些方面还需要改进。

一个展会需要大量的临聘人员，对于临聘服务公司，如何招聘到数量足够、质量高且人力成本适中的临聘人员是一个难题。Pro-Show公司在每个展会的举办地与人才中介建立关系，委托他们负责招募。譬如在费城，Nold以优势价格与3个代理商达成了提供300多名临聘人员的协议。这样既简化了自己的招募程序，又能节约成本。

在展会现场，临聘人员的工作主要分为负责报到登记和现场活动。在注册部分，一个经理下有3个主管，他们管理负责观众登记工作的临聘人员；现场活动部分则有5个区域负责人，他们对展会现场的临聘人员管理者负责。所有的管理职位由Pro-Show的3位雇员（包括Nold）以及6个当地的人才中介公司经理担当。临聘人员的工作还包括提供各种咨询服务和引领参观介绍等。为应对人员不足、懒惰或是意外差错等各种突发情况，Pro-Show还准备了10%的备用人员。

事实证明，使用Pro-Show公司的临聘服务减轻了ADA 176个雇员需要在现场给客户答疑的工作量，节省了大量的人力成本。同时，Pro-Show只收取低廉的管理费用，包括与人员代理商的谈判、培训临聘人员、管理现场人员、各种财务支出等。最关键的是，利用Pro-Show对临聘人员实行专门管理，大大提高了临聘人员的工作效率和服务质量，使他们在展览会上表现出最佳绩效，用坎塔卢波的话来说就是，“每个与会者都从中受益，每个人的工作经验都得到了提高”。

三、中国会展业的临聘市场前景

中国庞大的劳动力市场为会展业的临聘服务提供了广阔的资源。在这一灵活机动的聘用机制下，人力资源公司可以把社会上大量的闲散人员登记到门下，适时向企业推荐。临聘人员在一段雇佣期结束后，可以重新回到人力资源公司寻找新的职业，反过来，多份工作经验又能为这些人员开拓更广的就业门路，让其在灵活变化的世界中获得职业的发展。

毕博公司在一份关于世博人才开发的战略咨询报告中提出，发展临聘业务是一个重要战略。在筹办和举办世博会期间，临聘人员非常重要，而大量的临聘人员将由上海对外服务有限公司提供。2004年8月，德科香港公司已与上海对外服务有限公司签订合作协议，以期共同推动上海及周边城市的临聘行业发展，这为上海乃至中国会展业的临聘市场提供了一个很好的平台。在借鉴国外先进经验的基础上，利用临聘市场这一有效模式为我国会展业服务，有助于构建中国会展业的特色人文情怀，同时还能在一定程度上缓解国内的巨大就业压力。

事实上，国内已经出现了一批专门从事会展临聘服务的公司，如独立日、会找人等，但由于目前会展临聘服务公司的整体专业化水平不高、国内会展活动组织者用人观念落后等诸多原因，这些公司的业务模式尚未在业内引起足够的重视。另外，尽管临聘给会展活动带来了生机，但对于倾向追求工作稳定感的大多数国人来说还难以完全接受，他们会认为临聘不是终身的职业。而且，临聘人员对公司的忠诚度也是个问题，这可能会给职场带来一定的动荡。

但不管怎样，随着中国会展市场的进一步国际化和市场化，以及全民职场观念的转变和更新，在日益与国际接轨的进程中，临聘服务将获得越来越多会展活动组织者的认同。中国会展业的临聘服务市场拥有巨大的发展空间。

即测即评

第 7 章　项目创意与策划

本章导读

活动策划是涉及活动目标、需求分析、战略规划、创意策划和策略制定的系统过程，其结果是形成正确的决策和合理的工作安排。本章从活动创意和体验设计入手，强化创意和体验在活动策划中的重要意义，在此基础上介绍活动策划的其他主要工作。本章还将介绍活动内容与议程策划、预算与财务管理计划以及策划书撰写等相关内容。

本章关键术语

可视化（Visualization）　创意时刻（Creative Moments）　议程（Agenda）
财务预算（Financial Budgeting）　活动策划书（Event Planning Report）
活动执行计划（Event Implementation Plan）

第一节　创意与体验设计

一、活动创意

活动策划的内容和手段必须新颖、奇特、富有创意，这样才能扣人心弦，从而吸引足够数量的观众并给他们留下深刻的印象，进而实现活动的预期目标。活动的创意设计，需要重点做好原策划、可视化及创意时刻设计等工作。

（一）做好活动创意的原策划

独特的创意是活动的灵魂，在相似的社会、经济条件下，只有通过敏锐的分析和大胆的创意，才能够提炼出活动的独特卖点和新颖的组织运作模式。作为策划的核心，创意是创造性的意念，当产生了一个绝无仅有而又具有一定可行性的创意时，一连串的相关灵感也会相继产生，于是策划便会很快形成，活动的成功也就随之指日可待。这一过程可以称为“原策划”，即 Initial planning。

（二）为创意寻找具体载体

好的创意设想是一个活动的灵魂，但如何让创意成为可能才是策划成功的关键。没有相应的具有可操作性的项目和产品作支撑，再好的点子也只能是空谈。“嫦娥奔月”作为一个美好的幻想，可能是一个金子般的创意，但是如果仅仅停留在故事观念层面，不将其落到操作和现实层面，则不能使之成为一个策划。为创意寻找可落地的具体载体的这个过程，即“可视化”（Visualization）。

活动创意的载体是多种多样的，例如，活动主题、同期活动、会场布置、灯光、色彩甚至道具等。

经典实例 7-1

“创意点亮北京”文化艺术周

2012 年 8 月 10 日至 19 日，在北京地坛公园举办的“创意点亮北京”文化艺术周以“绿色、生长、原创”为主题，重点突出由“国际灯光艺术节”、“‘无限星空’音乐节”、“盛世骄阳云中剧场”、“创意市集”、“视频创意互动秀”、“文化创意产业综合展”等六大板块组成的主会场活动和主要包括“‘创意之旅’活动”、“建设城市灯光软实力高峰论坛”、“雍和放映”等三大板块的分会场活动。

以下是这次文化艺术周相关板块的设计理念：国际灯光艺术节：灯光对话艺术；“无限星空”音乐节：最民族 最流行；文化创意产业综合展：近距离体验创意；云中剧场、雍和放映：新媒体影视盛宴；创意之旅：胡同里的创意工厂游。如图 7-1 所示。

主办单位：中关村科技园区雍和园管委会、东城区园林绿化局

承办单位：北京市东方信达资产经营总公司、地坛公园管理处

支持单位：北京市文化局| 北京市旅游委、中关村科技园区管理委员会、北京市文化创意产业促进中心

自 2010 年正式升级为以“绿色、生长、原创”为主题的“创意点亮北京”文化艺术节以来，活动已逐渐形成良好的品牌效应，成为立足东城、辐射北京的大型综合性文化品牌活动，成为北京城市文化的一张新名片，不仅以其丰富多彩的活动内容、亲民互动的呈现形式，填补了北京城市中心区缺乏具有广泛参与性与成长性的创意推广平台的空白，更是随着其影响力的不断扩大，有效地带动了雍和园区文化创意及相关产业的集聚发展。

雍和园主要发展高新技术产业和创意产业，着力打造数字内容、版权交易和艺术品交易等重点版块。目前已聚集起西门子、北京移动、当当网、光线传媒等行业领军企业，形成了以文化金融、文化演艺、影视出版、数字新媒体等版权相关产业及数字内容产业为主导，创意设计、创意旅游等相融合的产业发展格局。

图 7-1 2012 年“创意点亮北京”文化艺术周海报

（三）精心设计创意时刻

所谓活动的创意时刻（Creative Moments），是指参与者在活动中产生突然的顿悟感。在各种活动中，创意时刻作为活动内容载体的一部分，能在参与者脑海中形成意犹未尽、久久回响的难忘瞬间。

有两个概念有助于我们理解活动中的“创意时刻”：关键时刻和创造性洞察。詹·卡尔森（Jan Carlzon）的《关键时刻》（Moments of Truth）一书出版后，各个行业都在寻找自身能给客户留下印象的“时刻”，许多企业的定位就是“创造让顾客难忘的时刻”。卡尔森对“关键时刻”的定义是，“任何时候，当一名顾客和企业的任何一个层面接触时，无论多么微乎其微，它都是形成企业印象的机会，这就是关键时刻”（雨阳，2016）。还有一个词是创造性洞察（Creative Insight），美国著名脱口秀主持人奥普拉·温弗莉称之为“啊哈时刻（Aha Moment），即“我们忽然间脑子一转弯，明白了某件之前一直想不通的事情的答案”。

相比之下，活动中的创意时刻更多，形式更加丰富多彩。然而，在实际工作中，活动组织者往往只注重活动的内容，却忽视其过程，但“时刻”更多地体现在过程中，由一个个的细节组成，需要活动策划者有创新者和利人者的情怀。

概括而言，活动中的创意时刻必须具备 3 个基本标准：令人愉悦、让人难忘和具有很强的可传播性（有传染性的）。如图7-2所示。

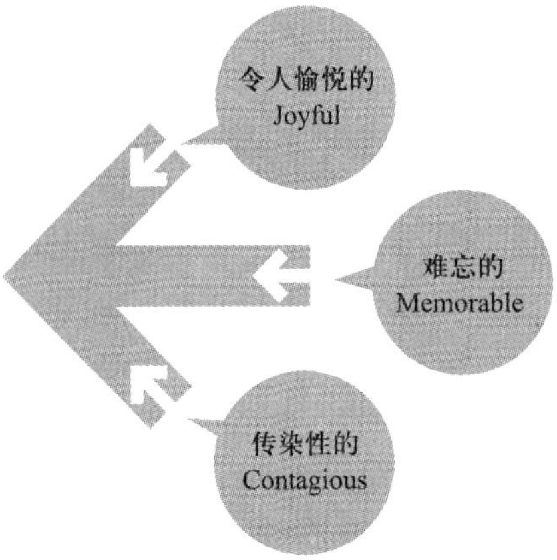

图7-2 活动中创意时刻的衡量标准

二、活动体验设计

迪士尼特殊活动总监汤姆·毕思格纳诺曾说过，迪士尼的活动就是为了给所有游客制造一种欢乐的体验和美好的回忆。因此，深厚的文化内涵、较强的参与性就是这些娱乐性节庆活动的灵魂。好的策划应该致力于制造一个吸引物，这个吸引物能够引发大量的人员流动，引发集中消费，从而引发大量的活动外溢效应，惠及活动举办地的各个主体。

可以这么说，尽管活动的类型不一，人们参加活动的目的也各不相同，但对于活动策划者而言，创造难忘的体验（Experience）才是最根本的目标。为此，活动组织者需要通过改变以下一些手段和方式，来吸引更多的参与者，为他们带来难忘的体验：

（一）前期策划从研究入手

为了确保活动当天能够提供相关的有用内容，很多活动主办方都会提前分析参与者所提供的注册信息。通过这一策略，主办方能够找到更贴近参与者的活动内容。首先，需要了解参与者的职位、行业（如果该活动不是特定的行业活动）甚至年龄。其次，要分析他们参加这个活动想要得到的是什么。

在活动开始前，需要指派专人评估活动过程中不同环节的有效性。比如，通过分析多少人会参加中途穿插的小型会议，或者他们对现场调查的参与水平，有助于确定哪些部分是深受欢迎的，哪些不那么受欢迎，进而在下一次活动中进行改进。

（二）再造流程

很多品牌都选择减少注重“一刀切”的会议，而是创造更多的小型分组会议或研讨会。更小、更私密的会议往往有助于深入谈论具体的主题，也可能参与者会被邀请参加投票，或建议他们想讨论的特定主题。

例如，2015首届中国会展业未来领袖论坛发起人会议的地点选在上海朱家角古镇的三联书店，这种做法能鼓励参与者公开分享自己的想法和观点，然后可以在白板上或类似的其他图案工具上记录下来。当内容以这种方式被记录下来时，它可以在会后被共享，以作为他们的活动经验纪念。

（三）超出现实的内容

随着技术越来越先进，能够参与到活动中的人数在不断上升。例如，2013 年 4 月，"2013 BMW 感受完美"体验日登陆珠海，这已是 BMW 公司连续 12 年举办全系产品品牌体验活动。本次体验活动分为品牌体验与试驾体验两个板块。BMW 不仅为受邀客户提供 BMW 精英驾驶培训理论课，还提供全系产品作为试驾车，包括升级的 X Ramp 体验以及新车型试驾。本年度的体验日以"驾驭美学，创新体验"为主题，将历时 6 个多月，覆盖包括佛山盛宝行在内的全国 54 个城市和 184 家经销商。特别值得一提的是，代表 BMW 杰出科技成果的 xDrive 智能全轮驱动系统以及互联驾驶技术是今年体验日的亮点。

活动参与人数的增加以及技术的发展意味着会展和活动行业的专业人士需要创建新的内容，不仅是要迎合活动现场的人，还有那些远程参与活动的人。一定要提供一个观众可以互动且转播媒体也容易参与进来的平台，这样，观众才能够参与其中，并且对实时发生的事情做出回应，同时为其他参与者提供他们感兴趣的真知灼见。

第二节　内容与议程策划

一、活动内容策划

每个活动的情况都不一样，很难给出一个具有普遍适用性的内容策划导则。如果内容不够或者质量不高，都会影响活动参与者的满意度。在策划活动的内容甚至具体议题时，往往需要重点考虑以下问题：

活动的目标与主题是怎样的？

- 活动的目标受众是谁？他们对活动有什么预期？
- 活动的预计规模有多大？
- 哪些是必须有的活动内容（Core Programme）？
- 哪些环节或元素有助于支持和强化核心内容？
- 活动在哪里、在什么时间举办？
- 活动将持续多久？
- 是否有成功的经验或失败的教训？
- 活动预算是多少？
- 怎样保持活动的创新性？

经典实例 7-2

"喜庆年 欢乐游"——滨州市2010 年"好客山东贺年会"活动内容

为了认真贯彻落实市委、市政府打造文化旅游品牌的指示精神，充分挖掘、整合各类文化旅游资源，高质量、高水平打造滨州整体旅游形象和文化旅游节庆品牌。2010 年 1 月 1 日至 2 月 28 日，山东省滨州市举办了 2010 年“好客山东贺年会”活动，旨在以旅游节庆活动的开展集聚人气、拉动内需，达到“以节造势、以势聚客，以客促发展”目的，营造出欢乐、祥和的年节气氛，使旅游淡季不“淡”，从而推动城市旅游产业综合水平的不断完善提高。以下是这次活动的主要内容：

（一）活动启动仪式及大型文艺晚会

1.“好客山东贺年会”启动仪式

时间：2009 年 12 月 30 日晚

地点：山东电视台演播大厅

——在省旅游局、省电视台举办的全省元旦晚会上，滨州旅游形象大使赵娜（2009 国庆阅兵式女子民兵方队领队）面向全省观众推介滨州旅游，由此拉开活动序幕。

2. 孙子文化旅游推介会

时间：2010 年 1 月 19 日晚 7：00

地点：滨州奥林匹克体育馆

3.“益之源”大型文艺晚会

时间：2010 年 1 月 18 日晚 7：30

地点：滨州奥林匹克体育馆

——市旅游局与有关部门共同主办，央视导演李子恒全程策划。扮演毛泽东、周恩来、邓小平的特型演员登台介绍滨州旅游发展概况。

责任分工：市局办公室负责邀请领导及启动仪式相关会务安排；规划科、信息中心负责启动仪式演出及宣传报道。

（二）2010（冠名单位）风情美食节（具体内容略）

1. 风情美食节开幕式及特色小吃展

2. 星级厨艺大赛

3.“贺年宴”评选

（三）（冠名单位）全市首届旅游商品创新设计大赛暨旅游商品展示（具体内容略）

1. 旅游商品创新设计大赛

2. 旅游商品展示

（四）文化系列活动（具体内容略）

1. 惠民县民间艺术会演擂台赛及颁奖仪式

2. 阳信县“梨乡民间文艺会演”

3. 邹平县第七届民俗文化艺术节

4. 2010 胡集书会

5. 丈八佛庙会及洪福园庙会

6. 大觉寺庙会

（五）旅游系列活动（具体内容略）

1. 588 元“孙子故里、生态滨州”全线（三日）游

2. 299 元迎新祈福（二日）游

3. 158元孙子故里（一日，含三星住宿）游

（六）娱乐购物活动（具体内容略）

1. 欢乐嘉年华

2. 购物之旅

二、议程策划

议程的实质就是对已经计划好的活动内容的时间安排（Timing the Programmed Activity），其总体原则是各要素之间互相呼应、内容安排松弛有度以及根据参与者的活动需要进行人性化设计。以下常见因素是策划议程时需要考虑的：

■ 是否提供了足够的内容以保持参与者的兴趣？

■ 活动要求有清晰的起始和中间暂停时间吗？

■ 每个环节持续多长时间？

■ 各个环节之间要预留多长时间（参与者是否有足够的时间从一个环节现场到另一个现场）？

■ 如果参与者（譬如演员、运动员或比赛选手）会多次出现，要确保他们有足够的时间休息或换场。

■ 活动是否需要用游行或开幕式把参与者吸引到现场，从而标志着活动的正式开始？

■ 在不同环节的间隔（Interval）期间是否需要安排娱乐项目？

■ 娱乐项目是否会不利于活动的主要目的或主题？

■ 是否有特定的时间段要求听众或参与者保持安静，或者不要随意走动？

■ 是否有听众或参与者团体有特殊的需要？例如，残疾人、老人或小孩。

■ 在参与者换场、重新布置会场或更换设备方面，是否有特殊的时间要求？

■ 是否为参与者提供了足够的休息和餐饮场所？

表7-1是2006中国·上海都市旅游国际会议的简化版议程，该议程考虑了部分与会代表从上海教育国际交流中心到酒店的交通时间、与会代表合影所需的时间、浦江夜游活动与欢迎晚宴的结合、浦江夜游后回酒店、并行会议之间的衔接等因素。

表7-1 2006中国·上海都市旅游国际会议议程

2006年11月17日 星期五		
07：00—07：30	上海教育国际交流中心	国内代表早餐
07：45—08：45	上海教育国际交流中心-××酒店	国内代表乘车赴会场
08：00—09：00	××酒店	现场注册
08：30—08：50	××酒店贵宾厅	领导会晤

续表

08：50—09：20	主会场	开幕式 中国国家旅游局官员致欢迎辞 世界旅游组织（WTO）代表致辞 上海世博事务协调局领导致辞 上海师范大学领导致辞 上海市旅游事业管理委员会领导致辞并宣布会议开幕 主持人：
09：20—09：45	与会代表合影	一楼大厅
09：45—10：15	主会场	主题报告 1：Overview of Metropolitan Tourism：A Growing & Changing Market 演讲嘉宾：世界旅游组织（WTO）官员
10：15—10：45	主会场	主题报告 2：中国都市旅游发展的现状与趋势 演讲嘉宾：中国国家旅游局官员
10：45—11：00	××酒店	茶歇
11：00—11：30	主会场	主题报告 3：上海，精彩每一天——上海都市旅游发展现状与展望 演讲嘉宾：上海市旅游事业管理委员会官员
11：30—12：00	主会场	主题报告 4：2010 年世博会对上海都市旅游的影响 演讲嘉宾：上海世博事务协调局
12：30—13：30	××酒店	自助午餐+休息
主题演讲		
13：30—13：55	主会场	主题演讲 1：城市可持续发展与都市旅游 演讲嘉宾：世界旅游组织（WTO）专家
13：55—14：20		主题演讲 2：都市旅游发展的政策与保障体系 演讲嘉宾：美国乔治·华盛顿大学旅游与接待管理系教授
14：20—14：45		主题演讲 3：都市旅游发展定位的演进——以香港为例 演讲嘉宾：香港理工大学酒店与旅游管理学院教授
14：45—15：10		主题演讲 4：都市旅游形象策划与推广 演讲嘉宾：湖北大学教授
15：10—15：30		与会代表提问

续表

15：30—15：55	××酒店	茶歇
15：55—16：20	主会场	主题演讲 5：文化遗产保护与都市旅游发展 演讲嘉宾：英国国家旅游局
16：20—16：45		主题演讲 6：地方特色与都市旅游——以拉斯维加斯为例 演讲嘉宾：美国内华达大学教授
16：45—17：10		主题演讲 7：都市文化挖掘与旅游开发 演讲嘉宾：加拿大滑铁卢大学教授
17：10—17：35		主题演讲 8：城市主题公园经营策略 演讲嘉宾：深圳华侨城集团
17：35—17：55		与会代表提问
19：10—21：40	黄浦江	浦江夜游、欢迎晚宴
21：40—22：10	外滩-酒店	与会者返回上海教育国际交流中心或酒店

2006 年 11 月 18 日
星期六

专题演讲与讨论		
08：30—10：00	专题 1： 都市旅游产品开发（1 号会议室）	主题：都市旅游产品体系的构建与开发 主持人： 嘉　宾：
	专题 2： 都市旅游与大型活动 （2 号会议室）	主题：都市旅游与大型活动的互动机制 主持人： 嘉　宾：
	专题 3： 都市旅游营销（3 号会议室）	主题：都市旅游的整体营销 主持人： 嘉　宾：
10：00—10：15	××酒店	茶歇
10：15—11：45	专题 1： 都市旅游产品开发 （1 号会议室）	主题：都市特色旅游项目开发 主持人： 嘉　宾：
	专题 2： 都市旅游与大型活动 （2 号会议室）	主题：2010 年世博会对上海都市旅游的影响 主持人： 嘉　宾：
	专题 3： 都市旅游营销（3 号会议室）	主题：城市目的地营销系统（DMS）建设 主持人： 嘉　宾：

续表

11：45—12：15	主会场	发表《国际都市旅游发展上海宣言》
12：30—13：30	××酒店宴会厅	欢送午宴

注：具体安排以当日公布的会议议程为准

第三节 预算与财务管理计划

财务管理是企业组织财务活动、处理财务关系的一项经济管理工作，是市场经济下最基本的管理活动。所谓活动的财务管理，就是在活动举办过程中，主办方处理与参与企业、赞助方等各相关单位的财务关系，并对活动的收支情况进行有效管理的过程，它涉及活动的预算、筹资（有时还会涉及投资）、运营及利润分配的全过程。

一、活动财务管理的原则

总体而言，活动财务管理需要遵循系统、平衡、弹性和优化 4 个基本原则。其中，系统是指从财务管理的内部和外部联系出发，对资金筹措、资金投放、资金耗费、资金收回和资金分配五大方面进行系统管理。平衡就是力求使资金的收支在数量和时间上达到动态的协调平衡。弹性是指活动财务管理应在保证收支平衡的基础上努力创造利润，并在追求降低成本和节约的同时，留有合理的可弹性伸缩的余地。对于活动中可能出现的现金支出和存货等具有较大变数的问题，就需要预留一定的“保险储备”，这对活动财务管理具有重要的现实意义。

另外，活动财务管理的过程是一个不断比较、分析、选择，最终实现最优的过程，因而存在多方案的最优选择、最优比例关系的确认等问题。在活动财务管理过程中，只有各个环节都保持动态优化的状态，才可以保障活动的整体效果优化以及经济、社会等综合效益最大化。这就是优化原则。

二、活动财务管理的主要工作

根据活动的时序，可以将活动的财务管理分为财务预算、筹资管理、活动运营资金管理以及活动结束后的利润分配管理。

（一）财务预算

财务预算是活动财务管理的基础工作，其目的在于在活动收支上做到未雨绸缪。因为大型活动具有较大的随机性和不可预测性，这就使得前期的财务预算工作显得尤为重要。一般来讲，活动前期的财务预算不能仅仅局限在某些数字上，而应该充分考虑未来可能发生的各种事故和风险，提高活动中对不确定事件的反应能力。

活动前期财务预算主要包括销售预测、成本和资金需求预测和利润预测。其中，销售预测就是根据过去已有的销售情况和市场未来需求对活动中涉及的产品销售量进行预计和预算，通常可以采用趋势预测法、量本利分析法以及回归分析法；资金需求预测决定着是否能够合理地筹集资金，是财务预测的重要组成部分，通常可以采用销售百分比法和资金习性预测法；利润预测直接反映着参与活动的经济主体的经济效益和收支情况，一般采用量本利分析法和销售利润因素预测法。一次特殊活动的常见收支项目如表 7-2 所示。

表 7-2　特殊活动的常见收支项目

现金收入项	金额	现金支出项	金额
经费拨款		管理费	
赞助		场地租金	
捐赠		广告营销	
门票收入		设备	
产品销售收入（譬如展位销售）		人员工资	
服务酬金		许可证	
特殊项目		保险	
特许经营收入		安保	
		保洁	
		差旅	
		住宿与餐饮	
		文本印刷	
		招待	
		志愿者	
		意外事故	
总计		总计	

表 7-3 是某次会议的成本预算中的主要支出项目及比例：

表 7-3　某次会议的主要收支项目

支出项目		在总成本中的比例
不变成本	1. 策划、会务 2. 外请演讲者、邀请、销售 3. 最初的考察 4. 场地及布置（投影、音响等） 5. 会议标志 6. 保安、停车安排 7. 文艺娱乐活动 8. 注册成本 9. 会议办公、电话、传真 10. 恶劣天气的替代活动 注：第 1 条的支出可能高达总支出的 25%	35%

续表

支出项目		在总成本中的比例
可变成本	1. 餐饮 2. 酒店住宿 3. 旅行 4. 印刷品 5. 礼品 6. 搬送行李及停车费用 7. 社交活动 8. 夜间酒吧酒水 9. 保险 10. 消费税	50%
应急成本		15%

经典实例 7-3

2017（第三届）会展业未来领袖论坛于2017年12月22日-23日在上海成功举办，该论坛采取发起人模式，所有经费都来自发起人、发起企业和赞助单位，以下是此次论坛的收支目录：

2017会展业未来领袖论坛收支一览表

大类	项目	金额（单位：元）	备注
收入	发起人		
	发起企业		
	售票		
	微演讲比赛赞助		
	三新会展项目策划大赛支持费		昆明市博览事务局连续两届冠名
	丝路会展创客大赛发布		
	承办方支持		
	合计		
支出			

续表

大类	项目	金额（单位：元）	备注
会场租赁与布置	场地费		
	会场布置		
餐饮	22 日晚发起人之夜		
	23 日上下午茶歇		
	23 日午餐		
物料	与会者纪念品		
	发起企业、赞助单位纪念牌		
	徽章、即时贴、证书等各种物料		
	其他		
交通和住宿补贴	学生代表交通补贴		
	学生代表住宿和早餐补贴		
20＊20 微演讲	奖金		
	奖品		
奖学金	奖学金		
第二届昆明博览杯会展项目策划大赛	颁奖		
	奖金		
	评委		
论坛秘书处	劳务费		
	交通及餐饮补贴		
	购票、公共关系等其他费用		
摄影摄像	摄像		
	直播		
小计			
不可预计支出			按 5%算
合计			
余额			总收入-总支出

（二）筹资管理

筹资管理是指活动主办方向其他有关单位或个人以及主办方内部筹措活动运营所需资金的财务活动。目前，我国的筹资渠道主要包括国家财政资金、企业内部资金、金融机构资金、国外资金等。

我国许多地方的大型活动都以政府部门为主体，因此大部分资金都来源于国家财政拨款或者活动相关行业的企业赞助。但值得特别指出的是，随着“政府主导、市场运作、大众参与”的办会理念的日益普及，国内许多大型活动的筹资管理有了更广阔的渠道和更灵活的形式。

（三）活动运营资金管理

运营资金是指流动资产减流动负债后的余额。通常来说，活动的运营资金仅仅涉及现金管理。这是因为一方面活动的运营资金投入时间比较集中且周期较短，一般不存在一年及一年以上的运营周期；另一方面，活动的运营资金用于完成一次活动相关的开支即可，不会存在比较复杂的大量的资金投入。

换句话说，对活动运营资金的管理就是对活动收支的管理，主要包括收支项目、收支数量、收支比例等相关内容。

（四）活动结束后的利润分配

利润总额的构成内容取决于收入与成本、费用支出的差额，主要涉及的项目包括活动的门票销售收入、产品销售及服务收入、工作人员费用、活动日常开支费用、活动推广费用等。利润是收入与支出相抵后的结果，其分配结果直接关系到利益相关主体的合法利益，进而会影响活动的长期、稳定发展。

在收益—利润分配中，通常应依照“依法分配、兼顾各方、投资收益成比例”的原则，规范利润分配渠道，统一利润分配方法，实现合理的利润分配。关于利润分配这一点，我们还需要注意，由于我国会展业和大型活动发展的自身特点，仍有不少政府主导型活动，因此所得的利润可能并不是实际可见的利润，而是活动品牌形象的打造以及区域形象推广等无形的“利润”。

第四节 进度安排

特殊活动的主要特点之一就是有严格的时间期限要求，这决定了进度计划在活动管理中的重要性，安排进度计划的目的就是为了控制和节约时间。策划每一个活动都需要对进度进行合理的安排，这是活动取得顺利成功的基本保障。

一、不同阶段的主要工作

概括而言，可以将活动的进度安排分为3个阶段，即前期策划阶段、执行阶段和总结评估阶段。

（一）前期策划阶段

1. 活动目标的确定

筹备成立活动工作小组，明确各自的任务和职责；了解活动主办方的利益诉求；通过市场调查，了解参与者的需求；搜集并分析当地已有的相关活动，分析当地的市场发展水平及文脉等外部环境，进而确定目标市场。

2. 可行性分析

通过研讨确定活动内容板块的划分；委托专业工作小组进行可行性分析，确定活动的主体内容是否可行；对活动的成本—收益进行分析，确定设备、赞助、广告、服务及人员是否能够到位及其市场价格。对于经济上不可行的活动策划，应回到活动策划创意形成阶段，重新确定活动主题及表现形式，同时对活动内容进行调整。

3. 拟定策划方案

通过小型研讨会、头脑风暴法和专家调查法等方法，对活动的主题、内容等进行反复论证，形成活动的主体框架；或者在讨论会之前通过向公众征集意见，形成活动的主题，可以采取有奖征集或大赛、网络投票和抽样调查等方式；初步拟定策划方案，主要内容有确定活动举办的时间、地点、规模、参与者及赞助等经费预算。

4. 策划方案定稿

通过最优化分析并结合活动的可行性，对策划方案进行适当调整；根据策划方案的实施进度，进行微调及修改。

（二）执行阶段

包括筹备和现场管理，主要内容有：对活动实施过程中的人员、设备物资调度、节目衔接、入场次序等进行安排；制定活动实施准备、新闻发布会、启动仪式、市场推广、赞助商招商、商品海报销售、门票预订等事宜的执行；对活动组织实施过程进行控制，对出现的问题进行现场管理。

（三）总结评估阶段

通过对活动参与者的现场访谈、问卷调查等形式，对活动现场效果进行评估；进行财务分析，评估项目的经济效应；对活动结束后企业或组织的知名度和品牌形象进行评估，确定活动策划的效果。

进度计划要说明哪些工作必须于何时完成和完成每一任务所需要的时间，但最好同时也能表示出每项工作所需要的人数、资金等资源及质量要求。活动策划进度安排的一般框架如图 7-3 所示。

二、活动进度管理工具

进度安排（Scheduling），就是将活动项目的执行计划转换成一个运作时间表，该时间表可作为监控活动项目的基础，也可与计划和预算结合起来，构成活动管理的主要工具。

（一）甘特图

甘特图（Gantt Charts）又称横道图，是表示进度信息最古老的方法之一，是由管理科学领域的一位先驱者亨利·甘特大约在 1917 年开发出来的。甘特图按一个水平的时间尺度来显示一批任务的计划进程和实际进展，它可以指明一套任务中的每一项任务当前的实际状况，并与计划的过程进行一一对比（见图 7-4）。因此，在赶工、排序和任务间的资源再分配等方面，甘特图都是非常有用的。

例如，图 7-5 是 2009 年中国大学生春节联欢晚会的总体时间安排，如果将其转换为甘特图，将显得更加直观。

（二）计划评审技术

计划评审技术（program evaluation and review technique，简称 PERT）是由美国海军与布兹-艾伦·汉密尔顿（Booz-Allen Hamilton）和洛克希德公司（Lockheed Corporation）合作，于 1958 年为北极星潜艇/导弹项目开发出来的。如果一个项目包括的绝大多数活动没

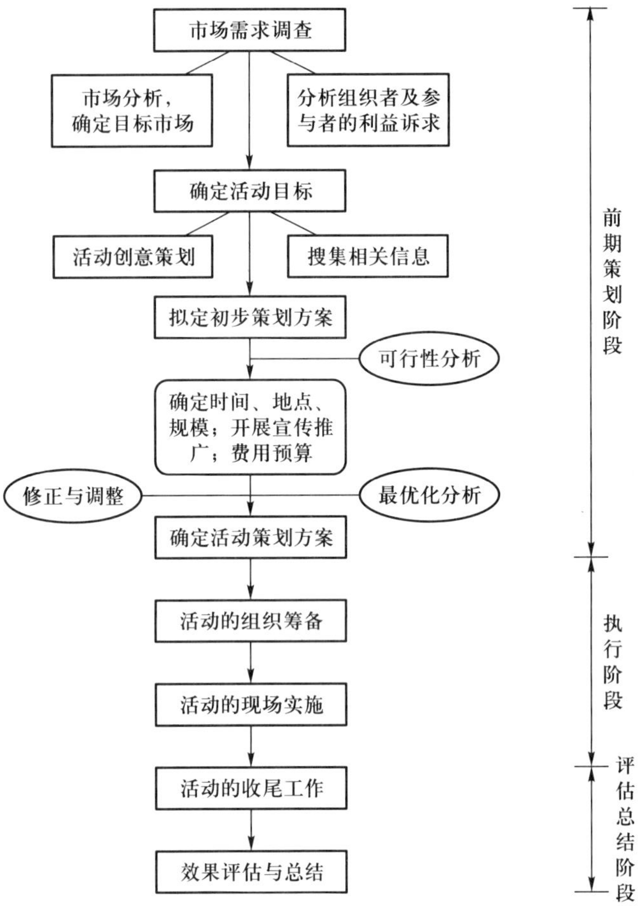

图7-3 活动管理的一般流程

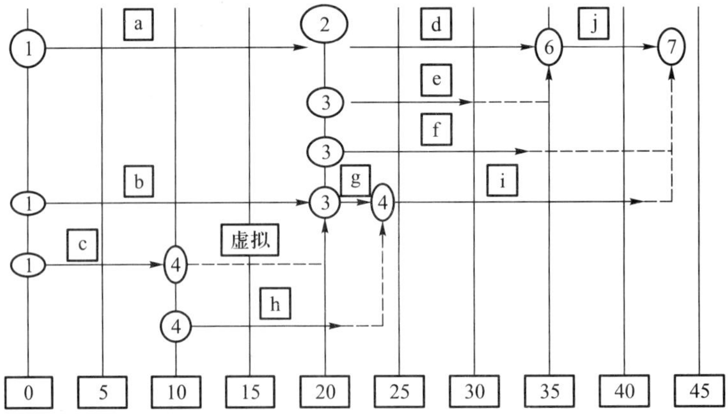

图7-4 甘特图的示意图

有经验数据，估算的困难就非常大，此时，唯一的解决办法就是做最好的可能猜测，这就是 PERT 技术。

PERT 系统的基础是假设估算是不确定的，因而它只能估计活动历时的范围和在该范

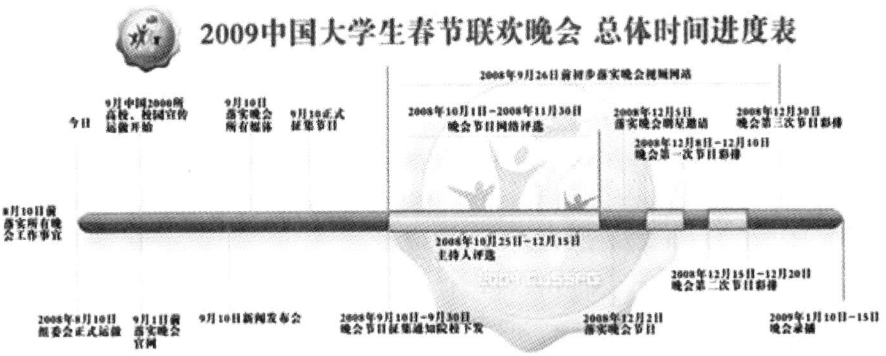

图 7-5　2009 年中国大学生春节联欢晚会总体时间进度表

围内的概率，而不是假定活动将在固定时间内完成。在 PERT 中，项目活动的工期将有三个值：最乐观、最悲观和最可能。PERT 一般使用于研究型项目，且 PERT 的使用者偏好双代号网络图（AOA 网络，Activity-On-Arrow，即用箭线表示活动）。

例如，表 7-4 是一次活动中部分工作的行动计划表，我们可以采用 AOA 网络图来更直观地表示（见图 7-6）。具体方法如下：假定一个节点（如节点 1）为开始事件；寻找没有前导活动的活动（a、b 两个活动就是源自开始节点的活动）；沿着活动间的内在逻辑顺序绘出网络的走向；找出结束节点（所有没有后续活动的活动汇集的节点）。

表 7-4　一次活动中部分工作的行动计划表

任务	前导活动	时间	成本	由谁来做
a	—	5 天	—	—
b	—	4 天	—	—
c	a	6 天	—	—
d	b	2 天	—	—
e	b	5 天	—	—
f	c，d	8 天	—	—

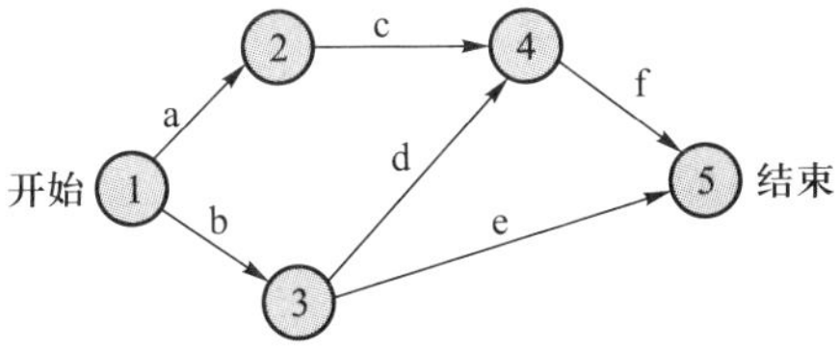

图 7-6　一次活动中部分工作的双代号网络图

（三）关键路径法

关键路径法（critical path methods，简称 CPM）是由杜邦公司（Dupont，Inc.）在

1958年开发出来的。如果一个项目中的大多数活动同以往执行过的很多次的其他活动类似时，通常采用CPM进行进度计划编制。因此，CPM更多地用在建筑项目上，并且已经为建筑业普遍接受。

CPM中活动的历时或工期估算，通常都以历史数据为基础，并且采用以往项目活动历时的平均值，所以，在关键路径图中，项目活动的工期（历时）只有一个值。CPM的使用者偏好单代号网络图（AON网络，Activity-On-Node，即用节点表示活动）。

第五节 策划书和执行计划的撰写

一、活动策划书的撰写

活动策划书（Event Planning Report）是为了使活动顺利有序地进行，对活动的全部过程和具体实施策略所做安排的书面化，它是实现活动预期目标的指南。从一定意义上来讲，策划书就是一次活动的具体流程，即实现活动的策略与计划，因此活动中可能出现的所有因素都要列入策划案中。

（一）撰写原则

撰写一份创意突出而且可执行性强的活动策划方案实乃不易。一些刚接触广告或活动策划的从业人员在撰写活动策划案时往往很难达到预期的效果，甚至是一些从事多年策划的广告人有时候也难免犯错。

怎样才能写出一份理想的活动策划案呢？以下是6个基本原则（王方，2006）：

■ 主题要单一，与总的营销思想相一致；
■ 清晰地说明合作方、参与者、赞助商等利益相关者能从活动中获得的回报；
■ 活动要围绕主题进行，并尽量精简；
■ 策划案要具有良好的可执行性；
■ 发挥创意思维，让策划方案常变常新；
■ 切忌主观言论。

（二）主要技巧

1. 撰写策划书的准备工作

撰写策划书的实质就是用现有的知识开发想象力，想清楚在可利用的资源条件下怎样能最好、最快地达到目标，并通过精心组织的文字和图表等表达出来。通常来讲，在撰写策划书之前，活动策划人员需要弄清楚以下问题：

- 活动策划的目标是什么？
- 活动策划的依据是什么？
- 为谁策划（策划的对象）以及谁来策划（策划的有关人员）？
- 在何处策划（策划的场所）？
- 什么时候进行策划以及策划的日程安排？
- 所选择的策划方法是什么，步骤和表现形式如何？

- 活动策划涉及的预算情况怎样？

2. 策划书封面

一般来讲，策划书的结构主要由封面、正文和附录3部分构成。其中，封面主要包括4个方面的内容：① 策划书的名称：将策划主题体现出来，让使用者一目了然。② 策划者姓名：策划小组名称及成员姓名列示出来。③ 策划书编写时间：年、月、日。④ 策划书的编号。

3. 策划书的正文

■ 摘要，即策划目的以及对活动内容的简要说明。

■ 目录。

■ 前言，主要是说明活动策划背景及任务。

■ 对活动内容的详细说明，比如市场需求分析、竞争对手分析及对策等。

■ 实施步骤以及各项具体分工，包括时间、人员、费用及操作要求等。

■ 活动的期望效果与预测效果。

■ 策划中的关键环节，活动实施中应注意的事项。

4. 策划书的附录

策划书的附录主要是为了补充介绍与活动策划有关的资料，以及其他与策划内容相关的事宜，常见的包括参考文献、案例研究及访谈记录等。如果有第二、第三备选方案，也可以在附录中列出其概要。

二、活动执行计划的编制

活动执行计划是一种有效的管理工具，它能明确一个活动项目的关键节点和行动时间轴。也正因为如此，在活动策划和运营过程中，要不断地对活动执行计划进行回顾和更新。

也许你已经对如何执行活动有了很好的设想，但仍然很有必要将想法落到纸上，这样有助于自己进一步理解以及与相关人员分享必须在什么时间、由谁完成什么工作。其中，最重要的作用是帮助活动主办方确保有足够的时间完成所有工作任务，以及让所有相关人员知晓自己的职责。如果要游说其他个人或组织投资你的活动，制定一份切实可行的活动执行计划也是必需的。在活动商业计划书中，活动执行计划可以作为正文的一部分（但需要精炼），或者作为附件。

根据活动的规模大小，活动管理团队可以以月份甚至天为单位，来对各项工作进行安排。一般来讲，活动越复杂，活动执行计划的内容就更多。

基于苏格兰活动办公室（EventScotland）的建议，一份完整的活动执行计划应该包含以下关键内容：

■ 商业计划书进行必要的更新；

■ 明确活动的合作伙伴和支持机构；

■ 各种批文和许可证（Permission）；

■ 商业许可/执照（Licensing）、法律和保险事宜；

■ 工作人员（包括志愿者）招募和培训；

- 融资计划与截止日期；
- 财务管理计划；
- 重要会议，比如组委会或执行团队的会议等；
- 场地预订；
- 活动议程中其他项目的预订；
- 设计与制作的关键节点；
- 对执行营销计划的安排；
- 媒体策略；
- 搭建与布置；
- 现场管理；
- 活动结束后的撤离与拆除；
- 活动监控、评估和报告撰写。

复习思考题

1. 请结合某次具体的活动，解释如何做好活动的创意设计。
2. 什么是活动的创意时刻。
3. 一次特殊活动的常见收支项目有哪些。
4. 设计活动议程时应主要考虑哪些因素。
5. 活动策划书和活动执行计划主要有什么不同。

扩展阅读

苹果公司活动的变革

苹果公司家喻户晓，而活动是他们最主要的营销策略。下面是苹果公司举办的几个主要活动以及其策略在最近几年的发展过程，在现今的大型活动中日趋成熟。

每当苹果公司推出新的产品或举办活动时，他们都会创导新的潮流，并且由于其独特的策略，每个人都知道苹果的活动。通过对整个活动目的的保密，苹果创造了大量的投机活动以及保持社交媒体的炒作热度，以帮助营销自己的品牌和活动，并且使公众和媒体为公司完成剩下的一切事宜。

话虽如此，苹果了解它的观众，并通过在每年三场连续的活动引进最新的产品和软件来留住更多的顾客。他们举办全球开发者大会（WWDC）和两个大型活动来展示其最好的产品和软件，并给予顾客独特的体验。对苹果来说连贯性似乎非常关键，但他们可以迎合每个观众的能力使苹果处于业内顶尖地位，例如他们举办的开发者大会与其他大型活动完全不同。活动后续也非常完美，他们在自己的平台发布播客，视频演讲和其他流媒体文件。

让我们通过分析苹果的一些重大历史事件来深入研究：是什么让苹果公司成为这样的营销高手，以及他们如何比较分析才发生的最新发布会。

Macworld Expo（2007）

这次会议虽然不是由苹果主办，但它依旧非常重要，因为它是苹果统治业界的开始。在这场会议上，史蒂夫·乔布斯宣布，以后将只有苹果公司（原来是苹果电脑公司），因为他们开始推广其他设备（尤其是 iPhone），将苹果的焦点从单纯的电脑分离开来。

图 7-7　2007 Macworld Expo 现场

由于 2007 年资源有限以及对社交媒体很少的关注，此活动本身影响力是非常小的（有些人会说像史蒂夫·乔布斯）。使用投影屏幕和采取传统的呈现方式，乔布斯能够抓住观众眼球来介绍“世界上最薄的笔记本电脑”（MacBook Air）。利用有竞争力的数字和图表在视觉上吸引与会者，乔布斯证明了用最基础的设备仍然可以将活动举办的很好！

WWDC（2008）

这次活动非常热闹，9：30 开始，人们从 8 点就开始排队了。这是苹果举办的第一个售票的会议，5200 张票全部卖出。由于 iPhone 的推出，本次会议主要侧重于新的软件和硬件更新，另外苹果将客人带上舞台展示更多的科技，例如软件工程师斯科特·福斯特尔，对高科技进行了深入的讨论。乔布斯用他一贯的迷人魅力和超过 25 000 名申请者讨论了他们对新的发展机遇的极大兴趣，甚至展示了客户的满意反馈的视频，其中包括军队的反馈，树立了爱国主义意识。这可能是乔布斯主持上午最成功的开发者大会之一。

图 7-8　2009 苹果全球开发者大会海报

WWDC（2010）

由于健康原因休息了一年，乔布斯回来后干劲十足，用他的传统而简单的方法引入了iPhone 4和FaceTime，激励了成千上万的人。出于乔布斯对公司和技术的激情，他将新产品视为自己的孩子，也正是这种活动的方式，使得参与者能够爱上苹果产品。iPhone 4之后一直是最畅销的产品之一，在促使与会者购买苹果的产品后，乔布斯成功地展现了苹果人性化的一面，而不仅仅是市场的巨头。

图7-9 2010苹果全球开发者大会海报

WWDC（2012）

在开发者大会上，他们禁止了社交媒体且禁止拍照和录像，这些可以促进独特的交流体验并且鼓励了很多随机活动。这不仅仅创造了活动的热点，实际上也提高了那些想来的人的需求。主办方向与会者展示了大量的新软件和硬件，可能是为了弥补乔布斯的去世这一憾事。

图7-10 2012苹果全球开发者大会海报

在这次活动上，新的 CEO 蒂姆·库克做了第一个简短的演讲，然而有些平淡无味，且失去了当年乔布斯吸引大家加入的基调。苹果似乎试图填补每一个可能的时刻，证明苹果没有史蒂夫·乔布斯也可能生存，且不会退步到 1996 年的低谷。

图 7-11　2012 苹果全球开发者大会外围布置

WWDC（2013）

苹果公司在 2013 年的 WWDC 增强了其竞争力，通过为有潜力和有实力的年轻开发者提供奖学金门票，有助于提高其活动对学生们的覆盖面。由于门票今年在 10 分钟内就售罄了，苹果通过承诺提供更多的产品吸引了它的与会者。通过组织乐队 Vampire Weekend 进行表演，也有助于新的 iTunes 无线流媒体服务的推出。这有助于提高新的音乐产品的知名度，同时创造了新的创新性基调并且将苹果引进歌坛。

Apple Special Event（2013）

蒂姆·库克这年的主题演讲进行得比之前顺利，他看上去在舞台上变得更加放松了，重点放在了 MacBook Pro 和 iPad 新的 Retina 显示屏上。由于重点放在了产品上，苹果公司用一个小演示向听众展示了如何用 iWork 和 iCloud 来进行协同工作，这有助于将平时 20 分钟演示分割开来，使之变得更加让人接受。

使本次活动突出的其他因素之一是苹果公司对其客户使用他们的产品而举办的富有创意的庆祝活动。他们制造了每个人的视频，包括远足者，足球运动员，音乐家，医生，学生，工程师和农民，以突出自己的产品如何的包容万象且对大家有益。

WWDC（2014）

尽管大家都预计到了开发者大会的炒作和利益，看起来苹果并没有打算辜负任何一次的期待，这部分是由于有限的新的或更新的硬件。由于重点主要在服务，蒂姆·库克在会议上简短提了软件和他们的新的“Swift”的编程语言，并没有使与会者感到惊喜，尽管有技术革新，但仍留有进步空间。

图 7-12 2014 苹果全球开发者大会海报

Apple Special Event（2014）

这次苹果活动可能会载入史册，且不是因为正面的原因！通过标签 #AppleLive 的建立以及幕后的社交媒体的推动，人们对这次 iPhone 6 的推出有很大期待和热烈讨论。苹果决定线上直播自己的产品，使全世界都可以观看此次发布会。

然而，在前 30 分钟，由于脚本错误，苹果电视和 Safari 用户只能看到显示错误的空白屏幕。由于一个简单的编码错误，可以看到此次发布会的人听到了一个盖过了菲尔·席勒和蒂姆·库克的响亮的中国翻译。这对于那些没有参加线下发布会的人来说是个很不好的开始，对苹果产生了反效果（以及大量负面新闻使重点偏离了产品!）

随着一个又一个技术问题，此次发布会确实打击了苹果，作为一个轮廓鲜明的品牌其形象受到了负面影响。证明了即使是大品牌也可能会遭遇失败的活动。

WWDC（2015）

2015 年苹果公司选择了不同的活动结构，并且选择旧金山举办活动。主要规划的变化是将售票方式转变为彩票形式，以及独家邀请。本次活动的标语写着："改变的中心"，承诺了很多的事情。不同的售票制度和分配是解决快速售出时间的完美方式，并且鼓励了更多的人申请。

图 7-13 2015 苹果全球开发者大会海报

这年，他们决定直播部分的活动会议，并且此次进行得很顺利。这是苹果公司至今为止全球化影响最深远的事件，事实上有来自 70 多个国家的与会者参与。它们也将奖学金门票增加到了 350 张，从而进一步增加了此次活动在年轻一代心目中的品牌印记。

Apple Special Event（2015）

由于 2014 年的技术问题，iPhone6 的群众接受率很低，苹果公司今年以微软的形式，通过将一些大的市场参与者参会来补救。他们设法保守这个秘密，并用新的完全整合的 Office 应用程序来给参与者惊喜，这有助于证明苹果可能是适合办公的，之前的限制障碍已经没有了。活动现场的气氛特别热烈，因为所有 8 000 个座位全都被坐满了，使每个新产品或软件都能振奋人心。微软的应用程序肯定今年的热门话题，因此对此保密是活动策划的明智选择！

WWDC（2016）

CEO 蒂姆·库克今年在旧金山比尔·格雷厄姆市政礼堂开发布会，诚挚地致敬了那些在奥兰多枪击中的遇难者，这让他与观众建立了情感连接，这是在其他活动中见不到的。在开始平常的主题演讲前，库克说到苹果社区就是拥有不同想法的各种各样的人，传达了一个更深入的信息，改变了会议的基调。他们还选择对此次活动进项现场直播以扩大他们的观众量，并且很幸运的是，这次的技术设备没有出任何问题，这创造了一个更好的印象，有了一个前所未有的好的开始。

图 7-14　2016 苹果全球开发者大会海报

从软件的角度来看，事实上苹果公司最受期待的更新之一似乎是删除设备上预装的应用程序，这是多年来用户为了定制和节省空间所提出的要求。本次活动专门迎合与会者的要求，并且尽管没有新产品和硬件，今年的活动依旧是巨大的成功。从本次发布会开始，大家对苹果的发布会活动翘首以盼。

最新事件：苹果活动（2016/9/7）

1. 开幕式

本次大会在无缝对接的 Beats 1 站（apple music radio station）的现场观众座位上的音乐声中开始。与会人员坐在蓝色背景的观众席，苹果系列产品的展示在观众席中非常显眼。

直播以 CEO 蒂姆·库克和克雷格深夜秀的主持人詹姆斯·柯登在拼车卡拉 OK 的背景下的一个视频开幕，得到了大量的掌声和欢呼声。这绝对是对苹果如何保持其现有文化的深刻理解，随着他的加入，另外有一名名人积极投身苹果中。随着蒂姆·库克在舞台上采用传统的分屏演示，苹果宣布了苹果音乐将与拼车卡拉 OK 合作，这解释了开幕的视频用意。

2. 游戏化大会

作为特别嘉宾的“任天堂之父”宫本茂的出场使得人群非常兴奋，宫本茂介绍了最新的专门为 ios 系统开发的《超级马里奥快跑》游戏，他们连接上大屏幕做了一个有趣又好玩的直播演示。这很有效地使库克的讨论分开来，为大会增加了一些游戏元素。伟大翻译的加成使得这一部分充满乐趣、信息（干货）和刺激。

3. 多样性

另一个新的特色是在大会上用简短的现场装饰编辑展示了原来很好用的实时编辑和协作功能。这是一个对平常的科技大会阵容很有意思（并且很受欢迎）的改变，因为它是由女人来展示的。直到现在，这在行业中还不是很常见。通过把女性展示增加到更多的部分（包括郊游程序的介绍），苹果展示了一个让人耳目一新的多样性，并且有希望在总体上鼓励这类大会为了未来创造更多先例。

4. 口袋妖怪

下一个惊喜是与任天堂实验室 CEO 就“口袋妖怪”讨论合作事宜，为苹果产品带来更多的现代文化。在讨论 iPhone 和 Apple watach 上新的“单挑游戏”选项后，一个现场的完美演示使得出席者对新颖独特的设备使用方式大为赞赏。

5. 社交媒体的失败

令人失望的是，苹果公司并没有利用社交媒体战略，而这在任何情况下都是活动策划的一个重要组成部分，并且也没有利用推特来直播此次活动。这是否是苹果有意为之，我们并不知道，但是经过精密的检查，一个活动似乎是不会错过这个部分的。

话虽这么说，但这并不意味着他们的参加者和观众没有为他们做这件事！在活动开始的半小时内，在标签#AppleEvent 下，每个人都对与会者所张贴的图片公开自己对发行米姆的和更新的想法。因此，它引出了一个问题：苹果公司甚至并不需要推特。

此次活动的最大的问题事实上并不是出在苹果身上。大约在活动开始 20 分钟前，亚马逊上出现了一个预测 iPhone7 功能的界面，里面包括了一些全新的功能（比如新闻中的双镜头），这比任何的发布信息都要早，是个极大的败笔！于是，在直播之前，苹果公司早于蒂姆·库克的介绍，发出了第一个推特，在提前预订的细节和图片里宣布新 iPhone7 的功能、设计和图像，这完全毁坏了此次发布！即使他们试图迅速删除推特，但这已经成为一些公众账户的焦点，且在被删除前已经被收藏和转发了数百次。

尽管如此，该事件依旧是苹果无缝呈现发布会的另一个例子，这次活动简单且创新的，用大量的展示不断地吸引观众。虽然他们保持非常低调，但来宾、创新和新产品的功能依旧让观众在自己的座位上享受着此次活动。

总结

真正的创意是，苹果公司每年的活动使它一直停留在每个人内心深处。按照苹果公司的文化主旨，苹果尽量保持简单和纯粹（有时成功，有时会失败），但最终尝试重建史蒂夫·乔布斯当年吸引观众、创造激动人心氛围的魔力。

将活动标题和主要产品的推出保密就是使品牌从全球知名品牌中脱颖并增加了这些事件的独特性的最好办法。高昂的票价和有限的空间（仍然只有 8 500 票）是必需的，使其成为技术产业中必须参加的活动。

即使他们越来越多地使用社交媒体和直播来让他们的用户可以接触到，他们仍然设法保持悬念和惊喜，这是社交媒体中不常见到的，且证明他们全部都是关于图像和演示的。反思和前几年苹果的演讲风格相比没有太大的变化，但它实际上并不需要变化，因为它的成功是不言而喻的。干净利落的数字，图表和现场演示，让与会者知道会发生什么，同时也期待意想不到的东西，这是对他们行之有效的方式。最后，苹果似乎从未远离焦点，这可能是使苹果的活动如此成功的途径之一。

资料来源：The Evolution of Apple Events. http：//www.eventmanagerblog. com，September 7，2016

即测即评

第8章　场地选择与规划

本章导读

场地是举办活动的基础硬件之一，一个与活动匹配度高的场地无疑会让活动本身增色不少。选择什么样的场地要根据活动的性质、参与者构成、活动规模等因素来确定。

为此，活动策划人必须对参与群体以及备选场馆进行研究和实地考察，以确保场馆符合目标参与者的需求；了解参与人群的需求和期望；与能够满足目标人群需求的场馆沟通；确认参与人群及场馆的准备工作。在此基础上，再做进一步的场地规划（Floor Plan）。其中，必须对目标参与者的两个特征做出判断：（1）他们是谁?；（2）他们为什么要聚集在一起?

本章关键术语

标准场地（Standard Venues）　专用场地（Purpose-built Venues）
非标准场地（Non-standard Venues）　特殊场地（Unique Venues）

第一节　场地的类型

一、活动场地的分类

正如著名活动管理专家约翰·艾伦所说，所谓场地满足活动的需要，不仅体现在观众人数上，还要与活动的风格和氛围相适应。按照功能，可以将活动场地大致分为4种类型，每类场地的优、缺点都不一样（见表8-1）：

表 8-1　常见的活动场地类型

类型	定义	优点	举例
标准场地（Standard venues）	为了举办活动而特别设计的场馆和设施	• 成本效益较高 • 便利（配套服务完善） • 专业的物流管理 • 能满足大规模用电需求 • 配套餐饮服务 • 有经验的员工	会议型酒店，会议中心（Conference center），会展中心（Convention Center），体育馆
专用场地（Purpose-built venues）	为了某个（类）特定的活动而专门修建的场馆	• 成本效益较高 • 举办某活动的历史 • 便利（配套服务完善） • 为解决特定活动的物流问题而进行专门的设计 • 通常有大型的电力来源 • 有经验的员工	网球场，赛车场，交响音乐厅
非标准场地（Non-standard venues）	为特殊目的而设计的地方（通常是公共的），但不专门用于举办特殊活动	• 具有美学或历史吸引力 • 有趣的设计 • 适中的成本效益（建设目的往往和旅游业有关） • 训练有素的员工能支持活动的成功举办	博物馆，历史遗址，餐厅，俱乐部
特殊场地（Unique venues）	通常可用于举办活动的地方	• 可能位于人流密集的地方 • 可见性高 • 可以提供具有设计感或历史意义的环境 • 拥有一种特殊的氛围 • 区位得天独厚	住宅，街区，购物综合体（Shopping complex）

二、常见的活动场地

（一）酒店

由于能提供会场、住宿、餐饮、休闲娱乐等综合服务，酒店是众多活动组织者首先考虑的场所。虽然不同酒店及其会议场地在尺寸和品质上有很大不同，但酒店通常能够提供多样化的会议场所，包括宴会厅（Ballroom）、小组讨论会议室（Breakout Rooms）以及董事会会议室（Boardroom）等。其中，宴会厅通常是整个酒店的主要功能区，并且大都用可移动的轻型隔断分开。小组讨论会议室往往被装修得像小型的宴会厅，能为小规模的人群提供一样的功能。整个酒店会议区的大小，包括小组讨论会议室，一般不超过 1 万平方米，然而也有一部分酒店会更大。从全球来看，酒店的会议场所总量在逐渐扩大，配有大于 1 万平方米会议空间的酒店不在少数。

相比那些朴实的会展场馆，很多酒店都有漂亮的室外场地，以支持各类社交活动。游泳池、露台、中庭和花园等都可以用作会议地点。许多度假酒店都有一个经常用于举办活动的宽阔的户外庭院和游泳池区域。除了利用室外场地，合理使用走廊或会议室的门厅等作为迎宾区（Pre-function Space），也可以为附加活动提供场地。一般情况下，茶歇、注册台、网吧会被放置在迎宾区，以提供必要的服务，从而不必使用更贵的会议室。第一次考察会议场地时，策划人需要注意场馆的所有设施条件，设施的硬件（Hardware）会给参会代表们的舒适度以及他们对各项活动的参与度带来显著影响。

（二）会展中心

相对于酒店，会展中心是为大型的会议、展览会等活动而设计的，有的会展中心拥有超过十万平方米的会议和展览空间。巨大的空间既是优点也是缺点。许多会展中心只包含会议和展览设施，而没有可住宿的房间，而且往往是有着外露顶梁的建筑物。另外有一些还是令人惊叹的建筑景观。目前，会展中心建设呈现出一个新的趋势——朝着拥有酒店、会展设施、休闲、商业等多种功能于一体的综合体方向发展。

相对于酒店，会展中心的大部分空间被用于展览厅（Exhibit Halls）和功能空间，而不是豪华的宴会厅。酒店大堂设计一般十分舒适温馨，而会展中心大堂的设计是为了方便成千上万的代表通行。正如酒店有多种空间，会展中心也有各种各样的空间。在一个典型的酒店中，宴会厅是其最大的会议场所，在一个会展中心，展览大厅是最大的空间，其次是铺有地毯的宴会厅，之后是分组讨论和会议室。一般来说，会展中心的迎宾空间比与其相连的分组讨论区更大，而一般的酒店的迎宾空间往往较小。

大多数情况下，与酒店相比，会展中心显得更“冷”。不过，一些较新的会展中心在设计时添加了雕塑、绘画等更具有艺术感的元素。不像酒店，会展中心一般没有温泉或泳池，健身室或桑拿室，餐厅或酒吧。酒店是全天候开放的，而会展中心一般会在晚上锁门，并且在没有活动的时候工作人员可以休假。在酒店里，工作人员在任何时候都要值班，而如果在一些不寻常的时候会展中心需要工作人员值班甚至加班，那么负责人一定要提前告知。会展中心的这种刚性结构和时间安排意味着使用会展中心的活动策划人需要比在策划酒店会议时制定更详细的计划。

（三）会议中心

在大多数情况下，会议中心（Conference Center）是专门设计用来开展课堂式学习、小型的、设施齐全的场馆。美国会展产业理事会将“会议中心”定义成“为活动特别是小型活动提供专业环境条件的设施”。国际会议中心协会制定了一套具体的指南，用于指导什么是会议中心，一些大公司经营的会议中心都在其中。

无论是否提供住宿，许多会议中心都采用了“整体会议套餐”（Complete Meeting Package）的定价策略，这意味着，无论场馆有哪些设施，活动策划人都可使用，并且无须支付额外费用。这使得画架、投影仪、麦克风和音响系统等设备都由策划人处置。对于策划人来说，这是一种灵活的工作方式，因为他或她不再需要提前与视听设备公司提前约好时间，以提供其公司的设备。

有些会议中心位于偏远地区，有些不可住宿的会议中心是大型企业办公楼的一部分，并且只有当母公司不使用该设施的时候才向公众提供服务。根据IACC的准则，它们更带有一种明显的“企业”的味道。

（四）特殊场地

从理论上讲，场面壮观和令人印象深刻的活动可以在任何专为公众集会设计的设施内举行。剧院（Theaters），圆形露天剧场（Amphitheaters），竞技场（Arenas），体育场馆（Stadiums），体育设施（Sports Facilities）等作为会议设施的功能远未被充分利用。计划在这些场所举办活动的策划人必须谨记，这里不存在那些在酒店或者会议中心的标准服务，因而可能需要比其他场馆有更多的规划和准备工作。下面是一些特殊场地的例子，这些场地为不同主题的活动提供了极大的灵活性和可能性：

- 历史遗迹
- 海边沙滩
- 露天帐篷
- 屋顶
- 停车场
- 主题公园
- 创意园区
- 艺术画廊
- 咖啡店
- 书店
- 仓库
- 教堂
- 农场
- 果园
- 水族馆
- 博物馆
- 大学礼堂、学术报告厅和体育馆

以青岛国际啤酒节每年举办的品酒活动为例，为了营造游客饮酒狂欢的热烈氛围，啤酒大篷采取开放式、露天式相结合的设计，在布局上力求多个啤酒大篷连在一起，不仅能够使游客感受到整个品酒活动的气氛，相互之间产生互动，而且形成了较大的规模效应。第 22 届青岛国际啤酒节更是注重品酒大篷的规划和品位，啤酒城内科学布局建设了 12 个国际一流、风格各异的啤酒大篷。其中，最大的品酒大篷达到 3 000 平方米，最小的也达到 1 200 平方米。各大篷经营者在大篷形象上大做文章，各自引进本国原版设计理念，从主体构建到内外细节装饰无不精益求精，使品酒区的整体形象得到大幅度提升。

第二节　场地考察与选择

一、活动场地选择的基本原则

无论是公司年会、新闻发布会、高峰论坛，还是产品推介活动的企划执行，活动场地选择都是重要的一环。场地条件是否完善会直接影响活动的组织与开展，而且不同的活动对场地布局有着特殊要求。为此，活动策划人员经常需要对多家场地进行综合比较，以便掌握更多的活动场地情况以及详细的场地设施及服务信息。在选择场地时，策划人员应重点考虑以下原则：

（1）场地的功能是否可以满足活动内容的要求，而且，交通、停车场、餐饮及灯光音响等辅助功能应尽可能齐全；

（2）活动场地的外观和环境氛围要符合活动的特点；

（3）活动场地的布局要适合活动的组织和管理，并与活动的规模相适应；

（4）出入要方便，位置要易找，特别是重要活动更要放在观众视线关注的位置；

（5）每个活动场地都要自己独特的色彩计划，以区分不同的活动特色，同时各个部位尽可能采用非常经济的手段进行色彩规划；

（6）场地在处理火灾、断电等意外事故方面有必要的应对措施。

总之，活动选址时需要考虑的因素很多，但总体策略是以尽可能少的成本找到最能满足活动与观众需要的场地。活动策划人员在选择场地时，必须综合考虑这一选择将给活动策划过程带来的复杂影响。除了基本功能，一般的活动场地仅仅要求装饰与主题一致，但对于特殊场地，舞台、灯光、音响、餐饮等都可能成为难题。在前期筹备和现场管理中，这个问题将更加棘手（王永嘉，2005）。

二、选择活动场地的基本流程

活动场地是活动构成的主要部分，是吸引公众参与活动的重要原因。活动场地选择是否适当将直接影响活动参与人数的多少，特别是在以营销为目的的活动中，需着重考虑活动场地对营销效果的制约作用。

一套严谨的活动场地选择规范和服务模式，通常需要经过实地考察，依照专业活动场地的信息搜集标准逐项记录，并收录到专业的数据库中，场地数据信息的详细性甚至超过场地方本身。然而，活动主办方自己去寻找场地时并不了解一个场地的软硬件设施对自身活动的可用性在什么地方，更何况，除了活动场地之外，还涉及其他诸如设备供应、流程控制等更加复杂的工作。因此，作为专业的活动服务机构，应该遵循“遵从客户战略导向、服务客户品牌建设”的服务理念，做到“先客户所想，先客户而动”，将所有工作做在前面，为客户提供全面、完善、快速的优质服务。

场地选择是否得当对一次活动的成败影响深远，因此，了解和掌握活动场地的选择过程对提高活动效果有着重要意义。概括而言，活动策划者在选择活动场地时有以下 7 个基本步骤需要考虑：① 理解活动目的；② 确定活动形态；③ 明确活动的实际需求；④ 考虑与会者的期望；⑤ 初步选择活动场地与设备；⑥ 开展实地考察；⑦ 评估选择的正确性。如图 8-1 所示。

三、初步选择场地

即根据活动的性质、规模及参与者的要求，初步选择活动场地，其中，要着重考虑活

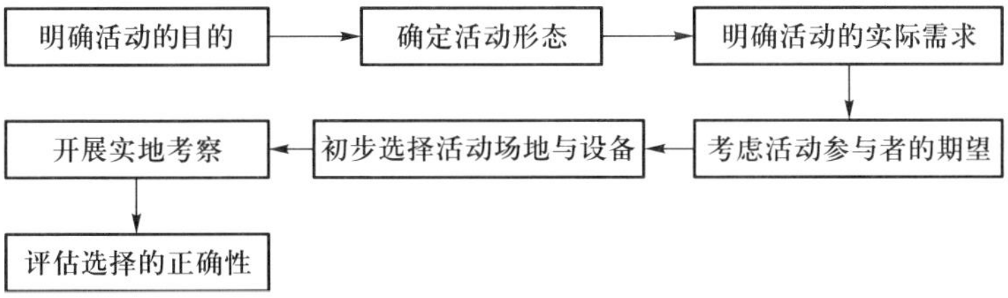

图 8-1 选择活动场地的工作步骤

动所在地的区域特点、环境状况及场地的个性化特色等因素。

（一）区域特点

首先要考虑活动举办地的地区特点是否和活动的主题相关联，活动主题应和地区特点有密切联系。例如，召开关于沙漠治理的会议，活动地点就不宜在东南沿海地区，而选择在具有沙漠地理特征的西北部地区可能更加合适。

（二）环境状况

其次，要考察当地的环境情况，包括自然环境和人文社会环境。例如，该地的天气与气候状况、治安状况以及经济状况是否良好，有无独特的历史、文化风情及自然风光等参观价值等。

（三）个性化的场地供给

不同的活动形式和内容设计对场地有个性化的要求，而为找到真正合适的场地，需要在对活动形式、内容及流程充分了解和领会的前提下，借助手头资料的过滤筛选，得到最满意的答案。因此，策划人员应根据活动的具体特性，并结合不同需求及预算标准，向客户推荐最合适的场地，以满足客户的特定需求。

（四）与场地方的关系

与场地方建立良好的合作关系，不但可以争取到最好的活动场地支持服务，也有利于为客户节省场地租用费用。

四、活动场地考察

对活动场地进行初步选择之后，下一步工作就是开展实地考察。亲临现场进行考察应注意：一是会见能做决策的人，这样有利于以后解决可能出现的交易问题；二是以一个普通参与者的身份，考察场地的服务设施及服务水平能否满足活动要求；三是选定几家场地为“备选”，以便出现特殊情况造成自己太被动。

（一）场地考察的主要内容

1. 基础设施

硬件设施是选择活动地点必须要考察的内容，如活动场地的容量是否足够大，是否有活动所需要的各类器材，是否有齐备的照明、视听等现代化设施等。

2. 服务设施

活动地点的服务设施考察内容主要有：抵达场地是否有方便快捷的交通工具；是否有种类齐全的娱乐设施；停车场的位置与规模；是否有商店；电梯、公共卫生间及其他公共区域是否干净整洁等。

3. 住宿

对于持续时间不只一天的活动需安排住宿，因此，也需要对活动场地或附近的住宿情况以详细考察。考察的主要内容包括：客房数、房型、客房到活动场地的距离与方便性，上网设备、禁烟、入住、退房等相关规定，客房条件与安全设施等。

4. 餐饮

考察活动场地的餐饮服务能力非常重要，因为餐饮往往影响着参与者对活动的整体评价。考察的主要内容包括：公共区外观是否清洁；餐品的卫生状况；餐厅工作人员的态度是否热情，能否提供有效、快速的服务；餐饮价格是否合理，菜系类别、能否提供独特的茶点及与会者特殊要求的食物；是否具有举办主题宴会的能力等。

5. 场地工作人员

活动的组织重在服务，因此，活动场地的服务人员也是重要考察对象。主要内容有：服务人员是否需要因活动需要特殊培训指导；警卫人员与服务人员是否友好；接待处的人力是否足够；询问处是否全天有人值班；服务人员做事的效率如何等。

6. 安全

安全性是考察活动场地的重要内容，主要内容包括：室内活动场地是否设置了火灾报警系统，是否配备灭火箱，是否公开了撤退程序；安全通道状况；安保能力等。

7. 费用

主要内容包括考察活动场地的各类收费标准及收费方式，工作日与周末的收费标准是否有所不同；是否可以提供免费使用的工作房间；是否需要交纳定金、缴纳多少，是否可以刷卡结算等。

（二）活动场地调查表

通过“场地调查表”定期对各类新建场地进行考察，不失为系统了解活动场地信息的有效方式。依照前文所述，考察内容应包括场地的地理位置、场地风格、各类报价、会场的数量与造型、各类型场地面积、场地容纳人数、客房数量、菜系、会场现有灯光设备、视频设备、音响设备的使用情况、停车场车位的多少等，并进行详细记录。场地调查表的主要内容如表 8-2 所示：

表 8-2 活动场地调查的主要内容

考察人员：
考察时间：
考察地点：

考察项目		考察说明		
场地内信息	场地名称			
	场地地址			
	场地地理位置图			
	场地平面图			
	特别注意事项			

续表

考察项目		考察说明		
场地内信息	场地尺寸			
	可用场地（面积 & 高度）			
	地面构成			
	不可移地面建筑			
	密闭性			
	场地人流量			
	水/电情况			
	场内交通图			
	特别注意事项			
	场内总结			
场地周边相关信息	交通	车流高峰时段	公交站点	出租车
		注意事项：		
	停车场	位置	车位	费用
	加油站	名称		
		地址		
	宾馆	名称		
		地址		
		简介		
	银行	名称		
		地址		
	餐厅（高/中/低）	名称		
		地址		
		菜系类型		
	商店/超市	名称		
		地址		
	机场/火车站/轮渡	机场信息	火车站信息	轮渡信息
	场外总结			

续表

考察项目		考察说明		
其他信息	场地性质			
	场地主管			
	联系人			
	联系方式			
	场地方要求			
图片说明	分场区域	展厅	车间	专访室
		照片说明	照片说明	照片说明
	场内交通	照片	照片	照片
		照片说明	照片说明	照片说明
	场外区域	照片	照片	照片
		照片说明	照片说明	照片说明
	周边相关	照片	照片	照片
		照片说明	照片说明	照片说明
	各区域图片示意可不限文档篇幅，而是应该准备翔实图片，以充分说明各区域情况。			

第三节 场地租用合同管理

合同制在我国有着悠久的历史。《周易》记载："上古结绳而治，后世对人易之以书契。"其中，"书"是文字，"契"是将文字刻在木板上，这种木板一分为二，称为左契和右契，以此作为凭证。从字面意思来讲，"合同"就是将各方的意见集"合"起来进行协商，并最终达成一致，即各方"同"意，同时以口头或书面形式出现。所以，合同的本质就是通过协商确定彼此的权利和义务。作为《中华人民共和国合同法》分则所规定的15种常见的有名合同之一，场地租用合同亦如此。

一、合同的基本条款

《中华人民共和国合同法》对合同的基本内容做了明确说明，具体内容由当事人本着自愿、平等、诚信、守法的原则共同约定，但一般包括以下条款：① 当事人的名称或者姓名和住所；② 标的；③ 数量；④ 质量；⑤ 价款或者报酬；⑥ 合同履行期限、地点和方式；⑦ 违约责任；⑧ 解决争议的方法。

订立场地租用合同，可以重点参照《合同法》中关于总则、租赁合同、买卖合同、委托合同等的相应说明。例如，第十三章“租赁合同”中明确规定，租赁合同的内容包括租赁物的名称、数量、用途、租赁期限、租金及其支付期限和方式、租赁物维修等条款；出租人应当按照约定将租赁物交付承租人，并在租赁期间保持租赁物符合约定的用途；承租人按照约定的方法或者租赁物的性质使用租赁物，致使租赁物受到损耗的，不承担损害赔偿责任；承租人应当妥善保管租赁物，因保管不善造成租赁物毁损、灭失的，应当承担损害赔偿责任，等等。

与场馆方的沟通，建立在提出明确要求的基础上，要求越准确越好。然而，值得注意的是，“准确”和“详细”不是同一回事。在合同条款中，酒店或会展中心只需要知道有多少人会参与活动，直到活动临近开始前才需要知道客人的名字。因此，对于活动策划人，准确和及时地列出要求是发展成功合作关系的一部分。核实场馆方返还的文件是达成良好沟通的另一部分。不仅活动策划人需要提供明确的要求，场馆方还需给予回复，并称其了解了所有的要求，同时清楚地知道如何满足每项要求。

与任何场馆方合作的关键在于四个方面：调查，理解，沟通和验证。重复直到活动结束！

二、特别注意事项

1. 关于客房预订

鉴于互联网预订酒店网站的普及性，很多会议策划人意识到他们的代表都不在会议合同下预订房间，而是直接在酒店预订房间，因为这样的房间费用可能会便宜一些。最终，这些房间不会被认为是与会议相关的预订。这将导致策划人要付给酒店一部分损耗（attribution）赔偿金，即使酒店的房间确实是因为此次会议才被订掉。关于这种特殊情况，有一些条款可以加入到合同里，但会议策划人应与熟悉这些问题的律师进行讨论。

在此过程中，策划人的最终目的是为了获得凭证，以证明正是因为会议在此举办，该酒店的房间才会销售出去。这个问题可能是任何酒店谈判最困难的部分。为了避免减员，有的协会要求其参加者预订其合同内的酒店房间，否则要支付较高的会议注册费。

2. 关于损耗

在确定一定代表数量的情况下，酒店或会议中心往往会向策划人收取一个固定的价格。在有代表未出席的情况下，策划人仍按合同的全部金额付款。这笔费用不是基于该设施的转售空间能力，而是完全基于协商的场地费，无论该会议或活动使用了多少设施。因此，策划人预测需要使用多大空间的能力是非常关键的。

策划人在做出是否使用“整体会议套餐”服务或自己购买设备的决定时，需要把眼光具体到投影机或麦克风这类简单的成本。他们需要评估自己是否会恰当地使用时间。是更值得花时间搬运一个大塑料箱通过机场安检，还是更应该确保咖啡及时更换，或午餐是否能准时提供？许多策划人从控制成本的角度来看待他们的工作。虽然这肯定是工作的一部分，但确保会议和活动的成功似乎是更重要的目标，不要因小失大。策划人要知道这其中的差别。

3. 关于外部供应商的管理

如果在活动中要用到搭建、灯光音响、表演甚至餐饮等外部供应商，在与场地方协商合同条款时一定要小心翼翼。这可能会涉及供应商管理、进场布置时间安排、场地方员工加班等事宜。

例如，在有特定功能但配套服务能力有限的场所内提供餐饮服务，可能需要比在其他场馆有更多的准备工作。有的场地不具备足够的餐饮服务能力，或者无法支持某次会议的菜单需求，因此策划人不得不签订场外餐饮服务合同。这取决于会议的规模大小，而且菜单的选择可能也是具有挑战性的。

酒店或会展中心的签约安装公司至少提前两周就会索要所有楼层的平面图。虽然看起来两周的工期完成一层楼的设计对于一个提前一年准备的活动应该很简单，但生成一个精确的设计图却变成了一个许多策划人不能解决的挑战。有时候，因为消防或建筑安全方面的原因，可以让一个没有详细的悬挂设计计划的表演被搁置。由于未能提交相关文件不得不在最后一分钟取消活动的现象也时有发生。

经典案例 8-1

一次校友晚会的场地租用协议

以下是上海××大学××专业为举办校友晚会与上海东方××管理有限公司签订的场地租用协议，仅供参考：

场地租用协议

甲方：上海东方××管理有限公司　　地址：××　　电话：××

乙方：上海××大学　　地址：××　　电话：××

经友好协商，甲乙双方现就乙方租用东方××中心作为上海××大学××专业校友晚会场地事宜达成以下协议。

一、场地租用要求

宴会时间：×年×月×日 18：30—22：30

宴会场地：东方××中心三楼浦江厅（宴会期间，甲方附送三楼露台及一楼草坪，用于乙方举行配套活动）

备注：

1. 晚宴形式：西式冷餐会（所含食品及酒水、饮料等具体明细见附件）。

2. 晚餐采取西冷自助式，标准是150元/位，预计人数为300人，最低保证人数为

280 人，如未达到保证人数则按保证人数收费，超出则按实际人数收费。

3. 会议场租：乙方可免费使用所有指定区域的场地，包括三楼浦江厅的投影仪、无线话筒（至少三个）、音响和舞台灯光等设备。

4. 布置会场：活动当天，如三楼浦江厅当天无活动，乙方可从上午开始布置会场；如有活动，乙方最晚可从下午两点开始布置会场。

二、甲方提供的免费服务

1. 宴会全场免收服务费。

2. 免费提供地毯和 15 套以上的吧台桌、吧台椅。

3. 可免费提供至少 30 个小车位和 4 个大巴车位。

4. 可免费提供签到桌 2 个。

5. 可免费提供指示牌 2 张。

三、相关注意事项

1. 除追光灯外，宴会期间甲方不允许乙方使用自带电气设备，如专业灯光、泡泡机、烟雾器、干冰机等。如确需使用，乙方需将设备名称和功率参数等告之甲方，经甲方同意后方可使用，如您自带电气设备发生故障等原因造成宴会蒙受损失的，甲方不承担任何责任；给甲方和客人造成损失或伤害的，乙方将对由此而产生的一切后果承担责任。

2. 宴会客人请勿携带带壳的食品及坚果类（如花生、瓜子、栗子、开心果等）食品入场。

3. 宴会客人在布置场地时请自觉爱护酒店内各项设施，请勿违反上海市消防规定在消防器械上粘贴任何物品及堵塞消防通道。

4. 场地布置仅限于宴会预定场地内进行，禁止在甲方大堂及大门口张贴任何宣传海报及文字；如有特殊需要，乙方可提前与甲方对接人沟通。请勿在布置时使用双面胶贴物品，建议使用透明细胶带。

四、付款及活动取消

1. 交付定金：合同签订当日，乙方将壹万（¥10 000）元人民币 订金支付给甲方，其他费用在宴会结束后三天内一次性结清（可以采用刷卡、现金、转账等结账方式）。

2. 宴会客人在酒店所发生的不包含在预定宴会安排之内的其他费用由客人自付。

3. 如乙方在宴会开始前不足 48 小时取消活动，定金不予退还。如甲方违约，应双倍返还定金。

4. 遇狂风、暴雨等自然条件造成的不可抗力致宴会不能如期举行时，双方互不追究对方责任，损失各自承担。

五、特别约定

1. 如乙方在使用甲方场地期间对预定会场内部结构及设施有任何损害，一律照价赔偿。

2. 如乙方邀请的广告公司在提供宴会服务的同时损害到甲方利益或违反本协议的相关条款，造成酒店损失时，除该广告公司赔偿本酒店的损失外，乙方应承担连带责任。

3. 出席宴会的客人如酒后滋事给甲方造成损失的，乙方应承担连带赔偿义务。

4. 请勿在宴会场地墙壁上打眼、钉钉子或损伤墙体构造。

5. 请勿将烟头扔在宴会场地的地毯上，宴会结束后由酒店及宴会客人共同检查，由于宴会期间所烫烟洞及不能清洗的汤汁等污物，每处赔偿贰百（¥200）元人民币作为维修地毯的费用。

本合同自签订之日起开始生效，一式两份，甲乙双方各执一份，并遵照执行。

甲方代表： 乙方代表：

签字/盖章： 签字/盖章：

日期：×年×月×日 日期：×年×月×日

第四节 场地规划

平面图（Floor Plan）是活动组织者对外开展销售的基础，有时也作为销售合同的必备附件，其作用是说明客户所预订展位或座位的具体位置，以及介绍各类配套服务设施的布局与安排。

一、平面图设计的总体要求

国际展览与活动协会的注册展览经理认证培训项目中有一门课程名为《展位平面图编制》（Floor Plan Development）。[①] 具体课程描述如下：一份设计优良的平面图或布局安排对于展览会或活动的成功至关重要。平面图是对展览场馆或活动场地的空间示意图，它包括展位、设施的物理性质、注册处等官方区域以及展览现场的其他功能区域。在展览会这样迅速变化的商业环境中，平面图必须能满足参展商后勤和赞助商服务上的需要，并符合观众的参观和洽谈习惯，同时具有足够的灵活性。

图8-2是在2011年举办的第七届深圳沙滩音乐节的现场平面图，活动规模虽然不大，但平面图中除了舞台、展区、野战体验区等主要功能区，还有停车场、隔离带、紧急通道、环保厕所、声音酒吧、休息走廊和烧烤区等配套区域。

二、平面图编制的一般流程

编制活动平面图的主要工作包括向场馆方索取场地平面图底图、划分功能区、为各功能区编号以及制作等步骤。以展览会为例，其基本工作流程如下：

1. 索要场馆平面图标准图

展会主办方租用场地时，场地方应提供场馆平面图标准图（或称底图）。场馆平面图标准图必须标明场馆与展览会有关的数据，包括实用面积的尺寸、室内净空高度和限高、地面承重、标准展位之间通道、人员及货物进出通道、卫生间的位置、消防设施的位置等。

---

① 有些主办方也采用“展馆平面图”的说法

图 8-2　第七届深圳沙滩音乐节现场平面图

2. 划分展区

一般来说，展区主要依据展品类别来划分，一个专业题材的展区可能只占用某一个场馆的一部分，也可能占满一个甚至几个场馆；当展区确定后，还要根据场馆的场地特征等具体情况来划分展位（见图 8-3）。概括而言，划分展区时应遵循以下几条原则：

■ 展区划分的主要标准是展品所属的专业题材，以增强展览会的专业性；
■ 有助于提高参展商的展出效果；
■ 便于观众参观和疏散；
■ 便于展览会的现场管理和服务；
■ 有利于充分利用展览场地。

在划分展区的同时，还要规划好停车场、出入口、洗手间、楼梯和现场服务设施，以便参展商和观众在选择展位或制定参观路线时能更快、更好地做出决定。

3. 初步布置展位

展会主办方应根据题材性质和具体需要，在场馆方提供的平面图底图基础上设计本展览会的展位平面图，即按标准展位的尺寸（一般为 3 米×3 米）和消防要求，初步布置展位。之后要对所有展位逐一编号，以便销售时与客户确认，并在销售合同中注明。对于不适合布置标准展位的部分展览空间，应在展位平面图中标明具体尺寸，以供客户选择。

按国际惯例及国内消防要求，展位之间通道的宽度不应小于 3 米（一般为 4 米，主通道一般为 6 米），消防设施和消防通道不得被展位遮挡或堵塞。

4. 为展位编号

在对展位进行编号时，一般是根据场馆的空间布局，从展厅参观入口开始，按顺时针方向从第一个展位到最后一个展位，用阿拉伯数字依次编排。例如，001、002 直至 101、102……如果展厅较多，则可以在 3 位数的展位号前加上汉语拼音或英文字母以示区别，如 A001、B001 等。对于用于特装展台的大面积光地（一般指 72 平方米以上），可以不按标准展位，而直接为该块光地编号。

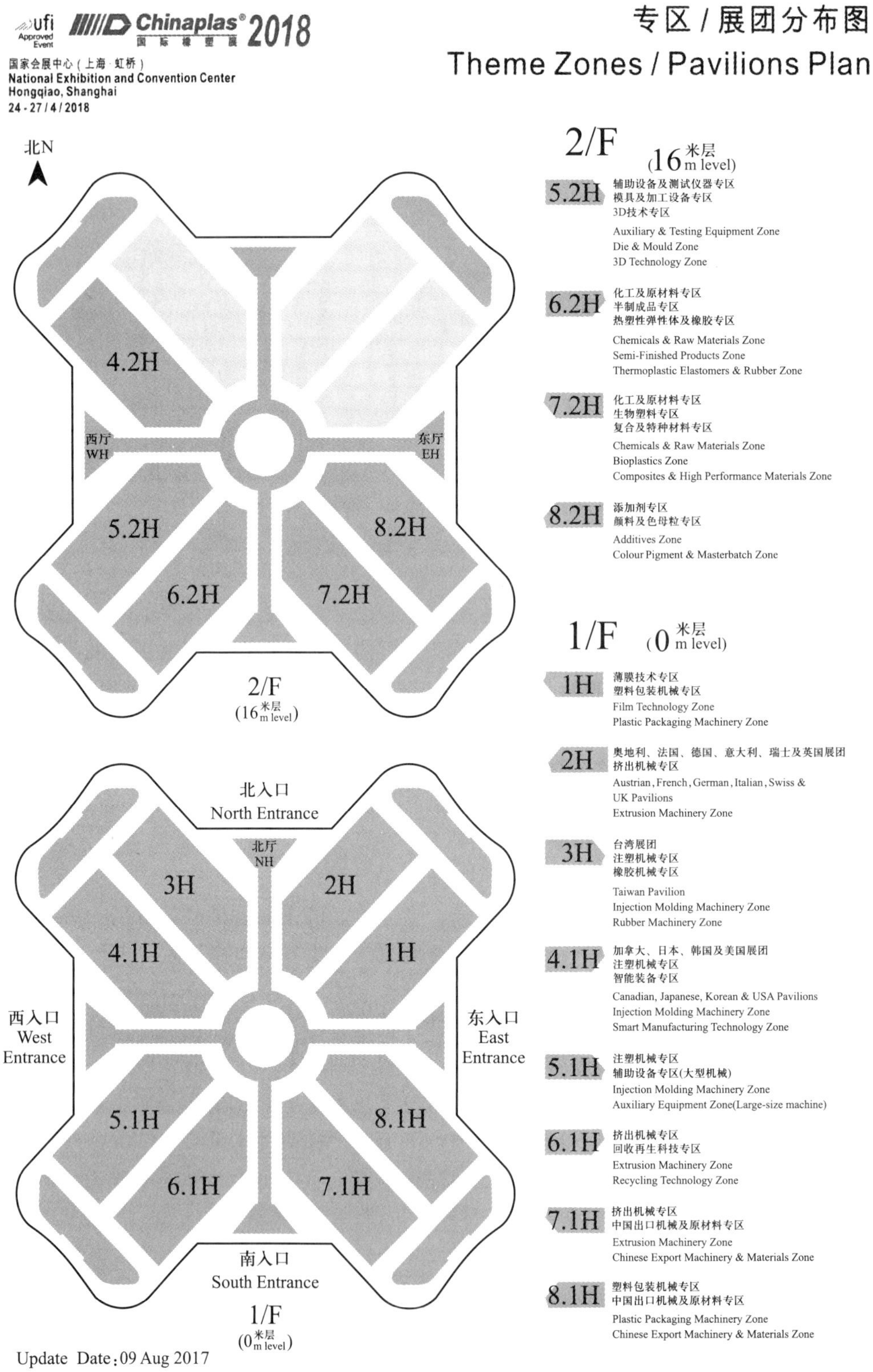

图 8-3 2018 国际橡塑展（Chinaplas）展区分布图

5. 编制与发布

设计展览会的展位平面图，一般使用计算机作业。展位平面图设计完成的时间，一般应在展览会销售工作启动之前。设计完成的展位平面图，应印制图纸，作为参展邀请函的内容和展位销售合同的附件，供展览会宣传以及销售人员与客户商定展位位置时使用。许多主办方也将展位平面图（或以电子版的形式）发布在官方网站上。

图 8-4 为 2018 年中国国际半导体设备和材料展览会（SEMICON China 2018）的整体分布图。点击进入想要预览的展馆后，可以预览该展馆的整体展位示意图（见图 8-5）。

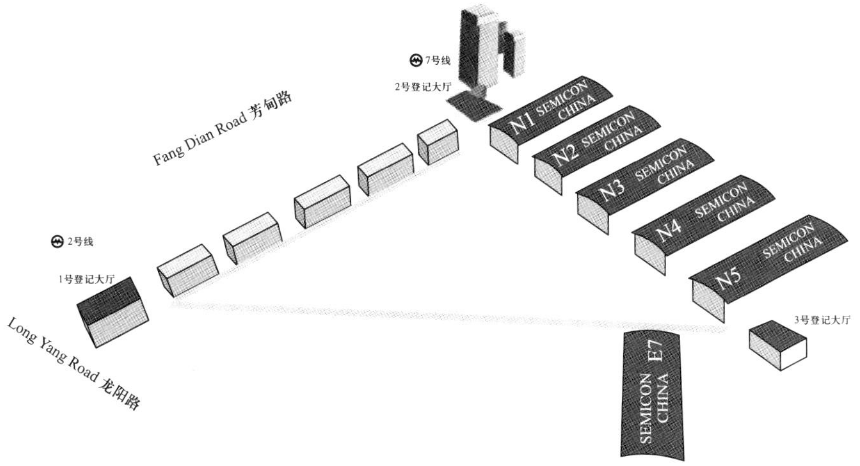

图 8-4 2018 中国国际半导体设备和材料展览会（SEMICON China）展馆平面图

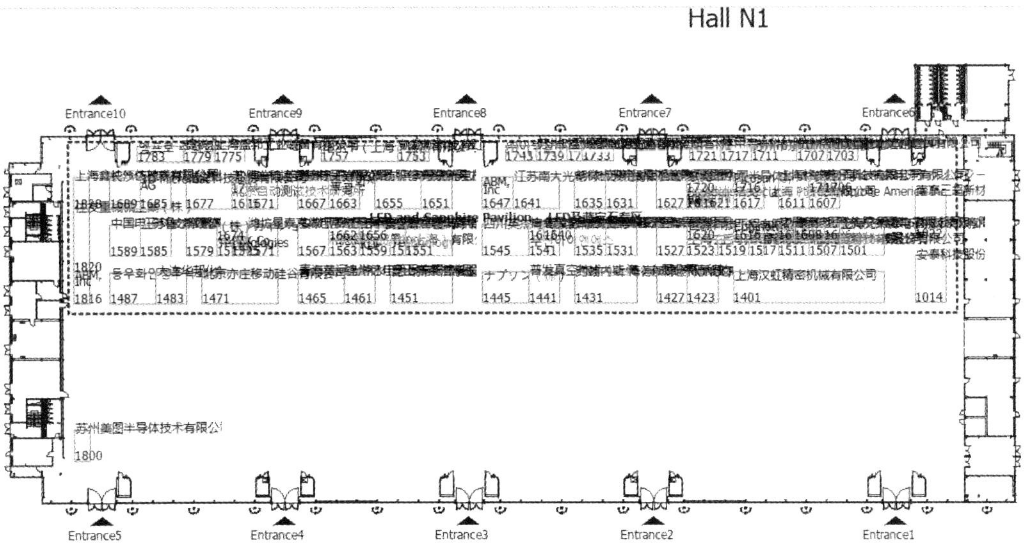

图 8-5 N1 馆的实时展位图

观众同时还可以进行以下操作：

- 预览该展馆的整体展位示意图；
- 根据展位号搜寻目标展商；

- 根据产品分类搜寻目标展商；
- 根据展位面积搜寻目标展商。

复习思考题

1. 请举例说明常见的活动场地类型。
2. 请列出更多的非传统和特色场地。
3. 活动场地考察的主要内容有哪些。
4. 请结合某次亲身亲历，解释场地租用合同管理中的特别注意事项。
5. 请查找3至5个品牌活动的场地平面图，然后对其进行比较分析。

扩展阅读

活动场地选择的最新趋势

2016年2月，EMBlog推出了一份名为《未来的场地》(The Venue of the Future) 的报告，报告分为趋势、RFP策略、场地考察、谈判及AV设备计划等内容，很有启发性。其中，在分析影响活动组织者选择场地的因素变化时，该报告指出了7个发展趋势：

1. 非常规场地的使用频率在提高（重要目的之一是为了创造惊喜）；
2. 活动项目负责人更加习惯通过在线方式来研究场地情况；
3. 组织者与场地销售团队/人员之间的关系、他人的推荐以及之前的经历会影响场地选择；
4. WIFI、AV等技术或装备成为对场地的基本要求；
5. 活动组织者希望得到场地方更多的尊重和理解（热门场地一直作为一种稀缺资源而存在，很多时候，场地方的员工认为活动和现场服务只是主办方的事）；
6. 以服务和实际需求为导向，不搞花架子；
7. 食品、健身设施等健康方面的因素将成为重要考量指标。

关于活动场地选择的3个之最

在同一份报告中，EMBlog还提到了场地类型、受活动组织者欢迎的技术以及场地调研方式等方面的之最，相关数据可供国内会展和活动组织者参考。

1. 使用最多的十大类型场地

依次为酒店、非常规场地（如剧院、博物馆、美术馆等）、会议中心、户外空间、展览中心、体育场馆、人工构造物、大学、办公场地（如办公楼、医院、企业集聚区等）以及工厂等非专用场地。

2. 场地最受活动组织者欢迎的十大技术

依次为快速可靠的WiFi、大投影屏幕、熟练的AV技术人员、可变化的灯光、可选择的话筒、舞台、嵌入天花板的投影仪、充电站、电子指示牌以及安装于地板下的电缆。

3. 进行场地调研最常用的十种途径

依次为搜索引擎、口头传播、场地列表、社交媒体、在线评论网站、DMC 公司/场地预订代理商、在线需求建议书（RFP）、展览会、会议与旅游局/目的地营销组织以及场地目录册。

即测即评

第9章　服务商选择与管理

本章导读

在市场竞争激烈的今天，各活动策划机构越来越注重培育核心竞争力，非核心业务则大多采用服务外包的方式，由服务商（Service Contractor）来提供更专业的产品或服务。因此，在互利共赢的原则下，通过一定的谈判技巧选择优质的服务商并加强对服务商的质量控制，对活动的成功举办具有重要意义。一方面，服务商提供的产品和服务质量在很大程度上直接决定了活动的质量，影响着顾客对活动的满意程度；另一方面，服务外包意味着利润的外流，在与服务商的沟通过程中应掌握一定的谈判技巧以保证活动成本的最低。本章将从服务外包计划设计入手，介绍对服务商的评估与遴选以及相应的商务谈判、合同管理等工作的重点和技巧。

本章关键术语

服务商（Service Contractor）　总服务承包商（Gsc）　主场搭建服务商（Official Contractor）
专门服务承包商（Specialty Service Contractor）　参展商指定服务承包商（EAC）
服务外包（Service Outsourcing）　项目采购（Project Procurement）
合同管理（Contract Management）　需求建议书（RFP）

第一节　服务外包计划

一、服务商的概念

为了让项目管理更加顺利、高效，活动组织者或参展商需要依赖专业的服务商，向他们寻求必要的工具。所谓服务商，就是人们经常提及的供应商、承包商或服务承包商

(Service Provider/Contractor)，是指那些向买方提供产品或服务并收取相应费用的实体，它们可以为企业生产或输出服务提供原材料、设备、工具及其他资源。服务商的类型可以是生产或流通企业。以展览会为例，服务商包括物流公司、电子设备公司、登记注册公司、人力资源中介公司及其他服务公司等。一些服务承包商由展会组织者雇佣，有些则直接由参展商雇佣。

美国乔治·华盛顿大学（GWU）的活动管理认证项目（EMC）培训教材中这样描述活动的服务商：各类服务商为活动提供产品和服务，目的是创造更好的物理或无形环境。这些服务商对于活动在场景和流程上的成功作用显著，因为会影响活动目标的实现。

活动主办方或策划机构与活动场地一般表现出分离状态，在上一章所讨论的活动场地往往需要通过相应的服务商来提供，当然，也有许多活动场地包括创意园区、大型会展中心等自身也策划和组织会展活动。除此之外，在活动执行过程中还会涉及食宿、交通、灯光、音响、舞台、服装、道具、特技、视频录制及礼仪服务等，专业活动运营公司大都采取服务外包的方式。在很多活动中出现问题，通常都是因为对外部服务商的产品或服务考核、沟通及管理不到位，最终导致执行中的差错。

会展和活动行业的服务商类型多样、精彩纷呈，从主承办公司的角度来讲，常见的类型如下：

(1) 场地；
(2) 广告设计与印刷公司；
(3) 翻译公司；
(4) 会展设计与搭建公司；
(5) 物流公司；
(6) 礼仪公司；
(7) 酒店、度假村、客栈等住宿设施；
(8) 餐饮供应商；
(9) 广告代理商；
(10) 视听设备供应商；
(11) 娱乐供应商；
(12) 灯光照明供应商；
(13) 医疗服务机构或公司；
(14) 安保公司；
(15) 停车服务供应商；
(16) 演艺人员（包括主持人、小丑、魔术师、司仪等）；
(17) 鲜花供应商；
(18) 公关咨询公司；
(19) 律师事务所；
(20) 目的地管理公司（DMC）；
(21) 其他。

二、服务商的主要职责

经过多年发展，会展活动的服务商不断扩展服务范围，以满足会议、展览会等活动的多样化需求。如今，服务商已经涉及活动的方方面面，从进馆到搭建，再到拆卸，最后到撤馆，都离不开他们。换句话说，服务商为活动组织者、参展商和酒店、会议中心、人力资源公司等供应商提供了重要的连接平台。

（一）总服务承包商

这个概念在展览行业更为流行，所谓总服务承包商（General Service Contractor，简称GSC），也被称为官方服务商（Official Show Contractor）或展会服务供应商（Exposition Services Contractor），由展览主办方或展会经理雇来负责处理现场事务。总服务承包商为展览项目经理和参展商提供一系列服务，包括却不局限于搭建及撤展、设计和悬挂引导标示和横幅、地毯铺设、货物运输以及提供展位/展台所需的家具设备等。

在实际工作中，还有一个经常使用的专业名词就是主场搭建服务商（Official Contractor，简称“主场搭建”），两者在很多时候可以交替使用。主场搭建商由展会管理方指定，所提供的服务诸如展台搭建与拆卸、监督工人施工、货物运输以及码头装载等。主场搭建商也被称为综合服务承包商。

总服务承包商有责任协助展会组织者完成入口和所有指示的制图，铺设管道和窗帘或展位墙面，铺设地毯，以及设计展区，如主办单位办公室、观众登记处、食品和饮料区、休息区及特殊区域等。货物运输、卡车管理以及展会期间的物料存储则是由物料运输（Material Handling）来完成的，物料运输可能是一个单独的服务合同，也可能包含在展会的总服务合同中。

总服务承包商为了满足顾客需求和环境的变化而不断拓展服务范围，如今的GSC会提供视听设备、安保、清洁等更多服务。GSC朝这个趋势发展的原因有很多，其一是GSC与展会组织者之间建立了长期关系。通过总服务承包商，展会或活动组织者不需要与很多的公司打交道，而且所提供的一系列服务可以增加GSC所期望的收益。GSC不仅为展会组织者提供服务，也是为参展商带来方便。参展商可以根据他们的需要向总服务承包商或主场搭建商租用所有物料，从简单的椅子到整个参展所需要的服务。一些服务承包商可以为参展商搭建展台，维护以及将其运输到其他展会。服务承包商的具体业务如下。

面向展会/活动组织者：

- 账目管理；
- 活动现场协调；
- 管道和隔帘管理；
- 入口管理；
- 办公室管理；
- 登记管理；
- 展台搭建和拆除管理；
- 展区的规划、布局和设计管理；
- 地毯；

■ 家具；
■ 标志；
■ 制图；
■ 背景布幕；
■ 与劳务和工会交涉（例如，在美国办展）；
■ 清洁服务；
■ 交通服务；
■ 物料运输；
■ 客户服务。

面向参展商：

■ 展位设计和施工；
■ 展台搭建与拆卸；
■ 地毯；
■ 家具及配件；
■ 指示、标志；
■ 与劳工和工会交涉（例如，在美国参展）；
■ 索具；
■ 物料运输；
■ 参展商手册；
■ 国际业务中的关税代理。

对于 GSC 来说，正面临着很多挑战，除了许多主办方和参展商倾向于使用更专业的细分服务外，还有一个变化就是现在许多场馆也提供总服务承包商所能提供的服务。例如，许多会展中心提供公用设备如电力、水、蒸汽和天然气，这些属于场馆，展会组织者必须使用场馆提供的服务。场馆也提供清洁、安保、视听设备、网络和会议室搭建服务。这减少了服务承包商的生意和收入。一句话，许多场馆在开发专用产品，以排斥承包商提供的服务，这使得展会或活动组织者无法选择之前服务承包商能提供的服务。

（二）专门服务承包商

所谓专门服务承包商（Specialty Service Contractors），是指负责展览或活动中某些具体服务的供应商。专门服务承包商可以是官方承包商（由展览主办方或活动项目经理任命）或者由参展商指定（EAC）。无论针对特殊活动、贸易展或会议，它们可以提供所有服务来确保项目顺利完成。这些服务主要包括：

■ 视听设备服务（Audiovisual）。通过视听技术，提高参展、会议或特殊活动的质量，可能在展览、会议或特殊活动开始或结束时使用。

■ 商务服务（Business Services）。复印、打印、传真及其他商务服务。

■ 餐饮服务（Catering）。为展会或活动组织者提供餐饮或为参展商提供餐饮。

■ 清洁服务（Cleaning Services）。为展会或活动的公共区域清洁，特别是展区、办公室和非公共区域的清洁。

■ 通讯服务（Communications）。提供平板电脑、手机、有线和无线服务。

■ 电脑租赁服务（Computers）。电脑和摄像头的租赁服务。

■ 咨询服务（Consulting）。包括展前计划、协作、便利、布局以及会展活动设计和展台设计。通常称为第三方规划者或者独立顾问。

■ 装饰服务（Décor）。装饰公司可以改善舞台效果和整体装饰主题，还能提供花卉植物和娱乐设备。

■ 电力服务（Electrical）。为展区及需要电力的区域提供电力。

■ 娱乐代理服务（Entertainment Agency）。作为表演者与展览或活动组织者之间的中介机构。

■ 花艺服务（Floral）。租赁植物、花朵和道具。

■ 货运服务（Freight）。把展品物料从公司运到展会再运回。有很多种托运方式——普通承运、长途搬运和空运。

■ 家具租赁服务（Furniture）。展位家具租赁，通常比家里的家具新潮。

■ 互联网和电话服务（Internet Access and Telephones）。为展位和展会中需要设备的地方提供租赁服务，包括无线和有线网络以及宽带服务。

■ 劳务计划和监管服务（Labor Planning and Supervision）。专长于当地法律法规，例如涉及当地商人合作、工会需要以及现场监管等法律法规。

■ 照明服务（Lighting）。设计和租赁灯光设备，包括视听设备供应。

■ 物料运输服务（Material Handling）。包括展会物料的长途运输、转移、将物料从当地仓库运到展会现场、空运以及运回等服务。

■ 主持人（Moderator）。负责处理虚拟观众、现场观众和演讲人之间的对话问题的专家，可以是视听团队的一员。

■ 制作人（Producer）。作为展会组织专家，确保所有产品设计和传递无误。可以是视听团队的一员。

■ 社交媒体专家（Social Media Expert）。在展会或会议或活动的全部过程中，使用社交媒体提高知名度的团队或个人。

■ 人员管理（Staffing）。临时的展会工作人员、演示人员或注册登记人员。

■ 公用设施（Utilities）。为展会提供管道、空气、天然气和水。

■ 摄影服务（Photography）。为展会或活动组织者向公众或参展商提供宣传资料。

■ 包裹邮寄服务（Postal and Package Services）。为组织者和参展商提供包裹邮寄服务。

■ 登记公司（Registration Company）。外包给登记公司负责展览、活动或会议的所有注册登记工作。他们负责整体登记过程，包括数据录入、付款、徽章和现场的人员安排。

■ 安保服务（Security）。负责展会举办过程中的安全问题以及在展会开始时的人流控制和展会及活动中的一般安保事项。

■ 发言人服务（Speaker Bureaus）。为展会或活动组织者寻找理想的发言人。

■ 翻译服务（Translators）。为展会或活动组织者提供演讲与演示时的同声传译服务。他们也为参展商提供销售代表与外国观众交流。

（三）参展商指定服务承包商

随着公司参展次数增多，展览范围更广，许多参展企业都希望和服务供应商建立稳定的合作关系。或者，在多次参展的目的地中，参展商想和最中意的供应商合作，特别是展台搭建与撤展服务。多数时候，只要参展商和服务商符合许可条件，展会或活动组织者就会允许这样做。这类服务承包商被称为参展商指定服务承包商（Exhibitor-appointed Contractor，简称 EAC）。作为 EAC，他们与专业服务承包商职责相同，不同的是，服务对象只针对参展商，不包括展会管理方。

参展商指定服务承包商的出现，抢夺了总服务承包商的生意。在美国，这个趋势始于 20 世纪 80 年代中期。美国法院规定，服务承包商不能独占与有组织的劳务协商的权利，因此，EAC 可以与 GSC 竞争搭建展位的权利。EAC 不再单独为某一城市或目的地工作，而是作为 GSC 的一部分，为展览公司搭建和拆卸展台。显而易见，EAC 的成功建立在与客户的长期关系上。因为 EAC 为相同的公司多次举办贸易展和活动，因此 EAC 比 GSC 更加了解客户需求，从而提供更好的服务。GSC 和 EAC 之间的激烈竞争，也促使了 GSC 为会展公司提供更为专业、流水线式有效率的服务。

三、服务外包

毕博管理咨询公司（Bearing Point）认为，服务外包（Service Outsourcing）就是企业为了将有限资源专注于其核心竞争力，以信息技术为依托，利用外部专业服务商的知识劳动力，来完成原来由企业内部完成的工作，从而达到降低成本、提高效率、提升企业对市场环境迅速应变能力并优化企业核心竞争力的一种服务模式。

服务外包最早起源于信息技术服务领域，主要包括信息技术外包（ITO）、业务流程外包服务（BPO）、知识流程外包（KPO）等，其中，ITO 强调技术，更多涉及成本和服务，BPO 强调业务流程，往往涉及若干业务准则并常常要接触客户，解决的是有关业务的效果和运营效率问题。然而，发展至今天，服务外包的外延得到明显扩展，可以泛指企业根据自身的需要将运营中的某一项或多项业务外包出去，由专业的企业或组织完成，以减少人力投入、降低成本，实现效率最优。

世界贸易组织（WTO）的《服务贸易总协定》（GATS）将服务分为 12 个部门，即商务服务、通信服务、建筑和相关工程服务、分销服务、教育服务、环境服务、金融服务、健康服务、旅游服务、娱乐文化和体育服务、运输服务及其他服务，服务外包可以按这 12 个部门进行分类。会展和活动行业的服务外包几乎涉及以上所有部门，但一般情况下主要涉及商务服务、相关工程服务、分销服务、旅游服务和运输服务。对于单个企业，最常见的外包服务业务除了信息技术，还有人力资源、采购、物流、仓库管理、工程管理、财务和会计等。

对于会展和活动组织者而言，要在筹备初期特别是在场地确定以后，就要开始考虑和制定服务外包计划，以确定对各类服务商的具体需求及预算。我们可以将这项工作理解为活动的项目采购（Project Procurement），即在一个会展和活动项目过程中，组织者从外部寻求和采购各种项目执行所需资源的管理过程。一般来说，一个完整的项目采购管理包括 6 个步骤，即采购规划、发包规划、询价、卖方选择、合同管理以及合同收尾。对各步骤的简要描述如下：

（1）采购计划（Procurement Planning）——决定采购什么，采购多少以及何时采购。

（2）询价计划（Solicitation Planning）——以文件形式，记录所需的产品以及确认潜在的渠道。

(3) 询价 (Solicitation)——取得报价单、标书或提案。

(4) 渠道选择 (Source Selection)——从潜在的服务商中做出选择。

(5) 合同管理 (Contract Administration)——管理与服务商之间的关系，特别是保证供应商按照约定的时间和质量提供服务。

(6) 合同收尾 (Contract Close-out)——合同的执行和清算，包括各类账款的清偿。

第二节 对服务商的评估与遴选

对于活动组织者而言，对服务商的评估与选择是一项重要的决策工作。活动运营方希望借助服务商达成什么目的？应遵循什么样的原则去选择服务商？如何评价和考核已选定的服务商？对于考核业绩较差的服务商又采取什么样的措施等，这些都是在选择和管理服务商时要考虑的问题。

一、对活动服务商的选择标准

QCDS是评价运营绩效的要素，但常常也被活动主办方用来评价供应商的质量，QCDS即品质 (Quality)、成本 (Cost)、交货期 (Deliver) 和现场服务 (Service)。活动组织机构在选择服务商时，一般遵循以下几个标准：

(一) 产品和服务质量合格

质量 (Quality) 不合格的产品或服务在投入使用过程中往往会影响活动运营的效果以及参与者甚至是社会公众的评价，这些最终都将会反映到活动的总成本中去；另一方面，产品或服务质量过高对活动而言也并不意味着都是好事，若质量过高，远远超过了活动要求的质量，对于活动而言也是一种浪费。

因此，在活动服务采购中，对于质量的要求应符合活动运营的实际需要，要求过高或过低都是错误的。

(二) 总的采购成本合理

根据服务商的报价进行初步的成本 (Cost) 分析是有效甄别服务商的方式之一。但成本不仅仅指直接采购价格，还包括产品或服务在使用过程中或生命周期结束前所发生的一切支出。报价最低的服务商不一定就是最合适的，倘若在产品质量、交货时间上达不到要求，或者由于地理位置过远而使运输费用增加等，都会使总成本增加。

(三) 交货或服务及时

服务商能否按约定的交货或服务期限和条件 (Deliver) 组织供货，会直接影响活动项目的运作，因此，交货时间也是活动运营方选择服务商时应重点考虑的因素之一。

(四) 整体服务水平好

整体服务水平 (Service) 是指服务商内部各运营环节能够配合活动运作的态度和能力，譬如各种技术服务项目、方便订购的措施、为订购者节约费用的措施，包括安装调试服务、培训指导服务、维修服务等。

（五）市场美誉度高

服务商的市场美誉度（Reputation）主要体现在履行合约的能力、在行业中的地位等方面。

其中，对履行合约能力的考察主要有以下内容：一是确认服务商对采购项目、订单金额及数量是否感兴趣。订单数量大，服务商可能服务能力不足，而订单数量少，服务商可能缺乏兴趣；二是服务商处理订单的时间；三是服务商在需要采购的服务项目上是否具有核心能力；四是服务商是否具有自行研发产品的能力以及特色服务能力；五是服务商目前的服务能力和接单情况。

（六）与服务商长期合作的可兼容性强

与服务商长期合作的可兼容性是指服务商与活动运营方之间的合作能力，主要表现在发展战略、企业文化、管理体制和信息平台等方面。

二、选择活动服务商的基本步骤

活动服务商选择的工作流程与一般企业选择服务商的步骤基本相同。从会展和活动组织机构的角度来讲，主要包括 6 个步骤：撰写需求建议书；询价和报价；服务商初选；服务商考察及审定（评估）；合同条款谈判；签订合同。

其中，采购人员应首先明确活动的需求，即弄清楚活动中的哪些服务或项目需要由第三方提供，在此基础上撰写招标书/需求建议书（简称 RFP）。需求建议书必须清晰地说明活动项目的目标或目的，包括任何可能对承约商有用的必要信息，以便承约商可以准备相应的提案。一般来说，一份正式的需求建议书有以下基本要求：① 提供工作陈述；② 提出客户要求，对服务规格、属性和进度计划进行描述；③ 说明需要客户审批的内容；④ 表明所期望的付款方式；⑤ 说明承约商所提交提案的格式、内容和时限要求；⑥ 可能还会包含对提案的评价标准。

在询价与报价环节，询价的目的是从询价中获得比较准确的价格信息，以便在报价过程中对工程材料（设备）、人力资源服务及时、正确地定价，从而保证准确控制投资额和降低成本。在合同条款谈判阶段，多数情况下，交易双方要反复多次协商，进行各种意向性、协议性谈判，直到条件成熟，才进入合同签约阶段。

三、评价活动服务商的常用方法

活动主办方或运营公司采购人员要根据具体情况，合理选用评价活动服务商的方法。常用的方法有以下几种：

（一）直观判断法

直观判断法属于定性选择方法，即主要根据征询和调查所得的资料并结合项目经理或采购人员个人的分析判断，对合作伙伴进行分析、评价的一种方法，常用于选择活动的非主要服务服务商。这种方法主要是倾听和采纳有经验的采购人员或项目经理的意见，或者直接由他们凭经验做出判断。

（二）招标评价法

当采购数量大、合作伙伴竞争激烈时，通常采用招标评价法来选择合适的服务商。活动服务商招标，是指活动主办机构或运营方（招标人）在一定范围内公开货物、工程或服务采购的条件和要求，邀请众多投标人参加投标，并按照规定程序从中选择交易对象的一种市场交易行为。

一个完整的招标采购过程，基本上可以分为投标、开标、评标、决标和签订合同五个阶段，在特殊的场合，招标的步骤和方式也可能有一些变化。

（三）协商选择法

即由活动主办方或运营公司先选出供应条件较为有利的几个服务商，同他们分别进行协商，再确定最合适的服务商。与招标法相比，协商选择法由于供需双方能充分协商，在物资质量、交货日期和服务水平等方面较有保证。

（四）采购成本比较法

对服务质量、交货期和服务水平都能满足要求的服务商，需要通过计算采购成本来进行比较分析。采购成本一般包括产品或服务售价、采购费用、运输费用等各项支出的总和。

（五）线性权重法

线性权重法是目前定量选择服务商时最常使用的方法，其基本原理是给每个选择标准分配一个权重，每个服务商的总评分为该服务商的各项标准得分和相应标准的权重的乘积之总和。

（六）模糊综合评判法

在服务商评价指标体系中，有一些指标譬如员工素质、团队精神、全面质量管理水平等很难用一个准确的数字来评价，此时借助于模糊数学可以很好地解决这一问题。模糊综合分析法不仅简明，同时又比较好地解决了定性评价指标难以量化的困境，是一种比较适用的服务商评价与选择方法。这种综合评价法主要涉及4个要素：因素集EJ、评语集V、单因素评价矩阵R、权重向量W，具体操作可以参考有关专业书籍。

第三节 商务谈判

一、商务谈判的基本原则

商务谈判（Business Negotiations），是买卖双方为了协调彼此之间的商务关系，满足各自的商务需求，通过沟通、协商、妥协与合作等方式，争取达成某项商务交易的行为和过程。

不同类型的谈判，参加谈判者的目的是不同的。商务谈判的目标十分明确，谈判者以获取经济利益为基本目的，在满足预期经济利益的前提下才会促成协议的达成。另外，商务谈判涉及的因素很多，谈判者的需求和利益表现在诸多方面，但价值几乎是所有商务谈判的核心内容。商务谈判还有一个十分重要的基本特点，那就是其结果由双方协商一致的协议或合同来体现，合同条款实质上反映了各方的权利和义务，因而必须严密、准确和合法。

国内著名会展专家张凡（2014）认为，“展览业是典型的依靠整合资源而生存和发展的服务业，展会主办方的主要业务都是在商业谈判中进行的”。从展览项目管理的角度，主办方对外的商业谈判可分为3个层次，即项目战略性质的谈判、项目营销与运营管理事项的谈判以及项目销售业务的谈判。这些商业谈判有一些共同特点：① 需要与本展会相关联的具体人商谈，所谓相关联的人就是拥有资源的人，即与利益相关者交道；② 需要营销展会，包括营销谈判者自己，并在商谈中达成主办方目的；③ 需要约定经商谈后形成的共识，即达成协议；④ 需要把约定的共识转化为文本，即经济合同；⑤ 需要根据法律标准，规范谈判后形成的经济合同。

综上分析，活动主办方或运营公司在商务谈判中应遵循一些基本原则：① 真诚守信原则。真诚守信在商务谈判中的价值不可估量，信任对方是守信的基础，也是取信于对方的方法。② 知己知彼原则。所谓“知己”是指要对自身的需求、相关资料与数据、优劣势以及底线等非常清楚，“知彼”则是通过各种途径了解谈判对手的礼仪习惯、谈判风格和经历，不要触犯对方的禁忌。③ 互惠互利原则。即在不损害自身利益的前提下，应当尽可能替谈判对手着想，主动为对方保留合理的利益。④ 求同存异原则。认准最终的目标，平等协商、追求大同，同时关注对方的合理要求，在具体问题上采取灵活、变通的办法，必要时做出相应的让步。⑤ 遵纪守法原则。商务谈判必须遵守国家的法律法规，如果是国际商务谈判，还应当遵循有关的国际法、国际惯例和对方国家的相关法律。

二、服务商谈判的重点与技巧

对于活动组织者，在与服务商开始谈判之前，了解价格并不是唯一的考虑，更重要的是要先做些功课，仔细研究各目标服务商的特点及相关的服务品质。以下有9项商务谈判的重点工作，值得活动筹备人员在与服务商进行谈判时参考：

（一）从需求计划开始

准备一份准确、详细的需求计划（如果是公开招标，往往需要制定一份翔实的需求建议书，即RFP），根据这个计划与服务商谈判。

（二）做好准备工作

首先，了解活动服务相关产业的服务商经营方式，查看行业整体的报价区间，在研究的基础上为自己的购买订一个目标价格，但要注意留给服务商一个合理的利润空间；其次，对即将要购买的产品或服务做较为透彻的了解，防止在谈判中显得“不懂”行情，反而被服务商忽悠或者漫天要价。

（三）表示热情与感谢

在与服务商沟通时，应表示出热情，感谢对方愿意为活动的运营提供服务。以较为大度的姿态面对各个服务商，使其感觉到为我们服务会很愉快，在轻松的环境中进行谈判，也较容易迎来服务商的坦诚与尊重。

（四）利用谈判优势

对于活动主办方而言，始终要记住优势在“买方”这边。通过在谈判中不断地发问或提出要求，让服务商做较为详细的解释，这样既有助于了解各服务商的虚实，还可以弥补自己对相关产品或服务了解的缺失。

（五）避免模糊不清的说法

明确的协商和谈判是避免双方合作失误的最好方法。

（六）清楚格式合同的内容

许多服务商比如酒店、会展中心等提供的都是标准制式的合同，对于活动主办方的需求可能不是特别重视，规定得也不是很明确，因此要根据活动的具体情况，做好相关方面的特别说明。

（七）仔细研读各项条款

许多合约的字体特别小，在签订合约之前，要仔细查看，避免存在不当条款，譬如取消服务的条款可能订得很苛刻。

（八）明确双方权责

要求服务商明确彼此的权责，而且在没有双方同意的情况下，不可以更改合同。双方在协商过程中，权责与诚信都是最重要的要求。

（九）认真再确认

了解各种情形的可能性，并确认各个联络人及代理人的联络方式。协商谈判一旦完成并签订合同，活动组织机构应当将承接服务的供应商视为一个“团队”，并依照合同内容，严格监督应该按时、按质完成的项目，丝毫不得马虎。

另外，每家服务商都有不同的背景及工作模式，为了高质量完成活动的各项任务，应该在协商时尽力消除彼此之间的差异。

经典实例 9-1

湖南省会议定点采购案例①

一、项目背景

为严格控制和精减会议费用，降低会议成本，切实改进机关作风，促进党风廉政建设，规范会议接待制度，经中共湖南省委、省人民政府同意，中共湖南省委办公厅、省人民政府办公厅制定了《湖南省省直行政单位会议管理暂行办法》（湘办［2002］56号）。要求一、二类会议及三类会议中的综合性会议都必须在定点单位召开，会议定点单位的确定实行政府采购，会议经费采取国库直接支付的方式，财政、监察部门参与会务的监督。

二、采购准备

1. 采购方式

由于当年湖南省“两会”即将召开，为了慎重起见，省委办公厅、省政府办公厅、省财政厅、省机关事务局多次讨论采购方式，后报政府采购监督管理部门同意，采取竞争性谈判方式。

2. 供应商的条件

由于省直行政单位地处长沙市，又考虑到节省开支，故确定参加投标的供应商为在长沙市境内（不含四县）的接待单位和二星及三星级旅游涉外饭店。

---

① 薛浩. 湖南省会议定点采购案例分析［J］. 中国政府采购，2006（3）：44-45.

3. 评标方法

为了客观公正，减少人为因素，采用综合评分法。从投标人对采购文件的响应程度、基础设施及服务等、投标报价三方面进行评分，综合得分在 90 分以上的投标人中标。

4. 对中标单位的管理

本次采购确定会议定点单位后，从 2003 年 2 月底开始至 2004 年 2 月底，省直行政单位会议由定点单位负责接待。

5. 采购文件

在采购文件中，对报价（住宿、餐饮、会场租费）实行了最高限价（按省委、省政府两办文件规定的标准）；对服务内容、标准提出了要求，并要求投标人单独承诺对合同格式进行了规范；为方便省直行政单位，要求投标人在投标文件中详细说明自己的基本情况，如地理位置、床位数、停车位、就餐数及商务条件等。

三、采购过程

1. 委托采购代理机构

按照政府采购的有关规定，经研究委托有政府采购业务代理资格，并有能力、信誉好的代理机构代理此项采购。

2. 发布采购信息

我们将会议类别按一、二类会议及三类会议中的综合性会议分为三个品目，投标人可以根据采购文件的要求，结合自己的综合能力，就其中一个类别进行投标，也可以向全部类别投标。

采购文件对投标人基本功能、服务、设备、餐饮、会议业绩及经验、投标条件做了要求，采购文件编制后，经过省财政厅、省采购办审核后对外发布。

为欢迎更多的供应商参加谈判，除在中国政府采购网和《中国财经报》上发布采购信息外，我们还在《湖南日报》上登载采购信息。共有 45 家投标人购买了采购文件。我们还组织购买了采购文件的供应商进行现场答疑，宣传实行会议定点的意义及做法，并根据答疑会的情况，将供应商带共性的问题书面告之每一供应商。

3. 组建谈判小组

经商议，谈判小组在由省委办公厅、省政府办公厅、省财政厅、机关事务局及省直政法、文教、农业、社保等单位有会议管理经验的人员中以随机方式抽取共 7 人组成，省政府采购管理办公室、省监察厅分别派人监督了谈判小组成员产生及谈判的全过程。

4. 谈判过程

递交投标文件的截止日期为 2003 年 1 月 28 日 9：30（北京时间）。共有 35 家投标人参加了投标。

谈判小组对每一投标人的投标情况进行澄清；与对投标文件不明确的地方及投标价格在最高限价以上的投标人进行了谈判；在投标报价（住宿、餐饮、会场租费）均符合省委省政府两办文件规定的标准和采购文件的限额标准要求时（在采购文件中，不符合此条款被列为废标内容）进行了评审，对采购文件的响应程度、基础设施及服务等两部分，由评委依据采购文件独立评分，其中，投标报价部分由采购代理机构用两套软件分别计算得分。评分过程经过反复核对，最终确定省本级 2003 年度一、二 三类会议定点单位分别为 9 个、19 个和 29 个。

四、定点采购所取得的效果

会议定点竞争性谈判采购结束后，我们在《中国政府采购网》上公布了成交结果，并发出了中标通知书和未成交结果通知省委办公厅、省政府办公厅召开了由省直单位及中标单位参加的授牌仪式大会，省政府办公厅副秘书长、省财政厅厅长及省直单位、中标单位代表在会议上讲话，省委办公厅、省政府办公厅和省财政厅分别就省直单位会议实行定点召开发布文件。至此省直单位会议实行定点召开采购工作结束。

1. 省直单位会议实行政府采购定点后，极大地方便了省直单位，各会议定点单位的基本情况、价格、合同格式、联系方式均在《中国政府采购网》上可查，公开透明，各单位可根据不同的会议，选择适当的定点单位，提高了办事效率。

2. 从省财政厅对会议进行管理的角度看，通过实行会议定点，与上年相比，2003年度同期会议经费节省费用达到40%以上，且定点单位服务质量得到了提高，省直单位的会议管理走入规范化。

3. 省直单位会议的一、二、三类会议实行政府采购定点后，对于省直单位规范管理未列入一、二、三类会议的其他会议起到了示范作用，省公安厅、司法厅等单位出台了相关的会议管理配套措施，规范了内部会议管理有关规定。

4. 实行会议定点后，个别会议主办单位在会议上列支设备购置、书刊、奖励和礼品等费用的现象得到了有效遏制，这客观上为切实改进机关作风、促进党风廉政建设起到了积极作用。

第四节 合同管理

一、合同管理的含义

合同管理（Contract Management）是指企业对以自身为当事人的合同依法进行订立、履行、变更、解除、转让、终止以及审查、监督、控制等的一系列行为的总称。其中，订立、履行、变更、解除、转让和终止是合同管理的内容；审查、监督和控制是合同管理的手段。由此可见，合同管理必须是全过程、系统性和动态性的。英国皇家采购与供应学会（Chartered Institute of Purchasing and Supply，简称CIPS）认为，虽然合同管理主要侧重于合同订立后的执行管理，但成功的合同管理还取决于合同制度是否完善以及合同订立前的业务能否良好地开展。

因此，合同管理隶属于项目管理的范畴，层级高于后期合同执行跟踪与文档管理（青之云，2016），换句话说，合同管理工作主要包括合同管理制度、合同订立前管理、合同审批与签订，以及合同执行跟踪与文档管理4个部分，如图9-1和表9-1所示。

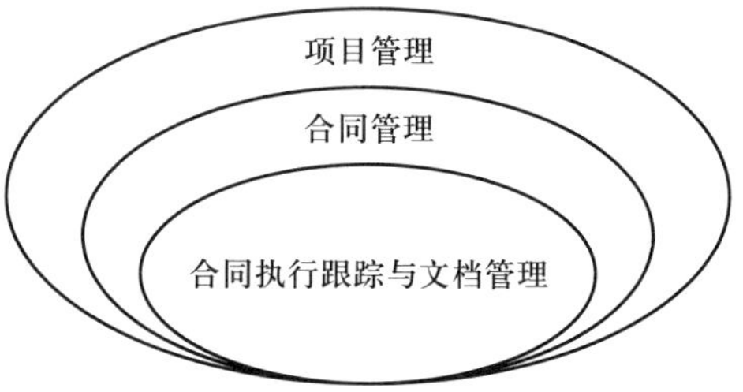

图9-1 合同管理的范畴

表 9-1 合同管理的主要工作内容

工作领域	解释说明
合同管理制度的制定	明确合同管理责任（比如，由法务部或者确定一个部门进行整体合同管理）； 合同签订的格式和内容； 明确合同分类； 合同的审批流程和权限管理； 合同履行、变更与解除
合同订立前管理	明确合同订立的目的，并进行相应审查； 服务商竞标和选择； 合同风险评估； 商务谈判与合同拟定； 双方达成一致
合同审批和签订	按照合同管理制度完成审批流程
合同执行跟踪与文档管理	合同的履约进度和付款进度监控； 管理合同台账，并发布合同管理报表； 合同文档存档

二、合同管理的流程

合同管理的工作流程与企业合规管理紧密相关。所谓合规管理（Compliance Management），就是企业按照外部法规的要求统一制定并持续修改内部规范，监督内部规范的执行，以实现增强内部控制，对违规行为进行持续监测、识别、预警，以防范、控制和化解合规风险的一整套管理活动和机制。合规管理，与业务管理、财务管理并称为企业管理的三大支柱，是内控的重要方面，也是风险管理的关键环节。

一般来说，不同级别（金额）的合同，审批流程也有所不同。对于低级别的合同，为了加快流程和减少对管理资源的耗费，只需要采购部门提起申请，分管领导、财务和法务部门给予合同条款的审批即可，甚至不需要合同管理部门介入。对于金额较大的合同，除了要走完低级别合同的审批流程外，还需要合同管理部门介入，协同法务、财务和业务部门组织供应商参与竞标并召开评审会，同时需要呈报给更高一级的领导审批。

此外，美国著名会展专家乔治·费尼奇教授在《会展业导论》（第 4 版）一书中对会展活动服务承包商的发展趋势进行了展望。他提出，服务承包商与会展活动组织者之间的健康关系对于共赢结果仍然起到重要作用。通过与供应商建立持久的关系，组织者可以得到两个关键要素：有竞争力的价格和更加灵活的合同。在这种背景下，合同管理工作会具有更大的灵活性。

复习思考题

1. 对展览会而言，总服务承包商和专门服务承包商、参展商指定服务承包商之间的关系是怎样的。

2. 从全球范围来看，会展和活动的总服务承包商正呈现出哪些发展趋势。

3. 选择活动服务商的基本步骤有哪些。

4. 对于活动项目经理，如何在与潜在供应商的商务谈判中体现知己知彼原则。

5. 一般来说，商务谈判有哪些工作重点。

6. 请以某个活动为例，简述合同管理的主要工作内容。

扩展阅读

服务承包商与活动组织者之间的关系

从2011年开始，在多伦多的历史名地Distillery酒厂，每年都会举办为期两周的劳氏多伦多圣诞市集。最近一年，有24万名民众来市集享受美食，欣赏圣诞颂歌和知名艺术家的舞台表演，购买不同寻常的礼物，以及享受户外节日。在很短的时间内，该市场成为热门的旅游目的地，并且为Distillery酒厂和多伦多的商业带来了显著的经济回报。

当公众到达时，会看到市集已全面开放。很多人不能理解为什么要提前两个星期准备开市。总服务承包商与Distillery酒厂员工一起工作，确保市集顺利开市。为此，在市集开始之前，Distillery酒厂员工要联系供应商购买产品，以及雇佣不同类型的服务承包商来确保活动成功举办。

其工作主要内容包括：临时搭建的房屋主人会售卖商品和食品饮料。电力承包商要为每个临时房屋提供电力。搭建和装饰15米高的圣诞树。灯光师会把成千上万的灯布置在建筑物上。供应商建起他们的仓库。需要与台前幕后的表演者签订合同以及管理安排。餐馆要确保食物分配合理，并且有足够的食物提供给额外的进餐者。要检查鹅卵石铺设的街道，并确保鹅卵石没有松动。要雇佣充足的安保人员。要有移动厕所。当车辆增加时，要雇佣代客泊车人员和停车服务员。木材要运送到户外篝火地。设备的使用需要得到允许。开市的时候，80%的工作都已经完成。

接下来，在顾客要到来的两周时间里，还有10%的工作要完成。任何现场危机都要顺利解决，才能确保顾客不会知道。例如，暴风雪意味着要准备好犁而且撒盐车要快速将盐洒在鹅卵石上确保不会有人滑倒受伤。安保要注意任何可能出错的地方。表演者要守时。户外篝火地要有人看管……

活动很快结束了。现在还剩10%的拆卸与分析工作，所有服务承包商要一起工作，以确保所有的东西都安全拆卸和运走。电力和音响装备先拆卸，其次是中央舞台。这些完成以后，供应商带走他们的货物。安保一天24小时在场。最后，拆掉临时房屋；木板装到拖车上运走。两天之后，如果你走进Distillery酒厂，你不会知道过去两个星期发生的事情。为什么？因为在主办方的统一协调下，所有的服务承包商作为一个团队来设计和搭建市集，确保市场安全以及有效拆卸。

思考：

在劳氏多伦多圣诞市集举办过程中，主要出现了哪些服务商？

即测即评

第 10 章　融资与赞助

本章导读

活动赞助是指企业或组织为了扩大影响、增加宣传机会而向活动组织者提供资金、实物或服务等支持，而活动组织者则以广告、冠名权、演讲机会等无形资产作为回报的一种商业行为。通过制定和销售赞助计划，活动组织者能赢得更多的收入。比起单一的赞助行为，活动赞助更为复合多元。本章主要介绍活动资金筹措的方式及赞助的常用技巧，包括赞助机会分析、赞助销售及赞助方案的撰写等实务。

本章关键术语

活动融资（Event Fundraising）　赞助（Sponsorship）　赞助方案（Sponsorship Plan）
个性化需求（Personalized Demand）　投资回报率（ROI）

第一节　资金筹措

兵马未动，粮草先行。如何为活动融资或者说如何建立“商业化的运作模式”，是活动成功举办的关键环节。在讨论融资渠道之前，需要先分清融资渠道和收入来源这两个容易混淆的概念。融资（Fundraising）是金融学上的概念，指筹措资金，并用来完成相关的项目，时间上处于项目的启动阶段；收入来源指的是所有能产生收入的方式，可能存在商业利益的交换，也可能没有，它贯穿整个项目的实施过程。

一、收入来源分析

会议和活动的资金来源有很多渠道，活动策划人必须在预算范围内开展工作。举办一次特殊的和负担得起的活动是一个很复杂的过程。以会议为例，如果注册费用过高，人们将不会参加。但如果太低，举办方达不到收入预期。其实，除了注册费用，还有许多可能的资金来源，包括：

- 公司或协会基金；
- 来自个人的私人资金；
- 参展商费用（如果同期举办商演、展览会）；
- 赞助；
- 销售有商标的（或特许）商品；
- 广告费用，如在会议中的横幅广告；
- 当地、州或国家政府的援助；
- 销售横幅广告、官方网页的链接或者当地的媒体平台；
- 出租用于市场营销目的的会员联系人列表；
- 同其他公司建立官方伙伴关系，从而提高他们的产品价格或收益百分比；
- 提供现金或实物（服务或产品）支持；

通过第一轮的盈亏分析可以完成支出和收入预算，换句话说，即必须明确需要多少收入才能抵补费用。

二、活动融资渠道

概括而言，常见的活动融资方式有政府财政资助等 6 种，其中，商业赞助和政府财政资助使用频率较高。

（一）政府财政资助

政府财政资助是主办单位最为直接和理想的经济来源，具有安全性、稳定性、可靠性等诸多优点。大型公众活动得到政府的财政资助是完全可以理解的，因为这些活动在带来经济效益和提供大量就业岗位的同时，也会带来巨大的社会效益，例如为所在城市赢得美誉度等。所以主办单位可以名正言顺地从政府那儿得到相应的“补偿”。

世界贸易组织（WTO）提出，财政资助的主要形式有六种：

（1）直接的资金转移，政府可以向主办者赠款、提供无息或低息贷款，甚至直接购买主办单位发行的股票。

（2）潜在的资金转移，一般是由政府提供贷款担保。

（3）税收减免，政府放弃向主办单位征收或通过税收抵免的方式变相不征税。

（4）政府提供一般基础设施以外的商品和服务，比如向主办者提供较低价格的土地、场馆。

（5）政府或指示其他机构向主办单位购买产品或服务。

（6）主办单位从政府那里得到某种形式的收入或价格支持。例如，政府向主办单位授予某个行业展览会的特许经营资格，以保证某个重要展览会的规模、声誉和经济效益。

（二）企业及民间机构赞助

所谓赞助，就是企业提供人员、金钱、设备及技术等有形或无形资源，以利于组织执行某项事件或活动，并换取企业与该项事件或活动的直接关系，进而借由这种关系来达到企业营销或媒体目标的一种商业行为（Sandler & Shani，1989）。赞助行为看似是一种非营利的形式，但本质上是一种利益交换关系。

在国外，来自企业或民间机构的赞助是举办大型活动的主要经济来源之一，而国内则是名义上参与的较多，实际出资的少。要想寻求企业和民间机构的资金支持，首先，大型活动要和这些企业、民间机构拥有相同的宗旨、理念和目标；其次，主办方也要提供一定的方式满足赞助人在广告宣传等方面的特殊商业利益。另外，活动本身所具备的知名度、影响力也是决定性因素之一。

基金会也可能成为大型活动的重要资金来源。例如，著名的爱丁堡国际艺术节采用以企业为主体的市场化运作模式。爱丁堡国际艺术节组委会作为爱丁堡国际艺术节的总代表，主要职责是联合各个节庆活动进行总体策划，保证在国际上的领先地位，以及与投资方及利益相关人进行战略磋商。在我国，各类官方、半官方、民间的基金会越来越多，大多数基金会都不以营利为目的，但每个基金会都有自己的宗旨和目标，活动主办方要以此为切入点，取得他们的支持。

另外，有实力的行业协会有时也会有一些经费为他们的会员提供服务，大型活动的主办方可以与它们联系，既能争取一部分资金支持，又可以在组织工作中得到协会的帮助，可谓一举两得。

（三）银行贷款

银行贷款主要分为抵押贷款和信用贷款两种。对于大型活动而言，主办单位一般不像工厂企业那样拥有高额的固定资产，因此要得到抵押贷款基本不可能，除非是由政府主办的大型公众活动。

取得信用贷款的前提条件是寻找担保人，如果一时找不到合适的担保人，可行的办法是主办单位以未来可以预计的收入作抵押向银行申请贷款，如门票收入权、活动场地广告发布权（以相应合同为依据）等。通常，贷款银行可以要求主办单位在其行内设立专用账户，银行将贷款打入此账户，所有支出专款专用，由银行把关；同时，主办单位的相应收入也汇入此账户。银行通过这种办法监督资金的进出，以提高资金的安全性。

（四）发行债券

普通的活动发行债券可能性不大，只有奥运会、世博会这样的活动才有机会。这类债券筹措到的资金往往会用于市政建设，其本质也是市政债券。根据现行的《预算法》，地方政府发行市政债券属于被禁之列，以大型公众活动的名义来为市政建设发债融资无疑是一个巧妙的设想。发行债券的关键是对收益的预计以及能否以地方财政作担保。

（五）公司上市

和发行债券相比，通过股市融资无疑实际得多。上市的方式通常分为直接上市和间接上市两种。无论是定期的每年一届、两年一届的活动，还是短期的一次性活动，只要是有利润和高经济回报，就可以选择上市。现实的情况是许多上市公司在融资后找不到合适的投资项目，一些回报率高的活动无疑成为他们追逐的理想的投资目标。利用这种方式，大型活动的主办者特别是世博会运营公司、展览公司等可以实现间接上市。

当然，对于规模较大和有稳定收入来源的主办单位来说，选择直接在主板或创业板上市也不失为明智之举，因为间接上市毕竟是以流失一部分利润为代价的。

（六）补偿机制

对于投资规模大、短期难以收回资金而政府又不得不办的活动项目，可以考虑给予适当的补偿。比如，给予投资企业在活动举办地周围一定数量、一定期限的土地进行有较高受益的项目开发（如开发沿线商业、旅游、娱乐等文化体育产业）；又比如，统筹两个经济效益不同而又有内在联系的活动。建立补偿机制的好处主要有两个方面：一，能调动活动主办方的积极性，把抽象的社会效益变成实在的经济利益；二，对整个社会具有示范效应，促使更多的公司或个人从事此类活动，从而达到繁荣地方经济的目的。

除了上述六种融资方式外，大型活动的主办者还可以根据活动的实际情况，想出符合自身需要的融资方式，如发行彩票、转让特许经营权、开发相关产品（邮票、礼品等）、冠名权等。

经典实例 10-1

2017 会展业未来领袖论坛收入来源

长期以来，因为缺少协同创新机制，国内会展教育、研究机构与业界之间的鸿沟一直存在，这种现状导致了众多优秀的会展专业学生以及青年从业人员从会展行业流失。为此，需要一个全新的平台来推陈出新、达成共识，并真正关注中国会展业的希望——未来领袖。从 2015 年开始，一年一度的会展业未来领袖论坛备受关注，为中国会展业注入了新的活力。“创新”、“去中心化” 和 “做有思想和好玩的行业活动” 一直是该论坛秉持的理念。2016 年 10 月 28-29 日，以 “新青年、新思维、新模式” 为主题的第二届会展业未来领袖论坛在国家会展中心举办，同期还举办了 “首届昆明博览杯新题材、新模式、新技术会展项目策划大赛”，发布了 2016 中国会展业未来领袖奖学金，再次获得成功。

2017 年 12 月 22-23 日，第三届会展业未来领袖论坛在上海成功举办，今年的主题是 “创新思维（IDEAS）——中国会展业发展的源动力”，共有来自全国各地的发起人、嘉宾及未来领袖代表约 120 人应邀出席。本届论坛的主要收入如表 10-1 所示：

表 10-1　2017 会展业未来领袖论坛的主要收入来源

类别	项目	金额（单位：元）	备注
发起	发起人	26 453.7	共 51 位个人参与发起，发起费用为 518.7 元/人
	发起企业	36 309	7 家企业参与发起（秀维珂会展联合办公、南京力思企泰会展有限公司、三亚凯斯会展服务有限公司、上海博聚会展有限公司、苦瓜软件 COOLGUA.COM、复医会展集团丨FUMED Group 和中国会展产业交易会）
售票	售票	2 400	业界嘉宾报名

续表

类别	项目	金额（单位：元）	备注
赞助	微演讲比赛赞助	5 187	31会议
	第二届“三新”会展项目策划大赛支持费	60 000	昆明市博览事务局
	丝路会展创客大赛合作	10 000	西安欧亚经济论坛
	承办方支持	4 000	上海对外经贸大学会展经济与管理系
合计		144 349.7	

注：合计金额为未扣税的总收入

第二节 赞助机会分析①

根据国际活动集团（International Events Group）的相关统计数据，1996年以来，全球范围内赞助活动的花费持续增长，2013年超过530亿美元，并且较少受到经济低迷的影响。在2008年北京奥运会上，奥运TOP赞助商为我们呈现了体育赛事赞助商的身影和他们的营销战役。近年来，马拉松比赛席卷全国各地，体育赞助与赞助商的存在感再次刷新了社会关注的高度。

一、市场调研与需求分析

开展市场调研和需求分析是赞助工作的第一步。活动组织者应从活动的内容、产业关联等入手，分析可能对活动感兴趣的企业或组织及其需求，评估赞助的可能性。即站在潜在客户的角度，确定赞助的目的或公共关系目标等，并据此判断活动是否对某个企业或组织有独特的吸引力。在此基础上，研究赞助项目的可行性和有效性，以保证活动主办方自身和客户都能获益。

以体育赞助为例，通常所说的体育赞助起源于20世纪中期的美国，之后体育赞助经过大规模的发展与演变，逐渐形成于20世纪60年代的英国。值得一提的是，1984年洛杉矶奥运会后，体育赞助在全球范围内发展迅猛，主要表现在两个方面：一方面，体育赞助的形式多样，现金成为主要形式之一，且赞助金额逐年增加；另一方面，体育赞助所涉及的领域及内容不断得以丰富和拓展。

体育赞助主要包括货币、技术、实物、劳务等形式，企业赞助体育赛事的主要目标有知名度、形象、销售和客户招待等。不同企业，甚至在不同场合，对赞助体育赛事的回报

① 本节资料来源：（美）T. 贝蒂娜·康韦尔，蒋昕译. 活动赞助：体育、艺术活动中的营销传播［M］. 重庆大学出版社，2017. 经蒋昕博士许可，引用了部分文字。

预期有所不同。例如，耐克不将商标曝光率作为评估赞助的关键。至于大学的赞助，耐克对他们的零售合作商可以卖出多少产品比较感兴趣。当耐克购买了美国空军学校的体育赞助权，耐克对该校的足球电视转播比赛与该赛事的曝光并不感兴趣，他们感兴趣的地方在于美国空军学校顾客中心的产品销售，每年高达 5 000 万美元，而在这个顾客中心有 33%的产品来自耐克。

二、赞助企业与活动的关联性要素分析

为了优化活动赞助的效果，企业必须将自身的品牌个性和活动的精神相结合，只有企业或产品的品牌与特殊活动之间有足够的关联，才能使得消费者把对活动的情感转移到企业或产品上来，如果关联度不够，则很容易被受众遗忘，甚至会让彼此的品牌价值产生冲突和抵消。因此，找到品牌与活动的联结点是活动赞助能否取得成功的关键（谢耘耕，刘淑云，2008）。

例如，《赞助观察》（Sponsor Watch）跟踪调查了 1984 年以来奥运会的 102 家指定赞助商，结果发现只有一半的赞助商在品牌和所赞助的活动之间成功地建立了联系。调查人员解释说，至少有 15%的人具有赞助商意识。换句话说，如果赞助的目的是为了提高知名度或与奥运会建立良好的关系，那么大多数赞助商的钱基本上是白花了。再举个比较典型的例子，1997 年 6 月 1 日，“亚洲飞人”柯受良驾车成功飞跃黄河壶口瀑布，凤凰卫视一举成名，但其独家赞助商内蒙古彩虹电视虽然赞助了 600 万，却所获无几。据飞黄活动后的抽样调查显示，多数人表示不知道或没注意是哪家企业赞助柯受良飞跃黄河的，甚至有人回答是“三菱汽车”（郭羽，2008）。

那么究竟怎样寻找赞助企业与活动之间的关联呢？根据 Dress（1989）的体育赞助机会分类模型，赞助对象可以分为 3 个层面，即运动项目（指足球、游泳、田径、自行车等不同运动）、体育性质（指竞技体育、群众体育运动和后备力量体育）和单位组织（指是综合体育组织，还是单项体育组织，或者体育赛事、俱乐部、运动队、运动员等）。在梳理 Dress（1989）、Shani 和 Sandler（1996）等学者研究成果的基础上，陆熠华（2008）提出了体育赞助分析的 4 维框架（见图 10-1），这为下一步的赞助机会选择提供了基础。

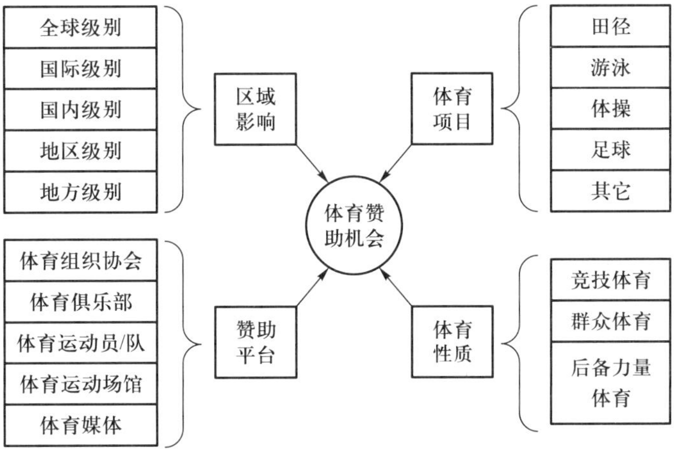

图 10-1 体育赞助分析的思维框架

此外，企业内部因素必须与活动赞助相匹配，包括赞助目标、企业预算、目标市场、企业文化、企业形象和产品等。其中，企业的预期目标对活动赞助机会的选择影响较大。常见的赞助目标包括提高企业和产品知名度、改善企业形象和社会关系、促进良好的品牌联想、创造娱乐机会、创造促销机会、展示产品和技术、开展内部营销、抵御竞争对手以及提高销售额度。

再以企业文化为例，不同的企业文化决定了企业在选择有兴趣赞助的活动时会有不同考虑。吴垠和袁岳（2003）对部分运动项目的特征和典型的企业文化进行了配对，行业和企业之间的文化差异会体现在活动赞助机会的选择上，如表10-2所示。

表10-2 不同体育运动项目所表现出来的典型特征

体育项目	特征	代表的典型文化
径赛类	速度化	快餐、汽车、通信等快捷文化
田赛类	距离/高度化	旅行（地理、文化）、登山
球赛、体艺	娱乐化	球类、健身、游乐、极限运动等
运动成绩	品质化	实力、公平、公益等

例如，汇丰银行一直是全球高尔夫赛事最大的赞助商之一，为了推进高尔夫运动的发展，除了持续赞助世锦赛—汇丰冠军赛、汇丰女子冠军赛和阿布扎比汇丰高尔夫锦标赛等全球三大赛事，汇丰还赞助举行了多场青少年及基层赛事来支持其发展计划。因为高尔夫代表了高品质和准确性，而银行业注重的是操作过程的准确性和顾客对服务的满意度。

三、赞助的利益回报

活动赞助是一场综合性的营销战役，其营销意义不仅仅在于获得媒体覆盖率。通常这是基本目标之一，并且包括了今天众多的社交媒体。它是对一系列营销行为的统合与执行，以期能在营销行为和赞助行为之间建立联系，并加以传播和沟通。对体育、艺术、文化等活动进行赞助，只是搭建营销平台的起始点。没有这一初始投资的杠杆作用，活动赞助营销真正的综合价值难以实现。

例如，2013年，美国银行（Bank of America）通过赞助美国高尔夫巡回赛来改善与重要客户之间的关系。他们创建了哈根小巷，这像一个附有交谈地点、食物和娱乐设施的优质乡村俱乐部。事实证明，73%的参与者认为，这是他们参加过最好的一个企业招待会，更重要的是，84%的人认为这种招待方法让他们与企业建立了更好的关系。

因此，在设计赞助方案时，要围绕赞助商（以展览会为例，大多数时候是参展商，有时也可以是非参展商或专业买家）的利益而展开。概括而言，一份优秀的赞助方案需要回答清楚以下问题：赞助方案所针对的对象；赞助的形式，即赞助商购买广告或赞助产品或服务的预期回报；赞助的价格；说明联系方式和签署合同等事宜。

四、活动赞助的常见形式

企业或组织赞助活动的原因很多，常见的有直接接触以提高目标市场，提升品牌、产品或服务的知名度，塑造形象，推介产品，促进产品销售，建立社区关系等。相应地，活动组织者能给潜在的赞助商提供不同形式的回报。常见的回报方式如下：

■ 冠名（Title Sponsorship）；
■ 排他性（Exclusivity）；
■ 品牌展示（Brand Exposure）；
■ 媒体宣传（Media Exposure）；
■ 广告机会（Advertising）；
■ 产品销售特权（Merchandising Rights）；
■ 允许发放样品（Sampling Opportunities）；
■ 提供赠票或折扣票（Tickets and Merchandise）；
■ 提供建立关系网络的机会（Networking Opportunities）；
■ 建立长期关系（Long-term Relations）；
■ 招待计划（Hospitality Opportunities）；
■ 准许提供特别制作的产品（Product Creation）；
■ 允许发放额外的资料（Additional Literature）。

以展览会为例，2005 年 8 月，《博览会》杂志（EXPO）和美国展览调研公司（Exhibit Surveys Inc）面向 131 家展会组织者开展了一项专门调查，主要目的是为了解展会组织者的赞助销售情况。调查结果显示：2005 年，赞助收入大约占到了展会总收入的 15%，且接受调查的组展商认为 2006 年这一比例将增长到 16%。主办单位最常用的 10 种赞助形式包括注册资料袋、招待会、挂绳、设有互联网的咖啡厅、茶歇、展厅内的悬挂旗帜（横幅）、网上旗帜广告、早餐、班车服务和带有教育性质的论坛。在设计赞助方案时，主办单位应根据展览会和目标赞助商的具体情况而定，如表 10-3 所示：

表 10-3　展览会主办单位常用的赞助形式

赞助形式	比例	备注
注册资料袋/Registration bags	76%	
招待会/Receptions	73%	
挂绳/Lanyards	67%	
设有互联网的咖啡厅/Internet Cafes	63%	
茶歇/Breaks	56%	
展厅内的悬挂旗帜 /Hanging banners in the exhibit hall	55%	
网上旗帜广告/Online banners	47%	
早餐/Breakfast	47%	
班车服务/Shuttle service	44%	
带有教育和培训性质的论坛 /Educational sessions	43%	
午餐/Lunch	41%	

续表

赞助形式	比例	备注
讨论会/Sessions	38%	
胸卡/Registration badges	34%	
晚餐/Dinner	33%	
总冠名赞助商/Overall title sponsor	25%	
媒体/Media	25%	
新闻中心/Press rooms	24%	
演讲者休息室/Speakers lounge	23%	
其他/Other	12%	

资料来源：EXPO，2006（11）

第三节 赞助方案的撰写

无论是什么类型的活动，赞助方案的内容设计与撰写都要紧密围绕潜在客户的利益而展开。概括而言，一份优秀的活动赞助方案需要清晰地回答以下问题：活动举办的背景及主要内容；活动的宣传推广计划；活动赞助方案所针对的对象；赞助的形式及价格；联系方式和签署合同等事宜。

一、基本原则

千个活动，千副面孔。活动赞助方案的撰写应依据活动的规模、性质和赞助的实际需要等而定，没有固定的格式。尽管如此，仍有专家归纳了撰写活动赞助方案的基本原则（马晓慧，2013）：

（1）封面设计富有吸引力。赞助计划书要一看就能抓住赞助商的眼球，这也是策划人或文案人员展示功力的第一关。

（2）内容介绍大纲化。尽量以大纲的方式来介绍活动和赞助计划书的内容，做到言简意赅、重点突出。必要时也可以单独附上一份简要的策划书。

（3）活动主题商机化。这里的“商机”就是上文的赞助机会分析，它直接体现为赞助商能获得的相应回报。只有处处突出商机，才能抓住潜在客户的“心”。

（4）内容文字简洁化。赞助方案的内容应遵循简单清晰的原则，遣词造句应具有说服力。

（5）赞助形式多样化。为了鼓励赞助，活动策划人应设计多种赞助组合，以供不同企业选择。

（6）联络反馈便利化。为把握每次接触机会，赞助提案中应注明联系人的相关信息，包括姓名、职务、电话、传真、电子邮件甚至微信等，以便有意者查询联系。

(7) 宣传促销多样化。不仅以书面方式与潜在客户联系，还可通过网站、社交媒体等途径介绍活动赞助机会，这是快速促销赞助方案的有效策略。

二、特别注意事项

(一) 挖掘个性化需求

会议、展览会等活动组织者通常以单一的产品或服务来满足众多企业的赞助需求，但目前这种无差异营销方式已不能满足赞助企业与日俱增的多目标、多层次需求的愿望，取而代之的是个性化营销，即市场细分达到最小限度——“一对一营销”，针对每个企业与众不同的个性化赞助需求来实现高度的“顾客”满意。

要赢得赞助市场，活动主办方就必须根据潜在客户的具体需求，制定有针对性的赞助方案，以提高企业的满意度。这就要求活动策划和营销人员通过调查，对目标企业的诉求进行深入了解，并能将企业的品牌个性和活动的相关元素相结合。

(二) 制定合适的赞助价格

一次网上搜索或者一个电话就可以弄清其他同类会议或展览会的赞助价格。赞助销售人员也可以咨询同行和本行业的出版商，获得一个大概价格。另外销售人员要考虑自己的成本。譬如，对于一次费用为800美元的茶歇，你至少要将它翻一倍作为赞助成本。占用员工时间以及使用相关设备的费用也应考虑在内。许多活动组织者在制定赞助价格时，都偏向于将赞助作为支付成本的方式，而不是考虑以何种方式来增加收入。

经典实例 10-2

2015 中国会展业未来领袖论坛赞助协议（部分）

2015年12月，首届中国会展业未来领袖论坛在上海朱家角古镇举办，为了募集资金用于资助更多的会展专业学生来沪参会，论坛承办方（以下简称“甲方”）与上海某知名展览公司（以下简称“乙方”）经友好协商，达成赞助协议。以下是协议的第九部分：双方的权利、义务。

（一）甲方权利与义务

1. 有权收取赞助款项并自行支配。

2. 确保乙方以下各项回报权益的落实。

3. 在乙方赞助款到账后3个工作日内，向乙方提供以下资料：① 活动时间、地点、内容；② 本次活动的LOGO、主形象、宣传海报的AI文件。③ 其他乙方所需的有关本次活动的系列资料。④ 含有乙方名称、商业标识的海报、其他印刷品、旗帜、纪念品或其他物品印制、制作前，样本须经乙方审核同意，但乙方的审核行为不免除甲方对上述物品的内容及发布、使用等行为的合法性所负担的任何责任。

（二）乙方的权利与义务

乙方应及时、足额支付赞助款项，除赞助款项外，乙方不负担任何其他费用。乙方享有的权利如下：

1. 宣传

（1）成为“2015 中国会展业未来领袖论坛”的发起单位及赞助商，并在所有赞助商的露出场合排序为第一位。

（2）发起单位及赞助商称号、与论坛活动相关的宣传素材都可用于乙方自身品牌公关活动。

（3）全程论坛背景墙、签名墙上发起单位和赞助商名称及 LOGO 展示。

（4）论坛现场播放的短视频中作为赞助商占一个页面，作为发起企业与其余 3 家共占一页。

（5）在赞助合同签订后，“活动研究”订阅号对论坛的每一次文章推送都有发起单位和赞助单位的信息。

（6）12 月 20 日下午，乙方可以在论坛现场摆放 2 个易拉宝（由乙方自行准备，建议分别放在景苑水庄二期会议中心的一楼大厅和茶歇处），同时在茶歇区摆放乙方的宣传资料。

（7）除了“活动研究”公众号，论坛组委会将通过中国经济网、会展人微广播主群及各分群、中国会展教育论坛群、上海会展业产学研联盟群、会展教师群等社群发布乙方的相关信息。

2. 参与

（1）特邀乙方总裁××先生出席论坛的第一个环节——大咖心语—主题访谈，暂定由××主持。

（2）特邀乙方总裁××先生作为业界前辈，与××一起仪式性地将接力棒传递给未来领袖代表。

（3）邀请乙方委派两位同事分别作为发起单位和赞助单位代表，出席 12 月 19 日的发起人活动（相关信息由甲方提前通知）。

（4）乙方可安排 1 位年轻员工参与第二个环节——回首往事—那些年一起学习的会展（14：40–15：20）的对话。主持人为上海对外经贸大学 IEMS 中方主任、论坛策划人××。

（5）另外邀请乙方的 3–5 位同事作为业界嘉宾出席 12 月 20 日下午的正式论坛。

3. 宣言

作为本次论坛的重要成果之一，《中国会展业未来领袖宣言》将通过中国经济网、中国贸易报、微信朋友圈、公众订阅号等多种途径对外发布，在里面将明确提到“上海××展览公司”。

第四节 赞助销售

2005 年第五期的《博览会》（EXPO）杂志曾经刊登过由道恩·格鲁布撰写的一篇文章，他分 5 个步骤介绍了展览会赞助计划的制定、顾客化、定价和销售。虽然该文讨论的角度是展览会，但所提的策略适用于所有活动的赞助销售。以下是整个销售过程的具体内容。

一、创造令人印象深刻的机会

销售人员应该整合展览管理、市场营销和现场运营的各种信息和人力，通过头脑风暴的方式寻找赞助机会。一个好的起点是往届展览会的展后分析报告。讨论所提供的赞助，失去的机会，客户要求的附加条件以及为下次的利益最大化所做的改进。

和客户坐在一起讨论他们的需要。客户希望能为他们具体的需求定制方案，所以销售人员应该忘掉那些统一的“均码”方案。当然，你可以用一些以包价形式推出的可选择项目来激发客户的兴趣，但最佳的计划方案是个性化的。

另外，折价销售也是理想的双赢手段。假设你的客户是一家电缆公司，提供的某项服务可以减少你的展会支出。此时，销售人员可以用一项价值相当的赞助服务来交换相应的广告。

二、定制个性化赞助计划，展示投资回报率

营销人员应该分析客户会用什么样的指标和方法来评价（赞助是否）成功，然后围绕这些指标来制定赞助计划，其中可能包括：

- 品牌知名度（Brand Name Awareness）——在每一处都能看见他们的名称；
- 客户线索（Business Leads）——吸引公众到他们的展台参观；
- 媒体展露率（Media Coverage）——使他们的产品得到更多的新闻报道。

在展览会期间收集各种资料，以证明赞助的价值。例如，收集关于展览会的新闻剪报或拍摄相关照片：观众在展台间徘徊，并停下脚步观看赞助商的展示，欣赏放在会议资料包中带有品牌标识的赠品，阅读标有赞助商 LOGO 的节目单等等。或者围绕观众在自动扶梯上注视赞助商招牌或（在节目开始前）坐在会议室观看附有赞助商市场推广信息的幻灯片的场景，拍摄一段录像。

在展会结束后，将这些材料放入一份材料中，然后邮寄给赞助商，以证明他们赞助此次展览会的投资回收率。

三、利用销售过程教育顾客

在通常情况下，顾客并不清楚或者不能体会到他们自己所需要的东西，此时需要销售人员的教育和引导。例如，举办研讨会或者进行一对一的面谈，就怎样实现展前的促销目标以及什么样的展示或展后活动能够增强顾客的“记忆因素”而展开讨论。

还有一个技巧也很管用，就是通过对过去一些赞助案例的分析，展示一份优秀“赞助套餐”（Sponsorship Package）的力量。

四、制定合适的赞助价格

首先，从完成家庭作业出发。一次网上搜索就可以弄清其他同类展览会的赞助价格。销售人员也可以咨询同行和行业出版商，他们其中的一些人可能忌讳告诉你精确的价格，不过你仍然能得到一个大概数字。

其次，销售人员要考虑自己的成本。譬如，对于一次费用为 800 美元的茶歇，至少要将它翻一倍作为赞助成本。另外，占用员工时间以及使用相关设备的费用也应考虑在内。

许多组织者在制定赞助价格时，都偏向于将赞助作为支付展会成本的方式而不是考虑以何种方式来增加收入。

诀窍在哪里呢？刚开始时可以出个高价，然后在协商中慢慢降低价格。这样的话，如果顾客接受出价，你将会得到一个合理的价格。

五、与顾客建立和保持关系

高品质的客户服务在很大程度上保证了赞助销售的成功。如果期望赞助者有一次开心的经历，并且还会在下一年回来进行更高额度的赞助的话，展会组织者不仅要提供高价值、定制化的赞助方案，更需要以高品质、量身定制的服务为出发点。

与你的销售队伍共同开始。无论在销售过程中还是在售后，都要考虑你的销售团队是否拥有足够的人力和时间来满足赞助商的需求？如果不是，请考虑为赞助设立一支专门的队伍，他们将与进行展位和会议销售工作的队伍共同努力，分享客户线索和信息。而且，赞助销售的佣金通常比展位销售高一些，因为它的利润率更高。

另外，持续跟进也是十分重要的。不断与赞助商沟通，确保最后期限的认定以及所有的细节问题都已被涉及。同时，为将来的销售做好准备工作：① 赞助营销指南——提供新闻材料和直接邮寄方面的信息，以及如果在展前、展中、展后开展营销的建议。② 产品手册——包括一些印刷材料的细则（参考表格、最后期限和合同等）。

复习思考题

1. 以一次活动为例，分析其主要收入来源。
2. 对于会展和活动而言，赞助的本质什么。
3. 吴垠和袁岳（2003）对部分运动项目的特征和典型的企业文化所做的配对分析，对活动策划人开展赞助机会分析有什么启发。
4. 怎样寻找赞助企业与活动之间的关联性要素。
5. 请结合某个具体活动，简述赞助计划销售的主要技巧。

扩展阅读

赞助凤凰传奇演唱会，王老吉打造经典营销案例

2013年4月30日晚，凤凰传奇和王老吉共同打造的《我是传奇》演唱会在北京工人体育场隆重举行，现场气氛极为热烈，四万多名观众一起挥动的王老吉红色荧光棒将工体变成了一片沸腾的红色海洋，有媒体将其誉为工体历史上30年不遇的盛况。

尤其令人称道的是，凤凰传奇的众多歌曲都与赞助商王老吉所弘扬的“吉”文化不谋而合，《吉祥如意》、《大吉大利》等歌曲所传达的，正是“吉”文化期盼吉祥如意、美满幸福的愿望。在当今社会，企业赞助演唱会早已司空见惯，但像王老吉赞助《我是传奇》演唱会这样，从道具到歌曲内容都能完美结合自身品牌内涵的，绝对算凤毛麟角。

在演唱会上，凤凰传奇还通报了王老吉投资3亿元在雅安地震灾区建立生产线，以提供就业岗位等造血方式长期支持灾后重建工作的消息，现场赞扬声不断。据了解，在4月20日地震灾情发生后，广药王老吉第一时间快速反应，筹集了包括大量灾区急需药品在内的300万元救灾物资，并成立了专业救援队伍，星夜上路驰援雅安。4月26日又做出投资3亿元的决定，从而一举成为雅安救灾过程中捐助数额最多的企业。在这些实际行动中，王老吉实践的正是“吉”文化期盼天下吉祥幸福和平安如意的理念。

赞助此次演唱会对王老吉带来的宣传效应远远不止于场内。凤凰传奇是国内最有影响的流行音乐组合之一，北京工人体育场更是检阅歌手号召力和影响力的平台，在凤凰传奇之前的十几年间，内地歌手中只有汪峰和零点乐队在这里举办过个唱，因此这次演唱会绝对是一次演艺界的重磅演出。再加2012年春晚献唱之后，凤凰传奇身价“过亿”的传闻进一步如火如荼，使得演唱会的关注度进一步上升。在各方面有利因素的烘托之下，《我是传奇》演唱会理所应当的成为一大娱乐新闻热点事件，诸多强势媒体进行了集中报道，配合电视、报纸、网络、广播、海报、户外、公交、楼宇电视、移动电视等众多广告媒体，王老吉的品牌形象与凤凰传奇一起，得到了最大限度地曝光。

在演唱会举行前的半个月，王老吉还举办了一场“欢乐吉时享 正红王老吉”微博送票活动，以此次演唱会的门票作为奖品，吸引了大批网友参加。按照“吉”文化的理念，这次活动以“欢乐”为主题，网友上传的内容不拘形式，只要够欢乐就有机会获奖。在这种百花齐放原则的鼓舞下，网友们各显神通，创造出了诸如“红罐男子天团”等大量充满创意的作品。据统计，这次活动累计影响人数超过一亿人次，成为红极一时的网络热点，为王老吉和凤凰传奇演唱会进行了又一次双赢的宣传。

思考：

在赞助2013年凤凰传奇北京工体演唱会中，王老吉是如何做到活动赞助与企业品牌有机融合的？

即测即评

第 11 章　市场营销与沟通策略

本章导读

酒香也怕巷子深。对于“活动”这种特殊产品，其重要价值在于它的宣传推广效果，换句话说，活动的市场营销效果是检测一个活动是否成功的重要指标。如果一个小型活动能抓住其中的某一点予以放大，进而达到广而告之的目的，应该是所有活动主办方和运营机构都想要达到的目的。

活动营销仍然遵循“市场细分—目标市场选择—市场定位”原理。制定有效的活动营销计划，必须建立在务实的目标市场分析与识别基础上，为此要从市场环境分析与目标市场识别入手。本章将介绍活动目标市场分析的常用方法以及市场营销计划的制定、媒体沟通策略等内容。

本章关键术语

目标市场（Target Market）　营销计划（Marketing Plan）
营销行动计划（MAP）　社交媒体（Social Media）

第一节　目标市场分析

一、市场环境分析

即在制定营销计划之前收集、分析一切与活动有关的可用信息，以保证做出恰当的推广计划。为此，需要做好相关准备工作，例如，确立活动的愿景、任务及核心目标，考虑与活动及团队相关的优势、劣势、机会和威胁主要有哪些？制定/完善活动的流程及内容，确定活动最佳主办时间等。

随着分析的深入，还需要考虑如下更多的细节：

(1) 活动的观众分析。例如，谁会来，来自哪里，预计人数会有多少，重复和首次参与者的数量，过去时间里参与者的变化状况等。

(2) 目前的相关研究。譬如是否掌握并仔细核查了观众的详细信息？根据相关研究能得到什么结论？这些研究是最近的吗？还需要找出哪些其他信息等等。

(3) 先前的宣传活动及相关资源。譬如，过去用过哪些宣传方式，哪些可以进一步开发应用？

(4) 可用的资源。譬如预算有多少、员工配备、利益相关者的支持、完成计划的有效时间等。

(5) 竞争者分析。例如，活动有其他竞争者吗？从竞争者那里你能学到什么？

(6) 目标收入分析。包括因推广而得的门票收入、潜在收入有哪些及宣传推广对活动潜在收入的影响。

需要注意的是，在整个过程中，活动营销不是独立或一成不变的，它应随着活动的推进而做出灵活的改变。

二、目标市场分析与识别

所谓目标市场，就是指活动组织者在市场细分之后的若干“子市场”中，运用营销活动之“矢”而瞄准市场方向之“的”的优选过程，潜在的目标市场具有差异性、可衡量性、可达到性、实用性和可行性等特点。如果活动市场的需求是可识别的，那么通过市场分析大致可以确定活动可能会吸引到的客户类型。接下来，需要对这些客户群体进行深入了解，这意味着计划需要更加具体。在这一阶段，需要回答两个关键问题：

（一）目标市场是谁

可能包括以前的参与者；新兴客户；特定的兴趣团体；学校；特定的年龄、民族及社会经济体；家庭、夫妻、旅游者、潜在赞助商、媒体、利益相关者、相关俱乐部和组织、有影响力的人等等。

（二）目标市场在哪里

了解客户来源，是来自当地还是其他更大范围的区域？在了解了这些信息之后，可以建立客户信息档案，明确哪些是现有客户，该采取什么样的措施去维持并建立其忠诚度；哪些是潜在客户，该采取什么样的方式去争取。这一阶段的目的就是防止资源的浪费，要把宝贵的时间及有限的经费用在准客户身上。

将一些好的营销设想写下来总是有利无害的。在实际工作中，可以通过表格的方式把所有可能的目标客源、地理分布及相应的营销方式罗列出来，并和项目组成员或营销团队成员一起探讨，有利于制定行之有效的营销计划，并配置相应的资源（见表 11-1）。

表 11-1 活动目标市场的 Who-Where-How 分析框架

目标市场（Who）	地理分布（Where）	主要营销策略（How）	优先级别
现有参加者	来自全国各地	电子邮件、官方网站、社交媒体	一级

续表

目标市场（Who）	地理分布（Where）	主要营销策略（How）	优先级别
家庭	当地社区及周边地区	海报、传单、当地媒体、社区中心	一级
……			

第二节 营销计划的制定

一份有效的营销计划是打造一次成功活动的基础，计划的核心就是找到与活动主题、项目等相匹配的受众。为了达到这个目标，活动就必须向客户传递一个核心的理念。为此，要做好市场分析、制定有针对性的营销计划等一系列工作。

一、营销计划应该由谁来做?

活动的规模与性质将决定由谁来参与营销计划的制定，以及最终将由谁来负责执行该计划。对于一次小规模的活动而言，可能是某一个人全面负责计划的制定，而对于一项大规模的活动，可能需要一个富有专业技能的营销团队。

不论什么样的活动营销需求，责任都应有所明确。一份成熟的活动营销计划需要责任人与上级活动组织、资助者及其他合作伙伴进行交流，并寻求合适的建议。一些大的活动可能会受益于一个由各个合作伙伴组成的“活动营销策划小组”，这个小组应该为活动营销人员提供实际支持和建议，并确保所有合作伙伴都完全同意相应的营销计划。

二、市场定位

活动的市场定位是一种向受众提供活动信息的方式，它通过一些关键词或信息让客户知晓参加活动将会得到什么？每个活动都有它的亮点，比如活动的知名度、核心项目、特殊价值及差异性、活动体验以及特色元素（比如场地）等。

明确活动的核心优势，然后集中精力突出这一优势，定位才能得以有效开展。是要继续目前的定位，还是集中力量发挥其他优势？这是活动策划人员在活动营销过程中经常要审视的。

三、资源分析

制定活动营销计划时，首先要明确可用的资源，主要包括：资金——做出最低的营销预算；时间——因时制宜，在有限的时间内做恰当的事；人力——分工明确，确定相关负责人及可用外援。

四、制定营销目标

一旦确定了构成目标市场的核心客户，就可以着手制定详细的营销执行计划。为确保计划具有可操作性，营销目标需满足以下条件：

（1）具体性——目标是否具体？

（2）可测性——怎么衡量目标是否完成？

（3）可操作性——是否有足够的人力、物力及财力支持？

（4）现实性——不要高估任何目标，特别是收入目标。

（5）时限性——能否在有限的时间内完成目标？

五、制定活动营销策略

确立了活动营销目标之后，接着要做的就是寻找实现目标的方法，也就是制定具体的营销策略。

（一）品牌形象

在制定具体的营销组合之前，有必要对活动的统一品牌形象进行规划。这项工作会涉及活动的愿景、使命、LOGO、颜色、形象、字体等要素，而且必须通过所有用于营销和传播沟通的物料体现出来。在设计活动的品牌形象时，以下一些问题值得思考（Event Scotland，2016）：

■ 品牌是否能反映和强化活动的市场定位？

■ 品牌适应未来变化的潜力如何？

■ 品牌设计是否全方位覆盖了所有营销工具？例如，从海报到信纸，到网站图形设计。

■ 是创设一个新品牌，还是对已有品牌进行更新？

■ 如果是已有品牌，受众的感知如何？

■ 现有品牌是否与活动的举办地有所关照？

■ 品牌形象是否与活动体验相协调？

（二）营销组合

在有效的市场定位基础上，活动内容、参与费用、便利性、促销力度等将在很大程度上影响客户是否参与活动。因此，在制定活动营销策略时，对这些因素都应有所考虑，即要制定最为有效的市场营销组合。

经典实例 11-1

一份完整的活动营销计划书通常包括活动介绍、营销环境分析、目标市场分析、营销目标、营销组合等内容。表 11-2 是一个模板，仅供参考：

表 11-2 一份活动营销计划书模板

活动介绍
➢ 活动概要，如名称、LOGO、日期、时间、地点等
➢ 简述活动发展历程及宗旨
➢ 市场定位
➢ 主要内容与日程安排
营销环境分析
➢ 利益相关者及合作伙伴
➢ 竞争者分析
➢ 营销资源分析
目标受众
➢ 市场调研与评估
➢ 现有客户分析
➢ 潜在客户分析
营销目标
➢ 简述具体的目标、完成时间、评估标准等
营销组合
➢ 简要说明活动的内容（产品）、费用（参加的成本）、便利性及促销
➢ 简述客人的来源、参与目的以及相应的营销方法
➢ 审视相关条件（资金、人力及时间）是否能够保证计划的正常进行
意见与建议

六、营销计划时间安排

为了保证活动营销计划的顺利执行，一般要将营销计划分成不同的阶段，在每个阶段设定相应的标准，比如月度目标和季度目标，然后对这些目标进行管理和评估。为此，可以以时间轴的形式，制定详细的营销行动计划（Marketing Action Plan，简称，MAP），如

表 11-3 所示：

表 11-3　一个活动营销行动计划模板

活动名称：
举办时间：

日期	行动	媒体	发布日期	支持资源	状态	备注
2 月×日	提前告知潜在顾客	当地电视台，月刊杂志	2 月份	电子邮件和直接邮寄材料	完成	正在打跟进电话
2 月×日	新闻发布会	专业杂志，区域及当地报纸	同一周	新闻统稿，电子邮件和直接邮寄材料	活动方案已经审核完毕	必须创造新闻价值，引起广泛传播
……						

第三节　营销工具

在完成了上述工作后，活动项目的营销团队接着要做的是选择合适的营销工具，包括材料和行动等。这取决于营销目标、营销组合以及人、财、物资源的拥有情况。常用的活动营销工具包括印刷品（海报、传单、明信片、议程等）、直接邮寄、媒体广告、网站和电子公告、户外广告、新闻发布会、宣传大使计划、促销活动和媒体赞助等。在具体使用各类营销工具过程中，还有一项重要工作：与设计团队或供应商精诚合作，以确保相关设计物料的及时供给。以下是对部分营销工具的具体介绍：

一、制造新闻

在活动策划中有一个重要的方法论——借势造势。简单地说，就是寻找和创造机会，采取相应的行动，扩大战果，巩固发展大好形势。其功用在于利用一切主、客观条件为自己创造竞争中的有利形势。这里的“势”，可以理解为时机、战机、形势、趋势和优势等。一个出色的活动策划人懂得如何借势造势，突发的政治事件、公众关注的热点新闻等都为精明的活动专家提供了广阔的素材。

从目前比较推崇的“制造新闻”的方法和技巧中，我们可以窥见活动营销时借势造势的方法和技巧。

制造新闻又称“新闻事件”或“媒介事件”，它是指组织以健康正当的手段，有意识地采取既对自己有利，又使公众受惠的行动，去引起新闻单位和各界人士的注意。为提高活动的知名度与美誉度，组织者在发生的真实事件的基础上，经过企划人员的推动挖掘，组织安排、筹划一系列具有新闻价值的事件或活动，以期获得媒体的宣传报道机会。

作为一项创意性活动，制造新闻是一种企业或组织提高知名度和美誉度的有效手段，它不是哗众取宠、故弄玄虚，而必须以事实为依据，以新闻规范为指导，有益于社会利益和公众生活。通过分析大量案例，仍然可以找出一些带有普遍性的方法和技巧，主要包括：围绕社会热点、时尚元素等策划新闻；利用新颖的形式包装新闻；有意识地把名人与企业组织联系起来，并以此制造新闻；与新闻机构联办活动，增加亮相机会；新闻炒作不能违背社会公德，否则会将组织者和品牌导入危机。

二、官方网站设计与制作

随着互联网的迅速普及，越来越多的企业经营管理人员习惯于在网上收集市场信息和开展经营业务，会展和活动行业更是如此。因此，官方网站建设成为活动策划尤其是活动营销工作的一项重要内容。所谓“官方网站”，是指活动组织者为了宣传推广某个活动，专门申请一个独立的域名，单独建立的一个网站，这种情况特别适合大型品牌活动。尽管建设和维护单独的网站会增加运营成本，但它所带来的巨大综合效益是不言而喻的。

官方网站应该关注活动所涉及的不同利益主体（以展览会为例，主要包括参展商、专业观众、赞助商、合作伙伴和媒体），而且面向不同的利益主体，要突出他们感兴趣的特定内容；提供多样化的信息服务，并进行人性化的设计，使各种浏览者都能便捷地访问网站；活动网站不能只是起到宣传推广的作用，更重要的是能够为活动管理计划的实施提供强大的支持，如酒店预订、与会者/专业观众在线登记等；此外，还应该通过赞助、广告等方式获得收入。围绕一个活动品牌来建设网站，需要遵循下列4个原则：

（一）主题鲜明

这是活动官方网站的基本要求。对于官方网站而言，版面设计、栏目设置、服务项目等都应该围绕一个会议、展览会或节庆等活动的品牌而展开，当然其他附加信息也要尽可能的丰富，但主题必须明确。

（二）简洁明了

主要反映在两个方面，一是官方网站的结构层次要清晰，访问者很容易找到所需要了解的信息；二是内容要简洁，能清楚地交代与会者、参展商、观众、赞助商等不同的浏览者该怎么做，当然，还要适当上传一些研讨性的文章。

（三）服务完善

无论是与会者、参展商、专业观众、赞助商，还是媒体记者甚至普通市民，如果对某个大型的会议或展览会感兴趣，只要打开其主题网站便能获得丰富的相关信息，而且关于咨询或反馈的指示也非常清晰。

正是以此为出发点，许多品牌活动的官方网站首页都是按照“纵横原理”来设计的，所谓“纵”，指参展商、专业观众、媒体和赞助商等不同利益主体；所谓“横”，则指关于活动的主要信息，具体包括注册、论坛、展品、场地计划、旅行服务等。当然，网站主题结构也可以纵横的变形。如图11-1所示：

（四）及时更新

主题网站的建设不是一劳永逸的，上面的信息必须得到适时的更新，因为这个品牌活动仍在继续。网站维护人员应该及时将有关信息在网上予以发布，以便公众掌握活动的最

图 11-1 美国营销大会和展览会官方网站首页

新动态。

经典实例 11-2

美国政府安全展览会暨论坛的官方网站设计

下面将以 The GOVSEC EXPO & CONFERENCE（美国政府安全展览会暨论坛）为例，对活动官方网站的设计做进一步说明。

1. 关注利益相关主体

综合分析许多品牌展览会的官方网站，我们不难发现，这些网站在首页设计上一般都围绕展览会的利益相关主体来展开，换句话说，展览会网站的首页结构至少包括参展商、专业观众、媒体、会议和活动安排，以及旅行服务等方面。然后，再将展览会亮点、上一届展会回顾（尤其是关于参展商和专业观众的统计数据分析）、行业发展状况及焦点问题等放在下面作为补充。

从图 11-2 可以看出，2005 美国政府安全展览会暨论坛（GOVSEC 2005）官方网站的首页分为 6 个部分，中上部分是 GOVSEC 的图标、举办日期及地点（下面还有一行专门链接新展品目录的按钮）；左上部分的内容包括 GOVSEC 简介、会议、展品介绍、同期活动、参展商和新闻媒体；右上部分主要包括观众注册、参展商和赞助商以及支持单位；左下部分是本次展览会的合作伙伴——The U. S. Law Enforcement Conference and Exposition, READY! The Emergency Preparedness and Response Conference and Exposition 以及最大赞助商 US Protect 公司的链接；中间是相关活动安排的说明或会议手册的下载链接等；右下部分则是有关 GOVSEC 的新闻报道。总的来说，该展览会的网站设计简洁，不论是哪种利益相关主体都能找到自己感兴趣的信息。

图 11-2 The GOVSEC EXPO & CONFERENCE 2005 官方网站首页

2. 有效引导读者浏览

展览会官方网站设计应该符合大多数人的阅读习惯，以有效引导参展商、观众和媒体等不同受众的浏览访问，并最终做出主办单位所预期的行为。在图 11-3 中，浏览者若点击“参展或赞助”（Exhibit or Sponsor）栏目，进入下一层界面后便可轻松获得“为什么参展?”、“为什么赞助”、“谁应该参展?、“谁会参加?”等相关信息，从而有助于做出下一步决策。

图 11-3 GOVSEC 2005 网站的“参展和赞助”板块

3. 最大限度收集信息

在设计展览会的官方网站时，还有一点必须注意，那就是应尽可能收集浏览者（主要包括参展商、专业观众和媒体）的相关信息，以便于开展进一步的联络、招徕及数据分析等工作。为此，主办单位常用的方法有网上注册、网上查询、网上调查等。如图 11-4，GOVSEC 将观众注册程序分为 6 个步骤，不仅搜集了观众信息，而且因为设计的比较人性化，浏览者不会感到烦琐和劳累。

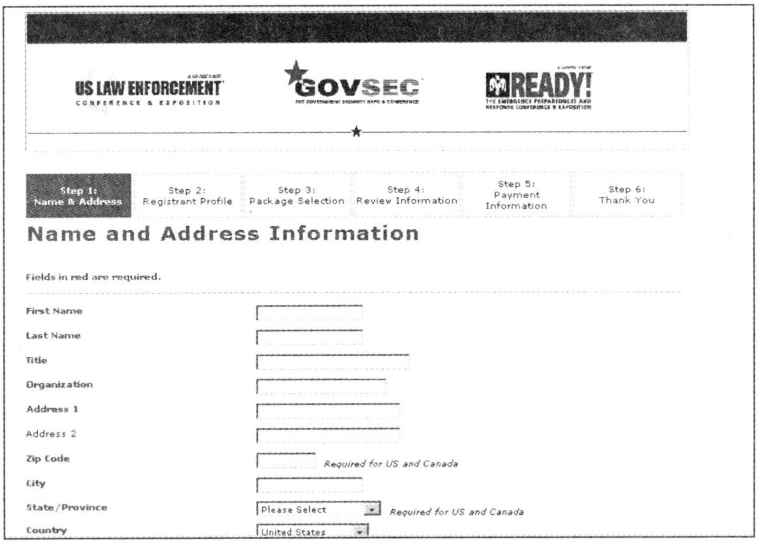

图 11-4 GOVSEC 2005 网站的“观众注册”板块

三、广告媒体宣传

任何一个活动都需要适当投放部分广告，以扩大活动的影响力，让更多人了解活动的具体情况。广告媒体主要包括电视广告、户外广告及 DM 单、印刷品、平面媒体广告等，活动组织者应根据广告目标和活动的具体情况合理选择媒体。

特别需要注意的是，与其说推广活动，不如说一个活动的传播过程就是一个跨界整合媒体的过程。因此，了解不同媒体的差异性及其面对的目标受众群体，有助于我们娴熟地应用这些媒体的功能，以满足活动的特定需求。电视、广播、网络等常见媒体的特点和宣传功能如表 11-4 所示：

表 11-4 常见媒体的特点和宣传功能比较

媒体类型	主要特点	宣传功能
电视	强势媒体，线性传播，拥有最大范围的受众，已经成为现代人群主流生活中不可缺少的文化休闲方式；电视台众多，多数优势资源控制在有影响力的少数几家电视台，投放价格高	大量以女性群体为消费对象的商品广告占据传统电视广告的大部分市场

续表

媒体类型	主要特点	宣传功能
广播	伴随性媒体，线性传播，主要目标受众为车载人群和学生，投放价格较低	广播收听时间的不确定性以及观众群体相对稳定
报纸	阅读性媒体，受众面较广，传播影响时效较强	适宜反复阅读、慢慢品味
期刊、杂志	阅读性媒体，以半月刊、月刊居多，时效性较弱；拥有较为固定且收入水准较高的目标受众；依据内容不同，杂志消费对象群体化、类型趋同化	与报纸类似，适宜投放大信息量的宣传内容，宣传推广对象指向性强
户外广告	辅加性媒体，定点传播，多分布于人流量较大的位置	覆盖人群广，因受观赏条件的制约，宣传品通常文字简练，传递信息清晰明了
网络	最便捷的宣传平台，可细分为门户网站、行业网站、论坛、社区、博客等	不受时空传播的限制；拥有相当数量的受众群体；互动性较强，聚众效应明显
电子邮件	点对点，使用便捷，成本低，但对邮件地址的准确性要求很高，而且反馈率普遍较低	可以对现有或潜在顾客进行点对点的宣传
分众传媒、框架媒体	写字楼、电梯间、店铺内无处不在的影响力媒体	布点密集，其传播功能与宣传推广品牌知晓度的运用方面十分匹配
智能手机等移动媒体	拥有点对点的传播特点，到达率高，资费便宜	目标范围广阔，适合大众消费类项目广告，对锁定细分目标群体效果较差

资料来源：王伟，浮石. 活动创造价值——活动运营实操手册［M］. 北京：湖南科学技术出版社，2009，有改动

四、社交媒体

社交媒体（Social Media）已经成为人们工作生活中不可分割的一部分。据统计，在美国，90%的青年人每星期至少浏览一次社交网络，超过50%的专业人士会浏览和使用社交媒体。近几年，在会展和活动领域，很多主办单位已经把社交媒体成熟地运用到了各类线下活动中。在国内，随着移动互联尤其是微博、微信等社交工具的迅速普及，越来越多的会展和活动主办单位开始重视和使用社交媒体，特别是在观众/听众邀请工作中已经积累了不少实践经验。

（一）社交媒体的重要性

作为一种营销工具，社交媒体具有高黏性、高渗透性、迅速扩散性等特点。通过社交媒体平台传播的信息是基于人际关系推荐的信息，因而比传统大众媒体上的内容对消费决策更有影响力。正因为如此，运用社交媒体的过程是一个涉及营销、技术、文化等多因素、多维度的立体过程，其真谛在于让消费者高度参与并交互传递信息，最大的挑战在于有效控制信息传达的质量和方向。例如，美国“超级碗”（Super Bowl）的主办方从到达

率、放大率、情绪指数、影响力和活跃力 5 个维度来衡量社交媒体的使用效果（马新莉、石丹，2012），如图 11-5 所示：

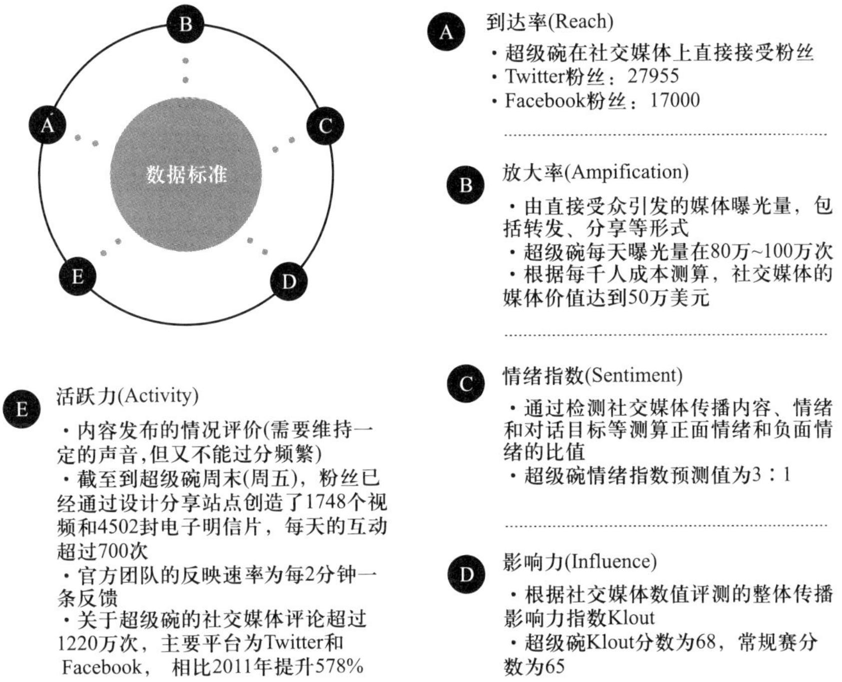

图 11-5 美国“超级碗”运用社交媒体的主要标准

2013 年，Constant Contact 网站曾经针对社交媒体在展会中的应用情况，对 474 个展会营销领域的高层管理者进行了调查，结果显示，77%的被调查者已将社交媒体运用到展会中，74%的人认为使用社交媒体是一项十分有效的举措，平均每周有 2.1 个小时用于与社交媒体平台上的人员进行交流。根据美国另一项对会展行业高管的调查，社交媒体营销和市场调研已经成为组织者关心的两大考虑因素，61%的展览组织者将社交媒体作为首选营销工具和传播途径。社交媒体似乎已经击败了吸引观众到场出席的其他技术，包括电话营销、广告和公共关系等。

（二）选择合适的社交媒体

根据 Lehtimäki 等学者（2009）的研究，按照不同媒介的应用形式可以将社交媒体分为 5 个大类，即博客和播客（Blogs and Podcasts）、社交网络（Social Networks）、网上社区（Communities）、内容整合平台（Content Aggregators）以及虚拟世界（Virtual Worlds），如表 11-5 所示。会展主办单位要根据特定的营销目标，选择合适的社交媒体类型，例如，为了传达信息、维护关系和扩大人际网络，可以选择 Facebook、Iinkedin 或 MySpace 等媒体；如果主要是为了分享相关内容，可以选择 YouTube 或 Flickr 等媒体。

表 11-5 社交媒体的主要类型及相应工具

类型	工具	焦点	举例
博客、播客	传统的博客、播客及电视广播	告知最新活动及新产品	Dell 公司的官方博客，各种访谈的播客

续表

类型	工具	焦点	举例
社交网络	社交网络	分享内容、维护关系和开展交流	Facebook，MySpace，Linkedin，IT Toolbox
网上社区	1. 在线社区		
	（1）由会员发起	共同兴趣	围绕相似兴趣而形成的社区
	（2）由组织赞助	商务交易、品牌构建、组织与顾客之间的互动以及产品的共同开发等	由 Dell、Salesforce. com 等赞助的社区
	（3）由第三方建立	使买卖双方之间的沟通和交易成为可能	eBay
	2. 内容社区	内容分享	YouTube，Flicker，Wikipedia，Google Video
	3. 公告板	有关共同兴趣的讨论	Alibaba，B2B exchange
内容整合平台	信息聚合（RSS）、微技（Widgets）、书签（Bookmark）、标签服务（Tagging service）	对网络内容的分类与定制化	Delicious（美味书签），Yahoo! Widgets
虚拟世界	虚拟世界	作为真实世界的替代品	第二人生（Second Life）、魔兽争霸、KANEVA3D 虚拟世界、哈宝（HABBO）等

以 2012 年伦敦夏季奥运会（London 2012 Olympic Games）为例，从前期的申办到筹备直到成功举办，2012 年伦敦奥运会对社交媒体的利用程度达到了历届奥运会之最。组委会运用了多种社交媒体工具来吸引观众，以期让观众更好地融入和享受这次体育盛会。具体而言，利用 Tumblr 为观众现场直播奥运会的开幕式和闭幕式；在 Friendster、Facebook、Twitter、Path 社交网络上及时上传有关于赛事情况的新闻、图片和告知；在 Youtube 上上传奥运会期间发生的各种事件的视频录像；在 LiveJournal. com 交友社区中开辟关于 2012 伦敦奥运会的版块，在其论坛中发布相关的帖子。另外，观众可以通过 London Olympics 2012 的 Google+页面来了解当日赛况，并且在 Google+中的多个频道中，如 Official Olympic Channel by the IOC，增加独家报道的新闻；观众甚至可以运用 Foursquare 来对自己的当前位置进行定位，提交自己拍摄的独有照片。相关数据显示，2012 年伦敦夏季奥运会期间，共有 470 万个社交媒体的追随热衷者。其中，Facebook 拥有 186 万个“like”，Twitter 拥有 190 万追随者，Google+上有将近 82 万粉丝，在 youtube. com/london2012 上，仅“Rock the Games”现场直播就产生了 110 多万的点击量。

（三）加强社交媒体信息管理

2010 年，Paris，Lee 和 Seery 以 Facebook 为例，对社交媒体在特殊事件中的作用进行了研究，并提出了社会技术接受模型（Social Technology Acceptance Model），该模型检验了用户的信任、期望关系及认同感对他们参与事件的意向有显著影响。研究结果表明，用户对 Facebook 的接受度和他们线下参与特殊事件的积极性在很大程度上取决于用户对 Facebook 的信任感和期望关系。因此，会展活动的主办单位要在社交媒体上营造适时、实用、对顾客诉求反应迅速的积极形象。

另一方面，会展活动的市场营销已经不再是单向维度的，而是一个涉及品牌和观众的双向过程。有效开展社交媒体营销重在提供有价值的内容，而不是简单地提供观众/听众所喜欢的信息，因为社交媒体能够将以用户生成内容为主的网站和以专业编辑内容为主的网站这两个分离的元素结合（Drury，2008）。在社交媒体上，人与人之间的信息传播渠道通常包括影响消费者行为的 5 种人际信息：文化或亚文化、参照群体、社会阶层、意见领袖和家庭。因而在运用社交媒体来为会展活动组织观众时，要特别注意意见领袖等人群对会展活动的评价，包括介绍、推介甚至抱怨等。

以 2013 年拉斯维加斯消费电子展览会（CES）为例，美国消费电子协会（Consumer Electronics Association，CEA）宣称本届展会在社交媒体上的宣传力度是 CES 历史上最大的一次。在展会中，CEA 的官方博客 Digital Dialogue 会定期更新来自 CEA 员工以及嘉宾博主有关 2013 CES 相关主题的博文。观众可通过下载 2013 CES App 并关注 CES 官方社交媒体账户来及时了解展会的最新情况；通过在 Twitter 上关注@ IntlCES 了解展会新闻，通过连同官方标签#2013CES 一起推送图片、评论和意见来加入对话；整个展会期间，Facebook 上的 InternationalCES 频道也不断更新展厅的图片和视频；观众可通过 CES 的 Google+页面了解最新情况和开展视频群聊（hang-out），也可以使用#2013CES 标签加入对话；在@ IntlCES 上查看新的 Instagram 源，了解会展前后及会展举办期间的大量图片；有关 2013 CES 举办前及举办期间的独家照片和视频，观众可访问 CES YouTube 频道，也可在 Flicker 上访问 International CES 照片流。展览期间，主办方还举办了丰富多彩的社交媒体活动，以加强与社交媒体之间的合作，确保信息沿着正确的方向传播。

经典实例 11-3

Eventbrite：2016 年最出人意料的 9 个活动

在讲如何策划活动中的创意时刻时，我曾经提出过一个观点，创意时刻必须符合 3 个基本标准，即令人愉悦、难以忘记以及具有强传播性。在移动互联如此发达的今天，这种强传播性主要通过分享价值体现出来，也就是英文当中的“sharable”（值得分享的）。2016 年 12 月 16 日，著名活动门户网站 Eventbrite 推出了一批 2016 年最出人意料但分享率很高的活动，我们一起来开开脑洞：

1. 待在水里看《大白鲨》

这个活动于 2016 年 7 月 30 日在美国田纳西州 Allons 市的 Mitchell Creek Marina 举办，其实质是 Mitchell Creek Marina 景区所做的一个推广活动。《大白鲨》系列的恐怖片堪称经典，但能够（躺在在汽车内胎上）待在水里欣赏经典的人恐怕很少（能在水里看完整场电影的人可以得到一件免费的 T 恤，电影免费，轮胎需要租或购买）。然而，就是这个活动，有2.5万人参加并在社交媒体上分享了他们的经历。

启示：奇怪的（Weird）= 值得分享的（sharable）。如果你的活动有什么独一无二的特色，就请将其发挥到极致。

2. 资助一位爷爷或奶奶过圣诞（Adopt a Grandparent for Christmas）

这个活动的主办方是M&M Projects公司，该公司的主要业务是为创业者提供社交网络服务与支持，包括各种工作坊、商业对接、图书俱乐部或路演等。M&M不是巧克力，而是Marsha Gilles和Maribel Felipe两个人的名字缩写。

这个活动将公益目的和商业价值完美结合（参与者每捐赠15美元，一位老人就可以获得一套礼物，包括护手霜、一副手套；在礼物套装上会有一个标签，告知捐赠来自于谁），当然，玫琳凯是最大的受益者。最终有3.2万多人点赞并分享了这次活动的信息。

启示：充分借助人们渴望分享善举的意愿，当然，活动策划者是幕后的操盘手。

3. 第12届亚拉巴马州海湾热气球节（12th Annual Gulf Coast Hot Air Balloon Festival）

主办方是South Baldwin商会（South Baldwin Chamber of Commerce），他们在Facebook上发布了许多参加去年节庆活动的家庭照片。最终有2.4万人分享了参与这次周末活动的经历，其中，大部分来自于家庭。

启示：让参与者很容易看见活动中的自己。

4. 波士顿初创企业研讨会（MassChallenge, Dorm Room Fund, and Rough Draft Ventures Info Session）①

我个人觉得，这次活动最成功之处在于受众和目标指向都很清晰，正如主办方在对这次活动的描述中所言。另外，主要利用年轻人喜闻乐见的社交平台作为传播渠道，最终关于该活动的信息在社交媒体上被分享了3.9万次，

启示：针对目标受众，使用他们喜闻乐见的营销渠道来推广活动。

5. Jun Curry Ahn吉隆坡演奏会

谁是Jun Curry Ahn？或许你根本没有听说过，但这不要紧。这位韩裔美国小提琴手在YouTube上有100多万粉丝，他去年9月在吉隆坡的演奏会在各类社交媒体上被分享4.2万次。

启示：要努力成为一位有魅力的YouTube明星（或其他社交平台）！不要低估粉丝，草根营销活动或头条新闻人才的力量。

6. 纪录片训练营（Documentary Boot Camp）

这是一个以著名制片人Melody Gilbert为主角的培训活动，它主要面向那些希望一步步学习如何制作纪录片的人，致力于解决“什么成就了引人注目的纪录片”、“应该采用什么风格”等问题。这个活动在芝加哥的Music Box Theatre举办，收费100美元，但仍然在各类社交媒体上被分享了3.9万次。

启示：人们其实愿意为学习内在的知识买单。

7. 2016 COSTCO一小时妈妈秀（Costco Mom Hour 2016）

这是我个人很喜欢的一个活动。提起Costco，就让我想起2011年在麦迪逊游学期间每周末一群人去买菜的场景。Costco，中文翻译成“好市多”，是美国最大的连锁会员制仓

① MassChallenge，Dorm Room Fund和Rough Draft Ventures是3家创投公司。

储量贩店。作为会员制仓储批发俱乐部的创始者，Costco 成立以来即致力于以可能的最低价格为会员提供高品质的商品。

2016 年 11 月 4 日（星期五）当天上午 9 点，参加活动的全美 98 家 Costco 店便比往常提前一小时正式营业，并为妈妈们提供各类点心、样品和赠品。如果推荐朋友成为会员，还能获得 10 美元的代金券。这次活动也为 Costco 赢得了 1.6 万次社交平台分享。

启示：把每一位活动参与者都作为 VIP 对待。

8. 韦弗利山疗养院两小时参观（2-Hour Paranormal Guided Tour of Waverly Hills Sanatorium）

韦弗利山疗养院位于美国肯塔基州的 Waverly Hills，在路易斯维尔市享有盛名。很多人听到“疗养院”三个字可能都会有点儿毛骨悚然，更何况，这次活动的内容还包括参观太平间、520 房间等。难怪活动主办方明确告知，不建议 13 岁以下的未成年人参加，18 岁以下的未成年人需要有大人陪同。人们就是这么怪，So scary you can't help but share，不寒而栗但却又身不由己分享。

启示：学会讲好故事。即使你的活动历时并不长，但总可以挖掘背后的一些故事，而故事是最有分享价值的。在前不久的一次讲座中，我分享了一下今年维密秀的情况，维密秀就是一个故事机器。

9. 密尔沃基酒吧 Pokémon 节（Pokémon Go Bar Crawl）

这个活动是由 3 Bears Productions 具体策划和组织的，旨在推介威斯康星州密尔沃基市 North Old World 3rd Street 上的酒吧，共有 10 家酒吧参与了这次活动。其实，这方面的成功案例还有很多。我个人认为，如何让一个活动具有分享价值，关键是要与目标参与者建立一种特殊的关联（connection），它可以是喜怒哀乐，甚至是刀剑情仇，因为人们总是喜欢对那些和自己有关的事情津津乐道。

启示：Jones 在文章中用了一句 Hop on trends while they're hot，我理解为，为了达到迅速传播的目的，活动策划者要顺势而为，趁火打“劫”。

但请特别注意，在具体执行时立意要高，不能逆天而行，逆道德而行，否则会竹篮打水一场空。

第四节 媒体沟通策略

除了举办带有保密性质的活动外，活动组织者一般都希望将活动相关信息迅速传播给尽可能多的人，以扩大活动的影响和吸引更多的人，这对实现活动目标是非常有益的。平面或立体媒体基本上可以满足组织者的这种愿望，但由于媒体众多、层次不一，不同媒体对信息报道的质量、可信度和报道角度均有所不同，因此活动组织者在选择媒体时，应对媒体做出理性且经济的挑选。

一、媒体邀请的一般流程

选择媒体时应了解媒体的报道习惯。不同媒体对信息的报道有所侧重，《人民日报》、中央电视台等这类媒体，影响大、受众多，侧重报道重大时政信息或与国计民生密切联系的事项，所办广告栏目目的明确，但价位较高。另一种是都市晚报类或地方电台、电视台等大众媒体，侧重报道生活、文体方面的信息，有一定的受众群，可以将广告形式做出不同的变通，如以新闻报道形式做广告，其价位中等。还有一种就是一些经济、资讯类媒体，报道的信息多种多样，有时可信度遭人质疑，但广告价位相对较低。

在考虑邀请新闻界人士时，必须有所选择、有所侧重。

（一）决定是否邀请

是否邀请新闻界人士参加，首先要看有无必要性。即使存在一定的必要性，也要多加论证，要保证参加活动的媒体少而精，若是没有必要邀请新闻界人士，也就不存在邀请媒体的问题了。

（二）邀请哪些媒体

决定邀请媒体之后，邀请哪些方面的新闻界人士与会就显得重要起来。新闻媒体大体上分为电视、报纸、广播、杂志、网络五种，它们各有长短，只有了解了各种新闻媒体的主要优缺点，并在具体邀请时加以考虑，才不至于走弯路。

（三）有所侧重地邀请

邀请新闻界人士时必须有所侧重。一般规则是，宣布某一消息时，尤其是为了扩大影响和提高本单位的知名度时，邀请新闻单位通常多多益善；而在说明某一活动或解释某一事件时，特别是当本单位处于守势时，邀请新闻单位的面则不宜过于宽泛。

不论是邀请一家还是多家新闻单位参加活动，主办单位都要尽可能地优先邀请那些影响广泛、报道公正、口碑良好的新闻单位。此外，还应根据活动需要，确定是邀请全国性新闻单位、地方性新闻单位、行业性新闻单位同时到场，还是只邀请其中的某一部分。例如，拟邀请国外新闻单位到会，除了要看有无实际需要之外，还需遵守有关的外事纪律，并且要事先报批。

（四）协调好双方的关系

应当协调好主办单位与新闻界人士的相互关系，主办单位如欲取得活动的成功，就必须求得对方的配合，并与之协调好相互关系。

（五）注意事项

与新闻界人士打交道时，活动组织者应注意以下事项：

■ 要把新闻界人士当作真正的朋友，要尊重，更要坦诚相待。

■ 要对所有到达现场的新闻界人士一视同仁，不要有亲有疏、厚此薄彼。

■ 要尽可能地向新闻界人士提供他们所需要的信息。要注重信息的准确性、真实性与时效性，不要弄虚作假、爆炒旧闻。

■ 要尊重新闻界人士的自我判断，不要指望拉拢、收买对方，更不要打算去左右对方。

■ 要与新闻界人士保持联系。要注意经常与对方互通信息，常来常往，争取建立双方良好的合作关系。

二、活动管理中的媒体合作

在特殊活动中，媒体报道是吸引人流最有效的办法之一。最理想情况是活动组织方可获得免费的电视、广播及纸质媒体报道。为了吸引媒体，活动推广者必须明白什么能造就好的报道，什么不能。

由于电视台编辑指派的任务，当一个摄制组被派去跟拍一场活动，他们会寻找容易被摄影机捕捉到的活动情节。同时，他们也会寻找能够在30秒或是更短的时间内逗乐观众的花絮。如果活动组织方想要电视台或广播台播报关于活动的最新动态，他或她就需要引起新闻发布方的注意。他们并不能保证电视台或报纸能够播放活动视频或新闻；然而，如果摄制组拍摄了视频，或者记者做了一次采访，那么机会就来了。请记住，特殊活动可以为晚间新闻提供理想的素材。这个理想素材可以是一场即将参加活动的名人采访，或者是一个艺术展览的提前预览。

活动组织者尝试着去向媒体展示与众不同的趣事。例如，2007年，在经过十多年的发展后，肯德基第一次决定重新推出公司的标志。公司标志的修改包括更加大胆的颜色以及修改创始人哈兰德·桑德斯的形象，使其从习惯性的白西装、黑色领结套装转向与红色背景相衬的红色马甲。

为了推出新标志，公司决定创造一款能够从远距离看到的87 000平方英尺①的形象。在此次活动中，由65 000块一英尺②见方的瓷砖建造的肯德基形象树立在了拉斯维加斯沙漠上。随后，该新标志由谷歌卫星拍摄并被上传至YouTube和谷歌地图上，产生了超过600 000次的访问量。

与此同时，肯德基推出新标志的消息成为国家新闻播报的内容，并成了接下来几周多家媒体的报道新闻。特殊活动的推广者很早就意识到了电视及广播报道可以为活动带来的效应。

以下是一些吸引电视或广播等媒体对活动进行报道的有用技巧：

■ 一天的开始被认为是吸引摄制组和记者们的最佳时间。请记住，摄制组一定会出现在活动现场、摄影、回工作室、剪辑影片以准备当天晚上17：00或18：00的新闻播报材料。

■ 在一周内，吸引新闻工作者的最佳时间是周五，因为这天通常是容易捕捉新闻的一天。周六、周日受干扰更少，但在周末大部分工作室没有足够的新闻工作者来播报一场活动的新闻。

■ 提前通知关于一场特殊活动的消息，对于新闻编辑者来说，是十分有利的。通常情况下，提前三天的通知以及通过新闻公告或电话回访的活动说明将有利地确保媒体的播报。如果播报中包括采访，提前七天进行通知，将更有利于新闻播报的时间安排。

复习思考题

1. 怎样开展活动目标市场分析。
2. 如何制定活动营销策略。
3. 请以一次活动为例，分析活动营销行动计划（Marketing Action Plan）模板的适

---

① 1平方英尺=0.092 903平方米

② 1英尺=0.304 8米

用性。

4. 分别选择在国内有较好口碑的会议、展览会和节庆，利用活动官方网站设计的“纵横原理”对其进行比较分析。

5. 请结合一个成功的活动，对其社交媒体营销策略进行剖析。

6. 在邀请新闻界人士对活动进行宣传报道时，有哪些常用技巧。

扩展阅读

年轻一代为什么参加会议？

谈到如何吸引“千禧一代”参加会议，或者说他们“为什么参加会议”，大家最容易想到的答案是“学习”和“社交”。

针对这个问题，Imago Venues 和 The Right Solution 于 2017 年初合作开展了一项调研，旨在研究学生、与会代表和组织者关于会议的体验以及我们是否已经做了足够的工作来激励这些未来的领袖们。共有 430 人参加了这项研究，其中，包括学生（平均年龄为 23 岁）、与会代表（平均年龄 38 岁）和会议组织者（涉及培训、会议、论坛等各种类型）。课题组采用了焦点小组、面对面访谈以及在线调查等方法。

得到的总体结论是：“千禧一代”的与会者渴望更定制化的学习体验，但与此同时，他们也和前辈们一样，十分肯定面对面会议的价值。尽管技术进步深刻影响了年轻人沟通和做生意的方式，但他们懂得通过参加线下活动来扩展自己的人脉圈和促进个人职业发展的重要性。年轻人希望从会议中了解有价值的信息以及发展对他们有利的关系。因此，会议必须与他们自身而不是企业或组织想要实现的目的建立联系。

1. 个人职业发展机会

81%的学生和 82%的与会者代表表示，参加会议的主要动机是寻找个人职业发展的机会，但会议组织者对这一项的评分并不高。另外，只有 51%的与会者代表和 37%的学生感到受了极大鼓励来参加会议。与会者代表希望自己的能力被雇主识别，并借助会议帮助他们在职业发展上取得进步。学生则更关注战略思考和职业上的指导，他们需要学习怎样充分发挥自身的优势。

2. 创意和灵感

调查结果还显示，与会者代表将会议视为获得创意和创造性设想的机会，但大多数会议都未能达到。他们渴望获得那些能带来灵感、激情和领导能力的内容，而不是简单地以任务为导向的内容（task-related content）。相对组织者给出的答案，他们较少关注那些公司使命等描述性的信息。这表明，与会者和学生群体的主要参会目标是从那些能给人灵感的专家（inspirational experts）和行业大佬（gurus）那里学习一手的知识、深刻的洞见（insights），以帮助自己未来的发展，同时与同行或潜在的用人单位（对于学生）之间建立关系。

3. 有效的讨论和更好的场景

调查还发现，更多的人喜欢短一些的专题讨论，不求实现太多目的，但有效且相关性强。与会者代表们还表示，相对于与演讲人之间，他们与其他参会者之间互动得更多。所以，对于会议组织者甚至场馆而言，创造能有利于促进人们互动（peer-to-peer interaction）的环境至关重要。Networking 被认为是为了促进职业发展和业务开展而建立新联系的重要途径。

由此我想到，中国会展经济研究会的年会开了十几年，我断断续续地参加了 6、7 次，自己也从一个新兵慢慢成长为一个老兵。但总感觉，在能给人灵感的专家和行业大佬的高质量演讲方面，还有很大的空间。或许我们需要更多的新面孔、更新颖的形式、更有创意的场景和更大胆的跨界。让我们一起期待今年的会展经济研究会年会！

即测即评

第 12 章　现场管理

本章导读

活动现场管理、控制和协调的内容十分庞杂、事无巨细，如果处理不当，任何一件小事都有可能引发重大问题。因此，活动现场管理人员对活动相关事宜要全盘了解，对所有的工作安排和细节设置都必须能果断、英明地做出决策。

本章将重点讲述活动现场管理的内容与方法，以及场地布置与撤除管理、餐饮及住宿接待管理、设施设备管理等主要工作。

本章关键术语

现场管理（Onsite Management）　4MEI　活动纲要（Event Rundown）
角色管理（Role Management）　员工行动指南（Staff Briefing Document）
场地布置（Site Layout）　场地撤除（Dismantling）

第一节　活动现场管理的内容与方法

长期以来，现场管理一直是活动组织者令人头疼的问题，因为尽管前期已经做了大量准备，仍然有可能在现场发生一些意想不到的事件。随着活动行业的日益成熟，人们开始意识到，活动现场管理计划能否顺利进行与前期的组织设计、任务分工和风险防范以及现场的统一组织、分工协作及事故处理有很大关系。

一、现场管理的主要内容

活动现场管理具有灵活性、即时性和专业性的特点。其中，灵活性指活动现场经常突发一些小事件，因此必须灵活处理，不能影响活动的正常进行；即时性指问题发生和解决的瞬时性；专业性是指专业问题由专业人员解决，比如灯光、音响等设备。

那么，具体要管什么呢？其实，制造行业的成熟经验可以供活动组织者借鉴。在制造企业的生产现场，主要对6类对象进行管理，可以概括为4MEI：①人员（Man），包括人员的数量、岗位、技能和资格等。②机器（Machine），包括检查、验收、保养、维护和校准。③材料（Material）：纳期、品质和成本。④方法（Method），包括生产流程、工艺、作业技术和操作标准。⑤环境（Environment），即作业、施工的环境；⑥信息（Information），指作业过程中的信息传递和人员交流。

活动管理者可以参照上述框架，对活动现场的人员、设施设备、物料、计划、场景和信息等进行合理有效的计划和安排，以保证活动的顺利执行。

以下是某国际展览公司运营部对展览会现场管理任务的说明①：

- 为参展商提供技术服务，如展台搭建、展品运输、现场需求等；
- 与供应商高效合作，为观众提供各项优质服务；
- 协调各部门运作，落实展览会的各项运营安排。具体内容包括：
  - 相关设计、展期设施运行及广告安排
  - 观众登记系统的相关技术支持
  - 研讨会及各项活动的安排与技术支持
  - 临时工作人员的管理与安排
  - 班车与现场交通的管理协调
  - 展览会物流的管理与协调
  - 协调各项现场餐饮服务及安排
  - 与同期展会主办方的现场协调
- 布展及撤展期间的管理
  - 搭建商的登记
  - 现场搭建安全的监督
  - 撤馆通知及落实
- 展后各种账务及现场费用的计算及核对

二、现场管理的基本方法

虽然活动现场管理的内容十分庞杂，但仍然是有规律可循的。要做好现场管理工作，活动主办方需要掌握以下基本方法：

（一）编制活动纲要

所谓活动纲要（Event Rundown或Onsite Work Sheet），就是活动现场的详细执行计划或工作流程表（见表12-1）。编制活动纲要的主要目的是为了明确活动现场的流程安排与关键工作的分工及相应注意事项，以便指导活动的稳步推进。

在实际工作中，很多从业人员直接将活动纲要视为经过细化后的“活动日程安排”，

---

① 资料来源：王春雷、陈震.展览项目管理：从调研到评估［M］.北京：中国旅游出版社，2012

如表 12-2 所示：

表 12-1 活动纲要的基础模板

活动基本信息

活动名称	
主办单位	
日期	
时间	
地点	
VIPs	

具体日程安排

×年×月×日（星期×）

时间	工作任务	负责人	检查人	备注
7：30	所有工作人员到位			
08：30—08：50	学生入场			
08：30—09：00	嘉宾签到、领取资料			
08：40—08：55	VIP 会谈			6 月 6 日要再次确定第二天早上出席 VIP 会谈的嘉宾
08：55—09：00	VIP 入场			
……				
16：50—17：15	闭幕			
17：15	工作人员告知后续安排			
17：25—17：45	会场-酒店			
18：00—20：00	晚宴			在会议通知中提前告知着装要求

相关联系人

联系人	主要职责	联系方式

表 12-2 某个一日团建活动的日程安排示例

时间	活动
早上 9：00—9：30	欢迎、登记和破冰活动（提醒参与者提前准备名片）
上午 9：30—12：30	Creative Juices 每个团队都需要各自选取原料，并在混合站制作出风味独特的冰沙，在此过程中需要运用营销策略，争取给评委团留下深刻的印象。 ☑客户关系管理 ☑项目策划/时间管理 ☑跨职能合作 ☑谈判技巧
下午 12：30—1：30	午餐
下午 1：30—4：30	Flat Out F1 每个团队都会用纸板制作出与实物等大的 F1 赛车，并在比赛的最后时刻验证其创造力。 ☑包容理解/团队动力 ☑灵活多变的预算控制 ☑团结新队伍 ☑实际领导力
下午 4：30—5：00	总结研讨会，加强互动

当然，在实际工作中，对于不同的活动项目，或者不同的项目团队，所采用的活动纲要的形式也不尽相同（见表 12-3），但核心功能都是相同的。

表 12-3 某国际论坛的现场活动纲要模板

工作环节	工作描述	开始时间	结束时间	时长	人员安排	视听及技术要求
……						
第一个主题演讲	Larry Yu 教授主题演讲	9：00	9：20	20 分钟	王春雷负责在 8：50 分提醒演讲人	领夹式话筒，演讲中需要播放视频

（二）做好关键角色管理

所谓角色管理，其实质类似于活动现场管理的工作分解结构，即根据参与活动人员的身份把现场管理工作分为若干方面，活动主办方安排专人来负责每一方面的工作，并有项目负责人来统一管理各方面的负责人，以协调和控制整个现场工作。

角色管理的前提是对参与活动的全体人员进行科学的角色划分。例如，一次演出活动的主要参与人员大致可分为 6 大类，即活动组织方，场馆方，演员/主持人/选手，舞台/灯光/音响管理公司等供应商，嘉宾/观众，以及媒体记者。其中，活动组织方包括活动的主办方、承办方和协办方等参与活动策划和运作的所有单位和个人。不管是在活动流程安排上，还是在各类事务的具体处理过程中，各组织方都需要紧密合作，因此对他们的管理和协调非常重要。

概括而言，每种角色的管理人员主要负责以下工作：① 监督和控制各种角色人员的到场和准备情况，例如，舞台灯光音响是否已经安装调试完毕，演员是否就位，媒体记者的接待是否已安排妥当等；② 负责个角色人员之间的信息沟通；③ 负责解决所负责角色群体提出的各种要求和出现的各种问题；④ 及时向项目负责人或现场管理总指挥报告工作进展情况；⑤ 处理现场出现的其他相关事务。

在活动现场运营中有两个非常重要的沟通工具，一是活动手册（Event Manual），二是员工行动指南（Staff Briefing Document）。其中，员工行动指南有时作为活动手册的附录。

员工行动指南在国外也被称作业务守则（Code of Practice），在国内，大多数公关公司称其为“工作说明书”，其作用是为活动工作人员提供一整套工作原则和操作方法，以帮助员工更好地履行自己的职责。该文件在实际工作中被证明是非常有用的，因为一份优秀的员工行动指南能以简洁的方式沟通很多重要的信息，从而确保工作的连续性、减少花在情况通报会或日常简报上的时间，这无疑有利于为员工创造舒适的工作氛围。

经典实例 12-1

一个活动现场的员工行动指南参考模板

封面（Cover Page）

目录（Contents Page）

正文

> 目的（Statement of Intent）

- 向读者陈述该行动指南的目的

> 获取方式（Additional Copies）

- 说明如果不小心丢失或损坏，可以从哪里获得新的员工行动指南

> 岗位说明（Who's Who）

- 提供不同工作岗位清单甚至所有工作人员的名单，说明各自的角色、职责和指挥系统

岗位名称	主要职责	要求	上级人员
活动督导	ⅰ. 负责活动前期准备，现场执行等组织与管理工作 ⅱ. 协调 MARS、工作人员、酒店人员等各类人员工作 ⅲ. 检查现场工作人员工作 ⅳ. 处理突发情况 ⅴ. 按计划组织、指挥控制活动执行	ⅰ. 男，23-28岁 ⅱ. 本科以上学历，具有年会执行经验 ⅲ. 思维敏捷，具有良好的沟通技巧、人际关系处理能力 ⅳ. 有处理突发事件的应变能力，有较强的独立工作能力	
……			

> 活动介绍（Event Description）

- 议程或活动秩序安排

- 平面图，说明场地布局、活动场地安排以及厕所、紧急救助、饮用水等设施设备的位置

- 特别注意事项

> 操作流程、指南与规则（Procedures，Practices and Regulations）

指员工在日常工作和紧急情况下必须遵守的操作流程和相关规则，可以划分为以下3类情形：

（1）岗位分类、穿着与行为要求（Identification，Appearance & Conduct）

- 岗位说明

- 各岗位的相应穿着要求及行为规范

（2）操作规范（Operational Practices）

- 指导各岗位的工作人员如何履行职责以及如何开展其他有关流程的工作

活动现场工作人员安排表范例

工作内容	工作区域	负责人	具体流程
入住酒店	××公司和××度假村大堂		1. 乘车 ① 确定人员准备情况 ② 引导××公司员工乘车 ③ 统计车上人数后发车 2. 入住酒店 ① 到达员工登记 ② 发放年会相关资料 ③ 引导××公司员工住酒店
相关人	物料	工作要求	注意事项
工作人员、××公司员工	大巴、年会资料、签到本和签到笔		1. ××公司员工人数较多，防止所有人员同时到达酒店造成酒店拥挤，车辆出发时每隔20分钟出发一辆 2. 员工入住酒店手续由酒店人员办理
……			

（3）健康与安全指南（Health & Safety Guidance）

- 详细的预防措施

- 处理健康和安全管理问题的一般流程，常见的有火灾、踩踏、疏散等（具体要根据活动的性质和内容而定）。

> 相关格式报告（Pro Forma Reports）

指员工必须完成的相关报告，而且对每份报告的填写、汇报和归档要求有明确的说明。常见的格式报告有：

- 时间表（Time Sheet）
- 物料签收归还表（Event Property Sign In/Out Sheets），包括工作服、设备等

物资领用清单表格范例

序号	活动区域	负责人	领用物	数量	领用人	备注

- 意外事故报告（Accident/Incident Report）
- 其他相关报告（根据具体要求而定）

（三）重视工作人员培训

高素质的现场工作人员是实行角色管理的前提和基础。要达到“一个萝卜一个坑”的管理效果，活动主办方必须高度重视现场工作人员的培训。培训是为了使员工获得从事某一项工作所必需的专业技能或知识，或者改进已有的工作技能，它与雇员、志愿者的行为方式及工作绩效有关系。现场工作人员安排与培训是活动人力资源管理的一部分，它不应当仅仅被看作是一项孤立的工作，而是在现场管理的任务、目的和决策中占有主导地位。

在进行培训前需要进行需求分析，根据需求来指导培训方案的制定，要有的放矢，不能单纯地为了培训而培训。现场工作人员的培训涉及制定指导性策略和目的、确定所需要的工作人员数量、进行工作分析以及做出具体的工作描述和工作规范等内容。其中，工作描述是工作分析的结果，即明确为何会存在这个岗位、负责该项工作的人要做些什么，以及这项工作是在何种情况进行的（Stone，1998），具体包括如下信息。

（1）职位的名称和需要承担的工作任务，例如，道路指引、泊车监督等；

（2）职位的主要目的；

（3）与职位相关的薪水、酬劳和奖金，或者免费膳食、免费门票等其他回报；

（4）与某一岗位相关的主要工作任务，如场地的搭建与拆卸、安全保卫、泊车指引、舞台演出、垃圾处理等；

（5）与活动现场其他职位之间的关系；

（6）职位所需的知识、技能、经验、资格和态度等；

（7）该职位绩效评估的标准。

（四）与供应商紧密沟通

在活动项目管理中选择好的供应商是非常重要的，因为活动组织方不可能有时间和精力提供活动中的所有服务，因而必然会将一些甚至绝大部分服务外包，现场服务和管理更是如此。一方面，在活动策划和筹备过程中，肯定有大量的供应商请求参与到活动中来，这时候主办方要制订公开严格的资质审查标准，择优录取符合条件的供应商；另一方面，主办方也要积极争取一些有影响力和活动管理经验的供应商加盟。

大型活动的服务内容包罗万象，所涉及的供应商包括广告代理商、视听设备供应商、灯光供应商、保安公司、交通运输公司、场馆管理方、保险经纪、酒店、翻译公司、医疗卫生部门、广告印刷商、搭建公司等。

正因为如此，组织一次活动需要与许多组织和个人签订不同的协议，包括投资公司、赞助商、场馆、供应商、演员、员工和志愿者等。签订协议的目的是确保每家供应商都能准确理解活动主办方的具体要求。这些协议的形式也很广泛，从十分正式的合同到供应商的采购订单（EventScotland，2006）。

（五）制定风险管理预案

大型活动的覆盖面广，所涉及的行业众多（如广告、工程、运输、餐饮等），且每一个环节关联性强，其中任何一个流程都可能出现意外风险。例如，特殊的活动环境、活动现场人口密度大、活动现场流动性强及狂欢的活动现场气氛，这些都是存在潜在风险的地方。这就要求活动管理者加强风险防范管理，全方位洞察每个细节可能遇到的风险，并制定周密的应急计划。与国外相比，我国的活动风险管理水平比较滞后。如何进行有效的风险管理，建立符合活动行业特色的保障机制，对于我国的活动组织者及保险公司等风险经营部门来说是一个全新的议题。

经典实例 12-2

某卖场促销活动中的现场管理工作

大卖场一直是许多生产厂家的市场必争之地，各厂家为了抢占大卖场的终端销量和市场份额，一般都会全力配合大卖场开展相应的促销活动。商场大型促销方案的成功执行，需要两方面的配合，一方面是内部执行，包括部门间的协调配合和员工培训；另一方面是外部执行，包括方案执行（原方案执行）、活动调查（事中调查）和方案调整三大部分。以下是某卖场开展促销活动时的现场管理工作安排：

1. 卖场氛围营造

在开展大型促销活动之前，必须要有正规的“卖点广告”（即 Point Of Purchase，简称 POP）将促销内容宣传出去。通常的做法有店铺内的 A3POP、高架 POP、店铺门口 POP、条幅、在该商圈主要位置设置店铺品牌海报等。另外，店铺内部必须要保持明亮的灯光和轻快的音乐。

2. 销售过程目标跟进

在促销过程中跟进目标，并不是单单指“我们离目标还有多少距离，需要加油了”，最重要的是让员工知道我们要完成这个目标的方法，要直接告诉员工我们要做些什么事情才能完成这个目标。

3. 收银台管理

促销活动期间，由于店铺内顾客太多，店铺的宝库——收银台成为最危险、最重要的地方，建议收银台由专人负责管理，不允许离开。

4. 营业前工作安排

每天营业前必须开会安排好人员，谁负责前场、谁负责后场、谁负责试衣间、谁负责收银、中场休息的时候谁负责补货，旺场的时候谁该做什么等必须做到井井有条，不能让员工出现混乱的局面。

5. 营业中的人员分配

大型促销活动期间，卖场一定要有人气。通常情况是上午低于下午和晚上，我们需要做的就是让上午也能有下午或晚上的人气。建议将店铺人员一分为二，其中，“迎宾组”要完成的工作是要让经过店铺的人有兴趣进店，以此提高店铺人气，“销售组”需要做的是“永不放弃”的精神，让进店的大部分人可以成交。

6. 营业后的总结会议

每天营业结束过后，老板或者店长必须要组织员工开会，总结当天工作的不足和成功之处以及目标达成情况，并可以列举典型事例说明谁做了什么工作、说了什么话，和所有同事分享，以达到警示和表率的作用。

第二节 场地布置与撤除管理

完整的活动现场工作包括场地布置、活动开展和场地撤离三个阶段，其中，活动场地布置是现场工作的开始，撤离完毕标志着活动现场工作的结束。尽管不像活动开展期间那样光鲜热闹和备受关注，但场地的布置和有效撤出工作十分重要，尤其是场地布置需要多方面的沟通协调。

一、场地布置

场地布置是活动现场管理的重要内容。以会议为例，任何从事过会议管理和正式宴会接待工作的人都知道必须提前与客户商定好会场、餐桌的摆放方式。由于大型宴会所占用的场地很大，在多功能厅后面就座的观众经常无法清晰地看到舞台上的表演或演讲等活动情况，这样就会影响表演或演讲的效果（Van Der Wagen，2004）。以下将介绍会议和展览会的现场布置技巧。

（一）会场布置

几乎所有的酒店和会议中心在对外宣传资料中都会列明不同规格的会议室能容纳的人数。但一个会场到底能坐多少听众/观众，是由会议室的大小、形状、座位的摆放方式、出入口的位置、会场是否有柱子等多种因素决定的，同时也受参会的残障人士专用通道的影响。一般的会议室功能区包括主席台、听众区和发言区，而且会场的布置类型可以是标准化的，也可以是个性化的。只要不是固定座位，会议场地可以根据客户的要求来调节座位的摆放，因此同一个会议室可以组合成多种形式。

许多酒店会采用计算机技术来完成设计，常用软件包括PCMA、Meeting Matrix和Room Viewer等。其中，PCMA是美国专业会议管理协会的简称，该协会设计了一种激光设备对会议室进行测量，打印平面图，进而确定会议布置空间的大小。经PCMA测量和核定了座位数量的会议室可以在广告上使用PCMA的印章。常见的会场布置模式如下：

1. 剧院式

剧院式的摆放方式与电影院基本相同，正前方是主席台，面向主席台的是一排排的观众/听众席，观众席座位前一般不设桌子。剧院式的布置适合于例会和大型代表会等不需要书写和记录的会议类型。

2. 课堂式

课堂式与剧院式相似，不同的是课堂式的座位前方会摆放桌子以方便参会人员书写。也有一些剧院式会议厅采用座椅边隐蔽式或折叠式写字板为参会者提供方便，我们把这种形式的布置也归于课堂式。课堂式的布置方式一般适用于专业学术机构举办的、具有培训性质的会议。

3. 宴会式

宴会式一般由若干大圆桌组成，每个圆桌可坐 5~12 人。宴会式布置一般用于中餐宴会和培训会议。在培训性会议中，每个圆桌只会安排 6 人左右就座，这样有利于同桌人的互动和交流。

4. 鸡尾酒式

鸡尾酒式的布置比较灵活，没有固定的模式。一般不安排或仅安排少量座位，大家拿取食物后可自由走动交流。鸡尾酒式场地布置所能容纳的人数仅次于剧院式。

5. 董事会式

董事会式也称为中空形，会议桌摆成一个封闭的“口”字形状，椅子放置在“口”的外围。董事会式的布置一般用于小型会议。

6. U 形

U 形是指把会议桌摆放成一面开口的“U”字形状，椅子放置在 U 形办公桌周围；如需投影，投影机可以放在 U 形的开口处。相对于同一面积的会议室，这种形式的布置所能容纳的人数最少。U 形布置一般适用于讨论型的小型会议。

7. 回形

即将会议室里的桌子摆成方形中空，前后不留缺口，椅子摆在桌子外围；通常桌子都会围上围裙，中间放置较矮的绿色植物，投影仪会有一个专用的小桌子放置在最前端。这种类型的摆桌常用于学术研讨会，前方设置主持人的位置，可分别在各个位置上摆放麦克风，以方便不同位置的参会者发言。同样，这种形式的布置容纳人数较少，对会议室空间有一定的要求。

除了以上布置方式，还有 T 形、E 形、鱼骨形等会场布置类型（见图 12-1）。不管采用何种形式，会议室布置的目的都是为会议服务，或方便进出，或增强沟通，或传递信息，在布置前一定要与会议主办方详细探讨。

（二）展览会现场布置

布展工作一般在展会开幕前几天举行，时间长短要根据活动的性质和规模而定。以展览会为例，大型汽车展或机械展等往往需要三四天甚至一个星期的时间，而以消费品或珠宝首饰等主题的展览会通常只需要一两天的时间。对于主办单位而言，布置就是对活动现场环境进行规划，对活动场馆进行合理功能分区，对参展商、搭建商、赞助商、运输商等的有关工作进行协调和管理，从而为活动的正式开幕做好准备。其布置工作的主要内容如表 12-4 所示。

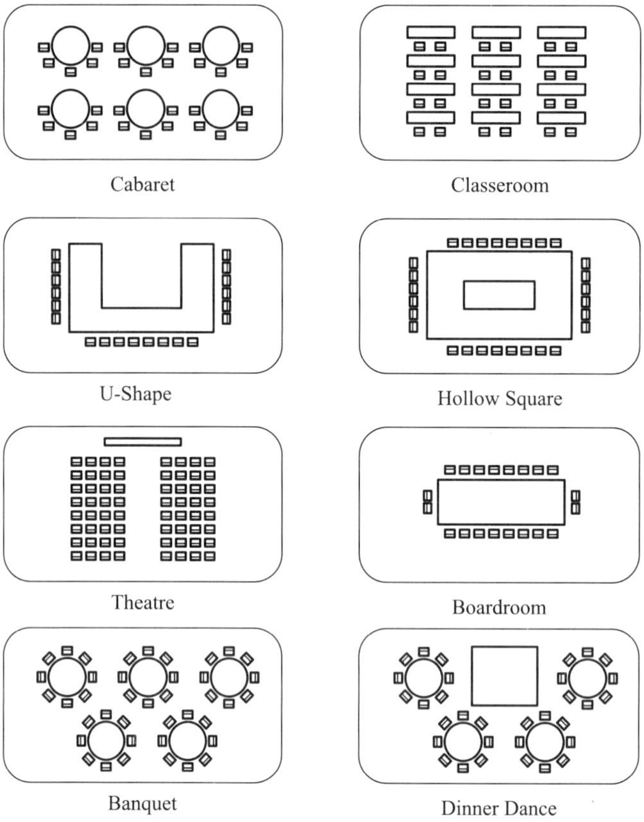

图 12-1 常见的会场布置形式

表 12-4 展览会布展期间的主要工作内容

工作项目		工作描述
搭建展台之前	到管理部门办理相关手续	到工商、消防、公安和海关等部门报批和备案，并办理有关手续（对于有特殊需要的大型国际展览会，还应邀请这些部门现场办公）
	与指定搭建商和运输代理商协调	共同讨论和预防展台搭建、展品运输过程中可能会出现的问题
	安排餐饮、旅行等服务商	预先安排展览会现场的各项服务设施，其中，餐饮服务在搭建展台期间便可向参展商提供
	争取其他部门的支持	有时，还要争取卫生、银行、交通、知识产权等部门的支持
搭建展台期间	展位画线	根据各参展商租用的场地位置和面积，划分好每一个展位的具体范围
	铺设地毯	在场馆的公共区域、标准摊位等地方铺设地毯
	参展商报到和进场	参展企业凭合同或参展申请回执等有效证明到现场报到，办理相关入场手续，并领取相关证件

续表

工作项目		工作描述
搭建展台期间	现场施工管理	派专人管理指定搭建商和特装修参展商的现场施工活动，避免出现现场混乱或存有安全隐患
	搭建标准摊位	完成所有标准摊位的制作，并认真核对展台号及各参展商的中英文名称等信息
	海关现场办公	对于海外参展展品，主办单位应陪同海关进行现场抽查，如果海外展品比例较大，可邀请海关现场办公
	现场安全保卫工作	做好相关安全保卫工作，如定期巡逻、执行出入门证管理制度等
	消防和安全检查	当全部展位搭建完毕后，主办单位应陪同消防、安保部门进行全面检查，以便及时发现和处理安全隐患
	布展清洁工作	及时清扫和处理布展所产生的垃圾
	接待媒体	布展期间也会有部分媒体前来采访，因而主办单位还应安排专人负责媒体接待工作

注：以上工作范围包括室外场地

二、场地撤除管理

闭幕式标志着一次活动的正式结束，但活动现场管理工作还有一项重要内容，那便是撤除管理（Dismantling Management）。撤除工作有两个基本要求，一是所有展品、设备等移除干净；二是活动场地恢复为原来的样子。

以展览会为例，由主办方统一设计搭建的标准展台由主场搭建商统一撤除，参展商只需移走展品、清理现场即可；而由参展企业自行搭建的展台，撤除工作通常由当时搭建的施工公司负责撤除，双方的委托合同条款对此应有规定。为维护撤展现场的秩序，使各参展商安全、快速地撤展，展会主办方有必要对撤展进行时间管理：将撤展的确切起止时间及时通知给参展商；让参展商理解撤展开始时间的不可变更性；规划和维护撤展现场的秩序。关于主办单位在撤展期间的主要工作内容及标准，如表 12-5 所示：

表 12-5 撤展期间现场管理的主要工作

工作项目	工作标准	具体描述
拆除展台	安全操作、恢复场地原貌	对于标准摊位或由参展商委托施工的展台，由指定搭建商负责拆除； 特装修展台则由参展商负责
参展商退还展具	协助参展企业顺利退还展具	协调各方面的关系，帮助参展商及时将所租用的展具退还场馆的相关服务部门或指定搭建商

续表

工作项目	工作标准	具体描述
处理展品	协助参展商妥善处理展品	展览会结束后，参展商处理展品的常用方法有出售、赠送、回运或销毁，必要时由主办单位提供协助
展品出馆管理	严格执行出门证管理制度	参展商向主办单位申请出门证，场馆保安人员检查放行
展场清洁	及时清扫	及时清扫和处理撤展所产生的垃圾
安全管理	加强安全和消防保卫工作	定时巡逻，及时消除各种安全隐患

三、配套服务

在活动布置和撤馆期间，活动主办单位应该积极与场馆方协调，为参展商、搭建商、观众、媒体记者等活动参与者提供相关配套服务，如出入门证管理、餐饮服务、保安服务和消防管理等。值得强调的是，许多活动的组织者尚未重视活动布置和撤离期间的餐饮服务，认为活动还没有正式开幕，这些事情应由活动参与者自己解决，但完善的配套服务管理对于活动顺利、圆满的开展具有十分有力的推动作用，还可赢得良好的口碑，培育忠诚的活动参与者。

第三节　餐饮及住宿接待管理

餐饮以及酒店接待等服务项目也是活动主办单位为活动参与企业及专业观众提供的重要服务内容之一。在德国、美国等展览业发达国家，主办方十分注重参展商和观众的旅行接待服务，在有些大型展会所提供的服务指南中，仅酒店介绍就有几百页的篇幅。由于诸多原因，目前国内仍有一些活动主办单位并不重视餐饮和酒店服务，要么不考虑自身接待能力而承揽一切，要么只是走走形式。

另外，过去几年，餐饮的选择与准备发生了巨大的改变。比如，我们常常面临诸如是否要用有机食物、民族食物、素食食物之类的选择问题。人们总体上认为，由食物带来的利润随着食物种类的增加而增加，但饮料种类的增加会减少利润，因为活动主办方不太愿意承担人们饮酒后可能带来的后果。

一、餐饮和酒店服务的指导原则

餐饮、酒店等配套服务的基本出发点是支持活动的顺利举办，当然，前提条件是在既定的预算范围内。特别是每次餐饮服务的设计都应该有明确的目标，为此，要先弄清楚活动的性质是交流会（Networking）、职业培训（Continued Learning），还是附加教育项目

（Additional Educational Program）、颁奖（Rewards）或者娱乐（Entertainment），因为活动性质不同，餐饮的菜单、餐厅布置及活动流程都会有所区别。

酒店服务的内容和形式主要依据活动内容、活动规模、会议议程以及参与者的行动等情况而定。例如，如果一次会议的所有代表都入住同一家酒店，会场也安排在该酒店，那么主办单位需要与酒店销售部进行一揽子的谈判，在会场、酒店、餐饮及娱乐等各方面商定相应服务条款并签订合同。相反，如果与会者人数众多，可能需要同时和多家酒店谈判，然后在每家酒店安排会议注册处，并安排工作人员协助与会者办理入住手续。

二、活动餐饮服务的类型与操作方式

大型活动的餐饮服务有许多不同的模式，最为常见的是圆桌餐、套餐加台面服务、自助餐、手拿食品（Take Away）以及快餐。在商讨餐饮服务合同时，活动组织者应根据活动参与人数及其对食品质量的需求，明确食品的数量、服务的速度和要求提供的食物种类（Van Der Wagen，2004）。活动现场的餐饮服务究竟如何操作，要根据活动主办单位和场馆之间所签订的协议内容而定。

（一）餐饮服务的类型

从自助餐到VIP白手套服务，活动餐饮的供应有各种各样的类型（见表12-6）。虽然其中的定义包含了一些争议性的内容，但它参照了美国活动产业委员会的术语表。

表12-6　活动餐饮服务的常见类型

用餐类型	描述
欧陆式早餐 Continental Breakfast	通常包括各式各样的面包、糕点、果汁与咖啡。有时会增加切片水果、酸奶以及冷的谷类食物。除非另外追加座位费用，欧陆式早餐一般是自助式、站着享用的
全套早餐 Full，Served Breakfast	餐点在厨房内装盘，通常包括火腿蛋松饼、培根或香肠等肉类食品、土豆煎饼等土豆类食品、水果以及咖啡
自助式早餐 Breakfast Buffet	提供水果、果汁、蛋类、肉类、土豆类以及面包等品种多样的食物
茶歇 Refreshment Breaks	通常只提供饮料，有时也提供饼干、面包圈儿、水果等小食
早午餐 Brunch	在接近中午时提供的餐点，同时提供早餐和午餐的餐点，可以是自助式的，也可以是装好盘、有人服务式的
自助式午宴 Buffet Lunch	有时提供热食，有时提供冷食，供应内容有各式色拉、蔬菜、肉类等。熟食自助餐（deli buffet）有时会提供供宾客自己选择材料制作三明治的区域
盒装午餐/盒饭 Box Lunch	通常只用于外带式的用餐需求，比如在运行时间相对较长的大巴上（例如，从旧金山到纳帕谷的一天活动），或抵达目的地后（例如，为了听波士顿流行乐队表演的野餐营地）。盒装午餐也可用于提供给贸易展览会的观众

续表

用餐类型	描述
全套午餐 Full, Served Lunch	全套午餐是盘装式的，通常为三段式，包括色拉、主菜与甜点。仅有一道菜的冷宴有时也会出现，比如烤鸡恺撒沙拉（Grilled Chicken Caesar Salad）
招待会 Receptions	提供较少座位以促进交流的社交活动，餐点会在多个地方出现。有时也有侍者提供服务。饮料是这类活动上必不可少的。内容简单的招待会只提供小食和饮料，通常安排在晚餐前；内容丰富的招待会会提供冷热开胃菜等，通常起到替代晚餐的作用
自助式晚宴 Dinner Buffet	通常提供各式沙拉、蔬菜、主菜、甜点以及饮料。肉类则由服务员切好后提供
全套晚宴 Full, Served Dinner	全套晚宴会是三道式或五道式中的一种，包括开胃菜、汤、沙拉、主菜和甜点。餐点在厨房中装盘，并被端给围坐在圆桌旁的宾客。全套晚宴常常被称作美式服务
室外活动 Off-site Event	室外活动通常在官方接待酒店以外的地方举行。可能是在著名地标性建筑举办的招待会，比如洛杉矶长滩的 Queen Mary 酒店，也可能是在当地沙滩或公园的野餐
主题派对 Theme Party	是具有魅力的主题活动，可以采取招待会、自助式或服务式的形式。主题可以是覆盖全场的。举个例子，某活动的主题为“国际”，现场设有提供意大利、中国、日本、墨西哥、德国等地食物的区域

资料来源：George Fenich 著，王春雷译. 会展业导论［M］. 重庆大学出版社，2018 年

（二）餐饮服务的操作方式

概括而言，活动主办单位在为活动参与者、观众以及工作人员提供现场餐饮服务时，一般采取以下两种方式。

1. 指定餐饮服务商

提到现场餐饮服务，绝大多数活动主办单位都倾向于指定一家餐饮代理商，负责供应活动筹办期间、举办期间及撤离期间的各项餐饮（包括各种快餐、自助餐、工作餐、冷热饮料等）。当然，活动场所常设的餐饮服务设施也能提供一定服务。为了给活动参与者及观众营造良好的就餐环境，有些大型活动的主办单位在现场设立几千平方米的餐饮区和咖啡区（往往以临时搭建帐篷的方式），可供几千人甚至上万人同时用餐，如图 12-2 所示。

图 12-2 活动现场供宾客就餐用的临时篷房

2. 推荐场馆及周边餐饮设施

随着活动举办规模的不断扩大，层次的不断提升，竞争日益加剧，高质量的活动现场服务成了品牌活动的重要构成要素之一。小型活动的主办单位可能不提供现场餐饮服务，但

事先应向活动参与者和观众声明，并详细介绍和推荐活动场地及周边的餐饮设施。

以展览会为例，餐饮服务尤其是餐饮卫生是展览会现场服务的重要内容。为帮助参展商解决展会中的餐饮问题，一些会展场馆也会向参展商提供相应服务。以下是某展览中心制定的《参展商手册》中有关餐饮服务的规定，仅供参考：

■ 展会指定企业现场主管领导为餐饮卫生责任人，具体负责本单位的餐饮卫生保障工作，密切掌握所属人员的身体健康状况；

■ 未经展馆书面同意，任何企业或个人不得在展馆范围内经营餐饮服务（包括各种快餐、冷热饮料等）；

■ 注意饮食卫生，不随便在外就餐；

■ 严禁参展商自带食物进入展馆；

■ 根据广州市卫生管理部门有关规定，严禁外卖快餐进入展馆售卖。

三、活动期间酒店服务的操作方式

协助预订酒店是活动主办单位为活动参与者提供的基本配套服务项目，因而一般的活动主办单位都会提供此项服务。有时候，一些活动的举办场地就是在酒店，这时活动主办方需要与酒店进行整体性的谈判，以商定各项服务内容及价格。概括而言，活动期间，常见的酒店服务有三种操作方式。

（一）主办单位自行安排

尽管是主办单位自行安排，但提供服务的程度不同，给活动参与者和观众带来的感受也不一样。有的活动组委会只在活动筹备期推荐一些活动场所周边的酒店；而有的活动组委会不仅推荐酒店，而且只要是前来参加活动的嘉宾和专业观众都能享受优惠的价格；有的主办单位还会安排专人负责接受活动参与者和专业观众的预订，并在酒店大堂设置接待处，然后统一和酒店结算费用。排除部分主办单位希望通过提供客房预订来牟利的因素，这种方式能为活动参与者提供更加便利的服务。

一般说来，具体的操作方法是活动主办单位在寄发给活动参与者的《活动参与手册》或《服务指南》中附带一些酒店的基本情况介绍（包括酒店名称、地理位置、星级、价格及交通路线等）和负责人的联系方式，然后由活动参与者自行决定是否需要预订。如果活动参与者需要此项预订服务，便可以将附带的酒店预订表填好后，传真或者发 E-mail 给指定的联系人。

经典实例 12-3

某次大型活动的酒店、票务预订和交通服务

以下是某活动主办单位发给活动参与机构及人员的服务指南中有关酒店服务、票务预订和交通安排的部分，仅供参考。

您希望在本次活动商务之行中抢占先机吗？多了解活动场馆的信息，知己知彼，百战不殆。选择一家靠近活动场馆的酒店，使您占尽天时地利，省去每天的往返酒店与场馆的

舟车劳顿。酒店还能提供商务助理服务，帮助业务繁忙的您得心应手，运筹帷幄！

一、酒店服务

组委会联系了部分服务好、交通便利、价格优惠的酒店推荐给与会者。

如需预订酒店，请致电： 手机： 传真：

酒店	星级	价格（标准间/元 RMB）
五洲宾馆	☆☆☆☆☆	670 元/间
威尼斯酒店	☆☆☆☆☆	890 元/间
新世纪酒店	☆☆☆☆	420 元/间
景明达酒店	☆☆☆	320 元/间
三九大酒店	☆☆☆	190 元/间

注：组委会提供各个档次的酒店给参展商和专业观众

二、酒店预订表

截止日期：

参与企业名称（盖章）：______________________ 活动参与 ID 号：_____________

联系人：_____________ 电话：_____________ 传真：_____________

姓名		性别	
入住日期		退房日期	
酒店名称			
房间种类	□标双__________间 □豪双__________间 □普通套房__________间 □豪华套房__________间		
预订房间数	__________间__________晚	酒店早餐	□是 □否
付款方式	□现金 □银行卡 □组委会代付 □其他		
补充说明	机场接送 □是 □否	特殊饮食习惯	□是 □否

咨询电话：

手机：

传真：

联系人：

请于 年 月 日前将该表传真到组委会

三、交通

组委会为与会者提供交通服务，如需协助请致电：

手机： 传真：

1. 活动期间，组委会提供免费穿梭巴士

线路	时间
酒店——深圳高交会展览中心	3月4日—7日（每日往返4趟）
香港机场——深圳高交会展览中心	3月5日—7日 10：00；13：30（每天两趟）
罗湖口岸——深圳高交会展览中心	3月5日—7日 8：30—14：30（每2小时一趟）

2. 组委会提供租车服务，如有需要请提前10天申请

3. 组委会提供返程机/车票预订服务

组委会为与会者提供返程飞机、火车票预订和免费送票上门服务。在与会代表入住酒店或确认参展时，同时提供以下预订单：

返程机/车票预订单

姓名		酒店		房号		联系电话	

我想预订（请在相应项前打√）：

□飞机票　□火车票　○软卧　○硬卧　○硬座

时间：　月　日

区间：深圳/广州——

数量：

理想时间段：

温馨提示：为了不耽误您的行程，请于　月　日前将此表反馈给会务组，谢谢！

（二）指定旅行代理商

在活动的酒店服务方面，指定旅行代理商的操作方式比较流行。其基本程序为：活动主办单位指定一家旅游公司，然后由该旅游公司为活动参与者（与会代表、观众和演讲嘉宾等）提供酒店、票务（代订、代送火车票或飞机票）、旅游和订车等服务。指定旅行代理商一般会在活动现场设立接待台，为现场与会人员提供相关旅行咨询或预订服务。

从理论上讲，采用这种方式，活动组织者不仅能够减轻自身的工作压力，更为关键的是能为活动参与者和观众提供更为专业的服务。但目前，不少国内活动主办单位为了最大程度的营利，而不考虑自身的接待水平，将酒店预订等配套服务都承揽下来，活动举办压力增大。当然，如果活动组织者有足够的实力和丰富的旅游接待经验，也可以自己安排活动参与者和专业观众的住宿或票务等事宜。

（三）专业代理机构

随着旅游业产业分工的不断细化，一些专业代理机构开始将大型活动作为公司的主要业务，如酒店预订网、会展商旅服务公司等。这些公司会主动与活动主办单位联系，并能够提供优惠的价格和专业的服务。例如，Travel2Fairs 是一家专门从事展会期间的酒店预订服务的公司，它可以为参展商和观众提供宾馆、酒店式公寓或私人住宅等不同形式的住宿选择。Travel2Fair 对所有房源的质量实行监督，以保证房间的标准质量。

四、活动旅行服务的操作方式

(一) 指定旅行代理商

与酒店服务类似，活动主办单位指定一家旅游公司为活动的旅行代理商。这样，旅游公司可以利用自己的独特优势，并与目的地管理公司或旅行社合作，承揽相关旅行考察业务，协调活动中涉及的各级目的地、各部门的接待工作，保证活动参与者或专业观众旅行活动的顺利进行。

(二) 赞助商资助

事实上，只要能寻找到一个很好的切入点，许多赞助商都愿意赞助大型活动期间的各种小活动，譬如欢迎晚宴、新闻发布会、文艺晚会或技术考察等，因为在大多数时候，这种赞助活动比刊登广告更有效。因此，有时候主办单位也可以由感兴趣的赞助商赞助，组织一些奖励旅游或技术考察活动。例如，在第五届中国国际展览和会议展示会上，由宁波国际会展中心赞助，展会主办单位组织业内相关人士赴宁波考察活动（参加第一天高峰论坛和展出期间系列会议的代表可以免费参加），不仅丰富了展会的活动内容，而且宁波会展中心也达到了宣传自身的目的。

第四节 设施设备管理

活动现场管理工作所涉及的设施设备众多，包括灯光、音响和投影等视听设备以及道具和各类装饰物品等。事实上，除了活动场地，所有设施设备的管理都应纳入活动物流系统的范畴。

一、灯光

舞台需要灯光，对节目的风格以及舞台布景、道具、服装、化妆的表现也需要灯光的密切配合。活动现场的灯光主要有两方面的作用，一是突出舞台和表演人员，二是作为活动设计中的一部分用以烘托气氛。所以在选择活动场地时，灯光在检查表中也是需要重点考虑的问题。

以演出活动为例，舞台灯光是演出空间构成的重要组成部分，是根据情节的发展对人物以及所需的特定场景进行全方位的视觉环境的灯光设计，并有目的将设计意图以视觉形象的方式再现给观众的艺术创作。因此，在设计舞台灯光时，应该全面、系统地考虑人物和情节的空间造型，严谨地遵循造型规律，并运用好造型手段。

灯光设计需要从实用和美学两个方面加以考虑，具体包括：

- 灯光设计是否与活动的主题相吻合，甚至可以加强活动主题
- 活动流程需要什么样的灯光变化效果
- 灯光设计方案是否需要专业的灯光师

- 备选的灯光设计方案对供电有什么要求
- 是否有备用灯光
- 灯光在电路方面是否会干扰音响等其他系统
- 在活动现场是否有地方架设这些灯光

二、音响

在活动中使用音响设备的主要目的是使观众/听众能清晰地听到演讲、音乐和感受不同的音响效果。在小型活动中，活动组织者可以使用简单的公共广播系统（A Public Address System，简称 PA），该系统一般包括混频器、放大器、扬声器以及麦克风等。在大型活动中，扬声器的分布范围很广，音响师需要考虑声音从各个扬声器发出后传播到听众身边的自然延迟问题。

例如，一个宴会厅正前方设有舞台，可作为举办婚宴、中小型会议等活动的场地。充分考虑功能及今后的使用方式，该宴会厅的音响系统一般应具备以下功能：

1. 扩声系统

扩声系统是会场所必需的系统，根据厅堂不同的使用功能采用不同的音箱组合及搭配形式，其设计达到甲方的要求及国家的一级标准。扩声系统主要由三部分构成：

（1）声源。主要包括无线话筒、会议话筒、DVD 影碟机多媒体电脑等声源设备，可播放 CD 唱片和 DVD 影音图像。

（2）音频处理设备。是宴会厅扩声中的核心设备，可进行多路音频信号混合放大、切换，高低音调节，效果补偿控制，音量大小调整，录音、放音使用。

（3）功放及扬声器。整个扩声系统的音质及声场均匀性主要取决于扬声器的品质和布置方式，不同类型的扬声器需要配置不同的功放。

2. 发言系统

采用无线流动式发言话筒，U 段频段可调，且抗干扰性强。

3. 视频显示和切换系统

根据厅堂的大小及要求配备相应的投影显示设备以及切换设备，使多种视频信号、VGA/RGB 信号都可以通过投影机显示到正投影幕或背投影幕上。

经典实例 12-4

EV 音响系统经过多个重金属乐队长时考验

2010 年 5 月 18 日，Drowning Pool、Five Finger Death Punch、Hellyeah、Lacuna Coil 和 Seether 等多个乐队用音乐席卷了可容纳 6000 多人的维罗纳镇的拉克罗斯中心。Intellasound 公司为此次演唱会安装了最先进的 EV XLC 音响系统，其中包括 32 个 XLC127-DVX 主音箱和 24 个 Xsub 低音音箱，所有音箱通过 30 个巡演级 TG-7 功放（配有 RCM26IRIS-Net 控制/DSP 模块）进行控制。

Intellasound 公司的 Tim Woodworth 向我们介绍了该次演出所使用的设备，还有 EV 的

FIR-Drive DSP（即将包含新型 TEMP 限幅器）技术所带来的不同。“这是一次非常有趣的演出，XLC 设备在演出中着实一显身手”，“我们让观众席的声压达到 111dBA，音响效果震撼人心，这也正是此次巡演要达到的音效。我们在每侧安装了 16 个 XLC 全频组件和 24 个 Xsub 低音音箱，以创造期望中的浑厚超低频音效。安装足够的 PA 也是个不错的主意，因为根据我个人的经验，高声压级是此类表演设备工程师最关注的问题。该系统通过巧妙设置优质的功放设备和系统处理，可在高声压级下有完美表现，并且还有足够的动态余量，以便增添额外输入至混音。所有乐队工程师都对 PA 非常满意；甚至在演出结束后我还收到其中一些人发来的电子邮件，他们认为这次的音响效果让人难以置信，实在是听觉的享受。”

除了音质一流之外，与系统绑定的软件和 DSP 也有很大贡献。“我们正在使用的是以 FIR-Drive 为基础的最新预设功能”，Woodworth 补充道，“现在用于系统调音的时间也比以前要短得多。事实上，在很多地方，我们已经不需要特别进行调音，这正是我们的目标。当然，如果有工程师希望在混音中体现自己的风格，也完全可以实现，但你绝不会听到有任何人要求增加 HF、MB 等设备，因为核心音质已经达到要求。对于此次演出，我只用了两个滤波器，单凭这两个滤波器，就达到了非常棒的音效。FIR-Drive 预设功能为我们节省了大量时间，我们不必浪费时间在 PA 的日常设置上。像这样的多乐队演出，工程师都希望能尽快完成检查工作，但也习惯了要等待 PA 人员先完成安装调试。通过此套专用设备，我们可以随时满足他们的要求。滤波器、功放和扬声器的组合，获得了他们的一致称赞。”

三、道具和装饰

与电视演播室一样，一些活动在布景时还会用到舞台道具、装饰植物等器材和物品，对这些要素进行巧妙安排可以烘托活动的主题和气氛。例如，在传统节庆期间，观众可以通过身穿节日盛装来增加仿佛置身于虚幻世界的感觉。

按照体积，可以把道具分为大道具与小道具，前者如桌椅、沙发、柜子、屏风等，后者如电话、瓶、杯、小工具等。按照使用性质，又可将道具分为装饰道具（如门帘、屏风、吊灯及各种屋内摆设等）、手执道具（如挎包、皮箱、手杖等）、消耗道具（如食物、香烟以及需要在舞台上当众摔碎的碗盘等）以及实用道具（如桌、椅等需要负重的道具）等。舞台道具的设计风格和布景、灯光及服装的风格是一致的。

复习思考题

1. 制造企业进行现场管理的 4MEI 框架对活动现场管理有什么启示。
2. 请为自己参与组织的一次活动编制活动纲要。
3. 常见的会场布置形式有哪些。
4. 展览会布展期间的主要工作内容有哪些。
5. 活动餐饮服务有哪些常见类型。

扩展阅读

从活动管理视角看里约奥运会开幕式的创意时刻

这场开幕式基本把巴西传统和现代的艺术精华都表现出来了，我们为全世界展现了一个直观而真实的巴西。

——Fernando Meirelles

里约奥运会开幕式直播一结束，我就在自己的朋友圈写了一段话，得到了不少朋友的回应：里约奥运会开幕式以环保为主题，以小博大，注重本土元素和创意时刻（creative moments），给人留下深刻印象，值得会展和活动组织者学习。确实，尽管预算只有 2 100 万美元，但巴西人秉承 Gambiarra 的民族精神，举办了一场艺术想象力丰富、文化气息浓郁，并将迷人的本土元素发挥到极致的开幕式。有媒体称，里约奥运会开幕式很巴西，很世界，而“很巴西”和“很世界”分别代表了本土化和国际化。

Eventbrite 曾经发布过一份报告——《怎样策划值得回忆的活动》（How to Create Memorable Events），里面侧重谈到了 4 点：用优美的设计来设定场景；从观众达到开始就让他们感到惊喜；让好玩和轻松贯穿活动全过程；在活动结束后保持沟通渠道的畅通。里约奥运会开幕式向全世界传递了具有国际视角的价值观，很多画面令人印象深刻。

1. Gambiarra

其实，Gambiarra 不是本文要讨论的“场景”，而是一种精神和理念，它指导了一系列场景的设计。据《羊城晚报》报道，里约奥运会开幕式从一开始就展现了一个难以理解的理念——Gambiarra。巴西圣保罗孔子学院院刊主编、语言学家何觅东解释说，Gambiarra 是凑合的、不专业的解决方式，用不太合适的、简陋的工具或材料解决问题，但通常 Gambiarra 的结果却是奏效的。

我们在开幕式开场部分看到的“用纸代鼓”以及用十分简单的饰物制造出的一些奇特的东西，就是 Gambiarra 的具体体现。

我一直有个观点，一个活动要有创意，其本质是真正做到“以人为本”，关照参与者的内心，它体现的是策划者的诚意。

2. 绿色五环

可持续发展的理念，不仅是里约奥运会开幕式的主题，而且贯穿里约奥运会的始终。据巴西《圣保罗报》报道，奥组委估计举办这届奥运会大概需要560万吨燃料，相当于290万吨碳排放量。面对这一挑战，里约奥组委可持续发展部门负责人塔尼亚表示，“我们的规划已经完成，通过采取使用乙醇燃料的车辆、采用生物柴油为发电机提供动能等措施，能够抵消70%的碳排放量。”

8月3日，里约热内卢奥运会开幕式总导演马尔科·巴里奇（意大利人）在接受共同社采访时表示，“作为巴西丰富的自然风貌的象征，开幕式要展现虚拟世界的森林，讲述因全球变暖等对自然造成破坏的历史。此外，还会以自然的新生为题材，请参加入场仪式的每一名运动员向土壤播下一颗种子。这些种子将被移种至德奥多罗地区的公园，未来将长成真正的森林”。

事实证明，里约兑现了预先的承诺，里约奥运会的导演组通过声光电展示了巴西广博的森林；呈现了因为排放二氧化碳过多导致全球气候异常的画面；为了宣传节能减排，开幕式的五环特意用绿树组成；主火炬的火焰也比往届小了很多……

正如带着五岁大的儿子前来观看开幕式的桑切斯所说，“我觉得这几个环节很出色，尤其是对下一代的小孩来说，教育意义很大，让他们更加懂得，地球只有一个，所有人都应该保护它。”

3. 依帕内玛女孩吉赛尔·邦辰

在里约奥运会开幕式上，一位来自里约南部地区依帕内玛的姑娘，在《来自伊帕内玛的女孩》的钢琴伴奏下，在星光璀璨中走过100米，成为现场和电视机前亿万观众瞩目的焦点。她就是世界顶级名模吉赛尔·邦辰（Gisele Bundchen）。20世纪90年代中期，由Antonio Carlos Jobim作曲的这首《来自伊帕内玛的女孩》风靡全世界。

普通的出身、与小李子的恋情、回归贤妻良母等话题，让吉赛尔·邦辰充满传奇。宣布告别T台一年之后的这个夏天，邦辰为了国家再次回到公众视野，在奥运会开幕式上走过了非同寻常的100米，真的是步步惊艳，步步不舍。选择一个人作为全场的焦点，再次表现了巴西人以小博大的 Gambiarra 精神。

其实，在 8 月 2 日，巴西媒体率先披露了一个令人震惊的消息，吉赛尔·邦辰将在开幕式上表演“被抢劫”，这一细节也得到了开幕式彩排目击者的证实，消息一出立刻引发巨大争议。如果消息属实，里约奥运会开幕式导演组真的是自黑炒作了一把。

4. 奥运会历史上第一个难民代表团

对于奥运会而言，第一个难民代表团是一个绝佳的创意。尽管其大背景是国际奥委会正式启动了《奥林匹克 2020 议程》（40 项改革，分为 11 个方面，分别为：申办奥运会、奥林匹克可持续发展、加强与其他体育组织的紧密联系、奥运会规模限制、反兴奋剂和与运动员关系、奥林匹克宣传与教育、IOC 经济建设、道德建设、组织建设、商业发展、管理与其他），但此举紧扣难民潮这一广受世界关注的焦点问题，彰显了里约奥运会开幕式的人文关怀。

当由 10 人组成的难民代表团入场时，全场观众自发起立，给予这批特殊运动员最热烈的掌声。国际奥委会主席托马斯·巴赫表示，“我们想通过难民代表团的参赛告诉全世界正在经受奔波的难民，你们并不孤单，所有人和你们同在。希望和平早日到来，让难民

们重返家园，过上正常的生活。”

5. 一位76岁的老人

从里约奥运会开始，新增了一个“奥运桂冠”的环节，我们可以将其理解为“感动奥运”。开幕式临近结束时，国际奥委会委员、肯尼亚前奥运冠军基普·凯诺的上台感动了全场，这位老人和妻子收养了多位孤儿，并且教他们学习和训练，让他们拥有一个快乐的童年。“我们来到世界身无长物，离开世界也不带走一分一毫，我们需要的是爱和团结。”老人的讲话引来了现场观众长达1分多钟的掌声。

当这位可敬的奥运冠军，一位76岁的老人怀着一颗憧憬的心，领着孩子们带着和平鸽风筝一起跑进体育场，在奥运的舞台放飞爱与和平的梦想，这无疑是传递奥运精神最有力的证明。这本身就是一个值得传唱的故事，不仅温馨上进，而且直指人心。

当然，里约奥运会开幕式还有很多可圈可点的地方，而且从设计、艺术等不同的角度来分析，会有不同的收获。我们再回过头来看看，上面的几个画面是不是具备了创意时刻的基本特征：令人愉悦（joyful）、值得回忆（memorable）和容易传播（contagious）。

即测即评

第 13 章　人群流向管理

本章导读

因为参加活动特别是开放式大型活动的人群往往具有密集性、不可预测性和分布的不均衡性等特点，合理引导与管理人群流向对活动的顺利举办至关重要。

有专家提出，在建立大型活动的人群聚集和疏散复杂系统框架时，需要开展 4 个方面的分析：① 人群聚集，包括人群来源分析、交通道路规划、人群分流模型和应急性人流聚集模型；② 人群疏散。包括对紧急疏散系统、应急救援系统、一般人群引导以及交通道路的分析；③ 人群服务，包括对最佳和最大服务量的讨论，对服务效率、服务市场和服务效果的分析；④ 其他，包括人群流量预测、项目活动安排、场馆布局、配套设施、管理制度和人员培训等，然后将各子系统进行集成统一，得出一个比较复杂的人群聚集和疏散系统。

本章将重点介绍活动现场的注册与迎宾管理、人群管理、演讲人管理、VIP 接待以及媒体接待与服务管理等内容。

本章关键术语

注册（Registration）　人群管理（Crowd Management）　排队管理（Queuing Management）
演讲者合同（Speaker Contract）　新闻发布会（Press Conference）

第一节　注册与迎宾管理

一、工作内容

为了保证活动现场注册工作的顺利完成，现场运营团队必须提前做好相应的准备，主要工作包括：

■ 准备好签到桌、签到笔、名片盘、易拉宝等物料；
■ 安排训练有素的工作人员；
■ 分发胸卡或提前安置电子签到设备；
■ 分发手册、纪念品等活动材料；
■ 与酒店协作，帮助代表尽快办理入住手续。

二、注册表格

活动注册包括提前在线注册和现场注册，随着各类新技术在活动中的应用，越来越多的活动采取在线注册和电子签到的方式，这给活动主办方和参与者都带来了诸多便利。尽管由于活动的性质、规模以及面向的对象的不同，注册表格（Registration Form）的内容要求和形式多样，但一般都包括以下内容。

■ 参加者的名字（Participant's Name）
■ 职务/职称（Title）
■ 联系方式（Participant's Contact Information）
■ 工作单位（Organization with which the participant is associated, including a school or university）.
■ 住宿要求（Whether or not the participant needs lodging）
■ 餐饮方面的特殊要求（Whether or not the participant requires special meals, vegetarian or specify food allergies）
■ 具体活动项目的选择（What parts of the program have been chosen）
■ 注册费缴纳情况（Whether or not the participant has paid the registration fee）

通过注册表所搜集的数据包括姓名、头衔、职业、住址、电子邮箱、电话、传真、成员分类、希望参加的工作坊/研讨会、社交功能、可选活动、付费方式、特殊医疗和餐饮需求以及免责条款等。这些数据将在活动前、活动中或活动结束后使用。例如，在一次会议开始前，注册数据可能被提供或卖给参展商或广告商，这样，在会议开始前，他们就可以宣传自身的公司、产品和服务。

经典实例 13-1

第二届高分子成型加工及产业发展研讨会

注 册 表

代表信息

姓名		性别		职务/职称/研究生（博士、硕士）	
单位名称					

续表

<table>
<tr><td>Email</td><td colspan="2"></td><td>手机</td><td></td></tr>
<tr><td>地址</td><td colspan="2"></td><td>邮编</td><td></td></tr>
<tr><td colspan="5">报告信息（组委会将根据具体情况安排报告类型）</td></tr>
<tr><td>口头报告/墙报</td><td colspan="4"></td></tr>
<tr><td>报告题目</td><td colspan="4"></td></tr>
<tr><td colspan="5">注册费（请在□中打√选择）</td></tr>
<tr><td colspan="2">□正式代表：RMB 1 500</td><td colspan="3">□学生代表：RMB 1 000</td></tr>
<tr><td colspan="5">汇款方式</td></tr>
<tr><td colspan="2">(1) 银行汇款：
户名：四川大学
账号：5100187046905988××××
开户行：建行成都川大支行</td><td colspan="3">(2) 邮局汇款：
地址：四川省成都市一环路南一段 24 号四川大学高分子科学与工程学院
×××，邮编：610065
电话：028-8540××××，1808118××××</td></tr>
<tr><td colspan="5">汇款单备注栏标注：高分子加工研讨会注册费-（注册人姓名），汇款后请将汇款单扫描件于 4 月 20 日前发送至会务组邮箱：×××@ scu. edu. cn</td></tr>
<tr><td colspan="5">住宿选择与时间（请在□中打√）</td></tr>
<tr><td>□世外桃源酒店
单间（560 元/间/天，含 1 早）</td><td>□世外桃源酒店
标准间（560 元/间/天，含 1 早）</td><td colspan="2">□自行预订酒店</td><td>入住时间：　月　日
离开时间：　月　日</td></tr>
<tr><td colspan="5">会务联系</td></tr>
<tr><td colspan="5">四川省成都市一环路南一段 24 号四川大学高分子科学与工程学院
第二届高分子成型加工及其产业发展研讨会会务秘书处
联系人：×××、×××；E-mail：×××@ scu. edu. cn；邮编：610065
电话：028-8546××××，1398089××××；传真：028-8540××××</td></tr>
</table>

*请尽快通过电子邮件于 4 月 20 日前将会议注册表发给会务组（×××@ scu. edu. cn），以便确认。

三、电子签到

电子签到是应用互联网登记、彩信传播、电子门票传播、扫描终端验证等多个环节而完成的签到过程。电子签到具备了活动前的在线报名、电子邀请函的自动生成、发送、二维码彩信发送、电子门票制作及打印、电子胸卡现场制作及电子签到、实时同步参会嘉宾信息统计和管理等功能，实现了活动管理的高效、快捷及安全要求。

例如，某公司的电子签到业务可以根据会议活动的具体需求，提供以下几种方式的签到：

■ 二维码签到
■ 条码签到
■ 电子门票签到
■ 纸质门票签到
■ 电子胸卡签到
■ 彩信二维码签到

无论活动组织者希望采用哪种方法进行签到，都是在凭证介质中加入二维码或条码储存门票编号信息，利用扫描识读设备解码，并通过电子签到软件完成签到工作。

四、迎宾管理

这里的迎宾管理主要指"现场注册服务"。就像酒店的前台一样，注册区域对于参加会议、展览会等活动的参与者来说都是第一体验。缓慢低效的注册过程会为整个活动定下不专业的基调。一般来说，第一天的注册区域应该有大量人员，而且在整个会议期间应该保持开放。如果有国际客人，注册资料需要翻译，为确保注册顺利进行，还可能需要口语直译人员。如果包括展览，为参展商注册准备另一个区域是个不错的主意。

在实际工作中，活动主办方往往把注册的事情外包出去，尤其是一些大型会议。培训注册服务人员是一个很复杂的过程。一些宾馆或会议中心可以安排临时机构来提供一些经常做注册工作的员工。此外，一些注册管理公司也处理住房事宜。

在迎宾管理中，有一项重要工作便是安排住宿。并不是所有的活动（特别是会议）都要求住宿安排，但如果有住房需求，那么可以有 4 种为参会者处理住宿问题的办法。

■ 参会者自行安排住宿，活动组织者可以提供推荐酒店名单，但没有事先安排价格谈判或确保一定有房间。

■ 会议和活动主办方在一个或多个地方谈判出一个团队价格，参会者将他们的选择直接回复给预订部门。

■ 主办方处理所有的住宿问题，参会者通过他们订房，工作人员把确认的住宿名单提供给酒店。

■ 无论是自己付费的还是由目的地营销组织付费的，全部由外包公司来安排所有的住宿。

第二节 人群管理

一、密集人群安全管理

2005 年 11 月 1 日，北京市率先出台了《大型社会活动安全管理条例》，该条例首次要求主办方在活动举办前进行风险评估，提交风险评估报告。随后，杭州、南宁等地也先后出台了大型活动安全管理规定。2007 年 9 月 14 日，国务院颁布《大型群众性活动安全管理条例》并于2007年10月1日开始施行。该条例对大型活动的范围，承办者、场所管理者的安全责任和公安机关的职责，安全许可的条件、程序、时限，安全管理措施以及法律责任等作了明确规定，以期指导大型活动安全顺利举行。

参加活动特别是大型活动的人群具有密集性、不可预测性和分布的不均衡性等特点。当某个区域的人群密度较大时，会产生“群集现象”，也就是人员集聚成群的现象。以群体性踩踏事件为例，人群往往是因为不知道前面发生了什么事情，出于好奇而盲目往前拥挤；一旦发生危险或者感知到危险，又会慌不择路地逃离。

概括而言，活动的人群管理包括人群预测、人流引导、预警系统和应急疏散等工作。为此，活动主办方要提前做好风险评估，对活动场所的人口容量进行估算，对可能参加的人群规模进行预测，同时充分运用实时视频监控系统等科技手段，一旦发现单位面积的人数超过临界值，就要迅速启动应急响应，并通过公共广播、公众订阅号、手机短信等方式，通知现场的每一个人，引导人群及时疏散。

经典实例 13-2

踩踏发生的诱因一般来说确实都很小

2014年12月31日23时35分，上海市黄浦区外滩陈毅广场东南角通往黄浦江观景平台的人行通道阶梯处发生拥挤踩踏，造成36人死亡，49人受伤。2015年1月21日，上海公布“12·31”外滩拥挤踩踏事件的调查报告，认定这是一起对群众性活动预防准备不足、现场管理不力、应对处置不当而引发的拥挤踩踏并造成重大伤亡和严重后果的公共安全责任事件。原本喜庆的跨年活动，为什么会发生踩踏悲剧？

1. 大多数事故并非逃难引起的恐慌性挤压踩踏，只是人群过于拥挤，有人跌倒引起连锁反应

在大多数人印象里，踩踏事故往往与逃避临时发生的灾难引起的恐慌性挤压联系在一起，类似地震、爆炸、火灾等等。依照群体心理学，这些灾难会造成群体恐慌，使人群陷入一种极端焦虑的状态而不能自拔，拥挤、跌倒、踩踏便接连发生。一个典型案例便是1994年克拉玛依友谊馆火灾，火灾共造成288名学生遇难，医生鉴定表明，死因除了烧伤、窒息，还有近百名孩子是被踩踏身亡。

但大多数踩踏事故都并非逃难引起的恐慌性挤压导致。中国劳动关系学院安全工程系教师王起全等人在发表于2008年的论文中表示，经他们统计，2000年至2006年间，国内外大型活动中发生85起踩踏事故。但这些踩踏事故主要并非由地震、爆炸等灾难事故诱发的恐慌性挤压踩踏，多发于节日庆贺、体育赛事、宗教活动期间人群集中之地。人群过于密集拥挤，有人跌倒后引起连锁反应，短时间造成大量人员叠压引起挤压和踩踏伤害。

触发点虽然很小，后果却很惨烈。王起全等人所统计的这85起踩踏事故，共造成4 026人死亡，7 513人受伤，平均每起踩踏事故死亡人数约为47人，受伤人数约为88人。平均每起事故都达到了中国规定的特别重大伤亡事故级别（30人以上死亡）。

2. 人群聚集时，缺乏有效管理是踩踏事故发生的根本原因

大规模的人群聚集是有很大风险的。公共安全危机干预专家高锋指出：踩踏事故的发

生，有很大一部分是因为四面八方的人向一个狭小的空间内聚集，从而导致这个空间的承载量超过极限。但从某种意义上，人群聚集并不一定导致踩踏事故，人群聚集却没有有效的管理才是问题所在。

以外滩踩踏事故为例，人潮管理措施确实存在问题。据媒体此前报道，往年外滩跨年灯光秀，中山东一路、北京东路等周边区域的路段禁止一切车辆通行，黄埔江东金线轮渡双向停航，黄浦江人行观光隧道关闭，南京东路地铁站还会封站。今年是改了灯光秀地点，且不说主管方关于灯光秀移址到外滩源举办的通知是否及时有效，对于外滩这样人群可能高度聚集地带不封锁主要路口控制人流量，显示出相关管理部门对节假日公共场所安全风险把控不足。一旦现场人流超过预估容量，如何分流、现场秩序维护和应急预警也是缺位的。

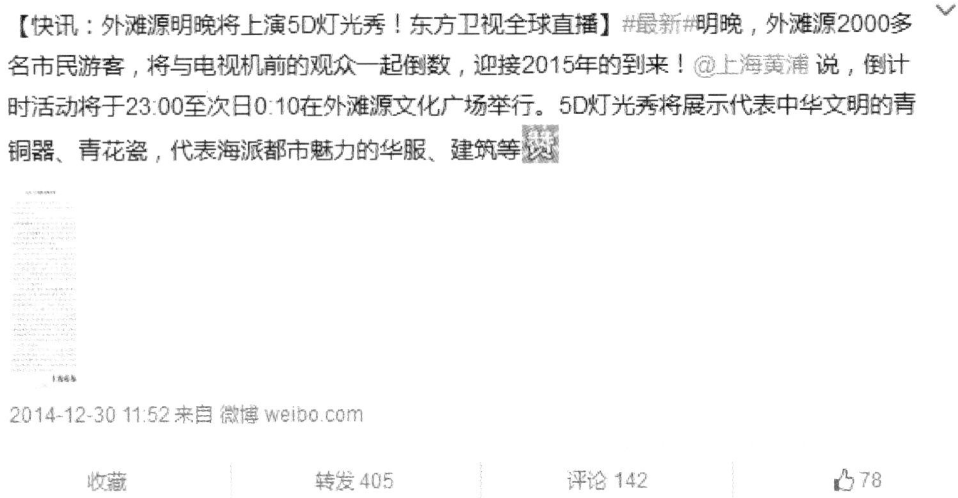

上海市政府新闻办公室官方微博通报了灯光秀地点易址，但转发和评论寥寥

资料来源：上海市人民政府. 12·31外滩拥挤踩踏事件调查报告［R］. 2015年1月21日。

二、排队管理

排队管理是指控制和管理服务等待的时间，包括针对预期的顾客人数和到达时间，配备必要的服务设施，确保必要的服务接待能力，尽量缩短顾客等待时间，努力满足顾客等待的心理需求和期望。在特殊活动中，排队管理可能会涉及注册、存取衣物、餐饮服务或参加娱乐项目等。

Metters（2004）认为，对于顾客来说，人们感知到的等待通常比实际的等待时间更重要。例如，空闲无聊的等待比有事可做的等待时间显得更长，不确定的等待时间比确定的时间显得更长，单独等待的时间比群体等待的时间显得更长，不公平的排队规则会让等待时间显得更长。因此，应当通过创新方式来减少顾客感觉中的等待时间。对于大型活动的排队管理，现场管理人员需要综合考虑以下因素：

- 将会出现多少队列和可能的瓶颈？
- 队列何时形成？是立即形成还是经过一段时间以后形成？是规律性的形成，还是只在高峰期形成?

- 如何减少可觉察的等待时间?
- 是否安排了足够的接待人员、人群控制人员、检票人员和安全保卫人员?
- 在活动现场有哪些急救措施?紧急通道在哪里?
- 各种标志是否清晰?
- 避雷、遮阳和防御设施是否齐备?
- 人群友好路障和隔断是否就位?

第三节 嘉宾服务

一、演讲人服务

(一) 演讲人报酬

对于活动特别是会议,演讲人可以分为志愿演讲者和付费演讲者两大类。以协会年会为例,大多数协会不会付费给所有的演讲者,因为在一个为期三天的中等规模会议中,可能有100多场甚至更多的会议。此时,演讲者可能完全没有酬劳,也可能给全体大会的演讲者演讲费并报销所有费用。

很多时候,如果在会议上有一位高价、受欢迎、付费的演讲者,可能会明显增加参会人数。聪明的办法就是由关键参展商或者行业领袖来提供赞助费用。由于全体大会是备受瞩目的活动,对于一个会议公司来说,花钱聘请一位主讲嘉宾,促使更多的人来参会是非常合算的。另一个寻找演讲者的渠道就是当地政要、行业领袖和大学的学者教授。由于他们都是当地的,所以不会有旅行和住宿费用。此外,他们的服务通常是免费或负担得起的。为了感谢这些人在时间和精力方面的付出,通常会给他们一些小礼物或报酬。

(二) 演讲人指南

以协会会议为例,演讲人服务团队的工作人员应该制定演讲人(者)指南来告诉演讲者在会议上发布演讲的要求,使演讲者清楚大会对他/她的期望。不同的会议,演讲者指南有所不同,但一般应包括以下内容:

- 协会/主办方的背景信息;
- 会议的日期和地点;
- 演讲者可能参加的具体会议和活动;
- 演讲者演讲的日期、时间、地点;
- 演讲主题和持续时间;
- 出席会议的参会者数量统计和估算;
- 会议室安排及视听设备的要求和可用性;
- 要求简短的个人简介;
- 如果合适,提供其他演讲者的名字;
- 薪酬规定;

- 着装要求；
- 为演讲者准备的讲前练习或休息房间的位置；
- 准备摘要或提交最终文件的说明（特别适用于学术会议）；
- 可获得的讲义说明；
- 交通和住宿信息；
- 宾馆或场馆的地图或图表；
- 所有材料必须提交的最后期限；
- 对演讲的提示（如参会者不是很正式；参会者想在会议最后进行问答环节）。

（三）演讲人接待

针对演讲人，活动主办方的一般做法是安排专人与演讲人进行对接，主要工作包括沟通演讲内容及要求、协商差旅安排和提供现场服务等。

另外，很多时候还有必要请演讲者签署相应的协议，例如演讲者合同和录像、网络授权和转让协议等。其中，演讲者合同是一份演讲者与主办方之间的书面协定，规定演讲者在特定时间进行一个特定话题的演讲。这份合同将写明所有涉及的费用、双方之间的关系、需要为大会做广告的宣传材料、提供视听文件和演讲材料的最后期限、关于任何潜在的利益冲突的披露声明、没能成功完成演讲的惩罚以及解除合同的条件等内容。如果会议将以数字格式记录并在网络或在线视频平台上提供，那么必须通知并征得演讲者的允许，因为大多数演讲人并不希望他们的演讲材料在互联网上传播。

二、VIP接待

对于活动而言，贵宾（VIP）是指那些能对活动的效益和形象产生重要影响的人，VIP接待服务是主办方给予在政治、经济、文化等领域有一定成就、影响和号召力人士的一种特殊礼遇，也是活动优质服务的集中体现。VIP接待服务的水准和内容，要取决于活动的性质和人员的具体情况等因素，下面将介绍常见的工作：

（一）入住酒店

为了规范酒店各部门对VIP接待工作的标准和操作细节，为入住和参观饭店的贵宾提供优质高效的VIP接待服务，几乎所有高星级酒店都制定有VIP接待工作程序及标准。在为VIP提供住宿服务上，对于活动组织者来说，最重要的工作是和酒店方沟通，明确哪些嘉宾属于VIP。必要时还要做进一步的分级，确保接待方案符合来宾的身份、地位和影响。

（二）贵宾会客厅

在会议、展览会开幕式等活动正式开始前，一般会安排VIP参与相关会见活动或在贵宾厅稍事休息。提前15~30分钟摆放好茶水、水果及相关资料，了解会谈人数和时间，确定是否放置席卡以及是否需要音响设备。如果是几人或者十几人的会见，可布置成马蹄形或U字形。宾主各坐一边，宾客坐在主人右边，其他人员按礼宾身份高低顺序分坐在宾主两侧。宾主入座后（一般情况下，东道主会提前一点达到，应为其上茶；宾客达到时再迅速撤掉厅内用过的茶杯），要上热毛巾，然后上茶水或饮料。会谈结束时，要拉椅，引导所有贵宾进入主会场。其他人员要及时检查现场，并做好清洁工作。

（三）安全保卫

为做好活动期间的VIP安保工作，活动主办单位往往需要与保安服务公司签订详细的服务合同。保安公司根据甲方提供的详细信息，提早开始准备工作，在具体实施过程中需要多部门协同。

以活动的安保工作负责人为例，其主要职责包括：

（1）确定活动的举办时间（包括整个活动时间、保卫对象的活动安排）、活动地点、人员（参加活动的人员情况、贵宾人数、贵宾级别及随行人员情况）以及活动内容等基本情况。

（2）组织所有安保人员进行前期全面准备工作。

（3）安排人员对场地进行消防安全检查，若发现问题，应及时与相关部门联系，并严格整顿。

（4）预留贵宾车位，并安排专人看管。

（5）制定活动期间保安人员的岗位分布及职责安排。例如，内保人员的岗位职责包括：消防中控室派人留守，负责处理火警工作，并随时跟踪录像贵宾活动情况，监控室利用电视监控观察贵宾活动区域内一切可疑人、可疑情况；外围安全保卫岗兼交通指挥管制工作，疏导贵宾车辆入位；各入口要设一个活动岗；贵宾随行保卫工作；各贵宾活动区域的保卫工作。

（6）制定活动期间的防火、治安事件应急方案。

概括而言，VIP安保服务应纳入整个活动的安全保卫工作计划中。在大型活动安全保卫工作组织与实施中，扁平化的指挥体制是一种有效形式，准确及时掌握有关信息是组织实施的重要依据，通信畅通是组织实施的保证，熟悉部署和现场情况是组织实施的关键，非安全因素的控制与消除是大型活动安全保卫工作的核心（李世全，刘景喜，2010）。

第四节　媒体接待与服务

通过新闻媒体开展营销既能节省费用，又容易取得较好的宣传效果，因为新闻报道一般是免费的，而且在公众心目中的可信度高。因此，媒体策略受到绝大多数活动主办方尤其是缺乏促销经费预算的组织者的重视。

一、媒体现场服务

特殊活动现场的媒体接待服务与其他媒体接待工作大同小异，主要包括事前准备、注册接待和采访安排等。

（一）事前准备

在活动开始前，应提前与已经接受邀请的媒体确认时间、地点；对于重要媒体，应就活动情况进行必要的沟通，以期为此后的报道做好准备。同时，向财务部门申请相应的媒体费用。

另外，要提前勘查现场，具体包括：

（1）确认媒体接待处的具体位置，对细节问题进行设计，包括标志、台布、银盘、台花、签到流程等。

（2）确认VIP休息室的具体位置，为媒体希望采访相关嘉宾做好准备。

（3）如果媒体记者是参会人员的一部分的话，需要事先划分出专门的媒体区域，并放置较为明显的指示牌。

（二）签到

签到时，特别是在媒体报到的高峰时段，要做到井然有序、流程清晰。一般来说，平面媒体和电视媒体应分开由指定人员接待。

媒体记者签到时，应由工作人员发给相应的资料袋，然后引领至座位，并提醒尽量靠前就座。资料袋里一般包含笔、记录纸、新闻通稿、负责人员名片、活动小礼品等材料。在实际工作中，一般会提供一定的交通费，交通费用一般用信封装好，由媒体接待负责人亲自交给对方（签到或落座时发放，并做好记录）。

（三）采访与现场服务

如果时间允许的话，要进行必要的寒暄。特别需要注意的是，此时可能就会有媒体提出约稿或采访的要求，这时要及时记下，在活动期间借机安排采访，或者在活动结束后及时跟进。如果有媒体在活动现场发现其他的新闻线索，希望主办方能安排采访，这时可先和媒体确认具体的时间安排，再联系活动负责人协调采访对象。

活动开始后，除一名媒介人员留守注册处外，其他人员应进入会场做现场支持，包括及时处理问题、在媒体提问时传递话筒等。

如果是专业性较强的活动，尽量与到场媒体就活动的理念、主题、社会意义等进行深入沟通，这样可以减少后期的媒体报道一律是短消息的现象。

二、新闻发布会

活动组织者常用的媒体策略有举办新闻发布会、提供新闻稿件、邀请记者采访等，其中，新闻发布会由于相对正式且影响力较大而被经常使用。对于活动主办方而言，在举办新闻发布会时应注意以下五点。

■ 着重强调本次活动的主要创新之处或新的理念。以展览会为例，譬如招徕更多的国际参展商、设置电子触摸屏（为观众提供观展指导和配套服务）、规定每个展台发出的声音不能超出一定分贝、改进观众统计方法等；

■ 宣传本届活动对当地甚至整个国家某一产业或社会生活领域的推动作用，以帮助新闻媒体履行为当地社会经济及人民生活服务的宗旨；

■ 突出本次活动将为参加者提供什么特色服务，以增强活动对潜在参加者的吸引力；

■ 选择熟悉本次活动运作并举止大方、善于言辞的发言人，以保证活动的有关信息能被准确、清晰地传达给新闻界；

■ 提供具有专业水平的新闻稿，供记者或编辑直接使用，因为如果不是重大或特殊性质的活动，记者们往往不会再花费大量时间和精力去对新闻稿加以润色。

此外，与新闻发布会比较相似的还有各种推介会，因为这些推介会大都会邀请当地的主流媒体参加，所以作者将其归并在一起进行阐述。所谓推介会，即主办者召集一定数量的对某次活动有兴趣的、可能参加的参与企业或个人，向他们详细介绍本届活动及整个行业的市场发展情况，以及招展、专业观众促进等安排，以增强他们参加的愿望。这种推介会往往在潜在客户集中的城市举办，因而具有较强的针对性。

复习思考题

1. 活动的注册表格（Registration Form）一般包括哪些基本内容。
2. 为参会者处理住宿问题，有哪 4 种常见办法。
3. 请以一次活动为例，说明排队管理主要涉及哪些环节。
4. 如何做好会议演讲人管理。
5. 活动现场的媒体接待服务主要包括哪些内容。

扩展阅读

借鉴上海世博会的成功经验，做好车展现场管理

2010 年上海世博会期间，边做边改积累的“精益求精、人性化服务”等管理经验，已成为一年来上海主办各类大型会展的不二法宝。在 2011 上海国际汽车工业展览会（以下简称“上海车展”）上，又有哪些值得我们认真学习的呢？

1. 组织管理者：预案准备，事事到位

上海车展已举办 14 届。从交通组织到票务，从志愿者服务到现场管理，这一展会都吸取了不少世博经验，组织得更成熟、更细腻。在世博期间受到高度好评的志愿服务，在本届车展更为普及。车展使用了浦东新国际博览中心全部 13 个室内展馆，室外还搭建了 20 多个临时展馆。如何帮参观者迅速找到要去的展台呢？

参照世博经验，主办方在高校招募了 300 多名志愿者，统一着绿色装，在展馆连廊处多个咨询点为参观者指路。交通组织充分，是世博疏解大客流的重要一招。车展前，针对展馆旁主干道可能出现的交通压力，主办方在上海科技馆、源深体育馆、杨高南路 378 号启用了三个临时停车场，并配备班车，往返展馆免费接送。为快速疏通晚间人流，每天下午 16：30，主办方配备 40 辆班车免费接驳观众直达世纪大道轨道交通站。这种“P+R”方案，正是汲取自世博。

票务方面，为避免现场排队等待或因大客流而控制现场售票量的情况，主办方事先采取了预售票务的方式：从 3 月 15 日至 4 月 17 日，观众可以通过网络、电话、门店、便利店、地铁站点等多种方式和渠道预订、购买车展门票。车展门票的种类与价格设计也借鉴了世博经验，颇有讲究。例如，专业观众参观日票价 100 元，公众参观日为 50 元，双休日和非指定日期的通用门票则为 80 元。用价格杠杆削峰填谷，防止客流集中在会期的某几天。

车展期间，每天在广场上通过广播、显示屏、人工引导等措施，即时告知观众流量情况。为缓解入口压力，主办方提前设置了排队入场系统，增加蛇形通道、隔离带，在热门场馆门口设立排队区域，有序引导观众文明观展。此外，还设置了咨询台、老弱休息室、

医务室、移动电话工程车、流动厕所、手机充电站等服务设施，传承了世博会的人性化服务理念。

2. 突发紧急情况：应对有条不紊

面对车展期间出现的突发情况，宝山区紧急启用3 000多个临时停车位和1 000个应急停车位；抽调300余名志愿者做好咨询、保洁、文明游园宣传，其中100多名是世博志愿者有过世博服务经验；增设16个临时售票处，确保排队购票不超过5分钟；9个流动厕所连夜入园，减少游客等候时间……

同时，当双休日出现场馆内人流过多时，主办方立即采取限制售票数量、加强引导等措施，同时将闭馆时间延长至晚上7时，原定"当日使用一次进场有效"的双休日门票，也可延后使用。

3. 观展者参展商：更"有范儿"

上海车展期间，尽管场馆内外人头攒动、摩肩接踵，但秩序总体良好，环境也相当整洁。以往，人流密集时经常出现乱扔垃圾、随地吐痰甚至推搡等不文明现象，现在变得越来越少了。各品牌展台向观众们发放各种印刷宣传资料，参观者也变得更理性，伸手领材料、转身随地丢的少多了。

资料来源：杨群，刘颖．世博经验竖起管理标杆-沪会展业核心竞争力的思考［N］．解放日报，2011-04-30

思考：

1. 试分析2011年上海车展的现场管理借鉴了2010年上海世博会的哪些成功经验？

2. 如果你是上海国际车展的组织者，你在活动举办前、举办中以及举办后需要做哪些事情？

即测即评

第 14 章　物流与交通管理

本章导读

物流管理是活动管理的中心任务之一，它与其他所有领域都有联系。活动的物流系统主要包括参与者的流动、产品和服务的供应、设施设备的供应以及信息的流动。其中，参与者的流动包括观众、赞助商、演讲嘉宾和表演者等顾客的来源、票务、排队和顾客载运；产品和服务的供应包括物品、食宿接待等；设施设备的供应包括安保、水电及其他设备。对活动物流管理团队来说，最艰巨的任务之一就是查看一个列表并找出其中缺少了什么（Pagonis，1992）。该列表中应该包括人、财、物等所有要素。另外，对于活动管理者，为做好物流规划工作，往往要借助专业的服务承包商来完成。

本章将主要介绍活动物流系统的构成、物品运输（包括活动物流公司的职责、物料清单管理等）、交通服务规划以及停车管理等相关内容。

本章关键术语

服务承包商（Service Contractor）　活动物流系统（Event Logistics System）
物料清单（Bill of Material）　交通需求管理（Transportation Demand Management）
停车供需分析（Parking Supply and Demand Analysis）

第一节　物 流 规 划

活动物流管理特别是现场物料管理是整个活动物流系统规划的关键环节，广义上讲，它包括对活动参与人群流动、产品和服务供应、物料供给及信息流动的计划、组织、协调和控制。

一、服务承包商

对于活动管理者，为做好物流规划工作，往往要借助专业的服务承包商来完成。经过多年发展，服务承包商不断扩展服务范围，以满足各类会展活动的多样化需求。如今，服务承包商已经涉及会议、展览会及特殊活动的方方面面，从进馆到搭建，到最后的撤馆，都离不开他们。因此，服务承包商为活动组织者和酒店会议服务、会议中心、参展商、当地劳工等供应商提供了重要的连接平台（interface）。在完成精心测量工作后，服务承包商将和组织者共同安排活动布局，在开始搭建之前，也会参与向参展商等发送指南及其他电子信息等工作。

以展览会为例，总服务承包商（GSC）由展会主办方雇来负责处理现场事务。总服务承包商为活动经理和参展商提供一系列服务，包括却不局限于搭建及撤展、设计和悬挂引导标示和横幅、铺设地毯、货物运输以及提供展台所需的家具等。

在现场，总服务承包商协助展会组织者完成入口和所有指示的制图，铺设管道和窗帘或展位墙面，铺设地毯，以及设计展区，如注册处、食品和饮料区、休息区及特殊区域。多数情况下，他们可以解决参展商的问题，例如寻找丢失的货物、修理损坏的展台或板条箱，以及在晚间清理地毯和展位垃圾等。除了货物运输、卡车管理以及展会期间的物料存储，总服务承包商还可以为展会组织者提供一项有价值的服务—雇佣和管理临时工作人员。

二、活动物流系统

一般意义上的“物流”主要涉及对消费者的产品和服务供应，而活动的物流系统更加复杂，包括参与者的流动、产品和服务的供应、设施设备的供应以及信息的流动，其中，参与者的流动主要包括顾客来源（包括观众、赞助商、演讲嘉宾和表演者等）、票务、排队和顾客载运；[①] 产品和服务的供应包括物品、食宿接待和艺术家的现场需求等，设施设备的供应包括安保、水、电及其他设备，如图14-1所示（Allen et al.，2002）。

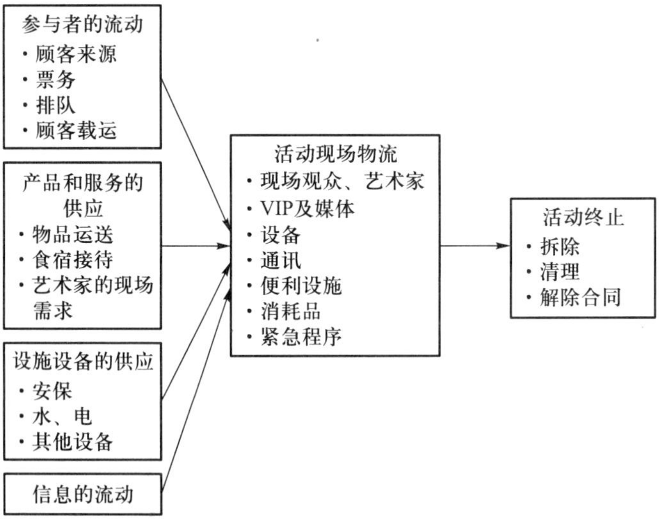

图14-1 活动物流系统的构成要素

① 包括现场注册管理、排队管理等在内的人流管理已经在第13章做了详细介绍。

第二节 物品运输

一、活动物流公司的主要职责

从狭义上讲，活动物流公司是展览会、会议、特殊活动等领域的运输专家，主要职能是为参展企业提供展品、设备和各类物料的物流管理服务，工作范围涉及接受订单、提供物流咨询、协助报关和安排运输等。

实力雄厚的物流企业往往都提供包括展品运输在内的一揽子服务，例如，意大利欧惕目国际物流代理集团（OTIM SpA）在深圳的代表处——深圳市欧捷国际货运代理有限公司作为专业的展会物流代理运营商，熟悉国际展品运输的各个环节，包括运输代理、进出口文件的准备、清关、国外展馆的具体安排、现场操作等服务，其中，现场操作包括按时送展、工人协助开箱、货物就位、空箱现场储存、撤展时间送还空箱、工人协助装箱/封箱、提供现场机械和工人等。此外，有些物流公司在个别领域还具有特别的专业优势。例如，美国的纽菲德集团（New Field）在精品包装、艺术品物流领域保持着国际领先的地位。

以下是一家展览和活动物流公司的主要服务项目：

- 一个简单、易于使用的在线订购系统（On-line Ordering System）；
- 我们保证友好、定期和有效的沟通及运输信息更新；
- 能服务位于全球范围内任何地方的企业；
- 必要时，货物可通过临时进口政策（如 ATA 单证等）通关；
- 为所有货物设置标签；
- 准时交付到展台；
- 包装材料的储存；
- 活动结束后的回运服务；
- 可选择的保险服务；
- 全天候的联系。

二、展品运输

在展览项目管理过程中，展品、宣传资料以及展具、道具等相关设备的运输是一项重要工作，而且专业性很强。在实际工作中，展会主办单位往往会委托一家专业运输公司来负责展品运输工作（业内人士往往简称其为“展运”，这种提法可能更为科学，因为展运不仅包括展品运输，还包括运送参展商的其他相关物品）。

国际展览运输协会（International Exhibition Logistics Association，简称为“IELA”）认为展品运输代理（主要指其会员所承接的出口代理）工作主要有六个方面，即联络；展前客户联系；单证办理及通知现场代理；[①] 运输；现场支持以及展后处理/回运。目前，国

① 往往由国内展品运输代理商承担

内大多数展览会的运输、海关报关等工作都是由同一家运输公司来操作的，因此，主办单位在选择运输代理商时需要综合考虑其运输能力和海关报关能力等综合服务能力。尽管IELA所提出的工作准则是针对其会员的，但它对主办单位和参展商选择合适的运输代理商仍具有借鉴意义。

（一）联络

联络的第一个因素是英语。为了进行有效的联络，协会成员必须都能够使用英语进行联络，所有代理都必须有员工可以说流利的英语。联络的第二个因素是设备。所有代理都必须有常设的国际直线电话、电传和传真设备。一些发展中和第三世界国家政府可能限制使用传真，这种情况除外。第三个因素是所有代理必须有一个明确的同邮政地址，因为代理可能还有其他业务和其他地址。

（二）展前与客户联系

在IELA提出的6个工作部分中，这一部分最关键，因为这部分工作中任何一项未做好都会给参展商的展出工作带来麻烦。出口代理给参展商的要求必须内容明确、简洁，最重要的是不能有歧义。要求必须使用参展商的语言。出口代理有义务安排翻译（由现场代理或展会组织者发出的）基本运输要求，在任何情况下，不允许出口代理将运输要求原封不动地转给参展商。基本运输要求至少应包括以下内容。

（1）单证文件。世界各地的现场代理都需要办理许多不同的单证文件，而且单证说明必须准确无误，因此最好有样本。代理要建议参展商使用ATA通关单证册，以最大限度地减少单证文件，并出具“授权签字和修改函”。另外，代理必须让参展商完全了解相关的手续及规定，包括从本国出口并进口到展览会所在国，以及办理手续所需的时间。

（2）包装/标志。出口代理应当了解运输方式和路线，并让参展商知道展览会所在国对包装的规定。出口代理必须确保所有包装都按基本要求印有标记。

（3）截止日期。截止日期必须包括所有选择，也就是空运截止期、海运截止期、陆运截止期和铁路运输截止期，以及拼装或整装运输的截止日期。出口代理必须在展览会开幕前至少90天提出截止日期要求，这对于需要远程海运的运输尤其重要。

（4）其他情况。必须让参展商知道有关其产品和展览会所在国的任何特殊规定，譬如限制的物品种类、随时携带的物品、进口特别要求或审查等。同时，还应将目的地对进口或重要物品的任何限制告知参展商。

（三）办理单证文件和通知现场代理

货物启程时必须将展品情况和搬运细节用电信方式通知现场代理，具体包括参展商、展台号、展品运到展台的预期时间、箱数、尺寸、毛重、净重、体积和CIF价格。另外，运输细节还必须包括航班号、提单/空运提单号、卡车货车/集装箱/铁路货车号等信息。至于现场代理要求的可转让单证，则要按现场代理的时间表和基本运输要求的规定份数，用特快专递或航空快递发出。

（四）最佳运输

考虑到货物的特性、预算和时间限制，作为协会会员的出口代理应当向参展商建议最佳的运输方式和路线。此建议的依据是前面所提到的标准，对展览会所在国的了解和基本运输要求。

（五）现场支持

出口代理对现场支持的主要目的是确保参展商在运输和装卸各方面能获得国际展览运输协会的专业标准服务，其后是帮助现场代理顺利完成他的那一部分工作。

出口代理在现场可以通过不同方式提供支持。例如，可以作为客户和现场代理之间的协调人，处理所有相关运输事务，也就是说，现场代理只需与一个人打交道便可办理很多参展商的事务；现场代理可能因为缺乏语言能力与一些客户交流有困难，在这方面出口代理也能提供支持。另外，出口代理可以随时协助海关检查货物，并迅速安排空箱运出和运回，以减轻现场代理的压力。在展览会期间，出口代理要巡视所有客户，以便收集展品处理或回运的要求，并整理成准确的、易读的表格转交给现场代理。

（六）展后处理/回运

出口代理将展品处理和回运的有关要求明确地交代给现场代理后，还应该监督所有搬运操作，以确保各项工作按时完成，并符合基本运输要求，使客户满意。当展品在当地销售时，出口代理一般应当通过现场代理办理，交代交货条件、交货地点和销售条款，并将海关和进口的所有情况通知现场代理，以便安排相应的运输。当展品回运时，运输将由出口代理安排，但仍要将有关货物和海关手续的全部要求告知现场代理，办理展览会所在国的再出口手续，以避免延误报关。

经典实例 14-1

一个艺术品运输纠纷的三角债

2012 年 12 月 12 日，嘿哈艺术网（HIHEY）与山西华宇集团（以下简称“华宇集团”）签订合作协议，负责首届三亚艺术季（ART SANYA）部分艺术家的参展邀请工作。然而，后来因华宇集团违反了与昊诚艺术物流公司签订的运输合同，对已经运输至三亚的作品拒付部分运输费用，造成物流公司只能将一车货物滞留在仓库。由于作品滞留，昊诚艺术物流公司在华宇集团“暂停运输等待”的最后指令下又无法返还作品，无奈之下，2014 年 10 月，三位参展艺术家只能起诉他们认定的策展方 HIHEY。

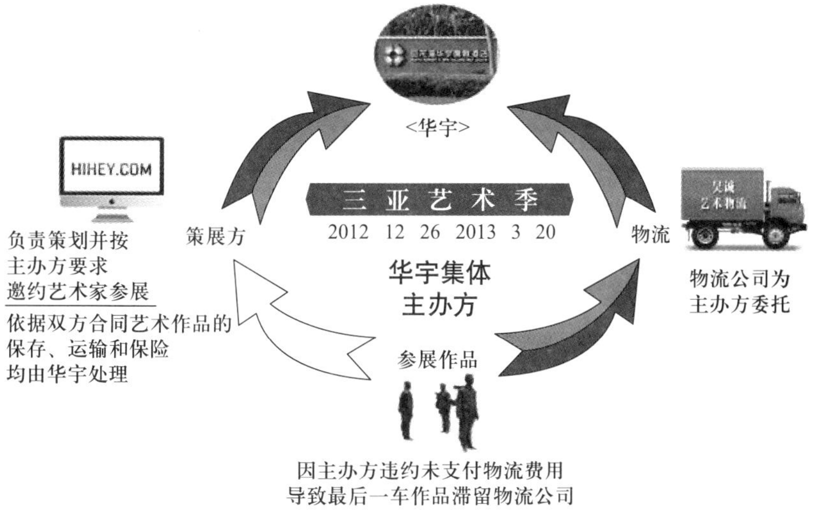

2015 年，HIHEY 与昊诚物流沟通协调，最终由 HIHEY 出面来承担三年来艺术品滞留物流公司所产生的库房管理费及华宇拖欠的物流费用，并承担全部责任。截至 2015 年 7 月，昊诚物流已经在 HIHEY 的委托下将参展作品直接送达归还作者，这场诉讼暂告一段落。

然而，关于这件事，华宇的解释几乎完全不同：

在三亚艺术季筹备期间，三亚华宇通过北京华宇与 HIHEY 艺术网达成合作协议，约定由 HIHEY 提供部分展品，并向 HIHEY 支付借展费用，其中，关于展品责任，明确约定为 HIHEY 全权负责借展、运输、撤展等工作。但在实施过程中，HIHEY 严重拖延展品组织时间，且展品运输管理混乱，致使部分展区的布展时间仅有 2 天。

2013 年 3 月，ART SANYA 结束后，在艺术品返还过程中，华宇多次以邮件、信件等形式致函，要求 HIHEY 履行展品撤回义务，但没有得到任何回应，且 HIHEY 拒不提供各艺术家的联系方式。在不得已的情况下，三亚华宇通过多种途径寻找联络艺术家，并一一将作品予以返还。在此过程中，华宇还惊奇地发现，很多艺术家并不知晓其作品参展了艺术季。甚至有些艺术家认为其作品实际并未参展，且据了解，HIHEY 在借展作品时冒名“三亚艺术季组委会”。

2014 年 8 月 5 日晚，艺术家王军在微信上发布一条消息，称“8 月 11 日，曾经被 HIHEY 骗过作品与欠画款不还的朋友们联合起来到北京朝阳区法院起诉，并以诈骗罪向公安机关报案，我知道的至少上百个艺术家是受害者……”2014 年 12 月 28 日上午，经历数月的等待，北京市朝阳区人民法院酒仙桥法庭就 HIHEY 侵占作品案做出判决，艺术家王军、刁伟、陈欣诉 HIHEY 侵占作品案全部胜诉。

三、物料清单

本书第 12 章提到，在员工行动指南（staff briefing document）中物料签收归还表（event property sign in/out sheets）往往作为一种格式报告附在其后，物料清单则是物料签收归还表的基础（见表 14-1）。

表 14-1 物料清单表格范例

序号	活动区域	所需物料	数量	负责人	备注

第三节 交通服务规划

对现场交通服务的管理是活动全面控制的至关重要的部分，这里的“交通”主要指现场的交通工具、停车场及线路的规划，如展品及物料运输、巴士（往返于地铁或机场、火车站与场馆之间)、出租车、停车场等。其实，活动的交通规划不仅仅指现场工作，还应该包括展品如何运达场馆、参加人员如何抵达现场等大交通问题的设计。

一、大型活动交通管理

概括而言，对于奥运会、标志性节庆（Hallmark Events）等大型活动，常见的交通管理策略有5大类：

（1）减少交通需求并增加设施供给，以增加交通系统容量。

（2）引导出行行为。例如，倡导减少出行或改变出行方式选择，以提高出行效率。

（3）改善交通运行和减少拥堵延误，提高交通效率。

（4）在高峰时段，对道路资源利用率低的交通流向采取禁行等措施。

（5）倡导使用公共交通。目的是根据交通量和出行时段鼓励高容量、高效率的交通方式，尤其鼓励以轨道交通为主体的出行方式。

Currie 和 Shalaby（2013）还对1984-2016年间的夏季奥运会在交通组织规划中采用的交通需求管理措施做了梳理，如表14-2所示。

表14-2　奥运会交通组织规划中采用的交通需求管理措施

交通需求管理措施	2016 里约	2012 伦敦	2008 北京	2004 雅典	2000 悉尼	1996 亚特兰大	1992 巴塞罗那	1988 汉城	1984 洛杉矶
（1）增加交通系统容量									
赛会期间学校和公众放假	√				√			√	
调整夏天日间作息时间					√				
鼓励员工休假			√	√	√	√		√	√
政府或企业员工应变计划	√		√		√				
减少每周工作时间						√			√
雇主、企业远程办公，调整工作时间	√		√	√	√			√	√
禁止道路建设与养护工程		√				√			√
重新制定道路与铁路货运时刻表	√		√		√	√			
卡车装载限制与绕行措施			√	√	√	√	√		√

续表

交通需求管理措施	2016 里约	2012 伦敦	2008 北京	2004 雅典	2000 悉尼	1996 亚特兰大	1992 巴塞罗那	1988 汉城	1984 洛杉矶
夜间发货				√	√	√			
小汽车合乘与驾驶匹配	部分					√			√
城市多处布置直播现场，以分散需求					√				
汽车牌照限制	√		√	部分				√	
利用快速路路肩和中央分隔带供车辆行驶									√
使用奥运车道	√	部分	√	√					
提高车道通行能力	√		√	√					
提高地铁和轻轨通行能力	√	√	√	√	√	√			
提高快速公交通行能力	√		√						
提高机场吞吐能力	√	√	√	√	√				
（2）引导出行行为									
“事先宣传”的交通预警	√			√	√	√			√
针对观众开展公交使用宣传	√	√	√	√	√				
针对居民开展公交使用宣传			√	√	√				
向受影响的商业和团体提供咨询与出行计划服务		√	√	√	√	√			√
模拟赛事宣传	√	√	√	√	√				
（3）提高交通效率									
计划高占有率车辆车道						√			

续表

交通需求管理措施	2016 里约	2012 伦敦	2008 北京	2004 雅典	2000 悉尼	1996 亚特兰大	1992 巴塞罗那	1988 汉城	1984 洛杉矶
禁止交通转向		√		√	√				
匝道控制							√		√
提供实时停车和路况信息	√		√	√		√			
增加拖车				√	√				
交通信号优先级调整	√	√		√		√			
(4) 采取交通禁限									
赛事、场馆现场交通禁行管理	√	√		√	√	√	√		
中央商务区禁止停车或实施交通禁行措施				√	√	√	√		
加强交通执法	√	√	√	√	√				
赛场周边禁止停车				√	√				
(5) 倡导公共交通									
强化公共交通系统尤其是轨道交通	√	√	√	√	√	√			
观众和奥林匹克大家庭成员免费乘坐公共交通工具	√	√	√	√	√				
公共交通24小时服务	√		部分	部分	√				
停车换乘措施	√	√	√	√	√	√			
行人集聚的赛事场地规划		√			√	√			
场馆仅允许公共交通工具进入	√	√			√				

资料来源：Graham Currie，Amer Shalaby 著，赵莉译. 大型国际活动交通组织规划方法综述［J］. 城市交通，11(4)，2013：81-95.

二、现场交通安排

大型活动特别是展览会现场的物流管理工作十分烦琐，哪怕是看似简单的停车问题，也要充分考虑到展品及各类物料运货司机、贵宾、参展商、专业观众和志愿者等人员的不同需要。以展览会为例，现场交通与物流管理负责人至少应掌握以下信息：一份相关联系人的名单及联系方式；场地规划图；展品抵达场馆的时间；现场交通规划图；紧急情况应对计划；现场联络点，包括医疗救助中心和志愿者服务站。

图 14-2 是上海新国际博览中心南广场在举办展会期间的一个场景，右下角的出租车正在等候从序厅出来的客人。这期间，除了贵宾车辆和展会主办单位安排的摆渡车，只有出租车可以进入南广场。

图 14-2　展览会现场交通一角

对于活动组织者而言，最省事的办法是将所有的交通事务外包给一家专业的供应商。例如，总部设立在美国弗吉尼亚州费尔法克斯的活动交通系统服务公司（Event Transportation Systems，简称 ETS）已经有近 40 年的会展和活动地面运输经验，该公司提供的主要服务项目包括：公司和协会会议的穿梭巴士服务；接送机；VIP 和团组接送机；特殊活动和旅游交通服务。

第四节　停 车 管 理

在大型活动现场管理中，各种车辆停放的合理安排是令组织者头疼的问题，因为举办大型活动期间，集散交通量急剧增加，交通脉冲现象明显，同时局部路网的短时交通供需容易失衡，特别是活动中心区域往往会引发交通需求瞬间增长的现象（王海渊等，2013）。在应对上述问题中，合理有效的停车组织显得尤为重要。

一、停车供需分析

王海渊等专家（2013）提出，大型活动的停车供需分析可以遵循如下流程：停车需求预测、路网疏散能力分析、停车供给能力分析、供需关系分析（见图 14-3）。

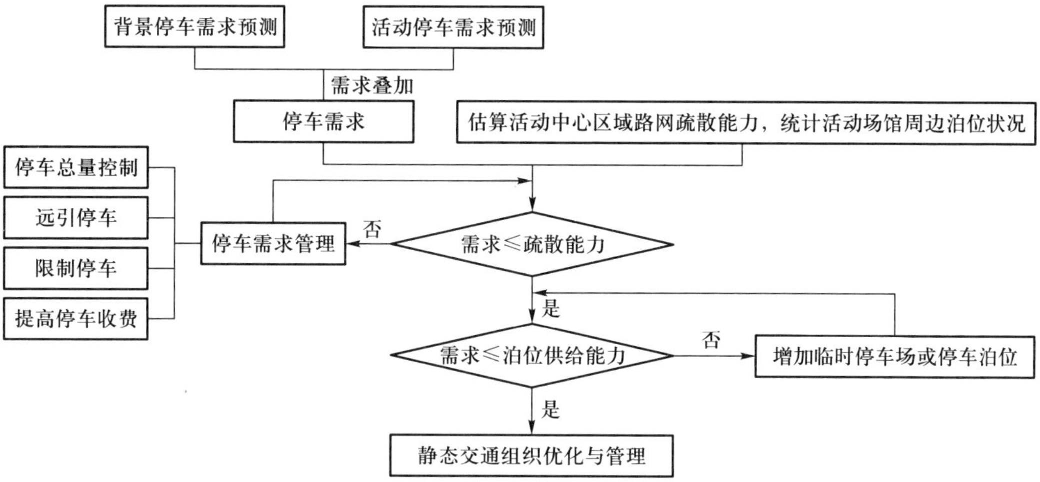

图 14-3　大型活动的停车供需分析流程图

在停车供需分析和路网疏散能力分析的基础上，再根据预计停车总量、车辆流向及种类等实际情况，采取相应的管理措施，如表 14-3 所示。

表 14-3　大型活动中心区域的停车交通管理措施

情景	应对措施	可选择的具体策略
停车需求小于或等于活动中心区域的路网疏散能力，但超过停车场泊位数量	增加临时停车场或停车泊位	--
停车需求小于或等于活动中心区域的路网疏散能力和停车场泊位数量	合理设置车辆进入中心区域的路线及停车位置以及观众疏散路线	分流向、分车种停车，合理安排出入口并做好疏导，实行人车分离，停车场使用限制政策，做好停车指示
停车需求大于活动中心区域的路网疏散能力	实行交通管制，减少进入中心区的车辆	停车总量控制，远引停车，限制停车，提高中心区域的停车收费

资料来源：王海渊，金书鑫，梁红彦，陈法安. 大型活动中心区域停车交通组织分析与设计［J］. 现代交通技术，2013，10（3）：76-79.

经典实例 14-2

2017 中国国际家具展览会撤展指南

为确保 2017 中国国际家具展览会撤展期间，货运车辆通行、停放井然有序。通过优化展馆内现有停车资源，调整货运车辆管理方案，尽可能使车辆能“快进、快出”卸货区，以维护新国际博览中心展馆内及周边道路良好的交通秩序特制订此方案。

一、撤展时间

2017 年 9 月 15 日（16：00-24：00）

二、货运车辆行驶管理

1. 货运车辆凭证入场

所有货运车辆一律凭当日有效车辆通行证在指定的停车区域排队等候，持有效展品车辆通行证/搭建车辆通行证（通行证如未发放到展台，可至1-3号入口厅商务中心索取）至制证中心办理卸货车证后，进入卸货区作业。为了确保撤馆车辆井然有序，展品车辆进场时间为16：00-19：00，搭建车辆进场时间为19：00-24：00。请搭建车辆安排好时间，不要提前到达导致交通堵塞。

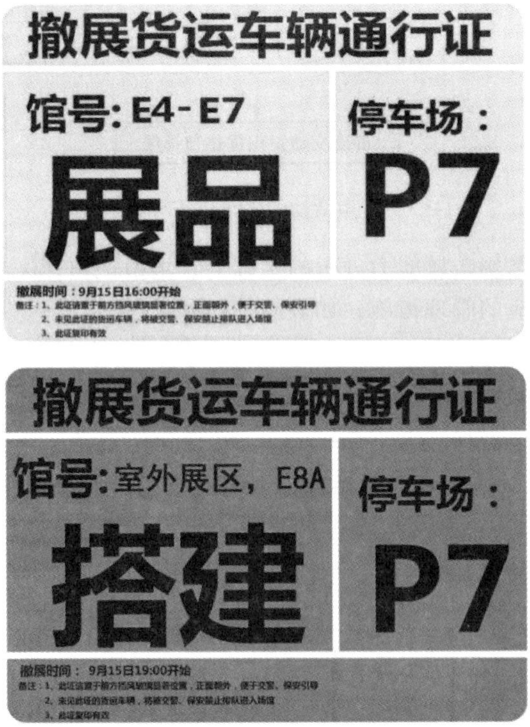

展品/搭建车辆通行证示意图

2. 货运车辆进馆行驶路线及停车位置安排

序号	场馆编号	入口	停车场	备注
1	W4—W5	10号门（罗山路）	龙阳路	具体行驶路线详见运输车辆路线图
2	W1—W3 E1—E3	9号门（罗山路）	P3停车场	
3	E4-E7	7号门（花木路）	P7停车场（花木路排队）	
4	E8B	7号门（花木路）	P7边东侧道路	
5	内广场，E8A	7号门（花木路）	P7停车场（芳甸路排队）	
6	N1-N5	7号门（花木路）	P7停车场（花木路排队）	

3. 货运车辆驶离展馆的路线

所有货运车辆从相应的卸货区出口驶出，听从现场保安人员指挥，选择相应出口驶离展区。

4. 卸货区车证办理

凭展品车辆通行证/搭建车辆通行证办理卸货区车证。

序号	办证点	场馆	备注
1	南制证中心（南广场近1号卸货区）	W1—W5及主场车证	2017年9月14日9点开始办理展品车辆卸货区车证，12点开始办理搭建车辆卸货区车证。
2	P3办证点（P3停车场）	W1—W5 E1—E3	
3	东制证中心（P7停车场）	内广场 N1—N5 E4—E7，E8B，E8A	

5. 相关费用（省）

6. 运输车辆流程图（省）

资料来源：上海新国际博览中心官方网站

二、停车管理规划示例

停车管理人员需要思考的问题包括：员工和观众的车能停在场馆附近吗？是否有便利的公共交通？如果有必要，能安排专门的区域供运输服务物品的车辆停靠吗？有专门的VIP和残疾人停车位吗？图14-4是某个音乐节的停车管理规划：

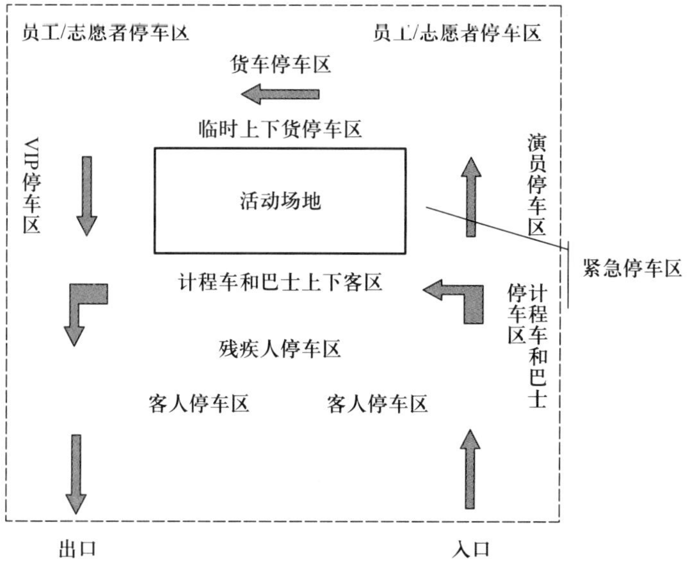

图14-4　某个音乐节的现场停车管理规划

复习思考题

1. 活动物流系统的构成要素有哪些。
2. 国际展览运输协会（IELA）认为展品运输代理工作的主要任务有哪些。
3. 请以某个具体活动为例，论述如何制作一份现场物料清单。
4. 对于大型活动现场管理，常见的交通管理策略有哪些。
5. 请结合自己参加某次活动的亲身经历，评价主办方在停车管理工作方面的表现。

即测即评

第 15 章　风险管理

本章导读

自然灾害、意外事故、市场变化以及其他未知风险的发生都会影响活动的正常举办，因而对活动风险的识别、分析、评估、协商、管理与监控显得尤为重要。目前，国内学术界对活动风险的研究较少，对活动风险的概念及类型等还缺乏统一的认识，与之相对应，对活动风险管理的措施也缺乏系统的梳理和总结。

本章将介绍活动风险管理的总体要求与基本流程，以及活动风险管理的实用技巧，主要包括风险识别与分析、风险评估以及风险防范与控制。

本章关键术语

风险管理（Risk Management）　风险识别（Risk Identification）
潜在损失一览表（Potential Losses Checklist）　风险评估（Risk Assessment）

第一节　风险管理的主要内容[①]

对特殊活动而言，风险管理既是一门科学又是一门艺术。一方面，它需要活动管理者具备识别和衡量风险的相关知识以及掌握应对这些风险的方法；另一方面，它在很大程度上依赖于风险管理者的直觉判断。活动风险管理无论是对于活动主办单位，还是对活动参与者或观众，都有十分重要的意义。

一、总体要求

活动的风险是指在活动举办过程中可能出现的意外事件或因素，这些意外会使活动的

① 本部分参考了雨阳先生在“活动研究”订阅号上刊发的“活动风险管理”专栏文章，在此表示衷心的感谢。

预期效果特别是收益与实际效果及收益发生背离的情形。美国前总统肯尼迪 John F. Kennedy（1917-1963）说："虽然执行风险计划时有一定成本，它也涵盖不了所有风险，但是这种成本和风险与在风险管理上的不作为相比，要远远小得多。"

风险管理贯穿活动策划和运营的全过程，风险团队必须提前到位，并在风险评估分析和风险快速反应方面加强培训，提前做好风险计划和应急预案，否则等意识到有风险之时，甚至在危机或灾难发生后再寻找应对策略就来不及了。所谓"血的教训"，就是因为没有防患于未然。

对于初涉活动风险管理的人来说，可能对其重要性认识不足，也可能有一个从一片空白或没有头绪到突破空白、逐渐进入角色的这么一个阶段。风险管理中经常遇到的一个挑战是，主办方企业的高层领导不愿意为风险管理投入预算，觉着他们活动搞了这么多年，就没遇到过什么风险。实际上，风险就在我们身边，只是我们不能预知所有风险。

有经验的风险团队通常能预测到某次活动的常见风险范围、风险发生的可能性，并做出风险分析和风险评估，在此基础上制定出风险管理计划、准备好应急预案和风险快速反应团队。如果是国际性活动，不管在境内还是境外举办，要了解，或者向专家咨询，相关国家的法律、政策和文化习俗，以避免不必要的麻烦和纠纷。相关行业调查结果显示，活动场地方对安全工作和风险管理越来越重视，对经济风险更是一直重视，但活动主办方承办方对产品质量风险、服务质量风险、企业信誉风险、客户管理风险等认识不足，或者说对风险缺乏系统地管理。

因此，活动风险管理计划要在活动策划初期就制定出来，并及时落实到位。在活动的准备期、举办期、甚至在活动结束后的收尾工作期，发生任何风险时就要快速启动和执行这个风险管理计划。另外，当风险发生后，要及时进行风险评估和风险分析，然后采取相应的管理策略，如接受、管控、避免、转移等。

二、活动风险管理的基本流程

根据澳大利亚/新西兰风险管理标准（Risk Management，AS/NZS4360：2004）等文件，活动风险管理的基本流程包括计划和准备、风险识别、风险承受能力与控制能力分析、风险可能性评估、风险后果评估、风险等级确定、对策建议、反馈与更新八个环节，如图 15-1 所示。

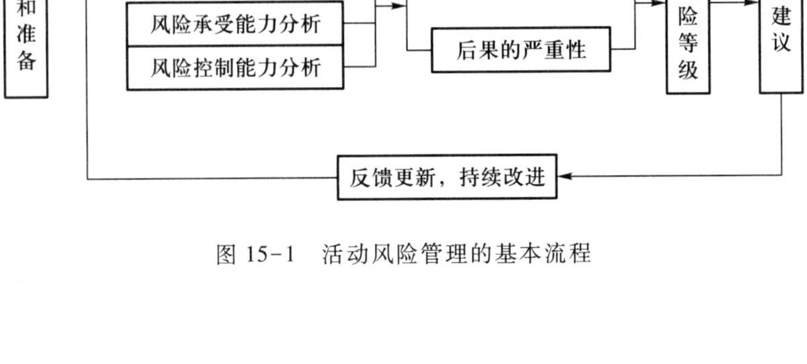

图 15-1 活动风险管理的基本流程

概括而言，可以将活动风险管理过程分为三个阶段，即风险识别与分析、风险评估以及风险防范与控制，目的是尽可能降低风险给活动带来的损失。其中，在全面分析和评估各种风险因素的基础上制定有效的管理方案，是决定风险管理工作成败的关键。因为有效的风险评估可以界定风险并对风险进行排序，从而为减轻风险提供一套科学系统的方法（Covello，1993）。

第二节　风险的类型与识别

一、活动风险的分类

风险具有客观性和必然性、偶然性和不定性、可变性等特点。根据不同的标准，可以将活动风险划分为不同类型。

（一）基本风险与特定风险

1. 基本风险

主要指影响整个社会或社会主要部门的风险，如经济、政治、制度或地震、洪水等巨大自然灾害所产生的不定因素。这些因素在原因和后果上都不是人力所能控制的。

2. 特定风险

主要指其发生只影响整个活动的风险，活动主办方或个人可以采取某些相应措施加以控制。

两者的主要区别在于基本风险造成的损失是由全社会共同来承担，而特定风险则由活动主办方自行处理。

（二）自然风险与人为风险

1. 自然风险

自然风险是指由于自然力的不规则变化导致各种物理化学现象而引起的物质毁损和人员伤亡，如风暴、地震和洪水等。

2. 人为风险

人为风险是由于人们的行为及各种政治活动和经济活动导致的风险。人为风险又分为以下几类：

（1）行为风险。是指由于个人或团体的过失、行为不当和故意行为所造成的风险，如盗窃、抢劫、玩忽职守和故意破坏等。

（2）经济风险。是指在活动举办过程中，由于组织管理不善、市场预测失误、价格波动较大、消费需求变化等因素引起的经济损失的风险。同时，也包括由于通货膨胀、外汇行市的涨落而发生的经济的损失。

（3）政治风险。是指由于政局的不稳定、政权的更替、政策的变化、战争、罢工、恐怖主义等引起的各种风险。

（4）技术风险。是指由于科学技术发展的副作用而带来的种种风险，如化学污染物质、核物质所带来的风险。

近年来，由于我国活动举办的类型不断丰富，举办规模逐步扩大，活动风险管理的难度不断增大。此外，随着技术的不断进步，活动举办方式日新月异，也带来了各种新型的风险。

（三）宏观风险和微观风险

1. 宏观风险

主要是对活动举办地而言的。良好的硬件基础设施、配套的政策法规支持以及优越的经济、社会与文化环境等是一个城市举办大型活动必不可少的先决条件，这些条件的不足会使活动的举办面临风险。相对于活动举办方而言，这是一种宏观风险。

2. 微观风险

主要是对活动举办方而言的。如果活动举办机构是具有独立法人地位的企业，活动则是一种特殊形式的服务性产品。

（四）经济风险和社会风险

1. 经济风险

是指投入产出方面的盈亏风险。无论是对于活动举办地，还是对于直接承办活动的企业而言，都面临投入与产出的问题，因而都存在经济风险。经济风险还可以进一步划分为宏观经济风险和微观经济风险，其中，微观经济风险一般只涉及一家或少数几家企业或机构，收支项目较为明晰和易于计算；而宏观经济风险涉及的投入产出主体不再是一个或几个，而是包含了政府和其他多个与本次活动举办相关的企业，因而对其盈亏情况及风险大小的量化分析较复杂。

2. 社会风险

是指除经济风险之外的其他风险的统称。举办活动不仅能带动相关产业的发展，推动地方经济的增长，还能扩大就业，提升市民素质，提高区域的知名度与美誉度等。而其负面影响也不容忽视，例如，举办活动可能给当地带来诸如价格上涨、交通拥堵、过度商业化和冲击居民日常生活等消极影响。

EventScotland（2006）提出，以下因素是活动组织者在分析活动的潜在风险时必须考虑的：

- 活动类型（Type of Event）：内容特点、时间等；
- 场地（Venue）：固定座位/站立、容量、通达性/出口；
- 位置（Location of Event）：户外/室内、地理区位（如靠近公路、铁路等）；
- 地面环境（Ground Conditions）；
- 人群（Crowd）：基本情况、历史、习惯、无序、蜂拥而来、特殊需要、福利等；
- 天气（Weather）：不利条件，如太热、太冷、太湿等；
- 现场内外的车辆运行（Vehicle Movement）；
- 供应商（Contractors）；
- 高空工作（Working at Height）；
- 临时构筑物（Structures）：永久和临时性的、塌方、绊倒等；
- 隔离、障碍墙（Barriers）；
- 设备（Equipment）：机器生产、设备安全等；

- 电力设备及供电（Electrical Equipment and Supply）；
- 人流管理（Traffic Management）；
- 停车（Car Parking）；
- 噪声（Sound and Noise）：场馆内外、活动前、现场及活动后；
- 烟火（Pyrotechnics）；
- 火灾（Fire）；
- 爆炸（Explosion）；
- 恐怖主义（Terrorism）；
- 紧急情况告知（Emergency Announcements）；
- 安全（Security）：观众、员工、场地、现金交易等；
- 药品（Drugs）：反兴奋剂、观众情况等；
- 动物（Animals）；
- 著名艺术家、高官或其他重要嘉宾（VIP）。

二、风险识别

作为风险管理的起点，风险识别（Risk identification）就是对活动举办过程中可能发生的各种风险进行系统的归类和全面的分析，以确定风险的来源，并查明何种风险可能影响到活动的正常举办，并将这些风险的特性整理成文档，以揭示潜在的风险及其性质。风险识别的一般过程如图 15-2 所示。

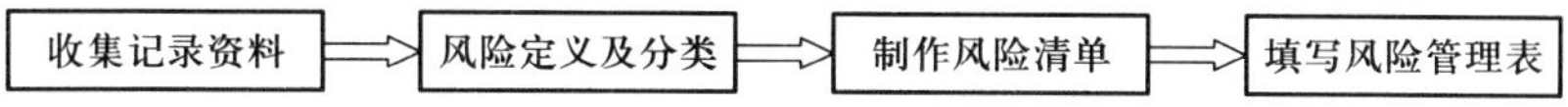

图 15-2　风险识别的基本流程

（一）常用的风险识别表格

1. 潜在损失一览表

潜在损失一览表，也称风险损失清单，是指将各种潜在损失分类，并按其可能成因项目进行排列所成的表格。潜在损失一览表罗列了在举办活动过程中可能面临的各种常见的潜在损失，具有普适性。企业的风险管理者可以从本企业的实际情况出发，对照一览表中的项目一一进行风险识别。在美国，潜在损失一览表由各保险公司、保险出版社、美国管理协会及风险与保险管理协会等组织公布。

表 15-1 为美国风险与保险管理协会在 1977 年制定的风险损失一览表。该表列出了人们已经识别的各类潜在损失。这些损失分成三大类，每类又分成若干小类，并列出了可能存在的风险因素，以帮助识别潜在损失及其成因。潜在损失一览表主要限于可保风险，因而风险管理者还必须考虑那些未包括在一览表中的潜在损失，即那些由于企业自身的特殊性而面临的风险。因此，活动主办机构需要在具有普适性的潜在损失一览表的基础上，根据活动实际情况建立综合性的潜在损失一览表，将一般性和特殊性结合起来，以保证风险识别工作更有成效。

表 15-1 潜在损失一览表

A. 直接损失风险 1. 无法控制和预测的损失 (1) 电力中断：闪电、烧毁及各种损失 (2) 物体下落：飞机失事、陨石、树 (3) 地壳运动：火山、地震、滑坡 (4) 声音及振动波：喷气机、振动 (5) 战争、暴力、武装冲突及恐怖行动 (6) 水损：洪灾、水位提高、管道破裂等 (7) 冰、雪损害 (8) 风暴：台风、飓风、龙卷风、冰雹 (9) 土地下沉、倒塌、腐蚀 2. 可控制和预测的损失 (1) 玻璃或其他易碎物品的破裂 (2) 毁坏：工厂设施的毁坏 (3) 歧视或降落时的碰撞：飞机碰撞、船舶碰撞 (4) 污染：流体、固体、气体放射污染 (5) 腐蚀	(6) 雇员疏忽或大意 (7) 爆炸事故 (8) 环境控制失败所致损失：气候、温度气压 (9) 咬伤：动物或昆虫等 (10) 火损 (11) 建筑物损失：倒塌 (12) 国际性的毁坏 (13) 航海风险 (14) 物体变化所致损失：收缩、整齐变色、变质、膨胀 (15) 邮箱或管道破裂 (16) 烟损、污点 (17) 物体溢出、漏出 (18) 电梯升降故障 (19) 交通事故：翻车、碰撞 (20) 无意识过错 (21) 故意破坏与恶作剧 (22) 欺骗、伪造、偷窃抢劫 3. 主要与财务价值有关的损失 (1) 雇员不诚实：伪造、贪污 (2) 没收：国有化、逮捕、充公 (3) 欺诈、偷窃、抢劫 (4) 事实、专利、版权的无效 (5) 库存的短缺：神秘消失、丢失、乱放 (6) 作废	B. 间接损失或因果损失 1. 由下列因素引起的间接损失：供给、顾客财产、人身或财产转移、雇员 2. 附加费用增加 3. 资产集中损失 4. 样式、品味和需求的变化 5. 破产 6. 营业中断损失 7. 经济波动：通货膨胀、汇率波动危机与萧条 8. 流行病、疾病、瘟疫 9. 技术革命：折旧费增加 10. 版权侵权 11. 管理失误：市场、价格、产品投资等 C. 责任损失 1. 航空损失 2. 运输责任 3. 出版商责任 4. 汽车责任 5. 契约责任 6. 雇主责任 7. 产品责任 8. 职业责任

资料来源：美国风险与保险管理协会，1977 年。

2. 风险分析调查表

风险分析调查表原本是保险公司专业人员及有关机构常用的一种工具，是他们在对企业可能遭遇的风险进行调查与分析的基础上编制的。其特点是收集特定企业在何种情况、何种程度上会蒙受何种潜在损失的有关信息，列出一系列与风险因素及潜在损失有关的项目，并以报告书的形式供企业风险管理者参考，以提醒风险管理者注意可能蒙受的损失。

风险分析调查表也可供活动管理者使用。对于一次活动而言，风险分析调查如表 15-2 所示。

（二）主要风险识别方法

1. 流程分析法

流程分析法是通过一系列流程图来描绘整个活动的全过程，进而借助上文所说的潜在损失一览表，对流程图所展示的各种活动所涉及的财产、责任、人身等方面的潜在损失逐一进行调查分析，从而帮助活动组织者有效识别和鉴定风险，并及时采取相应的对策。

表 15-2　活动风险分析调查表

阶段	任务
举办前的风险	1. 确定活动组织方案 2. 活动主办与承办单位之间的协调与分工等 3. 活动的规模、场地器材设备、举办时的天气环境 4. 与赞助商、广告商等的招标工作 5. 组织机构 6. 票务工作 7. 市场开发
举办中的风险	1. 开幕式（组织人员进场、音响设备、医疗急救、通信、安全警卫、交通管理等） 2. 活动项目与服务过程 3. 人员管理（参展商、与会人员、观众等） 4. 后勤管理 5. 闭幕式
举办后的风险	* 归还活动场地、器材及设备等 * 活动财务决算等 * 移交相关的文档资料 * 风险管理的评估

具体应该考虑以下一些损失的可能性：潜在财产损失，包括原材料、设备、车辆等在运输或活动举办过程中，因自然或人为风险因素可能导致的直接损失、间接损失和净收入损失。潜在责任损失，包括事故对观众/参加企业人身或财产造成伤害或损失所承担的责任，如设备故障、踩踏、车祸等。潜在人身损失，包括重要人员的死亡、伤残使活动无法顺利展开而遭受的损失。

2. 环境分析法

风险管理者通过分析内外部环境条件对活动举办的影响，以发现风险因素及可能发生的损失。其中，外部环境主要包括活动场所、资金来源、竞争者、顾客、政府管理者等方面的情况；内部环境则包括技术水准、人员素质、管理水平等。在对各种内外环境因素进行分析时，重点考虑的是它们相互联系的特征以及一旦因素发生变化可能产生的后果，这样有助于识别活动举办所面临的风险和潜在损失。

3. 分解分析法

分解分析法是指在活动举办过程中，将大系统分解为小系统，将复杂的事物分解成简单的易于认识的事物，从而识别风险及潜在损失的方法。例如，要举办一个大型体育赛事，其风险可分解为经济风险、市场风险、人身伤亡风险、赛事取消或时间表调整风险等，对于其中的每一种风险又可进一步分解。例如，市场风险可分解为以下几个方面来考虑：

■ 商业运作风险；

■ 观众意外伤害保险、运动场馆公共责任保险；

■ 产品质量责任风险，如奥运会使用的体育器械、奥运场馆设施、机动车辆、重要转播设施、计算机系统等；

■ 赞助商退出、违约和条约履行不当造成的风险等。

除上述几种风险分析方法之外，活动主办方还可以采用德尔菲法、头脑风暴法、情景分析法、访谈法、问卷调查法、财务报表法、统计分析法及其他有举办过类似活动经验的组织的记录和文件等来对风险进行分析。

第三节 风险的评估与防范

一、活动风险评估

风险识别有利于了解某些风险在何种情况下可能会发生，风险评估则有助于了解这些风险发生的概率以及造成损失的程度，以帮助风险管理者判断各类风险的严重性，并选择有效的应对方法。

活动风险评估至少包含以下步骤：① 对活动风险可能发生的时间进行分析，即分析风险可能在哪个阶段、哪个环节上发生；② 对风险的影响和损失程度进行分析。如果某个风险发生的概率不大，可一旦发生后果十分严重，则须对其进行严格控制，譬如人员风险和灾害风险；③ 对风险发生的可能性进行分析，通常用概率来表示风险发生的大小；④ 对风险级别的判定。导致风险的因素非常多，但活动组织者不可能也没有精力对所有的风险予以同等重视，因此就十分有必要对风险划出等级，分清轻重缓急；⑤ 对风险起因和可控性进行分析。其中，风险起因研究是为预测、对策、责任分析服务的，而可控性分析指有的风险是可控的，如活动的组织风险可以通过周到细致的准备工作来规避或缓解。具体分析如表15-3所示。

表15-3 活动风险衡量与评估表

伤害程度 / 财政影响	频率高或经常发生	中等或经常不发生	频率低或很少发生
高	A 避免或转移	B 转移	C 转移
中	D 转移	E 转移或维持	F 转移或维持
低或不重要	G 维持	H 维持	I 维持

活动管理者用于衡量与评估风险的实用方法很多，如盈亏平衡分析法、主观评分法、

风险危害分析等级矩阵、故障树分析法、层次分析法、蒙托卡罗模拟法、外推法、计划评审技术、概率分析法等。

不同方法，适用于不同的情境。对于财务风险，可以采用盈亏平衡分析法，以确定活动项目的保本点及财务控制的关键环节在哪里。主观评分法是活动组织者对活动运行过程中不同阶段的每个风险因子给予一个主观评分，然后对照着进行观测和控制。外推法包括前推法、后推法和类推法。其中，前推法是根据历史的经验和数据推断未来事件发生的概率及其后果；后推法是没有历史数据可供参考时，把未知的想象事件及后果与某一已知事件联系起来，如赛场天气状况预测，可与历史上同期天气数据联系起来，判断高温、暴风雨、雷电、冰雹等灾害发生的概率；类推法就是利用类似项目的数据进行外推，用该项目活动的历史记录对比目前项目遇到的风险进行评估和分析。

二、活动风险管理计划

活动风险管理计划的基本原则是“内容是可操作的，并在文字上表达清楚”。美国著名的活动管理专家泰拉·赫利尔德（Tyra W. Hilliard，2014）博士认为，一个切实可行的活动风险管理计划至少应包括三大部分，即风险计划综述、应急预案和支持性文件。

（一）风险计划综述

■ 风险计划的目的及目标

■ 风险团队的组成

■ 防范风险的措施（比如提前勘察场地、排查隐患等）

■ 应急团队的组成

其中，应急团队是紧急情况下快速决策、快速反应的待命团队，也是执行应急预案的团队。应急团队成员可以包括风险团队成员，也可以包括其他相关人员，比如场地方和供应商的工作人员、志愿者等。这部分综述包括出现紧急情况时，决策者是谁以及团队中每个人的岗位、职能、权利和责任。

在活动场馆的要害位置上，比如可能突然出现拥挤摔倒的地点、出入口、消防器材存放处、安全通道、楼梯转弯处等，都要有应急团队人员到岗或在场指挥疏导参会者。在一个场地有多个活动同时举办，或一个大型会展活动占用目的地城市几乎全部场馆时，每个活动和场馆都要安排应急团队到位。

■ 命令下达与执行机制

这部分综述包括在什么情况下应该下达启动应急预案的命令，由谁来下达，下达命令的人缺位时谁来负责，所有有权下达命令的人都不在时怎么办？原则是不因任何人不在场而影响风险计划的启动和实施。

■ 活动现场各风险要点的划分和管控，内外风险团队之间、内外风险资源之间的协调与合作办法及沟通策略

■ 备用场地方案

主要指户外活动，所有户外活动都要有室内备用场地，以防止活动举办期间遇到极端天气。

■ 应急团队的培训演练安排

■ 确定新闻发言人及媒体应对

■ 撰写事故报告的条例

（二） 应急预案

应急预案是各种风险发生后计划采取的应对办法，对潜在风险清单上的风险，一旦决定应对的话，就要有相应的应急预案。

通常一个应急预案中应该包括两个部分，一是把各种风险（包括紧急情况、突发事故、各种灾难等）按大类小类罗列清楚，二是清晰而有条理地阐述对这些风险计划采取的应对办法。这些应对办法，经常看起来很相似，比如在发生紧急事故或发生灾难后，重要的就是迅速疏散在场人群。

（三） 支持性文件

不管是突发情况、危机或灾难，一旦发生，就会对活动本身、活动组织方、活动场馆方等几方面带来不同程度的冲击和影响。一个可操作的风险管理计划，能让活动风险管理团队快速找到对策并做出反应，因此，支持性的文件包括但不限于：

■ 紧急联络人员名单

主要包括：① 风险团队和应急团队人员；② 关键员工和关键供应商人员，包括值班员、律师、会计师、保险公司联系人等；③ 活动场馆方、场馆的分供方、现场各种服务提供商；④ 所有参会者的紧急联络方式，包括第一联络方式和备用联络方式，比如手机和家里电话；⑤ 外部资源的紧急联络方式，比如报警求助 110、火警 119、急救 120、交通事故 122 等。

■ 活动场馆的楼面平面布置图

包括逃生通道位置、消防器材位置、紧急设备存放位置、应急团队人员的执勤位置、避险场所的位置等。

■ 活动举办地和活动场地的安保措施列表（最好在选址时完成）

■ 活动参与者与员工的特殊需求清单（比如客人吃素、对某食物过敏、患高血压糖尿病者的随身药品等）

■ 潜在风险列表

■ 风险资源清单

除了内外部风险资源外，还包括员工和参会者中的有特殊技能者名单，比如医生、会人工呼吸者、翻译、特种部队退役人员等。

需要特别说明的是，在实际工作中，活动组织者往往不会为所有意识到的风险都制定相应的风险管理计划。到底要对哪些风险做出相应计划，这取决于风险发生的可能性和风险发生后的危害程度，内外部风险资源的多少，以及活动各利益相关方的风险意识和相关法律要求等因素。

经典实例 15-1

表 15-4 是第××届上海××音乐节组委会对活动风险及初步管理计划的效果进行评估的分析框架，可供其他活动主办方参考。

表 15-4 一个活动风险评估与管理框架

评估对象：第××届上海××音乐节

评估日期：2014 年 8 月 15 日-17 日

结果：共识别了 28 种主要风险

风险类型	导致因素	受影响人群	风险级别			已采取的应对策略	剩余风险			进一步采取的措施	备注
			发生的可能性 L（1-10）	危害程度 S（1-5）	R		发生的可能性 L（1-10）	危害程度 S（1-5）	R		
舞台前的人群踩踏	靠近舞台区域的观众中有人突然摔倒	踩踏区域的观众	10	4	40	检查靠近舞台的区域，确保地面平整；	10	2	20	对高密度区域的人群保持警惕	现场总指挥全权负责，并与各部门保持紧密沟通，同时增加现场管理人员

注：可以根据 R 值的大小将风险级别分为高风险（36-50）、中风险（16-35）和低风险（0-15）3 个级别。

第四节 风险的处理

在对活动风险进行识别和评估之后，如何有效地控制这些风险，减少事故发生的概率并降低损失的程度是活动组织者最关心的问题，这也是活动风险管理的根本目的。活动风险管理的主要措施可以分为两大类：一类是控制法（Control Method）；另一类是财务法（Financing Method）。其中，控制法主要包括风险规避、损失控制和风险转移，而财务法主要包括非保险之转移——财务型和保险等。[①]

一、控制法

（一）风险规避

风险规避是指有意识地回避某种特定风险的行为，其作用在于它可以将风险降为零，

① VICSPORT 认为，活动风险管理策略有 4 种基本类型，即避免（Avoidance）-管理者偏向于不举办那些极可能带来风险的活动或相关内容；控制（Control）-尽可能通过提前采取预防措施，使得风险最小化；财务（Finance）-做好资金筹备工作，当风险发生时，为受害者提供经济上的补偿；转移（Transfer）-通过购买保险来转移风险。

因而是一种彻底的风险管理措施。风险规避的方法有两种，一种是放弃或终止某次活动的实施，另一种是虽然继续该项活动，但改变活动的性质。

风险规避适用的情况主要包括以下几种：对于损失频率和损失幅度都比较大的特定风险，通常采用风险规避法，因为主办方采用其他风险管理措施的经济成本超过了进行该项活动的预期收益。在一些大型体育赛事中，主办方经常会遇到这种情况：一些赛事项目潜在威胁发生的可能性太大，不利后果也很严重，但又无其他策略来减轻时，此时往往主动放弃该比赛或改变该比赛的目标与行动方案，以回避风险。例如，2003 年的女子世界杯原定在我国举行，但一场突如其来的“非典”席卷我国的大江南北，为了规避风险我们不得不放弃；再比如第六届奥运会和第十二届和第十三届奥运会等都是为了避免战争带来的风险而被迫取消。

（二）损失控制

损失控制是指通过降低频率或者减少损失来减少期望损失成本的行为。一般地，降低损失频率称为损失预防，减少损失程度称为损失减少，也有的措施同时具有损失预防和损失减少的作用。

损失预防是在风险发生前所做的准备，即在活动举办前要做好全面安全防范工作，尽量查出导致风险发生的因素，让风险降到最低；减少损失是事后所采取的措施，如及早控制火势、抢救伤者等，尽量使损失降到最低。例如，希腊在 2004 年雅典奥运会开幕前出动了大量人力、物力多次举行反恐演习和其他方面的应急预防演习，目的就是为了进行风险的防范和控制。

（三）风险转移

风险转移主要包括出售、分包和签订免除责任协议。所谓出售，是指通过将带有风险的财产转移出去来转移风险。例如，在大型体育赛事中，组委会把一些带有风险的环节出售给他人，让他人来承担风险。IBM 是国际著名的体育赞助公司，它不但赞助体育比赛还承包了很多的体育比赛，国际上很多的网球赛都是其承包的，从而帮无力承担风险的组织者解决了问题。

分包则是通过将带有风险的活动项目转移出去以转移风险，例如，在一些重大体育赛事中，运动员的接送和一些货物托运都可交给一些公司或个人，组委会通过与第三方签订合同来让他们负责这些事情，另外，一些设备的安装、调试和运输等也可以以分包的形式给那些专业公司来操作。

签订免除责任协议是指通过签订协议把相应风险转移出去，但这种情况一定要注意法律的有效性。

二、财务法

（一）财务型

财务型风险管理措施的目的在于通过事故发生前所做的财务安排，使得在损失一旦发生后能够获取资金以弥补损失，从而为恢复活动的正常举办提供财务基础，其着眼点在于风险发生后的及时补偿。另外，对于一些发生频率高但损失幅度很小的风险，活动主办机构往往会通过内部资金的融通来弥补相关损失。

（二）保险

保险是对付可保的纯粹风险的一种重要风险控制工具。活动主办方可通过交纳保险的方法来减少风险损失，国外展览会及大型体育赛事活动的保险业是很发达的。按照承保风险范围的不同，保险可分为人身保险、财产保险及责任保险三种基本类型。目前，我国针对大型节事活动的保险险种少、市场小，而且保险公司的市场开发能力和承保能力还有待进一步提升，所以一方面期待我国的保险业进一步发展，将出现更多针对大型节事活动的险种；另一方面，活动主办机构要充分利用保险这一重要的风险应对措施。

上文只是列举了一些常见的风险规避及控制方法。对于活动组织者而言，风险管理的经验和技术是在不断总结的基础上逐步发展起来的。在每次活动结束后，主办方都应该认真总结成功的经验和失败的教训，以便进一步丰富和发展活动风险管理的理论及实践，以推动活动产业的健康发展。

经典实例 15-2

作为活动风险管理的常用策略之一，转移（Transfer）就是通过购买保险来转移风险。表 15-5 是某大型展览会的保单。

表 15-5　某展览会综合保险单（正本）

保险单号码：

鉴于投保人填写并递交了投保单，并同意按约定交纳保险费，本保险人依照承保险种及其对应条款和特别约定，承担保险责任。

货币单位：人民币元

<table>
<tr><td colspan="2">被保险人：</td><td colspan="3">联系人：</td><td>电话：</td></tr>
<tr><td colspan="5">被保险人地址及邮编：</td><td>□□□□□□</td></tr>
<tr><td colspan="5">保险财产地址：</td><td>邮编：</td></tr>
<tr><td colspan="2">营业性质及经营范围</td><td colspan="4"></td></tr>
<tr><td colspan="2">经营面积（平方米）</td><td colspan="4"></td></tr>
<tr><td colspan="6">展览会财产损失保险投保标的明细表</td></tr>
<tr><td>保险标的名称</td><td>保险金额确定方式</td><td>保险金额（元）</td><td>费率</td><td>保险费（元）</td><td>每次事故免赔额（率）</td></tr>
<tr><td>房屋建筑、装潢及附属设施</td><td></td><td></td><td></td><td></td><td></td></tr>
<tr><td>机械设备</td><td></td><td></td><td></td><td></td><td></td></tr>
<tr><td>电子电气设备</td><td></td><td></td><td></td><td></td><td></td></tr>
<tr><td>自动化装置</td><td></td><td></td><td></td><td></td><td></td></tr>
<tr><td colspan="6">保险金额合计：</td></tr>
</table>

续表

<table>
<tr><td colspan="3">财产损失险保险费：（大写）</td><td colspan="2">（小写）</td></tr>
<tr><td>财产损失险附加险</td><td>保险金额/赔偿限额</td><td>费率</td><td>保险费</td><td>免赔额（率）</td></tr>
<tr><td>盗窃、抢劫保险</td><td></td><td></td><td></td><td></td></tr>
<tr><td colspan="5">第三者责任险明细表</td></tr>
<tr><td>累计赔偿限额</td><td colspan="4"></td></tr>
<tr><td>其中，每次事故财产赔偿限额</td><td colspan="2"></td><td>免赔额</td><td></td></tr>
<tr><td>每次事故人身赔偿限额</td><td colspan="4"></td></tr>
<tr><td>每次事故每人赔偿限额</td><td colspan="4"></td></tr>
<tr><td>第三者责任险保险费率</td><td colspan="4"></td></tr>
<tr><td colspan="3">第三者责任险保险费：（大写）</td><td colspan="2">（小写）</td></tr>
<tr><td colspan="3">保险费合计：（大写）</td><td colspan="2">（小写）</td></tr>
<tr><td colspan="5">保险期限自　　年　　月　　日零时起至　　年　　月　　日二十四时止</td></tr>
<tr><td colspan="2">明示告知：
1、收到本保险单后请即核对，填写内容如与投保事实不符，立即通知本保险人采用保险批单更改，其他方式更改无效；
2、详细阅读所附保险条款，特别是有关责任免除和被保险人义务的部分；
3、发生保险事故后，应按条款约定及时通知本保险人。</td><td colspan="3">签单地址：
邮政编码：
联系电话：　　　　（保险人盖章）
签单日期：</td></tr>
</table>

核保：　　　　制单：　　　　经办：

复习思考题

1. 请对活动风险管理的基本流程（图 15-1）进行简要评述。

2. 请根据 EventScotland（2006）提出的活动潜在风险因素检查清单，对某个具体活动进行分析。

3. 请结合具体案例，对表 15-4 中的活动风险评估与管理框架进行实际运用。

4. 请对美国著名活动管理专家泰拉·赫利尔德博士提出的活动风险管理计划框架进行简要评述。

5. 活动风险管理有哪几种基本策略。

扩展阅读

奥运会举办阶段所对应的风险管理

图 15-3 描述了奥运会从策划到举办的流程以及相应的风险管理的步骤。但在基本计划阶段中，“场馆设施的布局”等事项应该作为广义的风险管理的对象。

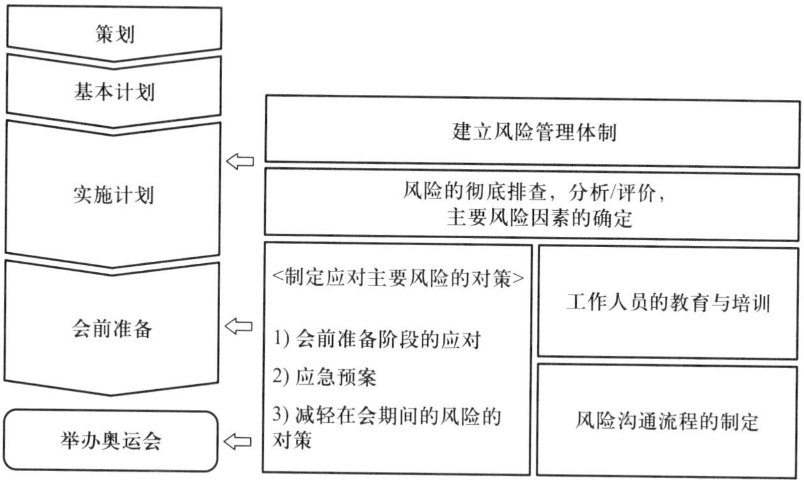

图 15-3　奥运会举办流程及所对应的风险管理

1. 风险控制措施的实施

风险控制措施一般有“回避”、“转移”、“降低”以及“保留”4 种基本类型。以火灾为例，“回避”是指清除出易燃易爆物品等。“转移”是指购买保险，通过合同将风险转移给其他组织。“降低”是指构筑防火墙，配置自动喷水灭火设备等措施。“保留”是指将其作为风险来认识，但不采取行动。应对风险工作，需要灵活地组合这些控制措施。

2. 应急对策的实施

100%防止风险的显性化实际上是不可能的。一旦在赛事活动过程中出现不幸的事故和事件的时候，一定要迅速、准确地进行应对。这时要以事先制订好的应急预案为基础，实施应急措施，将损失减少到最低，同时保障赛事活动的继续进行。

3. 事后评价和记录

在应急措施结束之后还有最后一个步骤，即事后的评价和记录工作。风险管理是大型活动筹备和举办的重要实践环节，有必要对建立的风险应急体制、制定实施的应急措施以及取得的成效等进行评价和记录。

思考：

请参考案例中的风险管理建议，对某次活动的风险管理计划进行评述。

即测即评

第16章　总结与评估

本章导读

俗话说“好的开始是成功的一半”，在实际工作中，人们往往更加重视活动的策划与实施，而忽视了对活动及其影响的总结评估。殊不知，“好的结束才是新的开始”。所谓活动总结，就是当活动告一段落时，活动执行团队回过头来对所做的工作进行认真的分析，肯定成绩，查找问题，归纳出经验教训，提升认识、明确方向，以便进一步做好工作，并把这些用文字表述出来。总结与计划是相辅相成的，总结要以工作计划为依据，新的计划要在总结经验的基础上进行。

所谓活动评估（Event Evaluation），是对已实施的整个特殊事件进行综合性、概括性的回顾、评价、归档和改进的工作过程。活动评估是活动管理工作的重要环节，而且不同规模和性质的活动，评估的工作量大小和侧重点也不一。通过评估，总结经验、发现问题，是提高活动举办水平的重要途径之一。

本章关键术语

活动项目管理知识体系（EPMBOK）　活动结束（Event Closure）

活动总结（Event Debriefing）　活动评估（Event Evaluation）

第一节　事后工作的主要内容

活动管理过程的最后一个重要阶段便是评估和总结，主要工作包括召开总结会议（De-brief Meetings）、搜集信息与撰写总结报告、感谢相关机构和重要个人等。这个阶段的主要工作目标包括：① 给所有参与活动的人反馈体验、意见和建议创造机会；② 帮助活动组织者基于事实甚至是一些逸闻趣事，更真实地评估活动的成功或失败之处；③ 从物理上和情感上，表明或宣布一次活动的正式终止；④ 指导下一届活动的策划。

2012年11月，美国项目管理协会（APMA）在所推出的《活动项目管理知识体系》（*Event Project Management Body of Knowledge*）中明确提出，作为活动管理的最后阶段，活动完成阶段（Event Completion Stage）主要内容包括活动结束（Event Closure）和活动评估（Event Evaluation）。其中，活动结束的主要工作包括场地拆除、账款结清、人员解散、设备撤离、现场清洁以及寄发感谢信等。以会议为例，事后工作主要包括数据库更新、与会者分析、会议评估，以及寄发感谢信、总结、新闻报道、催款、准备下一届会议等其他善后工作，如图16-1所示。

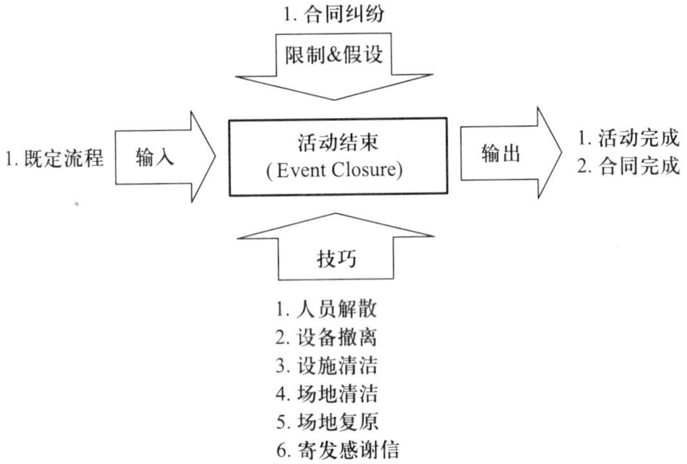

图16-1 活动结束工作的逻辑①

美国项目管理协会认为，活动评估就是在活动结束后评判活动是否达到了特定的目标，如参加者人数、售票数量等硬性指标（Hard Event Objective）以及参加者的满意度、媒体评价等软性指标（Soft Event Objective），如图16-2所示。

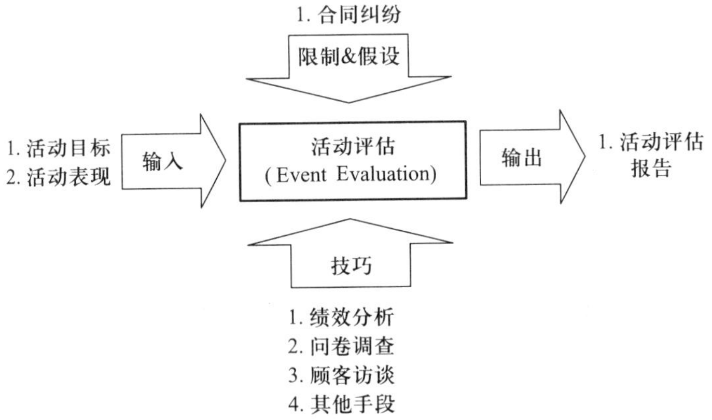

图16-2 活动评估工作的逻辑②

① APMA. Event Project Management Body of Knowledge. 2012, P. 127.

② APMA. Event Project Management Body of Knowledge. 2012, P. 129.

第二节　活动总结的内容与方法

活动总结的过程主要包括召开任务总结会、搜集信息以及撰写报告等工作，其主要目的有4点：① 允许每一个参与组织活动的人反馈他们的经验和建议；② 帮助活动项目经理基于事实甚至一些逸闻趣事，客观地评价活动的成败之处；③ 从物质和情感上真正结束一次活动；④ 为策划和组织下一届活动提供借鉴。

一、活动总结的主要内容

在活动项目总结会上，每一位团队成员都应准备简洁但富有建设性的小结，详细陈述他们在这次活动中的角色、体验以及对未来活动的建议，这项工作无疑有利于最后的总结报告的撰写。一份好的活动总结报告是非常有用的文件，它对一次活动的执行和效果有着清晰的记录，我们在将来组织活动时可以不时地拿出来参照学习。为此，活动总结报告应该包括相关信息，① 这些信息也是活动总结的主要内容，具体如下。

- 活动的总体情况，包括活动类型、主要节目（日程）、日期、举办地点以及参加人数等；
- 对活动效果的总体描述；
- 说明预期的目标和行动方案是否得以实现？
- 哪些人参与了活动的规划和运营，他们在执行委员会（Steering-group）以及其他机构中扮演着怎样的角色；
- 对活动节目（日程）以及辅助性吸引物的总结；
- 对活动的执行、安全工作进行概括；
- 对活动营销和沟通计划的效果进行详细分析，包括所使用的营销工具、媒体活动、新闻剪报、观众结构分解、市场研究以及营销活动的优缺点等；
- 对活动的现场服务与管理情况进行分析；
- 对照最初的收入计划，分析融资情况；
- 对所有收支情况进行分析；
- 针对总结报告中提到的各项主要工作提出意见和建议（可以放在每个部分之后或总报告最后）；
- 结论和建议。

二、活动总结的常用方法

与活动评估相比，活动总结更加强调内部性，目的在于发现活动执行中的问题，并寻

① 资料来源：EventScotland. Events Management：A Practical Guide. Edinburgh：EventScotland，2006.

找有效的对策。以下是一些常用的活动总结方法。

（一）复盘

复盘的概念最早来源于棋界，特别是围棋中的一种学习方法，即对过去所做的事情重新演绎一遍，从而获得对这件事更深入的理解。

一次完整的活动复盘主要包括4个阶段：

（1）回顾活动目标。这是复盘的参照物，比如计划新增多少用户、吸引多少家媒体等。

（2）呈现活动结果。要把与活动目标及实际表现相关的数据结果呈现出来，让每个团队成员都知晓。

（3）对比分析差距。即深入讨论产生差距的原因，比如，是否高估了某个渠道的转化率？是否是因为宣传文案没能打动用户？有了这些假设后，就可以通过数据、电话回访用户等方式去验证。

（4）导出经验总结。

（二）总结会议

在活动结束后，项目负责人应该尽快召开总结会议，此时关于活动的执行细节和用户反馈仍历历在目，这样做复盘分析的可靠性比较高。上面所提到的“复盘”可以作为总结会议的一部分。

在总结会上，团队所有成员应该彼此坦诚相待，不要互相埋怨甚至推卸责任，而是尽可能呈现一个完整真实的活动过程。每个参与者拥有平等的发言权，都能真实地表达想法。另外，要有专人记录发言要点，以便把下一步的行动建议和经验总结记录下来。

（三）调查法

是指通过书面或口头回答问题的方式，了解被调查者的心理活动的方法。总体而言，调查法易于操作，但在调查过程中往往会因为被调查者记忆不够准确、不愿意回答真实情况等原因使调查结果的可靠性受到影响。常用的调查方法主要有问卷调查法、访谈法、电话调查法、个案法等。

使用调查法进行总结的主要作用有：① 为活动策划人提供第一手信息和材料，以发现活动中存在的真正问题。② 为制定改进策略提供依据。③ 提出解决问题的新见解，并发现新的市场机会。

（四）深度访谈法

深度访谈法是一种无结构的、直接的、个人的访问，在访问过程中，一名技巧熟练的调查员（一般是专家，需要有相关专业知识）深入地访谈一个被调查者，以揭示对方对某一问题的潜在动机、信念、态度和感情。这种方法适用于分析复杂、抽象的问题，这类问题往往不是三言两语可以说清楚的，只有通过自由交谈和深入探讨，才能从中梳理出所要了解的信息。

（五）专家意见法

又称德尔菲法，是以专家作为获取信息的对象，依靠他们的知识和经验，由专家通过调查研究对问题作出判断和预测的一种方法。这种方法特别适用于客观资料或数据缺乏情况下的长期或总体预测，或运用其他方法难以进行的技术预测。专家意见法能否取得理想的效果，关键在于专家人选及其对所调查问题掌握的资料和熟悉程度，另外，调查主持人的水平和经验也是一个很重要的因素。

在现实工作中，有些活动组织者特别是展览公司会成立项目专家委员会，活动结束后将召开委员会会议，对项目执行情况进行评估和总结。

第三节 活动评估与报告撰写

所谓活动评估，可以是对不同活动方案的预期成本和效果的比较，也可以是对既成成本和效果的比较。其意义在于：一方面，可以帮助活动组织者客观评价活动执行的效果，发现自身在活动举办过程中存在的问题，从而更好地改善服务和提升自己；另一方面，可以帮助参与机构了解活动的执行情况。因而活动评估往往具有双重价值，是非常值得组织者去关注和执行的一项工作。

一、活动评估的主要内容

概括而言，活动评估主要包括 4 方面的工作，即对活动准备工作的评估；对活动执行情况的评估；对活动成本的评估以及对活动最终效果的评估。

（一）对活动准备工作的评估

活动的相关准备工作主要包括：① 活动参与人员，即活动负责人、活动执行人和活动监控人（由谁监管）；② 活动准备事项，包括活动地点、活动的现场布置、活动宣传、活动必备器材设备、活动奖品等，这一切都需要事先与活动负责人提前联系，并准备妥当；③ 广告宣传与信息发布，即说明宣传方式、信息发布人群。对活动准备工作的评估主要是指对以上准备工作是否到位的评价，如说明地点、物资、广告宣传的安排情况，各岗位人员是否到位等。

（二）活动执行情况评估

活动执行情况主要包括以下几项内容：其一，人员安排。即在活动地点安排各类工作人员的情况。其二，物品调配。举办活动所需的物料是否按照原计划安排，特殊情况需另行说明。其三，活动流程。活动中的工作要依据流程执行，如谁负责接待，谁负责硬件设施的准备，谁负责记录登记活动情况等。其四，活动数据核准，包括宣传、观众数量、销售额等各类数据，并且要提前明确在活动结束后由谁负责审核。活动评估人员应围绕上述内容，对整个活动的执行情况进行总体评价，特别是要分析服务的好坏是否给观众及参与活动的企业带来了不良的影响，或者是特别的优质服务有没有给参与者留下深刻的印象，并评估正负面影响可能带来的后续效果。

（三）活动成本评估

Catherwood & Van Kirk（1992）将举办活动的成本分为 4 大类：① 运营或产品成本，包括活动工作人员的雇佣、搭建、保险以及管理等；② 场地租用成本；③ 推广成本包括广告、公共关系、促销等；④ 娱乐、特殊活动等相关成本等。要评估活动成本，首先应对各项成本进行说明。例如，硬件设施的准备、活动主持人的邀请、场地租赁费用、广告宣传费用、促销人员工资、帐篷、宣传单、赠品等。在说明费用预算后，再结合实际成本支出进行评估，必要时还可附上表格说明费用项目、预算成本、实际费成本、节约费用等收支情况。

（四）活动效果评估

活动的最终效果是利益相关者最关心的问题，因而对活动效果进行评估往往是活动评估的落脚点，而且评估结论将直接关系到今后的活动是否能更好地开展。

活动效果评估主要包括 3 方面的内容：第一，活动的影响力，即邀请人数、参加人数以及实到人数的数量，包括观众、赞助商、参展商和媒体人员等；第二，活动的辐射力，它反映的是一次活动对举办地及周边地区甚至更远地方的影响程度；第三，活动的扩散力，指活动的开展是否扩大了影响面，提高了知名度，这些对活动利益相关者起到至关重要的作用。毋庸置疑，扩散力强的活动将增强利益相关者对该活动的信心与认可度。表 16-1 是一家公司市场推广活动的效果评估表。

表 16-1　某公司市场推广活动的效果评估表

主办方名称			填写日期		填写人	
活动创意	活动主题		活动时间		活动目的	
	活动地点		活动对象		活动负责人	
	活动内容简述					
活动传播	媒体名称	传播内容		传播时间	传播方式（广告/软文）	广告/软文字数
活动执行效果	现场观众人数		参与活动的人数			
	意向用户留档人数					
	项目	活动前一周	活动当周	活动后一周	对比提升率	
	电话咨询量的变化					
	展厅人流量的变化					
	活动期间的销量变化					
综合评估						

二、活动评估的基本流程

狭义的活动评估是指对活动某一方面特别是效果的评估，而广义的活动评估涉及活动的多个方面。例如，Bowdin 等学者（2001）认为，活动评估就是对一次活动的执行进行批判性的观察、测量和监控的过程，以便准确评估其结果。尽管活动评估的内容多而杂，但评估的工作流程基本一致。

（一）明确评估目的

一般来讲，开展活动评估的主要目的是为了找出某次活动策划及执行过程中存在的不足，从而为今后举办类似活动积累经验。

（二）确定评估内容、对象和范围

评估内容解决的是究竟评估什么的问题。以活动效果评估为例，内容至少应该包括 4 个关键项目：经济效果、社会效果、环境效果和文化效果。当然，由于每个活动的主题、规模等不同，除了这 4 个方面之外，还有其他效果。

（三）制定评估标准

针对每一项评估内容，活动评估人员都应该设计相应的标准/指标。活动评估的标准包括硬标准和软标准两大类，其中，硬标准更注重结果（Output），因而往往是看得见的、定量的；定性标准更关注过程（Process），所以往往是无形的、定性的。Beloviene 等学者（2008）提出了活动评估的若干常用标准，如表 16-2 所示。

表 16-2 活动评估的常用标准

标准类型	常用标准
定量标准（Hard Criteria）	性能说明（Performance Specifications） 限制条件（Resource Constraints） 销售数据（Sales Data） 财务报告（Financial Reports and Accounts） 截止日期（Deadlines） 成本要求（Cost Requirements） 观众人数（Visitor Numbers） 观众流量（Visitor Flow Rates） 观众特征（Visitor Profiles） 其他特定标准（Specific Quality Standards）
定性标准（Soft Criteria）	形象积极（A Positive Image） 总体质量（Total Quality） 员工承诺（Staff Commitment） 观众感知（Visitor Perceptions） 管理记录与说明（Management Notes and Commentary） 合作态度（A Cooperative Attitude） 伦理行为（Ethical Conduct） 社会效益（Social Benefits） 退场问卷调查（Exit Surveys） 员工和志愿者反馈意见（Staff and Volunteer Feedback）

（四）选择评估方法

常用的活动评估方法有3种，即定性评估、定量评估和历史比较法，评估人员应根据评估的目的、对象和内容来选择合适的方法。例如，对于连续多年举办的活动，可以采用历史比较法。为了准确有效地评估活动的效果，有时也可以多种方法并用。

具体而言，在活动评估中经常会用到以下一些工具：

- 观察法（Observation）
- 录音、录像（Audio and Video Recording）
- 访谈（Interviews）
- 媒体评价，例如剪报等（Media Monitoring-Newspaper Clippings，etc.）
- 焦点讨论（Focus Groups）
- 建议箱（Suggestion Box）
- 摄影（Photography）
- 专家暗访（Mystery Guest）
- 问卷调查（Questionnaires）
- 个人记录（Personal log）
- 员工会议（Staff Meeting）

（五）拟定评估实施方案

一次卓有成效的活动评估需要制定一份详细周密的评估实施方案。在制定活动评估方案中，需要明确这样几个问题：为什么要进行评估？谁将要接受评估？评估什么内容？如何进行评估？另外，还需要考虑需要利用哪些资源才能使活动评估流程更加程序化、规范化、科学化。

（六）对比活动效果

所谓对比活动效果，是指将活动最终实现的效果与举办之前预期的效果进行比较，找出已经实现的和未实现的预期目标，分析有些预期效果未能达到的主要原因，从而为下一次活动的举办提供借鉴。

（七）撰写评估报告

在评估结束后，要将有关评估过程、收集的信息、分析结果等内容进行整合，形成一份综合性的活动评估报告。评估报告应至少包含如下几个方面的内容：① 活动概述；② 评估目的；③ 评估内容与标准；④ 活动评估的方法和策略；⑤ 评估结论与建议。评估报告应简明扼要，活动主办机构也可以对书面报告制定一个标准，便于规范活动评估报告的格式。

（八）建立评估档案

建立活动评估档案的主要目的是存档备查，以便为下次活动的举办提供必要的参考资料，同时也标志着一次活动的真正结束。其基本要求是归档清晰、便于查询。

经典实例 16-1

超市如何开展促销活动评估

超市（Supermarket）开展促销活动的目的，除了希望在特定时间内提高来店的顾客数和客单价，以增加营业额，更重要的是吸引顾客日后继续光临。因此，需要通过评估来检验促销活动实施的品质，以便为顾客提供最好的服务，达成促销效果。以下是某超市对促销活动进行评估的主要内容。

1. 业绩评估

主要包括两个方面：业绩评估的标准与方法，查找和分析促销业绩好或不好的原因。其中，业绩评估的主要方法包括：

（1）促销活动检查表。即对促销前、促销中和促销后的各项工作进行检查。

（2）前后比较法。即选取开展促销活动之前、中间与进行促销时的销售量进行比较，一般会出现十分成功、得不偿失、适得其反等几种情况。

（3）消费者调查法。超级市场可以组织有关人员抽取合适的消费者样本进行调查，向其了解促销活动的效果。

（4）观察法。这种方法简便易行，而且十分直观。它主要是通过观察消费者对超级市场促销活动的反应，例如，消费者在限时折价活动中的踊跃程度，优惠券的回报度，参加抽奖竞赛的人数以及赠品的偿付情况等，对超级市场所进行的促销活动的效果做相应的了解。

2. 促销效果评估

这一项主要包括三个方面：促销主题配合度，创意与目标销售额之间的差距，以及促销商品选择的正确与否。

（1）促销主题配合度。促销主题是否针对整个促销活动的内容；促销内容、方式及口号是否富有新意、吸引人，是否简单明确；促销主题是否抓住了顾客的需求和市场的卖点。

（2）创意与目标销售额之间的差距。

（3）促销商品能否反映超级市场的经营特色。是否选择了消费者真正需要的商品；能否给消费者增添实际利益；能否帮助超级市场或供应商处理积压商品；促销商品的销售额与毛利额是否与预期目标相一致。

3. 供应商的配合状况评估

这一项工作主要评估：供应商对超级市场促销活动的配合是否恰当、及时；能否主动参与，积极支持，并为超级市场分担部分促销费用和降价损失；在促销期间，当超市公司请供应商直接将促销商品送到门店时，供应商是否能及时供货，数量是否充足；在商品采购合同中，供应商，尤其是大供应商、大品牌商、主力商品供应商是否做出促销承诺，而且切实落实促销期间的义务及配合等相关事宜。

4. 连锁超市公司自身运行状况评估

主要包括：从总部到门店，各个环节的配合状况；促销人员评估。其中，人员评估可以帮助促销员迅速而全面地提高自己的促销水平，督促其在日常工作流程中严格遵守规范，保持工作的高度热情，并在促销员之间起到相互带动促销的作用。促销人员的具体评估项目如下：促销活动是否连续；是否达到公司目标；是否在时间上具有弹性；能否与其他人一起良好地工作；是否愿意接受安排的工作；文书工作是否干净、整齐；他们的准备和结束的时间是否符合规定；促销桌面是否整齐、干净；是否与顾客保持密切关系；是否让顾客感到受欢迎，等等。

三、活动评估的常用方法

如何科学地评估一次活动特别是重大活动的效果，一直是活动研究和管理的热点。按照不同的标准，特殊活动评估的方法有很多种分类。例如，崔景茂（2005）根据评估主体的不同，将公关活动评估的基本方法分为3大类，即公众评价法、专家评价法和实施人员评估法。其实，无论采用何种技术，最常用的活动评估方法主要有3种：即定性方法、定量方法以及历史比较法。

（一）定性方法

活动评估的常用定性方法有三种：一种是深度访谈法。作为一种定性研究方法，它在社会学研究领域中有着重要地位。在访问过程中，由掌握高级访谈技巧的调查员对调查对象进行深入的访问，用以揭示对某一问题的潜在动机、态度和情感，最常应用于探测性调查。具体操作方法是：设计好调查问题，选择有代表性的观众或者专家，就活动的效果进行深入的访谈。

另一种是焦点小组座谈会。“焦点小组”座谈会是一种圆桌讨论会议，通常是6-10个人聚到一起，然后在一个主持人的引导下对某一主题进行深入讨论。焦点小组调研的目的在于了解和理解人们对于某个问题的看法，以了解参与者对活动的安排是否满意，并搜集参与者对活动管理的意见。

还有一种是观察实验法。该方法的操作流程是：首先对观察人员进行系统培训，使其对活动评估有一定的专业认知，并详细了解活动的内容；其次，使其明确所举办活动的既定目标，做到心中有数，并展开监察；最后，观察员需向主办单位提交相应的口头或者书面的评估报告。

（二）定量方法

定量方法是指利用一切可获取的信息或统计资料，通过准确的计算或度量，据此对结果得出一定判断的方法。关于活动特别是活动效果的定量评估一直是活动研究的热点，一些新的方法不断被开发出来。对于不同性质的活动，定量评估的方法也存在很大差异。

在活动影响研究领域，定量方法更是层出不穷。例如，Daniels（2004）提出了职业导向模型（Occupation-based Modeling），并利用该模型分析了一次青年垒球公开赛给当地工资变化所带来的影响。澳大利亚维多利亚艺术发展局（Arts Victoria）组织相关人员开发出一个名为“节庆DIY（the Festivals Do-it-Yourself Kit）”的软件，该软件能使活动组织者以简单和相对廉价的方式对活动的经济效果进行评估；评估结果不仅能为活动组织者提供信息，还可以供外部的赞助商和利益相关者参考。Jackson（2005）等人专门撰文讨论了如何成功地使用上述软件，并介绍了该软件应用的初步结果和部分使用者的反馈情况。

（三）历史比较法

历史比较法主要有两种：一种是对历史数据的比较；另一种是时间序列的回归分析。无论是历史数据比较，还是时间序列回归分析都需要以活动的历史数据作为依托，因而只能针对一些连续多次举办的活动。

历史数据比较是将该活动以往的相关统计数据与本次活动举办后得到的数据进行对比分析，进而对活动效果进行最终评价；时间序列法是利用预测目标的历史数据，通过统计分析研究其发展变化规律，进而建立数学模型，据此进行外推预测目标的一种定量预测法。其具体步骤为：第一，整理资料，编制时间序列；第二，对时间序列进行分析，确定时间序列变动模式；第三，选择适宜的预测方法和预测模型；第四，进行预测；第五，预测误差分析。

四、活动评估报告的撰写

撰写评估报告的作用在于找出活动策划与执行过程中的经验和教训，从而更清晰地掌握活动管理的成功或失败要素，提高活动策划与运作的技巧。活动评估报告可能因评估与统计的具体内容不同而有所差别。一般来说，活动评估报告应包括评估背景与目的、评估过程与方法、评估结果统计分析、评估结论与可行性建议及附录等内容。

（一）评估的背景与目的

在这部分，调研人员要对评估的由来或受委托进行该项评估的具体原因加以说明。具体撰写时，最好引用有关的背景资料作为依据。

（二）评估方法

指阐明所使用的具体评估方法，主要包括以下几点：

（1）评估与统计对象。说明从什么样的对象中抽取样本进行评估。

（2）样本容量。抽取多少观众作为样本，或选取多少实验单位。

（3）样本的结构。即根据什么样的抽样方法抽取样本，抽取样本后的结构如何，是否具有代表性。

（4）选择资料搜集方法。

（5）实施过程及问题处理。

（6）资料处理方法及工具。指出用什么工具、什么方法对资料进行简化和统计处理。

（7）访问完成情况。说明访问完成率及部分未完成或访问无效的原因。

（三）评估与统计分析结果

除了用若干统计图表来呈现评估结果外，评估报告还必须对图表中的数据资料所隐含的趋势、关系和规律加以客观描述，也就是说要对评估与统计结果加以说明、讨论和推论。所包含的内容应该反映出评估与统计的目的，并根据评估与统计标准的主次来突出所要反映的重点内容。一般来说，评估与统计分析结果应包含以下内容：活动效果；成本效益；成交笔数与成交额；接待客户数量；观众质量等。

（四）结论与建议

评估报告最后要用简洁明晰的语言作为结论。例如，说明评估结果说明了什么问题，有什么实际意义，必要时可引用相关背景资料加以解释、论证；针对评估与统计结论，提出可以采取哪些措施以改进活动效果，或者是如何处理已存在的问题等等，最好能提供有针对性的行动方案。

此外，一份好的活动评估报告必须符合以下要求：① 语言简洁明了，有说服力；② 报告必须以严谨的结构、简洁的体裁将调研过程中各个阶段收集的全部有关资料组织在一起，不能遗漏重要的资料，但也不能将一些无关资料都写进去；③ 注意仔细核对全部数据和统计资料，务必使资料准确无误；④ 报告应该对评估所要解决的问题提出明确的结论或建议。

复习思考题

1. 根据美国项目管理协会发布的《活动项目管理知识体系》，活动结束主要包括哪些工作内容。

2. 请结合具体案例，解释活动总结中的“复盘”方法。

3. 常用的活动评估方法有哪些。

4. 活动评估和活动总结有什么异同。

5. 一般来说，活动评估报告主要包括哪些内容。

扩展阅读

乔治·芬尼奇教授提供过一个非常精彩的会议管理全案，案例讲述了美国小动物协会（The American Small Animal Association，简称ASAA）会议主管苏·罗德里格斯（Sue Rodriguez）策划和组织2014年年会的全过程，其中包括会后的相关工作。苏是美国小动物协会五位全职雇员中的一位，她主要负责七个区域会议和年会（annual conference）的协调工作，并且直接向执行董事报告。年会的规划从会议开始前三年启动。在过去五年，ASAA年会的出席率每年上升5%；在去年，有37%的会员参加了会议。

年会结束后的工作

一、会后及时开展的活动

疲惫的苏啜饮着咖啡，花了些时间来回顾“预防的力量”年会的成功以及未来大会成功的机遇。在离开达拉斯之前，苏将协助后续事宜并对今年的会议进行评估；参加过会前会议的人员将在此次会议中展开讨论并回答以下问题：会议出现了哪些问题？为了日后的会议，可以采取什么样的措施来改善情况？苏将与酒店和供应商一同核对注册人数、再次回顾所有接应点以及预估附属的业务。

策划一次会议是一个团队活动。苏花了不少时间感谢所有发言人、赞助商、委员会成员以及所有服务商，感谢他们协助大会的举行。她还让员工在达拉斯休息一整天，作为奖励。

二、会后两个月内的活动

在回顾会议数据和评估后，苏开始准备向执行董事和董事会汇报会议的投资回报率。每次会议后都要进行评估——这一点十分重要。在这次会议筹备过程中，苏和她的团队设定的会议目标是：通过开展以教育和社交为重点的四天会议，使参加小动物疾病预防培训的与会者数量增加10%，从而增加5%的会议利润。如果不去衡量成功与否，那么举办会议的目的又何在呢？会议组织者工作的一部分就是要说明一场大会或会议是如何帮助实现组织目标的。通过设定目标以及评估投资回报率，策划者可以展示他或她在支持公司目标和财务等底线上扮演的角色。

苏对这次以“预防的力量”为主题的年会很是兴奋。行业媒体对会议前期进行了出色的新闻报道，提供了价值超过5万美元的免费宣传。苏认为，这些第三方的支持使得出席率提高，会议目标也达到了。有500人参与小动物疾病预防培训（去年是454人，增加了10%），会议利润从1 393 297.60美元增加到1 462 962.50美元，增加了5%。

苏完成她的报告，并接了一通来自奥兰多橘子郡会议中心的电话，明年的年会将在那里举行。她的思绪已经飞到十二个月后了，并开始收到将要被使用的会议室名单……一个新的会议周期已经开启。

思考：

上述案例中苏的做法对我们开展活动评估有什么启发？

即测即评

第 17 章　会展项目管理的前景

本章导读

在移动互联和体验经济等多重因素的影响下，价值量化、大数据分析、场景体验、内容营销、社区意义、新技术的应用、代际变化以及社会责任等都是会展项目经理需要重点关注的热名词。会展业这一曾经被定义为定性的产业（Qualitative Industry），如今正在变成一个定量的产业（Quantitative Industry），只有向客户证明和传达可以“看得见”的价值，一个会展项目才能得以生存和发展。本章将分析技术变革、平台思维和内容营销对会展项目管理的影响，并提出相应的应对策略。

本章关键术语

平台战略（Platform Strategy）　内容营销（Content Marketing）
ILEA 紫皮书（ILEA Purple Paper）　体验设计（Experience Design）

第一节　技术变革与会展项目管理

技术是协助会展组织者实现最佳表现的最重要的工具之一。近几年，各种新技术如雨后春笋般地迅速发展，并在会展业的各个领域得到了广泛的应用。

一、技术在会展业中的应用现状

根据美国红 7 传媒咨询（Red 7 Media Consulting）发布的《2013 年展览业技术发展调查报告》（*Expo 2013 Technology Survey*），美国会展业技术创新的基本情况如下。

（一）技术对会展业的影响

根据被访问者的回答，在影响会议和活动产业的主要趋势中，排在首位的是对技术更深入的运用（73.6%）。

新技术正对会展及商务活动的策划和预算管理提出越来越高的要求。在商务和信息高度个性化的时代，会展和活动行业的从业人员对观众和参加者了解得越多，就越知道应该选择什么样的技术或工具。因此，第一步是重新评估你对观众和参加者的了解程度。

（二）对会展主办方最重要的技术

通过分析“目前，对贵公司最重要的3项技术是什么？”这一问题的回答情况，研究人员发现，排在前十位的技术分别为：项目管理、网站开发、顾客数据库管理、视听效果、WIFI、智能手机应用（APP）、社交媒体、客户关系管理、移动服务、无线射频识别（RFID）与观众追踪工具。

（三）对技术的投入情况（见表17-1）

表17-1　美国会展组织者在不同技术领域的投入情况

	2012	2013
主要技术投入领域（largest technology investment）	12	19
网站建设和活动管理软件花费（website development and event management software spending） 注：网站建设仍是选择最多的技术支出项目	占技术总支出的50%（2011年）	25%（2012年）
视听材料（audiovisual effects）	占技术总预算的2%	13%
客户关系管理（CRM）	0	10%

（四）主办方在选择技术时的主要考虑因素（见图17-1）。

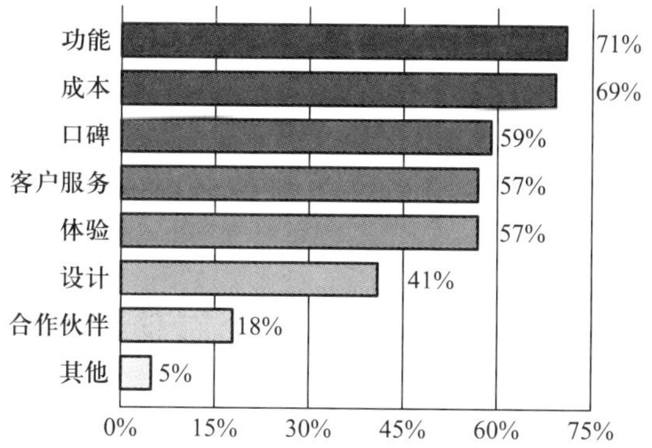

图17-1　会展主办方在选择技术时的主要考虑因素

（五）谁做出采用新技术的决策

在回答“是谁在决定采用新技术”这一问题时，绝大多数被访问者选择“究竟采用什么新技术归根结底要看具体项目的需要”或“选用何种技术解决方案取决于服务的受众”。2/3的被访问者认为，是高管在决定花在新技术上的预算；5%的被访问者认为竞争类展览会的做法也是重要影响因素。相反，宏观经济环境和长期的商业前景的影响不大，而更多的是取决于内部因素。

关于技术创新与会展业变革之间的关系，红 7 传媒咨询研究与咨询部运营总监迈克尔·休斯（Michael Hughes）的一段话做了很好的阐释：如果不能像广告等其他渠道一样评估展会营销的效果，那些领导型的公司将会大幅减少参展预算甚至完全退出。另外，数据和分析已经取代社交媒体成为企业营销的重中之重。在此背景下，会展业曾经被定义为定性的产业，如今正在变成一个定量的产业。

综上所述，技术进步将带来会展业的革命，其主要表现为：① 在技术创新上，要求市场需要、技术可行、成本合适；② 在数据挖掘上，由单一维度转向数据共享、资源整合、产业互联和直接接触；③ 在项目价值分析上，将由定性向战略化、定量化和体验化方向发展。

二、应对新技术的基本法则

对所有行业一样，技术是把双刃剑。对于会展和活动产业，新技术的应用有两个基本任务，一是优化参与者的体验，二是提升活动的效果。技术正在改变会展和活动组织者与参与者建立联系的方式，从沉浸式的现场 VR 区域到定制化的展后内容，许多协会和公司已经在探索各种激动人心的可能。

为此，国际现场活动协会（ILEA）紫皮书的调查者设置了一系列问题，例如，如何使面对面的活动更有价值和意义，在策划和组织现场活动中科技究竟应该扮演什么角色，等等。最后，紫皮书对会展和活动管理人员给出了 3 点最重要的建议。

■ 对如何运用技术有更好的理解；

■ 将技术整合到现场活动中，以提升活动的效果，优化参与者的体验，而不是试图取代；

■ 永远不要忘记人与人之间互动的重要性。

总之，会展企业谈技术创新，不能为了创新而创新，要回答为什么要用新技术（Why）、要花多少钱（How Much）和怎样执行（How），其基本原则是以提升客户价值为中心，量力而行、适用至上。

第二节 平台思维与会展项目管理

一、什么是平台思维?

根据 MBA 智库百科的解释，“平台战略”是指连接两个以上的特定群体，为他们提供互动交流机制，满足所有群体的需求，并从中营利的商业模式。很多人对平台模式的理解存在一种误区，认为平台是互联网企业的事，和传统产业无关。平台思维恰恰是许多传统企业转型的一个契机。为此，要摒弃产业链是单向垂直流向的传统观点，即将传统垂直价值链的视野转向平台视野的发展，主张增加对横向价值环节的分解，进而构建自己的生态圈。“羊毛出在狗身上，让猪来买单”的深层原理是横向价值的创造与传播。

其实，“平台”自古就有，只不过互联网的发展给它插上了隐形的翅膀，助其冲破时空的束缚，成为后劲十足、极具打击力的商业模式。平台商业模式的精髓，在于打造一个完善的、成长潜能足够大的生态圈（陈威如、余卓轩，2013）。

平台思维还为我们的日常工作与生活提供了创新的思路。例如，在工作中，选择什么样的时间点实现工作重点的战略转移；在日常消费上，如何把自己从“付费方”调整到“被补贴方”等（彭笑玫，2013）。

二、平台思维在会展项目中的应用

在传统的会展及活动市场，活动策划者将移动应用作为增强观众体验、降低纸张消费和更深入理解观众行为的便利工具；在企业活动市场，除了上述原因，策划者更看重的是将移动技术作为日常商业运作的重要平台。

美国参展调查公司（Exhibit Surveys，Inc.）在其发布的《企业参展的变化趋势及其对展会组织者的影响白皮书》中指出：在过去几年中，参展商不再完全依赖于展览会期间与观众之间的沟通，而更倾向于在展会之外与观众中的潜在客户进行会谈。因而，展会组织者应该在促进参展商和观众的预定会谈中扮演重要角色，这样展览会才能逐渐被认为是促进交易进程的重要工具。展览会作为典型的服务性平台，随目标群体的需求变化而变化是最基本也是最重要的成功因素之一。

2014 年，AMR International 咨询公司发布了一份有影响的报告——《B2B 商业传媒的下一轮挑战：从工作流程出发，向业务解决方案的转型》（*The Next Challenge in B2B Information：The Shift Beyond Workflow to Business Solutions*）。该报告虽然是讨论商业传媒的发展，但对会展业有直接的启示。其中的结论是富有远见的：B2B 商业传媒必须通过拓展现有商业模式的范畴来应对这种转型。为此，除了现有内容和工作流程，还需要增加其他能力，包括高新技术、服务和咨询。

对于会展活动的组织者，要拓展现有商业模式的范围，一个重要思路便是本节所探讨的平台战略，特别是要将传统垂直价值链的视野转向平台视野，增加对横向价值环节的分解和连接，构建更好的企业生态圈，如图 17-2 所示。

图 17-2 B2B 商业传媒的转型
（AMR Int'l，2014）

如果我们打开美国最有竞争力的农业领域的展会主办方——Penton 公司的网站，会发现该公司的经营哲学里有 3 个关键词：资讯（Inform）、联结（Engage）和提升（Advance），分别对应商业工具、洞察和数据，线下活动和学习，以及营销。以数据服务为例，Penton 拥有 2 000 多万决策者的数据，其中，农场主就有 200 多万，可以帮助客户获得简单易用的信息。在线下活动（Networking）板块，Penton 在农业（Agriculture）、设计与制造（Design & Manufacturing）、基础设施（Infrastructure）、自然产品与食品（Natural Products & Food）以及交通（Transportation）等 5

个领域，举办近60场会议、展览会和活动。2016年11月2日，Penton被英富曼集团（Informa）以11.8亿英镑（包括11.05亿英镑的现金和7 600万英镑的股票）收购。

概括而言，值钱的会展项目应该在某一行业内形成以数据服务为支撑的规模效应和平台效应，这里的“规模”，要么是基于垂直产业知识的纵向一体化（展会规模做大），要么是基于全产业链的横向一体化（展会数量增多），但都要求资讯服务、线下活动和整合营销相结合。而这正是Penton公司等展览业巨头正在做的。

第三节　内容营销与会展项目管理

2016年4月，国际信息和传媒领域的著名投资银行JEGI的运营总裁理查德·米德（Richard DW Mead）在2016独立组展商协会（SISO）CEO高峰论坛上做了一个题为“会展并购与估值（Event M&A and Valuations）”的报告，讲了过去一年全球会展业并购的发展情况。在演讲最后，米德提出了一个公式——企业估值=(会展活动×内容)^2，由此可见内容对于媒体公司和会展公司的巨大价值。优秀的会展公司是整合资讯服务商，其价值不是多个项目的简单相加，更不是一个项目，哪怕项目的规模再大。

一、B2B内容营销的发展

2015年底，内容营销研究院（Content Marketing Institute）和MarketingProfs网站共同推出了第六个年度报告——《北美地区B2B内容营销标杆、预算和趋势报告》（*B2B Content Marketing Benchmarks, Budgets, and Trends—North America Report*）。该报告主要回答了“最成功的B2B营销企业有什么独到之处”、“哪些因素有利于优化内容营销的效果”、“B2B营销企业如何测量内容营销的成功”以及B2B内容营销的发展趋势等问题。

（一）企业开展B2B内容营销的偏好

在过去一年，B2B营销的内容生产人员最重视的三个方面分别为：注重“创造有参与性的内容”，占72%；对“什么样的内容是有效的”有更好的理解，占65%；找到更多更好的回应内容的办法，占57%。然而，只有19%的人重视“成为有影响的写手”。

最优秀的内容营销人员需要具备很强的写作能力，因为不管采取什么样的创作体裁和形式，内容营销的基础是“写出来”。而实际情况是，大部分人都低估了写作在内容生产中的价值，这也正是为什么我们在“创造有参与性的内容”时会遇到很大的困难。

（二）内容营销的预算

最有效的企业会分配营销总预算的42%在B2B内容营销上。所有B2B营销企业的平均水平是28%。

（三）企业对B2B内容营销效果的评估

如何衡量B2B内容营销的效果？统计结果表明，企业常用的十个指标为：客户线索/潜在客户的质量、销售、更高的对话率、潜在客户的数量、网站点击率、品牌知名度、搜索引擎优化、客户更新率、购买倾向以及订阅量的增长。其中，网站点击量在过去六年里一直是重要指标之一。

（四）内容营销的实际效果

只有44%的B2B营销人员认为，他们的企业很清楚有效的内容营销应该是什么样的。同样，仅有30%的人认为所在企业目前所开展的内容营销是有效的。另外，统计结果显示，只有32%的企业制定了书面的内容营销战略，而这些企业几乎在内容营销的所有领域都表现更为优秀。而去年，这一数字为35%。

与上述结果一致的是，只有32%的被调查者认为自己所在企业的内容营销达到了成熟或优秀的水平，11%的人选择了“才刚刚开始”（First Steps）。

二、应对内容营销时代的到来

毋庸置疑，内容营销将承载更多的功能。然而，今天的国内会展企业，总体情况是普遍缺乏生产内容的高手，能操作会执行的人多，能说会写并懂传播技巧的人少。对于会展组织者而言，内容营销是一项系统工程，需要全过程管理，其精髓是面向参展商、观众或参会者等不同利益受众，持续生产和传播具有价值的内容。

（一）在内容生产上

从营销平台的角度讲，商业会议和展览会的主要任务就是持续生产、整合和传达有价值的信息，换句话说，会展组织者的核心工作是内容营销和配套服务。即使只是为企业或项目宣传推广服务，会展公司也应该在内容生产和传播上有必要的投入。因为，这是一个“内容仍然为王但传播手段不断创新”的年代。

根据内容营销研究院和MarketingProfs网站于2014年发布的调查数据，在开展内容营销时，B2B企业所定制的内容主要涉及6个方面：产业发展趋势、企业个体决策者的简况、企业特点、购买阶段、个人喜欢的内容以及竞争者的情况。而且，在内容营销方面表现优秀的企业会综合使用各种内容。

（二）在生产方式上

在上述报告中还有一个非常有意思的结论：企业在内容营销上的表现越好，召集会议的次数越多。61%的B2B营销人员表示会每天或每周碰面，要么当面会谈，要么通过社交媒体或视频会议等手段，专门讨论内容营销项目的进展情况。由此可以得出一个结论：要开展内容营销，企业必须有投入、有队伍，否则，所生产的内容就会没有新意，或者好的内容得不到传播。

另外，为了取得更好的内容营销效果，43%的B2B企业会同时采用内部生产和利用外包服务生产的方式，而且越是大企业，这种特点越明显。

（三）在应对挑战上

被调查者们认为，B2B企业开展内容营销面临的十大挑战依次为缺少时间、生产足够多的内容、生产有参与感的内容、缺少预算、生产多样化的内容、很难预测内容营销的效果、在营销中缺少整合、很难从中小企业搜集信息、缺少专门知识和培训以及愿景缺失。

即使在技术与模式日新月异的新媒体时代，内容的生产虽然经过完美的包装与精确的分发，但是其生产模式依然是以产定供的标准化生产，内容生成的主要依据依然是生产者的主观决定。在未来内容营销从主体到内容不断泛化的过程中，以供定产的内容定制化、精细化生产将在局部领域率先破土而出。

第四节 新的市场机遇与挑战

从全球范围来看，国际会展业发展容易受社会、经济、政治等因素的影响，所面临的机遇和挑战也是并存的，而且国际竞争呈现出此消彼长的势头。作为一个集交通、住宿、餐饮、购物、旅游文化交流、区域形象推介、商品交易和投资项目洽谈为一体的高效益、无污染的产业，会展和活动产业的重要性不言而喻。持续增加的活动需求、政府的大力支持以及不断优化的外在环境都给会展产业的发展带来了新的市场机遇。毋庸置疑，会展业是一个名副其实的朝阳产业。

一、会展业面临的新机遇

（一）市场需求不断增加

在稳定的社会环境及持续的经济增长下，无论是会展活动组织者还是参与者对会展的需求都大幅上升，这将为会展和活动产业发展创造无数新的机遇。特别是对于企业来说，由于市场竞争激烈，为了让更多消费者和潜在消费者了解产品信息，维护企业、产品与消费者之间的良好关系，企业参加展览、会议和举办公关活动的需求也在逐步增加。另一方面，经过有经验的专业活动公司和工作人员的“包装”，活动效果明显，也会在一定程度上促使企业需求的进一步增加。

从消费者层面来分析，随着收入的稳步增长，我国国民对休闲的需求逐步增加，休闲消费呈现新高，休闲成为人们生活中不可或缺的组成部分。另外，随着带薪假期和公众假期的推行，我国居民的闲暇时间也有所增加，参与各类活动也成为公众的一种休闲方式。

（二）外在环境不断改善

一个不断优化和开放的外在环境有利于会展与活动产业的高速发展。这里的“外在环境”包括制度环境和举办地环境等方面。近年来，一系列惠及会展与活动产业发展的政策纷纷出台，政府在税收、人员调派、通关便利等多方面给予了大力支持。另一方面，随着我国城市化步伐的加快，各城市的基础设施普遍得到进一步完善，许多城市特别是上海、广州、深圳等一线城市拥有较好的商务环境和接待能力，这为我国活动产业发展提供了良好的机遇。

2016年11月，专业会议管理协会（PCMA）下属的Convene杂志发布了第16个产业发展预测年度报告，从住宿、旅行、展览和技术4个方面，分析了2017年会议和活动产业发展的可能趋势：北美地区酒店的平均房价将上浮4%，在亚太地区则会下降0.6%；美国将继续在全球展览市场上独领风骚；全球范围内的航空运输价格将上浮25%；无现金支付会更为普及；现场直播将在会议和活动中得到更多应用。

（三）新兴媒体不断涌现

互联网和移动技术的迅猛发展特别是新媒体的产生在很大程度上对会展和活动产业产生了积极的影响。新媒体特别是丰富多彩的社交媒体为主办方提供了新的营销方式以及更广阔的公众交流平台，也为提高会展和活动的影响力及知名度创造了新的机遇。

新媒体的出现既迎合了会展和活动产业发展的需求，又能满足现代人对信息交流的直接和快速需求。所以，两者的结合是一种必然。移动互联网技术的深入发展和智能手机的快速普及使得移动技术在大型活动上的普及成为可能，各类定制的应用（APP）在很大程度上提高了会展和活动参与者的体验及主办方的工作效率。

二、会议业面临的新挑战

2017 年 1 月，《成功的会议》刊登了一篇由泰瑞·哈丁（Terri Hardin）撰写的文章，该文分析了 2017 年会议业发展的 9 个关键趋势。

■ 在一些意想不到的地区或领域出现的政治不稳定，会影响商业、旅游和会议等行业的发展。

■ 将有更多中型酒店或度假区开业，四星级以上的豪华酒店建设也有所反弹。

■ 共享经济将对会议业产生进一步的影响。

■ 会议组织者将更加重视与会者的体验，美食、音乐、艺术、地方文化等将被更好地融合到会议中。

■ 从整个产业来看，更多的钱会花在更多的会议上，但这并不意味着单个会议的预算会增加。另外，一些会议的预算虽然增加，但不足以弥补机票、技术、人工或餐饮等成本的增加。

■ 除了传统的枪击、恐怖主义、疾病等因素，智能手机、数据、网络的发展会带来更多的安全问题。为此，美国运通公司（American Express）发布的 2017 年全球会议和活动市场预测报告（American Express Global Meetings and Events Forecast）专门提供了一个贯穿会议全生命周期的健康与安全管理检查清单。

■ 作为影响会议选址的第三个主要因素（排在区位和房价后），餐饮的价格将持续增加。

■ 技术在会议的全过程会有更多应用。围绕打造卓越的品牌体验，从战略到创意、数字化、现场管理，都有相应的技术作支撑。

■ 各种应用（APP）将成为关键的数据采集方式，从而帮助组织者更好地理解与会者需求和自身的活动项目。

三、展览业面临的新挑战

2016 年底，国际展览管理与活动协会（IAEE）发布了一份白皮书——《影响展览和活动产业的未来趋势（2016）》（*Future Trends Impacting the Exhibitions and Events Industry <2016 Edition>*），对展览从业人员有诸多有益的启示。

（一）宏观经济

IAEE 研究小组认为，在宏观经济方面会有 6 个不稳定的因素将对全球展览业发展产生显著影响，但总体而言，展览业发展还是取决于各个国家的经济发展，特别是展览会主题所涉及的具体行业的表现。例如，在美国主要受到以下因素的影响。

■ 美联储推动的利率变化；
■ 股市调整；
■ 税收增加以及税收政策变化；
■ 国际货币体系；
■ 部分国家的经济和政治动荡，比如希腊、英国脱欧等；
■ 持续的中东战乱和全球政治的不稳定。

（二）人口变化

在2013年的报告中，IAEE研究小组明确提出了代际变化可能对展览会组织者造成的冲击。过去几年，这个问题越来越突出。影响来自于两个方面：一方面是员工年龄结构发生变化所引起的组织变革要求；另一方面是客户决策者和终端消费者的人口变量发生变化所引起的需求变革。

该报告只是从参展企业的角度做了分析，还没有涉及买家的决策者以及大众消费者。年轻一代对技术创新、信息形式的要求以及媒体偏好、时间意识等都会大不相同，如果会展和活动没有创意、没有黏性，只能等着被革命。

（三）人力资本

IAEE工作小组提出了一个严峻的问题：在未来3年，会展和活动行业必须更加关注就业者问题，包括职务分类、考勤方式、工作时间和加班时间的计算、总体薪酬结构等。这些额外的人力资源工作会对会展企业的利润结构造成负面影响，特别是对那些预算本来就紧张的小型会展项目冲击更大。

（四）体验设计

展览业与体验经济有着天然的联系。展览会本身提供的就是一种体验，主办方为参展商提供舞台以及各种道具和服务，来帮助其实现对专业观众的表演，把他们融入一种情景之中以获得体验的价值。从这个角度来讲，展览公司对于自身的定位应该从为专业观众和参展商提供一个展示和沟通的平台，转化为“为参展商和专业观众的相互沟通和了解提供一个更为便捷、有效的通道”。

IAEE的报告指出，“体验设计”是一种帮助参与者提升体验和验证参展/参观投资效果的重要工具。

（五）其他方面

报告中还提到了很多会影响展览业发展的重要方面。

■ 安全问题对展览业的影响，包括安全管理、支付卡行业数据安全标准的变化（PCI DSS）等；
■ 5G技术、人工智能和物联网技术在会展业中的应用及挑战；
■ 大数据服务（BDaaS）及技术在展览业中的应用及挑战；
■ 智能手机、操作系统和APP等各类软件的发展对展览业的影响；
■ 虚拟现实（VR）和增强现实（AR）在展览业中的应用前景及挑战；
■ 现场数据捕捉、WIFI基础设施建设等对会展业的影响。

其他相关机构也对未来一段时期内国际展览业的发展做出了预测。例如，根据2016年底国际著名咨询公司AMR International发布的《2016全球展览组织市场报告：评估与2020年展望》，美国将继续保持国际展览市场的领导地位，但中国将取代德国成为第二大展览市场。另外，国际展览巨头正在通过更多样化的方式进入新兴市场，包括在一、二线城市投资建设场馆、并购当地的产业领导型平台、向国外移植展览会。

总之，在移动互联迅速发展的今天，面临新的市场机遇，优秀的会展项目应该具有更多的“社区”意义，在线上不断生产和分享有价值的信息，在现场又遵循“价值—协同—社交—教育—体验—设计—服务”的原理，进而实现 Online 和 On-site 的无缝对接。

复习思考题

1. 请介绍 3 种最近体验过的会展活动中的新技术。
2. 由国际著名咨询公司 AMR International 于 2014 提出的“B2B 商业传媒的转型”对会展项目管理有什么启示。
3. 请查询更多资料，分析 Penton 公司的会展业务经营策略。
4. 对于一般的展览公司，开展内容营销时面临的最大挑战是什么。
5. 如何理解下面的公式——企业估值=(会展活动×内容)^2。

扩展阅读

关于会展和活动产业的发展，ILEA 紫皮书说了什么？

背景

关于国际现场活动管理协会（International Live Events Association，简称 ILEA），国内大多数同行可能还比较陌生。其前身是成立于 1987 年的国际特殊活动协会（International Special Event Society）。2016 年 4 月，ILEA 2016 年全球活动产业峰会（The ILEA Global Event Summit）在苏格兰举办，28 位业界领袖应邀出席会议，目的是开启关于活动产业未来发展的全球范围的大讨论。

会后由 ILEA 和苏格兰旅游局商务活动部（Visit Scotland Business Events）共同发布了一份报告（以下简称紫皮书）。这份报告从宏观的角度，讨论了会展和活动产业发展的若干最新话题。需要声明一点的是，虽然本文统一采用了活动和活动产业的提法，但内容同样适用于在国内使用更为普遍的“会展业”。

一、我们这个行业最伟大之处在哪里

在促进人与人之间的沟通和理解方面，现场活动比现有的其他任何媒介都要有效。紫皮书中是这样评价活动产业的。

- 面对面交流的冠军；
- 实现多元文化的协同；
- 知识和信息得以开放式地分享；
- 我们促进改变；
- 不可估量的经济影响。

其实，报告中在每一个大的方面都有相关小问题作支撑。例如，为了分析“我们这个行业最伟大之处在哪里”，调查人员还设置了 3 个问题：

1. 举办活动是为了庆祝什么

与会者的回答涉及经济发展、社区建设、多元文化交融、人际交往等多个领域。概括而言，是给地区、国家和全球带来的文化和经济影响。

2. 作为业界领袖，我们对活动产业带来的哪些影响感到骄傲

与第一个问题略有不同，谈及这个话题，与会代表们提及更多的是人文因素，协同发展，以及活动给社会带来的增长、机会和回忆等。

3. 对您而言，活动所创造的最积极的人生时刻是什么？您从中获得了什么启示

与会代表们分享了自己在活动产业中获得的灵感。同样，答案的焦点几乎无一例外地以人生阅历、社区建设和个人努力为中心。

二、遇到的主要挑战是什么

关于新阶段活动产业所面临的挑战，与会的产业领袖们提到了诸多方面，但紫皮书特别强调了3点：

■ 时刻担心安全和保障问题；

■ 数字和在线沟通；

■ 证明和传播现场活动/活动产业的价值。

三、活动中的技术应用

对所有行业一样，技术是一把双刃剑。对于会展和活动产业，新技术的应用有两个基本任务，一是优化参与者的体验，二是提升活动的效果。为此，调查者设置了一系列问题，例如，如何使面对面的活动更有价值和意义，在策划和组织现场活动中科技究竟应该扮演什么角色，等等。

■ 对如何运用技术有更好的理解；

■ 将技术整合到现场活动中，以提升其效果，而不是试图取代；

■ 永远不要忘记人与人之间互动的重要性。

四、共享经济

共享经济是指以获得一定报酬为主要目的，基于陌生人且存在物品使用权暂时转移的一种商业模式，其基本要素包括闲置资源、使用权、连接、信息和流动性。共享经济的关键在于如何实现最优匹配和零边际成本，为此，要解决技术和制度问题。

在会展和活动产业有许多闲置资源（特别是阶段性的），比如人力资源、场地和技术等。因此，除了UBER、Airbnb等公共分享平台，我们还需要更多优秀的专业化平台，如眼下已经比较火热的场地租用APP、协同办公网络等。

五、活动产业所面临的威胁

在这次峰会上，与会代表们提到了诸多活动产业正在面临的威胁，特别是以下5点引起了广泛的共鸣。

■ 国际恐怖主义和网络黑客所带来的恐惧及威胁；

■ 活动的替代品——虚拟现实（VR）、视频和数字会议；

■ 气候变化；

■ 没有经验和不专业的策划人员；

■ 对社交媒体所传达的消极信息控制不力。

面对上述可见的威胁，产业领袖们一致认为：需要加强战略规划、制定更实用的产业

标准以及开展风险管理教育。但紫皮书提到的几点似乎更加抽象。

- 保障参与者的安全；
- 增强产业关联性；
- 及时中断风险；
- 加强质量控制。

六、活动的遗产管理

作为举办活动的直接影响，活动中的遗产项目能在硬件设施、社会经济或文化方面给举办城市或地区带来更长久的的变化。

与会领袖们认为，活动产业有时被认为是“没有必要的”和“无聊的”，而通过遗产计划来回馈社区能有效改变这一点。但同时也指出，这种努力的意向必须是真实的，并且要合理地整合到整个活动规划中去，否则会产生消极的影响。为此，紫皮书提出了两点对策：

- 回馈社区；
- 关注年轻一代，因为他们似乎有更强烈的社会责任。

资料来源：ILEA & VisitScotland. Event Horizons－A Purple Paper. The ILEA Global Event Summit, 2016-04-25.

思考：

1. 结合紫皮书，谈谈吸引你从事会展和活动产业的主要因素有哪些。
2. 就会展和活动项目管理而言，应该如何迎接共享经济可能带来的挑战。

即测即评

第18章 会展从业人员面临的新挑战

本章导读

在当前的社会背景和相关政策环境下，在未来一段时期内，我国会展和活动产业将主要呈现如下发展趋势：规模扩大并不断向国际化方向迈进、会展项目内涵的整体提升、加强与相关产业的合作、加速产业链的整合和完善、绿色会展理念的逐渐普及与践行以及对高科技的应用等。随着移动互联网在中国的进一步普及以及互联网在传统会展业的应用，再加上政策力量在背后推动，“互联网+”正在成为中国会展业创新发展的驱动力。

在此背景下，会展和活动从业人员必须紧跟产业发展和市场变化的新趋势，关注信息技术、体验、绿色、伦理等热点话题，持续改进管理方式，变革商业模式，提高服务水平，这样才能在国际会展业的新一轮竞争中拥有一席之地。

本章关键术语

互联网+（Internet Plus） 用户体验（User Experience） 绿色会展（Green Event）
6R原则（6R Principles） 互动设计（Interaction Design） 商业伦理（Business Ethics）

第一节 互联网+

美国《连线》杂志创始主编、互联网领域的观察者凯文·凯利（Kevin Kelly，2013）认为，新经济有三个基本特点：全球化，紧密地互相廉洁以及注重观点、信息、体验、关系等无形的事物。然而，这些都得益于互联网特别是移动互联网的迅猛发展。

一、“互联网+”与会展

（一）“互联网+”的本质

所谓“互联网+”，是指利用互联网平台和信息通信技术，把互联网和包括传统行业在内的各行各业结合起来，从而在新领域创造一种新生态。其提出最早可以追溯到2012年11月易观国际董事长于扬在第五届移动互联网博览会上的发言，他认为，在未来，“互联网+”公式应该是我们所在的行业的产品和服务在与多屏全网跨平台用户场景结合之后产生的一种化学公式。

2015年3月5日，在十二届全国人大三次会议上，李克强总理在政府工作报告中首次提出“互联网+”行动计划。报告提出，“制定‘互联网+’行动计划，推动移动互联网、云计算、大数据、物联网等与现代制造业结合，促进电子商务、工业互联网和互联网金融（ITFIN）健康发展，引导互联网企业拓展国际市场。”2015年7月4日，国务院印发《国务院关于积极推进“互联网+”行动的指导意见》。

通俗地讲，“互联网+”就是“互联网+各个传统行业”，但这并不是简单的相加，而是利用信息通信技术以及互联网平台，让互联网与传统行业进行深度融合，创造新的发展生态。因而，“互联网+”有六大特征：跨界融合，创新驱动，重塑社会、经济、地缘、文化等结构，尊重人性，开放生态以及连接一切。

（二）“互联网+”对会展业的影响

与其他行业一样，“互联网+会展”的实质是会展业依托互联网实现创新和重构。概括而言，“互联网+”可能会给传统会展带来的挑战包括思维、技术、渠道、消费方式和管理方式等各方面的变革。互联网给会展业带来的不仅仅是技术的改变，更重要的是行业的衍生，这种衍生主要表现在新生服务企业的诞生和服务的个性化上。例如，“互联网+会展”解决了企业与参展商的沟通效率问题，同时使得展会更加人性化，又如现在的签到系统既提高了服务水平，又降低了运营成本（李显红，2017）。

IAEE在2014年发布的《影响展览和活动产业的未来趋势报告》中提到了14个趋势，其中很多都和数据、信息、互联网等有关。

■ 营销人员和展览从业人员正在思考需要测量的数据以及如何处理分析后的信息。尽管大多数展览公司都属于小企业类型，但越来越多的展会组织者将负担得起“大数据服务”；

■ 在现场获得高质量的数据并开发有效的数据搜集技术将是展览业发展的重要方面；

■ 随着智能手机的迅速普及，特别是参展商和观众希望在展馆内接入互联网，展会组织者和场馆管理者需要更强大的数据管理、WIFI等基础设施；

■ 智能手机、可穿戴设备和视听等新技术将加速在展览业中的应用；

■ 在展览会管理和参展工作中，数据的捕获和发布、个人追踪、数据安全、隐私政策等问题都将变得更加突出；

■ 随着智能手机的普及和其功能的拓展，社交媒体营销将变得更加重要，展览行业需要对此做出回应；

■ 展览会的沟通平台作用将由插话式向全年性转变，为此，要有持续的内容更新和社区互动；

■ 展会组织者必须意识到，人对人的邀约技术必须与社交媒体发展的要求相匹配，创造独特的体验仍是展览项目管理需要持续改进的因素；

■ 对于展会组织者，数据安全管理以及个人隐私、管理协议等比过去的要求更高；

■ 展览和活动行业的并购将更加频繁，而且现有展会拥有者将有选择地购买垂直市场的展览项目，以扩大自身在主要行业的竞争力。

二、拥抱“互联网+”的策略

传统会展是在特定时间、特定地点举办的活动，而互联网具有不限场地、人数和时间的特点。互联网与会展业融合发展的表现形式从初级的传统展会向专业的会展服务平台、电子商务跨界合作发展，到专门为会展业定制的移动客户端和依托互联网的行业垂直整合平台，且仍然在不断创新演变中。

总之，“互联网+会展”重构了会展商业价值、变革了服务边界，加快了流程再造，提高了服务效率和质量，成为传统会展业变革的重要手段。概括而言，未来一段时期，会展项目管理必须主动适应移动互联时代的要求，从市场分析到客户关系管理，进行全方位的创新（见表 18-1）。

表 18-1 互联网+背景下的会展项目发展趋势

项目管理的主要环节	新趋势
市场分析	以大数据挖掘为基础
项目定位	某一产业的全覆盖或精准占领
组织机构	专业公司+协会（社交组织）+商业传媒
活动形式	立体式、多触点、线上线下融合
专业服务	全方位、全天候
客户关系	价值量化，建设和经营顾客“社区”

第二节 用户体验

一、体验经济与会展业

1999 年，约瑟夫·派恩（B. Joseph Pine）和詹姆斯·吉尔摩（James H. Gilmore）在畅销书《体验经济》（*The Experience Economy*：*Work Is Theatre & Every Business a Stage*）中首次提出了“体验经济”这个新商业时代的流行词。他们认为，体验就是企业以商品为道具，以服务为舞台，以顾客为中心，创造出可以使消费者全面参与、让消费者感到值得回忆的活动。十几年后，体验经济继续繁荣，企业领导人们开始争夺和重新思考他们的客户参与策略。没有行业能逃离体验经济的影响，特别是以交流和交易为核心的会展业。

作为活动主办方或策划人，我们要深入思考，人们参加会议或展览会是因为他们自己的选择，还是由于某些不情愿的原因。如果获得继续教育学分和行业认证只是吸引与会者坚持提高出勤率的诱饵，那我们的确应该重新考虑一下会议的价值主张了。要能说服企业高管离开办公室几天来参加我们的会议或展览会，我们需要准备高度相关、有回报并且其他地方很难复制的体验和内容。

二、如何在会展活动中设计体验

设计和提供良好的参与体验并不像想象中的那么难，但它需要真正转变思维——从用户体验的角度出发。卓越的用户体验往往发生在3个关键体验驱动要素的交叉点上。

（一）结构（Architecture）

在会议和展览行业，信息共享的结构和层次对电子商务（网站和微博、微信等）、会议程序及观众至关重要。策划人需要思考，网站和议程都符合既定的价值理念吗？

（二）视觉设计（Visual Design）

视觉效果是最明显的，但同时在用户心中又是最不可量化的体验感觉。大脑处理视觉效果比文字快得多，这就引出了一个问题：视觉设计究竟是有正面效果还是有负面效果？

（三）互动设计（Interaction Design）

各种互动的路径和行动给了用户自我管理的能力，同时也增加了静态环境的内容。无论是有意外发现珍宝的运气，还是依托所搜集的用户数据，徜徉在活动现场的参与者都渴望有目的和意义的际遇。

其实，上述三个体验组合中的任何一个都包括需要处理的新注意事项。在未来，我们将深入挖掘这些思考，因为在对下一个会展活动计划进行微调之前，每个人都需要更多的思考和观察。另外，体验经济包含着完美的内容和令人惊奇的体验，但是也有一个警告，它只是将优质产品提供给那些值得开发的市场。

2017年初，国际著名品牌体验管理领导者弗里曼集团的高级副总裁彼得·麦格拉斯在一篇文章中重点探讨了如何创造人生体验。他提出了3个对策，即打造个性化的体验；通过增强现实等技术，来扩展体验场景和优化体验效果；设计全过程的体验。

经典示例 18-1

展览会专业观众体验质量的优化策略

中国海洋大学旅游管理专业硕士研究生迟明娟于2013年完成的硕士学位论文——《体验视角下的展会专业观众服务质量优化研究》。因为多种原因，该项研究中的问卷调查所取得的样本数量较少。另外，对于不同类型的展会，其专业观众体验的侧重点存在不同，该文的研究结果只适用于类似橡胶展这种专业性较强的贸易展览会。但该文的研究视角与相关结论具有一定的创新性，对业界有一定的现实指导价值。

运用文献综述法和德尔菲法，作者将展会专业观众的体验分为4个维度：功能体验、情感体验、服务体验和审美体验，并将每项维度细分成各项小的体验指标因子，共计24个具体指标，如表18-2所示：

表 18-2 对专业观众体验维度的划分及相关因子

维度	因子
功能体验	主办方的荣誉和知名度； 参展商数量和质量； 展会的历史和影响力； 宣传营销力度； 专业论坛、研讨会； 参展商举办的现场活动
情感体验	参展商工作人员态度及服务； 与参展商的互动、情感交流； 展会服务人员的态度； 受到尊重与重视； 参观展会的愉悦感觉； 氛围与主题相符合度； 现场秩序； 空气流通及清新度
服务体验	展会现场服务质量（清洁、通信、设备提供等）； 配套服务（停车、住宿等）； 休息区； 展会门户网站的网络服务
审美体验	展会现场服务质量（清洁、通信、设备提供等）； 配套服务（停车、住宿等）； 休息区； 展会门户网站的网络服务

资料来源：迟明娟. 体验视角下的展会专业观众服务质量优化研究［D］. 中国海洋大学硕士学位论文，2013.

作者以第八届中国青岛国际橡胶技术暨轮胎展览会（RTF）为例，开展了问卷调查，并通过统计软件 SPSS 16.0 对所获得的调查数据进行描述性统计分析、信度及效度分析、IPA 分析，最终得出了专业观众对参观体验因子重要性-表现满意度的组合评价（见图 18-1）。

基于此，作者提出展会主办方和参展商要从体验视角来共同优化专业观众服务质量，一方面应遵循主题性、多样性、参与性、系统性和顾客导向性 5 个基本原则，同时可以采取以下具体措施：

（1）服务项目与功能方面。包括营销手段创新；提高参展商的质量；创造体验，并进行恰当的引导；建设高效能的会展服务质量测量和评价体系。

（2）服务环境与氛围方面。从视觉、听觉、嗅觉、陈列布局与参观路线等方面，来营造对观众的服务环境与氛围。

（3）服务流程与提供方式创新。要仔细分析每一个服务接触点，让顾客在这些接触点上都能产生愉悦的感受。

（4）展会增值服务的提供。例如，设立专门的洽谈区域，用优惠让利的举措来回报老顾客，邀请专家进行新的政策走向解读，提供行业发展趋势预测、购买指导、举办技术交流会等。

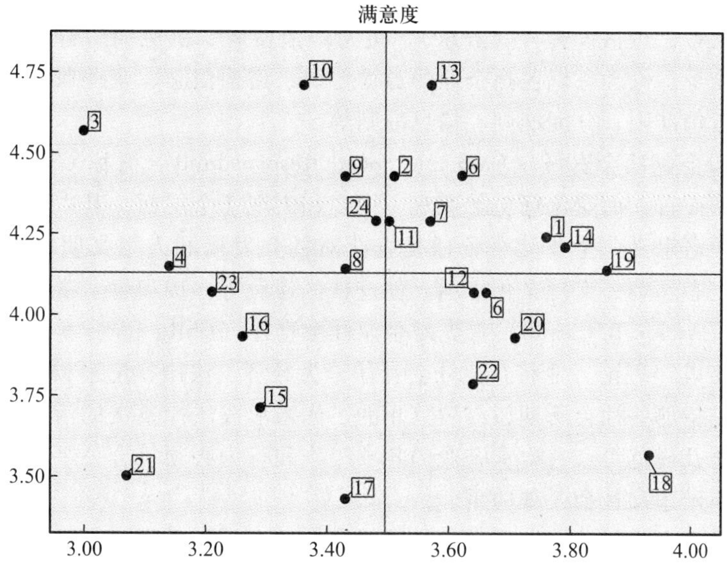

图 18-1　专业观众体验影响因素的 IPA 分析图

注：1. 主办方的荣誉和知名度　2. 参展商数量和质量　3. 展会的历史和影响力　4. 宣传营销力度　5. 专业论坛、研讨会　6. 参展商举办的现场活动　7. 参展商工作人员态度及服务　8. 与参展商的互动、情感交流　9. 展会服务人员的态度　10. 受到尊重与重视　11. 参观展会的愉悦感觉　12. 氛围与主题相符合度　13. 现场秩序　14. 展会现场服务质量（清洁、通信、设备提供等）　15. 配套服务（停车、住宿等）　16. 休息区　17. 展会门户网站的网络服务　18. 展台设计及搭建方法　19. 展区划分合理性　20. 展台灯光效果　21. 音乐（音色、音调、旋律等）　22. 展台搭建材料（质感、光洁度、硬度舒适感、形状舒适感）　23. 标识的清晰度　24. 空气流通及清新度

(5) 顾客体验管理和全面顾客体验。有条件的主办方和参展商可以对专业观众的体验进行专门的策划和管理。设计良好的体验能更好地吸引专业观众的眼球，特别是专业媒体的关注，他们会进行大篇幅的新闻报道，有些媒体甚至会不请自来进行宣传报道。

第三节　商业伦理

由于激烈的市场竞争等原因，全球范围内企业商业伦理的总体状况并不乐观，美国安然公司的财务丑闻更是为企业的发展敲响了警钟，并在全球范围内掀起了一股对企业伦理和企业社会责任进行反思的浪潮。

一、商业伦理与会展业

商业伦理（Business Ethics）是指蕴涵在企业生产、销售、运营管理及活动中的伦理关系、伦理意识、伦理准则与伦理活动的总和。其中，伦理关系即企业与各种不同的利益相关者之间的关系，包括投资者（股东）、员工、消费者、供应商、分销商、竞争者、政府、媒体和公众等；伦理意识包括企业的道德传统、道德信念、企业风气等；伦理准则包括生产准则、营销准则、分配准则、信息准则等。

商业伦理和企业社会责任（Corporate Social Responsibility，简称CSR）之间是相互包含的关系。概括而言，商业伦理包括微观、中观和宏观3个层面，其中，宏观层面就是企业社会责任。顾名思义，企业社会责任是企业对社会发展和人类文明应该承担的相应责任，例如保护生态环境、支持文化传承、促进社区建设等。1979年，美国佐治亚大学教授阿奇·卡罗尔（Archie B. Carroll）首先对企业社会责任（CSR）进行了概括，提出了“企业社会责任金字塔”理论。他将企业社会责任分为经济、法律、伦理和美德4个层次，其中，伦理责任是指那些社会所期望或被禁止的、尚未形成法律条文的活动和做法，包括公平、公正、道德及规范等。它要求企业的各项工作和行为必须符合公平、正当、正义的基本伦理道德，不做违反社会公德的事。

会展活动是全人类建立经济、文化、思想、技术交流所必不可少的渠道和舞台，是人类社会文明的标志之一。产业意义上的中国会展业起步较晚，但经过30多年的迅速发展，取得了卓越的成就，大型会展活动的举办不仅推动了经济、社会和技术的发展，更对社会结构和伦理价值造成了巨大的影响（李彬，2010）。随着更多的国内会展企业开始走向国际市场，绿色环保、信息安全、代际变化、知识产权保护等新问题的出现，商业伦理在中国会展行业将变得越来越重要。

二、体现商业伦理的具体策略

2017年法兰克福国际会议和奖励旅游展览会（IMEX Frankfurt）的主题是“有意义的会展活动”（Purposeful Meetings），这代表了国际会展业发展的一种趋势。根据IMEX发布的研究报告，有意义的活动由5个部分构成，即行为科学，会议和活动设计，企业社会责任和活动遗产，健康与幸福以及技术。当下以及未来很长一段时间内，所有的会展和活动策划者、组织者及活动营销者都应该致力于变得更加有意义，为此，需要对上述要素有更好的理解和运用。

（一）行为科学

深入分析活动参加者的心理和行为，有助于通过更好的设计来实现理想的活动效果。例如，明显得到改善的团队沟通、更好的决策，提高产生影响的能力，得以加强的回忆，增强的学习能力等。

（二）会议和活动设计

活动组织者要更好地理解人们在不同的环境下是如何感知、学习和合作的。分析有目的的设计如何能对其产生好的影响，是关键考虑要素。灯光、空气、声音、气味、触觉甚至会议期间的空档都可以做有意的安排。

（三）企业社会责任和活动遗产

会展活动主办方与非政府组织或与当地一些需要帮助的社会机构合作，有助于与会者和社区之间产生交集和联系。例如，通过策划一些与可持续发展相关的活动，贯彻和宣传

“4R”原则（Rethink，Reduce，Reuse，and Recycle），有助于放大活动的效应。

遗产管理一直是活动研究的热门领域，但在会展和活动管理的实践中没有引起足够的重视。譬如，2010年上海世博会很成功，但一大缺憾是当初缺乏长远的遗产管理规划，从而导致了很多好的东西没有得到传承和发扬。

（四）健康与幸福

有目的地将健康、营养、放松甚至一些健康方面的应用融入活动中，有时能带来意想不到的效果。这些元素将有利于促进参与者获取新知和乐于分享，并传授给他们一些有用的技巧。

（五）技术应用

毋庸置疑，技术深刻改变了我们做生意和彼此联系的方式，但对于会展和活动组织者而言，更需要注意的是，技术改变了人们体验日常生活的方式。我们可以更好地利用资源，把数据变为创新，丰富人们的体验（如VR、AR），或者推动合作（如共享经济），所有这些都会影响会展和活动产业。组织者要时刻保持对新技术的警觉性，意识到其相关性，优缺点和应用价值。

第四节　绿色发展

一、绿色发展对会展业的挑战

自20世纪90年代以来，随着国际社会对环境问题的日益关注以及可持续发展观的形成与发展，一些欧美国家逐渐意识到会展活动对环境的影响，相继推出了绿色会议（Green Meetings）、绿色活动（Green Events）指南和相应的标准，进而拉开了全球绿色会展实践的序幕。例如，1996年，美国环境保护署（USEPA）制定了首个绿色会展指南——环境友好型会展和活动指南（Environmentally Aware Meetings and Events），该指南列举了会展活动所带来的环境影响，分析了绿色会展的优势，并提出了一系列“绿色会展清单”，如减少废弃物排放、节约能源以及交通、住宿、食品选择等（蔡萌等，2015）。

此外，英国、美国等国家的行业组织或政府机构也制定了有关标准或指南。例如，英国标准化协会于2007年出台了《可持续会展项目管理体系规范》（BS8901：Specification for A Sustainable Event Management System with Guidance for Use）和《利益相关者界定和参与指南》（BS8900：Guidelines for Stakeholder Identification and Engagement）。该规范是一部较为规范、完整的标准，适用于各种大型会议、展览会和特殊活动。BS8901针对会展组织者、场地及会展供应链中的总包或单个供应商。实践证明，实施BS8901并开展有关第三方的论证在绿色会展方面可以达到以下目的：① 减少碳排放和垃圾排放，改进资源和整个会展供应链的效用；② 提供更有效的会展策划机会，促进会展设备、设施的再利用；③ 对会展活动的环境负面影响采取措施，如减少碳排放、加强“三废”管理等。2009年5月，英国环境与可持续委员会发布了《走向绿色会展——减少会议的环境影响指南》（Greener Events：A Guide to Reducing the Environmental Impacts of Conferences and

Seminars)，美国建筑业协会（AIA）于2007年发布了《2030可持续发展：绿色会议指南》(Sustainability 2030：Green Meeting Guidelines)。

与传统的办会办展模式不同，绿色会展以可持续发展为原则，以信息技术和新材料应用为载体，是一种全新的发展模式，也是贯穿会展全产业链的生态体系（路政闽，2016)。然而，绿色会展生态体系的建设涉及会展主办方、会展场馆、服务商、管理促进机构等多个利益主体，并贯穿运输物流、设计搭建、展览展示、会议活动、观众组织等各环节，需要整体规划，也需要具体操作。

从展出总面积来看，我国会展业已经位居世界前列，但整体质量并不高。单从环保绿色这个指标来考量，一些展览会现场污染严重、资源浪费巨大，简直触目惊心。面对国内外绿色发展趋势及国内会展行业日益凸显的问题，我国会展业迫切需要走出一条符合时代潮流的绿色发展之路。

发达国家的展览主办方在办展过程中遵循的"6R原则"值得国内会展行业借鉴。具体包括：

(1) 尊重（Respect)。即在展会中要最大化地做到尊重自然，尽可能减少对环境的负面影响，减少对资源和能源的过度使用。

(2) 使用可再生材料和新技术材料（Renew)。要尽可能多地使用可再生材料，鼓励对新材料、新产品、新技术的尝试和使用。

(3) 再利用（Reuse)。与Renew原则有相近之处，但更强调在办展特别是施工中应尽量多地使用可再利用材料。

(4) 循环利用（Recycle)。强调尽量多地使用可循环利用的材料。

(5) 减少废弃物和污染物（Reduce)。强调减少展会施工对环境的负面影响，尽量使用无害材料，以减少污染和废弃物。

(6) 加强记忆和教育（Remember)。是指对展会组织者、参展商和各项服务的承包商，采用强制或教育方式，贯彻可持续的发展理念和环保意识（刘宁波，2012)。

二、推进会展业绿色化发展的对策

(一) 加强标准建设和政策引导

政策引导对推进会展业的绿色化发展非常重要。2014年2月，商务部专门下发了《关于印发〈广交会绿色发展计划〉的通知》，明确从第115届广交会开始全面实施广交会绿色发展计划。该计划的内容具体包括7个方面：推行绿色布展；鼓励绿色参展；实施绿色撤展；倡导绿色会议；打造绿色展馆；关注健康安全；加强宣传培训。下一步还有很多工作要做，首当其冲是制定和出台一套能够规范整个会展行业的绿色会展标准体系，使绿色会展建设有法可依。

国务院于2015年出台的《关于进一步促进展览业改革发展的若干意见》明确提出要"倡导低碳、环保、绿色理念，引导展览企业增强环保意识，加快展览业转型升级"。

(二) 推进绿色会展第三方认证工作

所谓绿色会展第三方认证，是指会展项目主办方和客户之外的第三方管理机构或社会组织按照有关的绿色标准，对会展项目或企业进行检查和评估，以确定其是否已经达到相应的绿色标准。我国会展行业可在完善有关绿色会展标准的基础上，借鉴国外第三方认证的有关经验，对绿色会展开展认证，以保证认证的公平性，提升全行业的绿色管理水平。为此，一方面要进行规划、组织和挖掘，推动第三方认证机构的建设；另一方面要在制度建设方面制定有关政策，培育第三方认证的市场环境，以形成政府调控、会展企业自我发展、第三方认证机构推进的绿色会展社会体系。

（三）发挥领导型企业的示范作用

要加强会展从业企业的社会责任和从业人员的环保意识，特别是行业产业链的各环节中的龙头企业和重点企业，应该作为率先垂范的企业推进绿色展览。目前，国内一些大型会展项目的主办方已经成为绿色会展的先行者。广交会从 2013 年第 115 届开始推进绿色展览计划，在实施过程中，主办方对绿色参展、绿色会议到绿色布展、绿色撤展都提出了相关的措施和计划，效果比较显著。

2017 年 4 月 26 日-29 日，2017 年国际酒店用品博览会（二期）暨 2017 上海酒店工程及商业空间系列展在上海新国际博览中心举办。此次展会的亮点之一是由上海博华国际展览有限公司、上海新国际博览中心和灵通展览系统股份有限公司三家联合发起，在 N4 馆举办了“绿色展会搭建展示活动推广周活动”。主办方邀请了此次展会所有搭建商代表及参展商代表、会展企业代表，一起探讨如何为展览会的低碳、绿色环保贡献力量，逐步解决展览现场低层次、高污染的现状，大力提倡低碳、环保、绿色理念，逐步解决展览现场低层次、高污染的现状。

（四）加强产业链各环节的协同

2017 年 2 月 15 日，由上海新国际博览中心、上海博华国际展览有限公司共同主办，灵通展览系统有限公司承办，商务部流通产业促进中心、上海市会展行业协会、上海浦东新区商务委员会支持的长三角区域绿色展览研讨会暨倡议活动在江苏省常州市成功举办。与会代表就推动绿色展览发展等内容进行了深入研讨，并讨论通过了《长三角绿色展览倡议书》。部分上海地区大型展会主办方表示，上海展览业将依托展览业发展的优势地位，强力推动绿色展览发展，为我国展览业绿色发展注入新动力。

经典示例 18-2

上海博华国际展览有限公司：践行绿色理念，履行社会责任

上海博华国际展览有限公司是亚洲博闻的成员之一，是由上海华展国际展览有限公司和博闻中国有限公司联合组建的中外合资企业。博华公司目前每年主办包括酒店用品、游艇 & 尚品生活、原料（制药原料/食品原料）、家具（家具/设备 & 原辅材料）等多个领域的几十个国际展览项目，在业界具有广泛的影响。以下是博华公司从绿色展会等 3 个方面来阐释的企业社会责任（绿色部分）：

1. 绿色展会

■ 在线展商手册

我们减少印刷展商手册。一些展会已经是 100% 在线，其他展会正大量减少其印刷数量。这意味着发给承包商、展馆及其他供应商的所有订单都为在线版本。

■ CD版展会目录

我们从2008年年头开始将CD版本的展会目录引进一个展会，并逐渐将其推广至其他展会。

■ 网络发展支持

我们正更加善用支持多种语言的电邮发布系统，降低印刷品的数量。同时，我们开创了线上邀请卡系统，鼓励供货商发送电子邀请卡，邀请其买家参与我们的展会。

2. 绿色办公室

■ 降低纸张使用

我们鼓励员工使用循环再用的纸张作打印内部文件及收取传真之用。我们亦采用线上系统及共享档案系统，以降低打印的需要。

■ 降低二氧化碳及热气排放

响应办公大厦业主的号召，我们鼓励员工穿着半休闲服装上班，从而使办公室温度得以调高，减少因制造冷气而排放的二氧化碳及热气。

■ 节约用电

我们提醒员工在离开办公室时关闭计算机及照明，防止电能浪费。

3. 绿色联盟

■ 与展馆及承包商合作

我们正与展馆合作，增加永久性招牌位置，减少广告横幅，并增加循环再用率；我们亦与承办商合作，尝试使用更多环保及可再用物料。

■ 与母公司及办事处合作

我们与母公司及其他办事处的同事分享有关信息，在展会中采用最佳方案并将一些成功的经验和实践向我们国内的其他办事处进行分享。

复习思考题

1. 如何理解“互联网+会展”的实质。
2. 怎样在会展活动中设计更好的参与者体验。
3. 除了书中所列举的，还有什么因素会导致商业伦理在会展行业变得越来越重要。
4. 绿色发展理念将给会展业带来哪些挑战。
5. 请查阅相关国际组织的官方网站，了解绿色会展（活动）的指标体系。

扩展阅读

会展业发展的十大趋势

乔治·费尼奇教授在《会展业导论》第4版中提出，在可以预见的未来，会展业发展将呈现出以下十大趋势：

1. 会展就是体验

今天的会展和活动早已不是以交换商业信息为单一目的的面对面会谈。相反，它们的发展方向是带来一种参与者永远珍藏的体验。越来越多的会展和活动专家正以多样化的形式创造非同凡响的体验，譬如，有时只是通过选择特别的或出人意料的场地，就能带给人们很大的惊喜。

另一种方式是通过连接人们的五种感官来打造令人难以忘却的体验，我们可以称之为“多感官活动”。美食也是参与者体验的一部分，在未来几年，餐饮服务将越来越定制化，要么反映活动的主题，要么作为一个特殊项目或自身就是一个特殊活动。

2. 内容高度浓缩

随着观众注意力的时间跨度缩短，会议和活动的内容将变得更具有参与性和娱乐性，或者说“娱乐式参与”。

3. 参与者需要更多的地方感

在会议和活动中融入地方元素的做法将越来越流行——目的是给参与者们营造一种地方感，譬如，让他们品尝地方美食。帮助参与者体验目的地的另一个途径是在活动中嵌入当地的志愿者活动或志愿者旅游，这可以作为会议内容的一部分，同时还能与可持续发展的重要性及需要等联系起来。

4. 关注员工的多样性将变得更加重要

在多代人（具有不同的工作理念和特点）协同工作、代际公平和种族多样化日益重要的背景下，企业和组织会不断地改进招聘与员工发展策略，并为他们提供更有认同感和创意的解决方法。

5. 运用移动技术成为一种新常态

对于许多组织者而言，为一个活动建设网站、App和社交媒体平台曾经是一种美好的愿望，但今天已成为一种必备。

在最近一次的国际会议专家协会（MPI）会议上，没有任何印刷资料，所有资料都必须通过会议app或MPI的官方网站获得。如何在活动之前、之中和之后与参与者进行有效互动？移动技术使得会展和活动组织者不仅可以向参与者推送信息，而且还可以从他们那里获得信息，从而帮助他们提前制定计划，并在活动举办过程中做出相应调整，这样能为与会者创造更大价值。另外，伴随足够的带宽，随时接入可靠的WIFI指日可待。

6. 技术将推动更深入的连接

随着每个活动都向多维度体验发展，而且线上和线下的界限让“混合式”的含义变得更加模糊，会展业将向更深入的连接迈进。

7. 社交媒体的作用会更大

在整个会展产业中，在营销和传播策略方面，社交媒体将发挥更重要的作用。

8. 场地成为卖方市场

酒店在商业谈判中的地位会提高。为此，会展和活动组织者将在活动的举办日期、场租费、空间使用和地点选择上，开始有创新的考虑。

9. 会展业的经济重要性将得到进一步认识

作为重要的经济衡量指标，会展和活动有望受到应有的关注。至少在五个大的市场，开展会展业的经济影响研究是必需的，而且确确实实已经有相应的研究基于严格的标准开展了。

10. 面对面会谈将持久下去

有不少人曾经预言，技术和虚拟会议将带来“面对面会谈”的消亡，现在看来完全不是这么回事。毕竟，人类是社交动物——在与他人当面互动方面，他们有与生俱来的需要。举个例子，天知道有多少人会选择举办一次虚拟婚礼以及虚拟地度过婚后的初夜？技术将继续被用于改善和支持面对面会谈，特别是在活动举办前和活动结束后。

资料来源：Fenich，G. 王春雷译. 会展业导论. 重庆：重庆大学出版社，2017.

思考：

1. 请以自己最近参加过的一次活动为例，解释“娱乐式参与”的应用。
2. 如何理解活动将向多维度体验方向发展？

即测即评

参考文献

1. 陈威如，余卓轩. 平台战略：正在席卷全球的商业模式革命［M］. 北京：中信出版社，2013.
2. （美）大卫·A. 艾克，爱里克·乔瑟米赛勒. 品牌领导——管理品牌资产. 曾晶译. 北京：新华出版社，2001.
3. （美）乔治·芬尼奇. 会展业导论［M］. 王春雷译. 重庆：重庆大学出版社，2017.
4. （美）T. 贝蒂娜·康韦尔. 活动赞助：体育、艺术活动中的营销传播［M］. 蒋昕译. 重庆：重庆大学出版社，2017.
5. （美）项目管理协会. 项目管理知识体系（PMBOK）指南［M］. 第 4 版. 王勇，张斌译. 北京：电子工业出版社，2009.
6. 李世全，刘景喜. 浅谈大型活动安全保卫工作的组织与实施［J］. 公安研究，2010，（10）：84-89.
7. 刘宁波. 关于发展“绿色展会”的几点建议［N］. 青岛日报，2012-09-06.
8. 陆熠华. 从企业视角看体育赞助机会选择的研究［D］. 上海财经大学硕士学位论文，2008.
9. 王春雷，陈震. 展览项目管理：从调研到评估［M］. 北京：中国旅游出版社，2012.
10. 王方. 市场营销策划［M］. 北京：中国人民大学出版社，2006.
11. 王海渊，金书鑫，梁红彦，陈法安. 大型活动中心区域停车交通组织分析与设计［J］. 现代交通技术，2013，10（3）：76-79.
12. 王伟，浮石. 活动创造价值——活动运营实操手册［M］ 长沙：湖南科学技术出版社，2009.
13. 吴垠，袁岳. 运动化价值观的营销意义［J］. 现代广告，2003，（4）：5-6.
14. 谢耘耕，刘淑云. 赞助营销：媒企如何才能双赢［J］. 新闻大学，2008，（3）：108-113.
15. 谢振华，孙超，杨琳. 大型活动密集人群的风险分析与管理［J］. 中国公共安全：学术版，2006，（4）：40-43.
16. 薛浩. 湖南省会议定点采购案例分析［J］. 中国政府采购，2006，（3）：44-45.
17. 杨群，刘颖. 世博经验竖起管理标杆-沪会展业核心竞争力的思考［N］. 解放日报，2011-04-30.
18. 叶明海，魏奇. 大型会展活动人流聚集和分散复杂系统的分析性框架［J］. 大连海事大学学报（社会科学版），2006，5（3）：88-92.
19. Beloviene, A., Kinderis, R., Williamson, P., Ivanov, T, & Ortin, C. A. (2008). *Event Management Handbook*［EB/OL］. http://eventi.vfu.bg/files/Event_management_handbook.pdf.
20. CIC. (2014). *CIC Manual (9th Edition)*［M］. Convention Industry Council.

    Cooper, M. *Trade Show* 2021: *The Experience Economy Roars Louder*［EB/OL］. http://blog.experient-inc.com, December 5, 2016.
21. Corporate Marketing, *The University of Nottingham. Planning and Managing Events: An Internal Guide*［R］. 2010.

22. Cross, B. 10 (*Harsh*) *truths nobody tells you about being an event planner* [EB/OL]. Event Management Blog, April 14, 2015.
23. Delapa, Judith. A. Job Descriptions That Work [J]. *Personnel Journal*, June, 1989.
24. EventScotland Colleagues. (2006). *Events Management: A Practical Guide* [M]. Edinburgh: EventScotland.
25. EMBlog. *The Venue of the Future* [EB/OL]. http://www.eventmanagerblog.com, February 6, 2017.
26. Getz, D. et al., (2007). Festival Stakeholder Roles: Concepts and Case Studies. *Event Management* [J]. 10 (2/3): 103-122.
27. Getz, D. (1997). *Event Management & Event Tourism* [M]. New York: Cognizant Communication Corporation.
28. Goldblatt, J. J. (1990). *Special Events: The Art and Science of Celebration* [M]. John Wiley & Sons Inc.
29. Graham Currie, Amer Shalaby 著. 赵莉译. 大型国际活动交通组织规划方法综述 [J]. 城市交通, 2013, 11 (4): 81-95.
30. Lehtimäki, T., Salo, J., Hiltula, H. & Lankine, M. (2009). Harnessing Web 2.0 for Business to Business Marketing-Literature Review and an Empirical Perspective from Finland [J]. *University of Oulu Working Papers*, No. 29.
31. Power, J. *How To Think Like An Event Planner* [EB/OL]. http://www.eventmanagerblog.com, March 30, 2016.
32. Silvers, J. R. (2013). *Risk Management for Meetings and Events* [M]. London: Routledge.
33. Silvers, J., Bowdin, G., O'Toole, W. and Nelson, K. (2006). Towards an international event management body of knowledge (EMBOK) [J]. *Event Management*, 9 (4), 185-198.
34. Solaris, J. 10 *things productive EventProfs do every day* [EB/OL]. http://www.eventmanagerblog.com, June 23, 2014.
35. Tarlow, P. E. (2002). *Event Risk Management and Safety* [M]. New York: John Wiley & Sons Inc.
36. Watt, D. C. (1998). *Event Management in Leisure & Tourism*. New York: Addison Wesley Longman.
37. White, K. *Insider tips for event management students* [EB/OL]. http://www.eventmanagerblog.com, July 6, 2015.